»Auch die heutigen Leser haben ihren Vergil ...: Kurt Flasch. Er hat mit Begeisterung, Präzision und fast grenzenlosem Wissen die Tür weit geöffnet.«
Frank Hertweck, Frankfurter Allgemeine Zeitung

In ›Einladung, Dante zu lesen‹ führt Kurt Flasch den Leser spannend und kenntnisreich wie kein Zweiter durch die weitverzweigten Gänge von Dantes Meisterwerk, der ›Commedia‹, und zieht die Summe seiner lebenslangen Beschäftigung mit Dantes Kosmos.

»Aufschlussreich und vergnüglich, hoch gelehrt, aber ohne auszuufern oder gar zu protzen. Wer Dante nicht kennt, findet hier einen Zugang.«

Kurt Flasch, 1930 in Mainz geboren, gilt als einer der besten Kenner mittelalterlicher Philosophie und als der »urbanste philosophische Schriftsteller Deutschlands« (Gustav Seibt, Süddeutsche Zeitung). In seinen zahlreichen Büchern erschließt er kenntnisreich und streitbar uns so fern scheinende Autoren wie Meister Eckhart, Augustinus – immer neugierig auf die nie zur Ruhe kommenden Antworten auf ihre Texte. Zuletzt erschien seine große Monographie ›Meister Eckhart – Philosophie des Christentums‹. Für sein Schaffen wurde Kurt Flasch vielfach ausgezeichnet, darunter 2000 mit dem Sigmund-Freud-Preis für wissenschaftliche Prosa, 2009 mit dem Hannah-Arendt-Preis, 2010 mit dem Lessing-Preis für Kritik sowie mit dem Essay-Preis Tractatus.

Weitere Informationen finden Sie auf www.fischerverlage.de

KURT FLASCH

EINLADUNG, DANTE ZU LESEN

FISCHER Klassik

Aus Verantwortung für die Umwelt hat sich der S. Fischer Verlag zu einer nachhaltigen Buchproduktion verpflichtet. Der bewusste Umgang mit unseren Ressourcen, der Schutz unseres Klimas und der Natur gehören zu unseren obersten Unternehmenszielen.

Gemeinsam mit unseren Partnern und Lieferanten setzen wir uns für eine klimaneutrale Buchproduktion ein, die den Erwerb von Klimazertifikaten zur Kompensation des CO_2-Ausstoßes einschließt.

Weitere Informationen finden Sie unter: www.klimaneutralerverlag.de

FSC www.fsc.org
MIX
Papier aus verantwortungsvollen Quellen
FSC® C014496

4. Auflage: August 2021

Erschienen bei FISCHER Taschenbuch
Frankfurt am Main, Mai 2015

Satz: Dörlemann Satz, Lemförde
Druck und Bindung: GGP Media GmbH, Pößneck
Printed in Germany
ISBN 978-3-596-90596-6

INHALT

VIER
RÜCKBLICK

ANHANG

VORWORT

Dies ist kein Buch für Dante-Spezialisten, sondern für Dante-Freunde und solche, die prüfen, ob sie es werden wollen. Es gibt einführende Hinweise für das Lesen von Dantes *Commedia*. Auch die sog. ›kleineren Werke‹ Dantes sind um ihrer selbst willen lesenswert, aber von ihnen spreche ich nur im Hinblick auf Dantes Hauptwerk.

Deutschsprachige Leser der *Commedia* brauchen heute Hilfe. Daher rede ich von den Schwierigkeiten, die dem Verständnis entgegenstehen, aber das tue ich erst im zweiten Stadium. Wer viel über Picassos *Les Demoiselles d'Avignon* von 1907 oder über die Kathedrale von Chartres gelesen hat, bevor er sie *gesehen* hat, dessen Wahrnehmung wird beengt. Daher führt das Vorspiel dieses Buches direkt, wie mit einem Sprung, zu Dantes Original. Informationen, Vertiefungen und Debatten folgen später.

Der zweite Teil gesteht zunächst einmal zu, daß Dante uns ferngerückt ist. Seine ersten zwei Kapitel bilden eine verlängerte Einleitung; sie helfen die erste Fremdheit überwinden. Danach gehe ich die drei Hauptteile der *Commedia* durch, kehre also mit neuen Gesichtspunkten zur Hölle zurück; mit ihr muß das Lesen der *Commedia* ohnehin beginnen.

Der dritte Teil löst sich mehr vom Text und bespricht allgemeinere Fragen: Wer war Beatrice? Wie haben Dantes Zeitgenossen auf ihre Vergötterung reagiert? Weitere Kapitel sprechen von Dantes Sprache, von seiner Philosophie und seiner Konzeption der Politik. Hier geht es um Fragen der ›Struktur‹ und insgesamt um Dantes geschichtliche Stellung.

Der letzte Teil skizziert Wandlungen der Dante-Auffassungen (I) und beantwortet die Frage, warum es von der *Commedia* immer neue Übersetzungen gibt (II).

Ich will so klar und so einfach wie möglich schreiben. Ich will faßlich reden, ohne gelehrten Dekor, den hinzuzufügen mir nach über sechzigjähriger Arbeit am Denken des Mittelalters leichter gefallen wäre als die harte Beschränkung auf das für den deutschsprachigen Leser Nützliche. Ich beginne mit einfachen Bildern und ausgewählten Informationen, um zur *Commedia* als Poesie hinzuführen. Es kommen in ihr etwa 600 Personen vor; die Mannigfaltigkeit ihrer Situationen und von Dantes poetischen Erfindungen verwirrt. Mancher Ausleger sucht dieser Verwirrung durch schnelle Einordnung zu entgehen. Dagegen leiste ich Widerstand, indem ich zwar faßlich rede, aber auf den ›herrlichen‹ Zustand zugehe, in dem uns, wie Goethe in den *Wanderjahren* schreibt, »das Faßliche gemein und albern vorkommt«.

Gerne bedanke ich mich hier bei denen, die meine Dante-Interessen gefördert haben. Ich hatte dabei wunderbares Glück: Ich habe – schon Professor – ein Jahr lang bei Francesco Mazzoni in Florenz Dante studiert; seine Nachfolgerin, Frau Leonella Coglievina, hat mir manchen guten Rat gegeben. Unabschätzbares verdanke ich der jahrzehntelangen Freundschaft und dem ständigen Umgang mit den großen Dante-Forschern Eugenio Garin, Cesare Vasoli (beide Florenz) und Ruedi Imbach (Paris). Maria Antonietta Terzoli (Basel) verdanke ich viele Gespräche und Diskussionsmöglichkeiten in ihrem hervorragenden Institut. Sie hat mir in vielen Hinsichten geholfen und mich bei besonders schwierigen Versen beraten. Ihr gilt mein ganz besonderer Dank.

Freundliche Beratung in linguistischen Fragen erhielt ich von

Frau Professor Barbara Wehr (Mainz); ihr sei herzlich gedankt. Mein Freund Ralph Dutli (Heidelberg), der beste Kenner von Ossip Mandelstam, hat mir freundlich bei dem Kapitel über das Dante-Konzept des russischen Dichters geholfen.

Mein Freund Ruedi Imbach hat mit großer Kompetenz und helvetischer Genauigkeit die vorletzte Fassung des Textes durchgearbeitet. Er nahm sich zwei Tage Zeit, über Korrekturen zu sprechen. Dafür bin ich ihm sehr verbunden.

Egon Ammann (Zürich) war der erste, der mich angeregt hat, die *Commedia* neu zu übersetzen; er hat mich ermutigt und in Freundschaft beraten. Ich war zunächst sehr unglücklich, daß mein Buch nicht mehr in seinem Verlag hat erscheinen können; aber durch seine Vermittlung bin ich bei Herrn Hans Jürgen Balmes und einer so augezeichneten Lektorin wie Frau Andrea Elmer vom S. Fischer Verlag in gute Hände geraten und in die Verlagsstadt zurückgekommen, in der vor vielen Jahren mein erstes Buch erschienen ist, nach Frankfurt am Main.

Mainz, 12. März 2011 Kurt Flasch.

EINS

VORSPIEL IN DER HÖLLE

I. DER KUSS

1. Mord in Rimini

Dante hat um 1320, also vor etwa siebenhundert Jahren, die *Commedia* abgeschlossen. Die Last dieser Jahrhunderte liegt auf ihr, aber davon sei erst später die Rede. Ein heutiger Leser braucht, meine ich, zuerst einen spontanen Zugang; er darf zunächst einmal alle antiquarischen und sprachlichen Hürden überspringen. Damit steht er vor der Frische, der Heiterkeit und der Majestät eines großen Kunstwerks. Ich schlage ihm vor, wie mit einem Sprung in Dantes Welt einzudringen und sich erst danach nach der Hilfe umzusehen, die er für das vertiefte Verständnis braucht. Ich lade ihn ein zu einem vorbereitenden Spiel, zu einem Vor-Spiel. Ich stelle ihm drei Szenen aus Dantes *Hölle* vor Augen, mit denen er beginnen kann, den wirklichen Dante kennenzulernen.

Die erste Geschichte handelt von Ehebruch und außerehelicher Liebe. Dantes Hölle ist ein riesiger Erdtrichter, der sich bis zum Erdmittelpunkt erstreckt und in Kreise oder Terrassen eingeteilt ist. Dante, von dem antiken Dichter Vergil begleitet, trifft Francesca von Rimini im zweiten Kreis der Hölle. Die Dame wurde von ihrem Ehemann in flagranti überrascht und umgebracht. Sie ist nächst Beatrice die berühmteste Figur aus Dantes Werk; bis in die Gegenwart haben Dichter, Komponisten und Maler sich mit ihr beschäftigt. Wie Dante, der Jenseitswanderer, sie kennenlernt, beschreibt der fünfte Gesang des *Inferno*. Was vorausging und was folgt, erzähle ich später.

Dante wird, wie gesagt, von Vergil begleitet. Dieser hat auf

Bitten Beatrices seinen Höllenaufenthalt im ersten Kreis unterbrochen, um ihren Freund durch Hölle und Fegefeuer zu führen. Die beiden Dichter sind gerade dabei, vom ersten zum zweiten Höllenkreis abzusteigen. Von hier an hat die Hölle schon den Charakter von Straflager und Foltercamp. Je weiter es in die Tiefe geht, um so schwerer werden die Strafen; um so größere Untaten werden geahndet.

Am Eingang zum zweiten Kreis sitzt Minos, der Höllenrichter. Innen treibt der Sturmwind die Wollüstigen in der Luft vor sich her. Dante, der Wanderer, begreift: Der Wirbelsturm entspricht den Stürmen der Leidenschaft. Er wirbelt die *fleischlichen Sünder* vor sich her, Seelen also, die, wie es heißt, ihre Einsicht dem sinnlichen Trieb untergeordnet haben.

Minos hat die Aufgabe, den Eingang zu bewachen und die ankommenden Sünder auf die für sie gerechten Höllenplätze zu befördern. Er wirbelt sie um so viele Stufen nach unten, wie oft er sich mit dem gewaltigen Schwanz ringelt. Minos gehört nicht zum theologisch-korrekten Personal. Er stammt aus der antiken Dichtung; Dante hat ihn aus der *Aeneis* des Vergil importiert. Er hat ihn dabei verändert: Bei Vergil war er der Sohn des Zeus, König von Kreta, der weiseste und strengste Richter. Dante macht aus ihm ein Halbtier, einen urtümlichen Drachen mit gewaltiger Stimme und einem ungeheuren Schwanz. Er gibt Minos eine wichtige Aufgabe: Er erspart es Gott dem Herrn, als Platzanweiser für Höllenkreise aufzutreten.

Der Wanderer begreift die Strafsituation und bittet Vergil, ihm die einzelnen Personen zu erklären, die der Sturm an ihm vorbeitreibt. Es sind Wollüstige aus allen Völkern, Frauen wie Männer, Personen aus der Antike und aus zeitgenössischen Romanen. Es sind sehr viele; Dantes Hölle ist dicht bevölkert. Der Wanderer lernt einige berühmte Sexsünder kennen und ist erschüttert. *Mitleid* (*pietà*) erfaßt ihn so, daß er fast zusammenbricht (72).[1]

Große Scharen läßt er an sich vorbeiziehen, bis er ein Paar sieht, das zusammenbleibt. Er verwechselt nicht das Liebespaar mit den vielen Sexbesessenen und drängt von sich aus darauf, mit ihnen zu reden. Er ruft ihnen seine Bitte zu; sie lösen sich von den vielen Getriebenen; sie kommen aus eigenem Antrieb, nicht als Objekt des Strafsturms. Sie wollen, wie Dante, reden und zuhören. Sie verlassen für eine kurze Selbstdarstellung den Strafrahmen. Der Sturm legt sich für ihr Gespräch. Die beiden nehmen das Interesse und die Anteilnahme Dantes dankbar wahr. Francesca würde gern für Dante beten, damit er *Frieden* fände (91–93). Allein Francesca redet für das Liebespaar. Für sie, die ewig Gejagte, ist Frieden ein hoher Wert. Sie umschreibt ihren Geburtsort Ravenna als den Ort, wo der Fluß Po mit seinen Nebenarmen *Frieden* findet (99). Sie weiß, daß ihr Gebet beim *König des Universums* kein Gehör fände. Sie leidet darunter. Sie ist besser, als es die Höllengesetze erlauben. Diese gestatten keine Kommunikation zwischen Gott und den Verdammten.

Der Name ›Gott‹ darf in der Hölle nicht genannt werden. Daher kommt es zu merkwürdigen Umschreibungen. Vergil mäßigt den Zornausbruch des Minos, indem er sagt, die Höllenreise Dantes werde dort gewollt, *wo man kann, was man will* (22–23). Dante bittet das Liebespaar, zur Unterhaltung näher zu kommen, *wenn ein anderer es nicht verbietet, s'altri nol niega* (81).

Francescas Ehebruch und die Ermordung des Paars liegen zeitlich lange zurück. Dante, der Verfasser, läßt sie nicht aus

1 Die Zahlen in Klammern geben den Vers im jeweiligen canto an, hier also im fünften der Hölle. Alle Textbelege aus dem Inferno nach Giorgio Inglese, Dante Alighieri, Commedia. Inferno, Rom 2007.

der Sicht eines Augenzeugen detailliert schildern, sondern von Francesca kurz zusammenfassen. Sie nennt nicht einmal den Namen des Mannes neben ihr. Der Autor nutzt den psychologisch-literarischen Effekt aus, daß er allein mitteilen kann, was sich in der Todesstunde der Liebenden im Fürstenhaus von Rimini abgespielt hat. Vor allem aber läßt er Francesca sich aussprechen. Sie sagt, was Liebe ist. In dreimal drei Versen (100–108), also in der für die *Commedia* charakteristischen Form der Terzine, erklärt sie ihr Geschick. Sie spricht von Amor, dem mächtigen Liebesgott, der ›edle‹ Herzen ergreift. Er ist in Menschen zu Hause, die sich nicht schonen. Ein ›edles‹ Herz gehört ihm. Er schafft Wechselseitigkeit. Und er führt in den Tod.[2]

Wer liebt, lebt in der Tristan-Welt; er lebt gefährlich, aber er weiß das und mißachtet die kleinliche Vorsicht. Also nicht das Ermordetwerden ist die adäquate Strafe, sondern die Verbannung in den zweiten Kreis der Hölle. Das physische Fortleben sieht Dante nicht als Wert an sich.

Francescas Liebesphilosophie löst im Höllenbesucher tiefes Grübeln aus. Vergil fragt ihn, was er denke, und in seiner Antwort spricht Dante nicht von Schuld, sondern klagt, daß ein so

2 Die Literatur über Francesca ist außerordentlich vielfältig. Vgl. außer den dazu zitierten Kommentaren besonders K S. 73–89; Antonio Enzo Quaglio, Francesca da Rimini, in: ED 3, S. 1–13; Marco Santagata, Cognati e amanti. Francesca e Paolo nel V del Inferno, in: Romanistisches Jahrbuch 48 (1997), S. 122–156; Michelangelo Picone, Canto V, in: Georges Güntert – Michelangelo Picone (Hg.), Lectura Dantis Turicensis, Inferno, Florenz 2000, S. 75–89; Lorenzo Renzi, Le conseguenze di un bacio. L'episodio di Francesca nella ›Commedia‹ di Dante, Bologna 2007; Bernhard König, Minnedichtung und luxuria. Eine lectura Dantis, in: Romanistisches Jahrbuch 58 (2007), S. 132–184; Gennaro Sasso, Dante, Guido e Francesca, Rom 2008.

süßer, schöner Anfang zu solchem Elend geführt hat. Er bedenkt das menschliche Leben, nicht die Bußordnung der Hölle. Aber dann wechselt er das Thema und stellt die Frage, woran die beiden Liebenden erkannt haben, daß sie sich lieben, ab Vers 118. Diese Frage nach einer psychologischen Finesse wäre in der Hölle als bloßer Strafanstalt unangebracht. Sie lenkt vom Zweck der Strafe ab. Sie ist voyeuristisch, nebensächlich, unfromm. Sprach Francesca zuerst von der Macht des Liebesgottes, so spricht sie jetzt von einem erzählten Kuß und seinen Folgen: Sie lasen ohne Argwohn, ohne jede Absicht einen französischen Liebesroman, und als sie an die Stelle kamen, wo der Liebhaber Lancelot die Frau des Königs Artus küßt, da küßte Francescas Liebhaber, am ganzen Leib zitternd, sie auf den Mund. *An diesem Tag lasen wir nicht weiter.* Dieser Satz ist mit Recht berühmt. Kurz und eindeutig bezeichnet er in aussparender Form die Freuden der Liebe.

Während Francesca spricht, weint ihr Freund nur. Dante bricht zusammen, von Mitleid und Grauen überwältigt:

Ich stürzte hin, wie ein toter Körper fällt.
E caddi come corpo morto cade.

Dieser Schlußvers mit dem dreifachen harten k-Laut und den dunklen Vokalen a und o kann allein schon einen Menschen zum Lernen des Italienischen bewegen. Zugleich beweist er, daß Poesie sich nicht übersetzen läßt.

2. *Gedränge der Erklärer*

Dante, der Höllenbesucher, hört Francesca an und kippt um. Dante, der Schriftsteller, ersetzt den Ausfall nicht. Auch er bleibt stumm. Er gibt keine eigene Bewertung ab. Was zurückbleibt, ist Schmerz und Trauer, wie er zu Beginn des sechsten canto (6, 1–6) sagt. Manchen Leser stört dieser offene Schluß. Er hat sich auf das Liebespaar eingelassen und will ein abrundendes Urteil hören, aber was der Text bietet, ist Ohnmächtigwerden und Trauer. Das ist der Verzicht auf Erklärung. Der Autor selbst hat keine oder will keine. Er gibt am Ende kein Urteil ab. Er hat eine Erfahrung erzählt und gibt zu denken. Das hat manchen Leser gereizt, diese Geschichte nicht offen stehenzulassen, sondern ihr an Dantes Stelle ein definitives Resümee zu verschaffen. Dagegen muß der Leser einen besonnenen, keinen raschen und wilden Widerstand entwickeln. Dazu ist es nützlich, die wichtigsten Arten solcher Dante-Verbesserungen zu kennen:

Viele Menschen lieben es zu moralisieren. Vor allem, wenn es nicht sie selbst, sondern fremde Personen betrifft. Das Schuldzuweisen ist die anfängliche Form, in der sie Allgemeines denken. Es ist eine wichtige Denkstufe, aber es qualifiziert nicht schon zum Dante-Verständnis. Und darüber nachzudenken, lehrt die Francesca-Geschichte. Sie warnt vor der naheliegenden Versuchung, beim Hören der Francesca-Erzählung und anderer Höllen-Episoden, den Schuldaspekt zu betonen. Dante selbst tat das nicht. Er zeichnet keineswegs Francesca als eine zu Recht bestrafte Sünderin. Er erklärt sie auch nicht für unschuldig. Ob sie heilig oder böse ist, er leidet mit der Unglücksfrau. Sein letztes Wort ist sein Verstummen. Er benennt eingangs wie im Vorbeigehen ihre Verfehlung: Sie gehört zu denen, die ihre

Leidenschaft über die Einsicht haben siegen lassen, aber er macht ihre Bestrafung einzig auf *poetische* Art plausibel, nicht quasi-juristisch oder quasi-theologisch. Er spielt nicht den Advokaten Gottes, der nachweist, daß die Strafe gerecht ist. Kein Wort fällt in dieser Richtung. Das Interesse des Dichters besteht vielmehr darin, Francesca als sympathische, sensible und nachdenkende Frau zu zeichnen. Das beginnt schon damit, wie er das Liebespaar herankommen läßt: Die große Schar der Sexsüchtigen läßt er wie Stare, andere Sünder wie Kraniche vorbeiziehen, Francesca und ihr namenloser Freund gleiten sanft wie Tauben heran. Sie lenken selbst ihre Bewegung. Sie kommen, weil sie kommen und weil sie sprechen wollen. Francesca bedankt sich in höflichen Wendungen und erweckt in sich ein frommes Gefühl, von dem sie als theologisch Gebildete weiß, daß es in der Hölle sinnlos ist. Sie würde gern für Dantes Frieden beten.

Dann erklärt sie ihr Geschick aus der Übermacht des Liebesgottes Amor. Dante widerspricht ihr darin nicht. Er läßt ihr Liebeskonzept einfach stehen. Wer das Lesen von Dichtung mit dem Suchen nach Verfehlungen verwechselt, kann dagegen vorbringen, Francesca rede sich nur heraus. Dante als Moralphilosoph verlange von ihr, ihre erotische Konstitution der Einsicht unterzuordnen. Tatsächlich dachte Dante so; er spricht das im 18. canto des *Purgatorio* auch aus. Aber der charakteristische Textbefund von canto 5 ist nicht der, daß Dante seine philosophische Ansicht hier entwickelt oder auch nur andeutet, daß er also die Willensfreiheit gegen psychologischen und astrologischen Determinismus verteidigt, sondern daß er diese Ansicht hier *nicht* vorbringt. Dantes Francesca-Erzählung mit Hilfe von anderen Texten, und seien es die Dantes, zu verbessern, ist nichts anderes als das hartnäckige Festhalten am unpoetischen moralistischen Standpunkt, der nicht tiefsinniger wird, wenn er sich theologisch abstützt.

Aber verlangt nicht Dantes Theologie die Schuldermittlung? Er hält Gott für weise und gerecht; er glaubt, Gott habe die Hölle aus Liebe zur Gerechtigkeit eingerichtet. Das sagt die Überschrift des Höllentors (Inf. 3, 1–6). Muß er dann nicht auch überzeugt sein, daß Francesca als *fleischliche Sünderin* (5, 38) zu Recht in der Hölle leidet? Er *müßte,* antworte ich, aber er macht von dieser Überzeugung hier keinen Gebrauch. Er sinkt stumm zusammen. Seine Theologie hilft ihm nicht dagegen. Seine Wahrheit ist jetzt, am Ende des canto 5, das Mitleiden fast bis zum Tod. Schon als Vergil die Namen der großen Liebenden nannte, war er dem Zusammenbruch nahe (72). Aber jetzt, nach Francescas Erzählung, verstummt der Theologe Dante gänzlich.

Das heißt nicht, daß Dante, der Verfasser, keine theologische Konzeption mehr besitze. Aus *Purgatorio* 18 läßt sich seine Überzeugung herbeizitieren, Menschen könnten mit Vernunft und Willen der Macht der Sterne und der Veranlagung widerstehen, aber Dante hatte die höhere poetisch-theologische Einsicht: Gott strahlt uns in allem, was ist, entgegen, hier mehr, dort weniger (Par. 1, 1–6). Genau das beweist Francesca: Sie ist nicht nur Sünderin. Sie erschöpft sich nicht darin, eine Verdammte zu sein. Sie zeigt in menschlicher Form die göttlichen Qualitäten von Einsicht und Liebe. Dantes Theologie beschränkt sich nicht auf die Zumessung von Schuld und Sühne; sie denkt etwas mehr als Minos denken muß, um sein Amt gerecht auszuüben. Dies ist nur der Ausgangspunkt, von dem aus sie ihre Kraft anfängt zu entwickeln. Diese höhere Theologie und Dichtkunst zeichnet die Ehebrecherin als einen so liebenswerten Menschen, daß die Schuldzuweisung zwar nicht geleugnet, aber poetisch vergessen oder vielmehr individualisiert überboten und aufgehoben wird. Dante erbringt den Tatsachenbeweis, daß Poesie dies kann. Sonst wäre Francesca eine Ehebrecherin wie Millionen andere. Das außerordentliche Interesse, das ihr in der Kulturgeschichte Europas schon entgegengebracht worden ist, würde unbegreiflich. Wer Theologie mit dem Auffinden des Schuld-Strafe-Zusammenhangs verwechselt, verfehlt zugleich Dantes Theologie und Poesie. Die großen Theologen des Mittelalters kannten diese Banalisierung und Moralisierung des Gottesverhältnisses nicht. Dante hat keineswegs als ›mittelalterlicher‹ Mensch so denken müssen; er fordert de facto nicht auf, den Francesca-Gesang mit dem banal-theologischen Gedanken der gerechten Strafe zu ergänzen. Eine solche Korrektur zerstört das Beste, das der Francesca-Episode zu entnehmen ist, nämlich die einfache Einsicht, daß sie im *Inferno* die am wenigsten Böse ist und daß uns in ihr Einsicht und Liebe des ersten Grundes entgegenstrahlen. In ihr etwas weniger, in Beatrice etwas mehr. Nicht daß der Strafgedanke hier völlig fehlt, nur wird er untergeordnet und am Ende poetisch verdrängt. Der canto 5 lehrt das Überwinden des Moralisierens, nicht dessen Erstarren vorm factum brutum der Strafzuweisung. Francesca, die beten will, lebt nicht außerhalb des Unendlichen.

Diese poetisch-spekulative Pointe läßt sich auf verschiedene Weise verfehlen oder zurückdrängen. Der eine oder andere Autor hält sich nur zu gerne beim Genuß des moralischen Urteilens über andere auf. Er erreicht dies auch mit der Argumentation, Dante steuere mit seiner ablenkenden Frage, woran die Liebenden die Wechselseitigkeit ihrer Liebe erkannten, auf das Lesen französischer Liebesromane zu. Er wolle zeigen, wie verderblich solche Bücher wirken: Auf eine Stunde Lesegenuß folge ewige Höllenstrafe. Sie hätten Francesca den Kopf verdreht, so ähnlich wie Don Quijote seine Verrücktheit den Ritterromanen verdanke. Dieses Argument läßt sich noch biographisch ausbauen: Dante hatte als Verfasser von Liebeslyrik begonnen. Sein bester Freund war Guido Cavalcanti, dessen Auffassung von Liebe entspreche Francescas Konzept von der Liebe: Liebe als übermächtige Passion unterwirft sich das Denken und führt zum Tod. Dante kritisiere die französischen Liebesromane und damit eine frühe Stufe seiner poetischen Entwicklung; er treibe Literaturkritik als Selbstkorrektur. Er verabschiede sich in canto 5 von seiner ersten Liebeslyrik, indem er ihre tödlichen Folgen und ihre ewige Bestrafung zeige. Er distanziere sich von einer Konzeption der Liebe und der Lyrik, die er früher mit Guido geteilt habe.

Nun hat Dante tatsächlich nicht immer dasselbe gedacht. Er hat immer wieder neue Motive entwickelt und frühere Äußerungen kritisiert. Gerade in der *Commedia* läßt sich das mehrfach feststellen. Die Philosophie des Verfassers der *Commedia* ist gewiß nicht identisch mit der Liebesphilosophie Francescas: Die Liebe Francescas führt zu Tod und Hölle; die Liebe zu Beatrice führt in den Himmel. Der platonische Eros bringt die Seele in ihre Sternenheimat zurück. Ähnlich dachte der reife Dichter, aber so denkt nicht seine Francesca. Der Kontrast ist offensichtlich. Ich leugne ihn nicht, nur lenkt auch diese biographische Verbesserung des Dante-Textes, die hypothetisch bleibt, vom Wesentlichen ab, das zutage liegt. Sie wiederholt die moralistisch-verengte Sicht, Dante tadle die nicht-jenseitsorientierte Liebe. Das ist der alte Moralismus, nur literarkritisch verstärkt. Er steckt jetzt Francesca in die Hölle, weil sie, von Liebesromanen verwirrt, ihrer Liebe die falsche, die diesseitige und pessimistische Deutung gebe. Die Erklärung, Dante verurteile hier Liebesromane oder die frühere Liebeskonzeption Dantes und Guidos, fügt dem poetischen Text eine weitere Ergänzung hinzu, die Dante nicht ausgesprochen hat. Hätte er dies als Ergebnis deklarieren wollen, hätte es ihm an Ausdrucksmöglichkeiten nicht gefehlt. Das beweisen seine anderen Selbstkorrekturen. Das entscheidende Faktum, das der Leser aushalten muß, ist: Dante hat seine Unterhaltung mit Francesca nicht zur Rechtfertigung des göttlichen Strafurteils genutzt und hat als Verfasser keine Selbstkorrektur ausgesprochen, was er leicht hätte tun können. Was zählt, ist Dantes Inhalt, nicht unsere Vermutungen und hypothetischen Zugaben. Seine Dichtung dient nicht primär autobiographischen Korrekturen, sondern zeigt die großen Realitäten, die unser Leben bestimmen. Zu diesen Weltmächten gehört die Liebe als Passion. Sie ist gefährlich und kann den Tod bringen, aber sie herrscht nun einmal in ›edlen Herzen‹, die nicht um ihre Selbsterhaltung besorgt sind. Dies übersieht, wer sein Denken auf die Suche nach Verfehlungen oder nach biographischen Brüchen dressiert hat. Dichtung ist Welterkenntnis. Bei Dante ist sie Welterkenntnis als die Erkenntnis Gottes, die uns hier weniger, dort leuchtender entgegentritt. Jedenfalls erfindet Dante mehr Verse, um die Macht Amors zu beschreiben, als zu erklären, warum Francesca zu Recht in der Hölle steckt.

Es herrscht Gedränge bei den Erklärern der Francesca-Erzählung. Soziologische und frauenrechtliche Gesichtspunkte erhalten ihr Recht. Amerikanische gender studies fragen nach Francescas Rolle als Ehefrau.[3] Sie wurde aus politischem Kalkül

3 Theodolinda Barolini, Dante and Francesca da Rimini: Realpolitik, Romance, Gender, in: Speculum 75 (2000), S. 1–28; dies., Francesca da Rimini, in: Lansing S. 409–414. Neue Gesichtspunkte auch in: Dante

nach Rimini verheiratet. Nach ihren Gefühlen hat niemand gefragt. Verändert das nicht ihre Affäre? Ihre Schuld wird kleiner. Das Verhältnis von Tat und Strafe konnte ja auch Dante nicht plausibel machen.

Es waren nicht erst moderne Feministinnen, die Francesca in diesem Sinn entlasten konnten. Das ist eine erstaunliche Tatsache, die belegen muß, wer sie behauptet. Hier ist der Beweis: Giovanni Boccaccio, der die ersten öffentlichen Vorlesungen zur Erklärung der *Commedia* gehalten hat, trug in der Badia von Florenz 1373 folgende Sätze zur Erklärung der Vorgeschichte der Francesca vor.[4] Ich gebe sie in meiner deutschen Erstübersetzung wieder:

147 *Man muß wissen: Diese Frau war die Tochter Guidos des Älteren von Polenta, des Herrn von Ravenna und Cervia. Zwischen ihm und den Herren Malatesta von Rimini hatte lange verheerender Krieg geherrscht, aber dann kam es doch dazu: Einige Vermittler verhandelten und es wurde zwischen ihnen Frieden geschlossen. Damit dieser noch sicherer werde, wünschten beide Parteien, daß er durch Heirat gefestigt werde, und das Ergebnis der Verhandlungen war, daß der genannte Herr Guido seine junge und schöne Tochter, die Dame Francesca, dem Gian Ciotto zur Frau geben sollte, dem Sohn des Herrn Malatesta.*

148 *Nachdem einige Freunde dieses Herrn Guido davon erfahren hatten, sagte einer von ihnen zu Herrn Guido: »Bedenkt wohl, was Ihr da macht. Wenn Ihr Euch nicht vorseht, könnte Euch aus dieser*

and the New Millenium, ed. Theodolinda Barolini und H. Wayne Storey, New York 2003.

4 Giovanni Boccaccio, Esposizioni sopra la Comedia, canto V, ed. Giorgio Padoan, Mailand 1965, n. 147 S. 315 – n. 151 S. 316.

Hochzeit Ärger erwachsen. Ihr müßt wissen, wer Eure Tochter ist. Sie ist ein selbstbewußt-stolzer Geist (ell' è d'altiero animo), und wenn sie den Gian Ciotto zu sehen bekommt, bevor die Ehe vollzogen ist, dann erreicht weder Ihr noch sonst jemand, daß sie ihn zum Mann haben will. Und deshalb, wenn Ihr mir zustimmt, würde ich meinen, es sei folgender Weg einzuschlagen: Gian Ciotto sollte nicht selbst hierherkommen, sie zu heiraten, sondern einer seiner Brüder sollte zu uns kommen, der sie als Vertreter des Gian Ciotto in dessen Name heiraten soll.«

149 *Dieser Gian Ciotto war ein Mann mit großen Plänen, und er erwartete, nach dem Tod des Vaters werde er als Herrscher zurückbleiben, und, so widerlich und wacklig er aussah, so gierte er danach, daß er und nicht einer seiner Brüder der Schwiegersohn des Herrn Guido werde. Aber der erkannte, daß es so kommen werde, wie sein Freund ihm klargemacht hatte, und ordnete heimlich an, daß alles so eingerichtet werde, wie sein Freund geraten hatte.*

150 *Deswegen kam zu gegebener Zeit Polo nach Ravenna, der Bruder des Gian Ciotto, mit Vollmacht, die Dame Francesca zu verheiraten. Dieser Polo war ein schöner und angenehmer Mann von feinen Umgangsformen. Eines Tages erging er sich mit anderen Edelleuten am Hof, wo Herr Guido wohnte, und da zeigte ihn eine der Hofdamen, die ihn kannte, durch ein kleines Fensterloch der Dame Francesca und sagte ihr: »Herrin, das ist der, der euer Mann werden soll.« Die gute Frau glaubte das, und so richtete die Dame Francesca gleich ihren Sinn und ihre Liebe auf diesen Mann.*

151 *Der Ehevertrag wurde mit aller Feierlichkeit abgeschlossen. Die Frau ging nach Rimini und bemerkte den Betrug erst, als am Morgen nach der Hochzeitsnacht Gian Ciotto sich neben ihr aus dem Bett erhob. Da muß man schon glauben, daß sie sich empörte, als sie sah, daß man sie getäuscht hatte, und daß sie schon deswegen nicht die Liebe, die sie zu Polo gefaßt hatte, aus ihrem Geist vertrieb. Wie*

weit sie sich mit ihm zusammentat, darüber habe ich nichts gehört – außer dem, was unser Autor darüber schreibt. Es kann ja möglich sein, daß es so geschah, aber ich glaube eher, daß das eine Erdichtung ist, die er sich ausgedacht hat aufgrund dessen, was möglicherweise passiert ist. Ich glaube nicht, daß der Autor gewußt hat, was geschehen war.

Boccaccio erzählt Dantes Geschichte neu und stellt mit seiner Erklärung den canto 5 auf den Kopf. Er treibt die Exkulpierung Francescas weit: Ihre Eheschließung läßt er auf einem politisch motivierten Betrug beruhen. Er hebt die intellektuelle und moralische Selbständigkeit der Frau hervor, die sich von niemandem, auch nicht von ihrem fürstlichen Vater, einen Ehemann aufdrängen ließe, der ihr nicht gefiele. Zum Schluß bezweifelt er die Zuverlässigkeit von Dantes Angaben, spinnt dann aber mit weiteren Erfindungen, auf die einzugehen hier zu weit führen würde, die Erzählung so aus, daß sie auch noch die Schuld des Ehemanns mindert; dieser ersticht Francesca durch den unglücklichen Zufall, daß sie sich dazwischenwirft, als er den Stoß des Degens gegen Polo führt.

Boccaccio destruiert Dantes Erzählung. Seine arme Francesca wird vom Vater betrogen und vom Ehemann, der sie mehr liebe als sich selbst, durch Zufall ermordet. Boccaccio, der Dante-Verehrer und Dante-Erklärer, stellt schließlich die historisch-faktische Grundlage der Erzählung Dantes, ob sie nämlich Ehebruch begangen habe, in Frage. Weder Dante noch Boccaccio erörtern die Frage, ob Francesca zu Recht in der Hölle steckt.

Dante findet sie darin vor. Boccaccio holt sie einfach heraus.

II. LETZTE AUSFAHRT

1. *Florenz als Weltmacht*

Vielleicht führt kein Text besser ein in Dantes Dichtung als sein Gesang von Odysseus, den er Ulisse nennt. Nach Francescas tödlich ausgehendem Ehebruch geht es nun um die letzte Ausfahrt des Odysseus. Er kommt dabei ums Leben. Heute sehen viele Menschen, auch Dantisten – anders als Dante –, den körperlichen Untergang als schwere Strafe an und bewerten daher die letzte Ausfahrt des Ulisse falsch. Darauf komme ich zurück und beginne nun mit einer schlichten Textübersicht des canto 26. Das klingt vielleicht pedantisch, aber der Leser braucht diesen Überblick für die folgenden Debatten. Denn dieser Abschnitt der *Commedia* ist nicht nur kompakt, anschaulich und dramatisch, sondern seine Auslegung ist auch vielfach umstritten.

Der canto setzt ein mit der höhnischen Verurteilung von Florenz. Sie gehört nicht zu seinem Hauptthema; sie schließt das Vorhergehende ab. Dante spielt höhnend an auf die Inschrift am Palazzo del Popolo, also dem Bargello, in der Florenz sich rühmt, jetzt so stark zu sein wie das antike Rom:

Gaudet (Florentia) … que mare, que terram, que totum possidet orbem.

> *Florenz jubiliert. Es besitzt Meer und Land, den ganzen Erdkreis.*[5]

5 Zitiert aus Inglese, S. 290 zu Vers 2.

Florenz als Weltmacht durchdringt mit seinen Handelsbeziehungen und Gulden alles. Dante hatte im vorhergehenden canto Diebe aus Florenz getroffen und läßt sich die Gelegenheit nicht entgehen, Florenz zu kritisieren. Politik drängt sich in der *Commedia* überall ein. Aber Hauptthema ist Odysseus, der Stratege vor Troja, der Welterkundungsenthusiast. Er steht vor uns, als wäre er Zeitgenosse des florentinischen Expansionismus über Land und Meer. Der Leser steht jetzt im achten Höllenkreis, also sehr weit unten. Er hat Menschen gesehen mit zerspaltenem Kopf und heraushängendem Gedärme. Er hat Bestrafungsszenen hinter sich, deren Derbheit Goethes Widerwillen erregt hat (26, 1–12).

2. *Zwei Kriegsverbrecher*

Der weitere Abstieg ist schwierig. Dante, der Wanderer, sieht von oben Menschen als wandelnde Feuersäulen. Das schmerzt ihn. Der Schmerz erneuert sich dem Autor beim Schreiben (13–18). Er weiß noch nicht, wen er treffen wird. Er blickt nach unten in den Graben mit den Sündern und sieht Männer in Feuermänteln. Er leidet wie beim Anblick der umhergewirbelten Seelen zu Beginn von canto 5 und fordert sich auf, seinen Geist zu zügeln, mehr als er es gewöhnlich tut. Damit er nicht davonläuft, ohne *vom Rechten* (*virtù*) geführt zu sein (19–24).

Dante erklärt seine Selbstzügelung nicht näher: Hat er früher seinen Geist nicht der virtù untergeordnet? Kritisiert er frühere Exzesse seiner Neugier? Verwirft er sein Mitleid mit den zu Recht Bestraften? Der Verfasser des *Inferno* ist jetzt selbst ein Mann der Höfe, eine Art politischer Berater. Warnt er sich vor moralfreien politischen Kalkulationen? Spielt er an auf das, was kommt: Hat Odysseus seine Begabung des Wortemachens und kluger Einfälle nicht der virtù untergeordnet?

Die Sünder in Feuermänteln sind zahlreich und bewegen sich rasch wie Glühwürmchen an einem Sommerabend in der Toscana. Dante malt die Metapher liebevoll-umständlich aus; er gibt der sich bald steigernden dramatischen Erzählung einen ruhigen Anfang. Er verbindet die tiefste Hölle mit Alltagserfahrungen der Landschaft und des bäuerlichen Lebens. Nach den grauenhaften Turbulenzen vorausgegangener Szenen, nach Schlangengewühl und kafkaesken Verwandlungen schafft er für diesen Gesang – und nur für diesen, es geht danach sofort wild weiter – die Ausnahme-Atmosphäre besinnlichen Zuhörens für die Odysseus-Erzählung. Die ländliche Szene steht in angenehmem Kontrast zu Gestank, Geschrei und Gezerr der vorhergehenden Höllenkreise.

Dante sieht schnell vorbeihuschende Feuergestalten. Sie erinnern ihn an die Feuerwolken, die Elisa bei der Himmelfahrt des Propheten Elias sah. Elisa, dessen Schüler, wurde dabei von einer Kinderschar wegen seiner Kahlköpfigkeit verspottet. Er rief zur Rache Bären herbei, die 42 Kinder zerrissen. Schon wieder geht es rauh zu. Die Gewalttat zerstört die soeben skizzierte Idylle. Vergil erklärt die wandelnden Feuersäulen: In jeder steckt ein Sünder. Odysseus steckt zusammen mit Diomedes im selben Feuermantel. Sie werden bestraft für das, was sie gemeinsam verbrochen haben. Dantes Vergil nennt drei Strafgründe:

Erstens: Odysseus hat den Betrug mit dem hölzernen Pferd ersonnen, der den Staat zerstört hat, aus dem nach langen providentiellen Umwegen das Römische Imperium hervorgegangen ist, wie die *Aeneis* erzählt.

Zweitens: Er hat mit einer Finte Achill in den Tod getrieben und dessen schwangere Frau unglücklich gemacht.

Drittens: Er hat den Frevel begangen, als Bettler verkleidet im Tempel von Troja das Palladium, das Götterbild der Pallas Athene, zu stehlen.

Vergil nennt drei und nur drei Anklagepunkte. Odysseus ist Kriegsverbrecher; er ist nicht unschuldig. Minos hat ihn nicht zu Unrecht so tief nach unten gewirbelt. Aber bei den Schuldgründen kommt die letzte Ausfahrt nicht vor. Alle Punkte beziehen sich auf Troja. Er wird bestraft als ränkereicher Politiker und trickreicher Stratege. Diomedes war bei der Ausfahrt über die Säulen des Herakles hinaus nicht dabei, steckt aber mit ihm in einem einzigen Feuermantel. Dante zeigt außerordentliches Interesse an beiden Griechen, bevor diese sprechen. Er möchte mit ihnen reden. Sein Interesse wird nicht erklärt. Seine Hinneigung zu den beiden ist heftig wie die zu dem Liebespaar im Francesca-Gesang, hier gegen canto 5 auffällig gesteigert.

Vergil lobt sein Interesse, warnt ihn, die beiden direkt anzusprechen: Es sind Griechen. Die galten bei hochfahrenden Florentinern als hochfahrend. Vergil will selbst mit ihnen reden. Nach Autoren-Art setzt Vergil voraus, die altgriechischen Helden hätten in der Hölle seine lateinische Neuerscheinung gelesen.

Vergil fragt, wo sie *verloren* zu Tode kamen: *dove … perduto a morir gissi. Verloren, perduto,* heißt hier: nachdem sie den Weg verloren haben. Sie haben die Orientierung verloren und sind im Atlantik zugrunde gegangen (79–84).

Dante zeigt sich unbekümmert um die Mehrdeutigkeit von *verloren, perduto*, denn dieses Wort heißt sowohl ›zur Höllenstrafe verurteilt‹ wie ›den Weg verloren habend‹. Boccaccio nutzt im *Decameron* 7, 10 den Doppelsinn von *verloren, perduto* als komischen Effekt.

Der Höllenbesucher fragt: *Wo* und *wie* seid ihr zu Tode gekommen? Dieses Detail hat für die Plazierung der beiden Griechen in der tiefen Hölle keine Bedeutung. Es provoziert erzählerische Details, verläßt poetisch das System von Schuld und Strafe.

Kein Leser, denke ich, verwechselt irdisches Unglück mit ewiger Verdammnis. Die Strafe für Francesca war nicht ihre Ermordung, sondern ist das ewige Herumgewirbeltwerden durch leidenschaftlich-wilde Stürme. Odysseus büßt im Feuermantel im achten Graben, nicht mit seinem Seeunfall im südlichen Atlantik.

Es folgt die Erzählung des Odysseus von Ausfahrt und Untergang (90–142). Unser Gesang zeigt eine deutliche Zweiteilung: Zuerst kommt der Bericht des Autors, wie von außen, dann folgen Dialog und Erzählung durch den Protagonisten. Der Wanderer Dante will ein sprechendes Detail hören: Bei Francesca fragte er wie ein Reporter, nicht wie ein Moralphilosoph, *woran* sie ihre Liebe erkannten; hier, *wo* sie zu Tode kamen. Beides sind Nebenumstände; beides gibt Anlaß zu Erzählungen, die den ganzen zweiten Teil der canti 5 und 26 einnehmen, auf die diese canti zulaufen. Wenn schon einmal ein Jenseitsreisender zurückkommt, interessieren sich die Leute in Florenz wie in Verona für die Todesstunde berühmter Personen.

Odysseus nennt zunächst drei Gründe, die ihn hätten bewegen können, nicht auszufahren (94–97):

1. die *Süßigkeit* (*dolcezza*) seines kleinen Sohns,
2. die Verpflichtung gegenüber dem alten Vater, die pietas,
3. die Liebe zu Penelope.

Er hat über diese Gründe nachgedacht; er ist nicht forsch-bedenkenlos auf Abenteuerreise gegangen. Er will auf seine alten Tage etwas Menschenwürdiges tun. Er reiste nicht von Ithaka ab. Er trennte sich von Kirke, nicht von Penelope. Dann nennt er den Grund, der ihn bewogen hat wegzufahren: Er wollte Erfahrung gewinnen von der Welt (98–99, Übersetzung S. 109),

divenir del mondo esperto
e delli vizi umani e del valore.

Odysseus fiebert nach *Erfahrung* (*esperienza*), nicht primär von Naturdingen, sondern von Menschen, von Lastern und Tugenden. Nur versteht man dann schlecht, warum er in die Welt ohne Menschen aufbricht. Tugend und Laster können dort nur seine eigenen sein und die seiner Leute. Aber es geht Dante-Ulisse immer auch um Geographie und Kosmologie, also um Erkenntnis. Daß es ihm um Erfahrungswissen, nicht um Gotteserkenntnis geht, ist unter Aristoteles-Lesern kein Grund zur Geringschätzung.

Odysseus gibt die kleine Rede an die Gefährten wieder (112–120). Er nennt sie *Brüder*. Er erklärt ihnen:

Wissenwollen ist unsere Natur. Das ist wichtiger als die Mahnung des Herkules: Non plus ultra zu fahren. Den Herakles erwähnt er gar nicht, Herkules war ein Zwischenwesen zwischen Gott und Heroe; er hat große Taten vollführt, gute und frevelhafte. Der heidnische Halbgott ist für freie Christenmenschen keine Autorität. Hatte Paulus ihnen nicht geschrieben: »Alles ist euer. Omnia vestra sunt« (1 Kor. 3, 21)? Der Atlantik etwa nicht? Gebietet vielleicht die christliche Ethik, allen Geboten griechischer Halbgötter zu folgen? Es wurde noch keine mittelalterliche Quelle nachgewiesen, die das Verbot, über Gibraltar hinauszufahren, ›verbindlich‹ nennt.[6] Wie sollte das auch sein?

6 Auch nicht Giorgio Padoan, in: ED 2, S. 717–718.

Sollte niemand per Schiff nach Lissabon fahren dürfen? Dann wären die Kanarischen Inseln nicht wenige Jahre nach Dantes Tod entdeckt worden.

Odysseus zu den alten Gefährten: Kurze Zeit bleibt uns nur. Verweigert nicht die Erfahrung, *esperienza*, der untergehenden Sonne nachzufahren und zu sehen, was es dort gibt, wo noch kein Mensch war. Der Sonne nachreisen, das ist das Projekt. Er appelliert an ihr Bewußtsein von der Würde des Menschen:

Ihr seid keine Tiere, die am Ort haften. Folgt besonnener Tatkraft und Erkenntnis, *virtute e canoscenza*. Er lobt nicht blindes Alleswissenwollen, sondern den Vollzug von *virtù*, Tatkraft, Tugend und Einsicht.

Die Gefährten sind alt geworden. Sie zögern zuerst. Odysseus muß starke Argumente bringen. Sie lassen sich überzeugen, sie folgen freiwillig, sie werden nicht überredet. Auch sie wollen wissen. Aristotelische Metaphysiker wie Dante wissen auch, warum. Wissenwollen ist kein willkürlicher Einfall und keine vorübergehende Mode. Es ist unsere Natur. Die Matrosen stimmen zu. Sie verlassen das Mittelmeer.

Sie fahren fünf Monate lang im Atlantik nach Süden. Da kommt mitten im Meer ein hoher Berg in Sicht. Dante sagt nicht, es sei der Läuterungsberg, noch weniger sagt er, Odysseus wolle das irdische Paradies aus eigener Kraft betreten. Der Odysseus Dantes kennt es gar nicht. Er freut sich wie seine Gefährten: Endlich Land in Sicht.

Bald folgt der Jammer, der Untergang, *come altrui piacque, wie einer es wollte* (121–142). Christen glauben, daß ihnen kein Haar vom Kopf fällt, ohne daß ihr himmlischer Vater das weiß und will. Sein Name fällt nicht in der Hölle. Aber er regiert die Welt. Seine Herrlichkeit strahlt überall wider, in San Francesco mehr, in Bonifaz VIII. weniger. Ohne seinen Willen geht kein

Schiff unter, aber ein Schiffbruch mit Zuschauer ist nicht schon Gottes ewiges Urteil.

3. *Warum steckt Ulisse in der Hölle?*

Soviel zum Textbefund. Die Diagnose ist strittig: Die Fachleute sind sich nicht einig: Hat Dante den Odysseus wegen der letzten Ausfahrt in die Hölle gesteckt? Hat er ihn verurteilt wegen maßlosen Erkenntnisstrebens und wegen des Stolzes, der natur- und gottgegebene Grenzen ignoriert? Ist Ulisse ein Exempel für verwerflichen Mißbrauch von Vernunft und Redebegabung? Hat Dante ihn eingefügt als Gegenfigur zum frommen Ausfahrer Aeneas? Ist er eine Parallelfigur zu Adam im Ungehorsam, ein Rebell wie Satan selbst? Leidet er deshalb im vorletzten Höllenkreis?

Dies behaupten berühmteste Dantisten: Karl Vossler und Bruno Nardi, denen man ungern widerspricht, aber auch Umberto Bosco und Giorgio Padoan, Hugo Friedrich und John Scott, der unter dem Titel *Dante magnanimo*, Florenz 1977, kohärent die Argumente der Punitionsfraktion der Dantisten zusammengefasst hat. Neuerdings sprechen Anna Maria Chiavacci Leonardi und die Zürcher Dante-Kommentatoren in dieser Richtung. Es gab Jahrzehnte, die Ulisse als Heroen der Entdeckung, als Vorfahr des Kolumbus feierten. Heute ist diese Begeisterung für die Begründer der Neuzeit geschwunden. Gegenargumente bringen nur wenige vor, darunter Mario Fubini und – mehr andeutend – Giorgio Inglese.[7] Ich nenne diese kleine

7 Einzelnachweise und weiterführende Literatur bei Michelangelo Picone, Canto XXVI, in: Lectura Dantis Turicensis, Inferno, S. 359–373.

Partei die Innozentisten. Sie behaupten Innozenz oder ethische Neutralität allein in Bezug auf seine letzte Ausfahrt. Sie entschuldigen nicht sein Verhalten vor Troja.

Der Meinungsstreit führte zu Quellenforschungen: Folgt Dante Vergil in der Verurteilung des Odysseus und nahm er – wie August Rüegg vorschlug – im zweiten Teil des canto Bezug auf Alexander-Legenden, die von der maßlosen Wißbegierde des Königs erzählen?

Der Streitfall wird kompliziert. In solchen Fällen ist es nützlich, zunächst einmal zu sagen, worum er *nicht* geht. Niemand kann behaupten, Odysseus sei völlig unschuldig, obwohl dies den Innozentisten schon vorgeworfen worden ist. Ulisse sitzt zu Recht im achten Höllenkreis. Die Frage ist nur: Warum? Genügen die von Vergil genannten drei Gründe nicht? Ist es die Aufgabe der Dante-Erklärer, wenn Dante drei Strafgründe nennt, einen vierten zu erfinden? Ferner: Kaum jemand verherrlicht noch die Ausfahrt des Ulisse als erste moderne Entdeckungsreise, als Symbol neuzeitlichen Wissenwollens. Allerdings rühmte auch Bruno Nardi, der die Ausfahrt als Hochmut verurteilte, Dante als Entdecker der Entdeckungsreisen. Und

Neueste Literaturübersicht von Silvia Longhi, in: LF 1, S. 210–212. Von älteren Beiträgen erwähne ich Bruno Nardi, La tragedia di Ulisse, in: ders., Dante e la cultura medievale, zuerst Bari 1941, jetzt: 1983; Mario Fubini, in: ED 5, S. 803–809; John A. Scott, Dante magnanimo, Florenz 1977, S. 117–193; Giorgio Brugnoli, Studi Danteschi III, Dante filologo: L'esempio di Ulisse, Pisa 1998. Zuletzt: Renzo Cau, Il folle volo di Ulisse e l'estasi di Dante, Cagliari 2009; wenig ergiebig, aber außerordentlich wichtig: Gennaro Sasso, Dante, Ulisse, un' antologia ovidiana, e alcune altre questioni, in: LF 1, S. 165–183. Vgl. K S. 401–403; Kurt Flasch, Warum hat Dante Odysseus in die tiefste Hölle verdammt? Philologisch-philosophische Reflexionen zu Dante, Inferno 26, in: Münchner Reden zur Poesie. Nr. 9, München 2011.

gewiß ist die Annahme falsch, die Säulen des Herkules hätten das ganze Mittelalter über als gottgesetzte, unverletzliche Grenze gegolten. Zumindest das Handelsinteresse drängte über sie hinaus: 1291 startete von Genua aus eine Expedition nach Westen. Sie kehrte nie zurück. Wenige Jahrzehnte später wurde die erste der Kanarischen Inseln entdeckt; 1341 war die ganze Inselgruppe bekannt, was, wie Boccaccio bezeugt, in Florenz auf Interesse stieß.

Hier sind einige Textbeobachtungen am Ort. Es sind philologische Finessen. Aber sie haben Folgen.

Das Schlachtroß der Punitionsfraktion ist die Stelle, an der Dante die Ausfahrt des Ulisse als *folle volo* bezeichnet, Vers 125. Dante wiederholt den Ausdruck im *Paradiso* 27, 82–83. Aber was heißt *folle*? Hugo Friedrich übersetzte es mit ›vermessen‹ und nahm damit das Ergebnis der Punitionisten vorweg. Aber der Wortgebrauch muß erst untersucht werden.[8] Danach bedeutet *folle* ›gewagt‹, ›gefährlich‹, ohne moralische Abwertung. Ich übersetze *folle volo* als *irr-gefährlichen Flug* oder *Wahnsinnsflug* und hoffe, daß das gewagt, aber ethisch neutral klingt.

Ich stelle weitere Textbeobachtungen zusammen, auch wenn ich deren Hauptinhalt schon erwähnt habe:

Der Wanderer Dante ermahnt sich, nun, wenn er von Ulisse erzählt, müsse er seinen Geist zügeln (26, 19–24). Das ist durchgängig ein wichtiges Motiv der Philosophie Dantes; er erklärte, wie sich zeigen wird, die ethisch-politische Vernunft als den Inhalt der *Commedia*. Er will sich nicht hinreißen lassen, aus Bewunderung für den Seefahrer Ulisse dessen Verbrechen

8 Giorgio Inglese hat in seiner Ausgabe des Inferno zu Vers 125 die Belege gesammelt (S. 300).

vor Troja zu vergessen. Er verurteilt damit nicht die letzte Ausfahrt des Odysseus. Jedenfalls stellt Dantes Text diesen Bezug nicht her. Dante redet hier mit sich selbst.

Weiter: Vergil erklärt (49–63) die dreifache Schuld des Ulisse. Diese Anklagepunkte betreffen, wie gesagt, insgesamt Täuschungen bei militärisch-politischen Taten; die Ausfahrt kommt dabei nicht vor.

Außerdem: Ulisse steckt mit Diomedes zusammen in einem Flammenmantel; Diomedes war bei Troja dabei, nicht bei der Ausfahrt. Die Strafe, heißt es aber, sei so gemeinsam wie die Untaten.

Schließlich: Dantes Ulisse ist nie nach Ithaka zurückgekehrt. Er ist von Gaeta und dem Kap der Circe direkt nach Westen gesegelt. Er tat dies nicht impulsiv, sondern machte sich als Familienwesen die drei Motive klar, die dagegen sprachen, nach Westen zu fahren (92–97). Sein Abschied von Kirke galt manchem christlichen Autor als besondere Tugendleistung. Ein früher christlicher Schriftsteller sah Odysseus deshalb als Vorbild Christi. Nun hält nicht jeder Leser diese Abfahrt für einen Kraftakt christlicher Tugend. Immerhin hat er sich ein Jahr lang mit Kirke vergnügt.

Ich gehe zur Betrachtung größerer Texteinheiten über. Von der Zweiteilung des canto 26 war schon die Rede: Ab Vers 90 tritt Ulisse aus der Schar der Verbannten als Einzel-Figura heraus; von Diomedes, mit dem er im selben Feuer steckt, ist nicht mehr die Rede. Die Schuld vor Troja ist abgehandelt; sie wird nicht weiter erwähnt; dies erklärt das Bedürfnis der Punitionisten, eine neue Schuld zu ersinnen. Von ihr steht aber nichts im Text.

Damit zeigt canto 26 Strukturähnlichkeit mit den canti 5, 10, 15 und 33 des *Inferno*. Ich bleibe bei Francesca von Rimini, canto

5: Die beiden canti sind parallel gebaut: In beiden Gesängen zeigt der Wanderer Dante Nähe und instinktives Interesse, dort zum Liebespaar, bevor er eine Geschichte hört, hier zur Feuergestalt, bevor er mehr weiß.

Beide canti zeigen zwei Hälften: Die erste schildert das Gruppenschicksal bestrafter Sünder wie von außen; die zweite Hälfte stellt eine einzige Person in den Mittelpunkt. Diese erzählt eine Erfahrung, die bisher niemand wissen konnte, weil die Helden sie mit in den Tod nahmen. Wir erfahren, was in ihrer letzten Stunde geschah, die ihre Eigenart konzentriert und manifestiert.

Dante, der Wanderer, eröffnet in beiden canti die persönlichen Berichte, indem er nach einem außermoralischen Detail fragt. Dante, der Autor, ermöglicht eine epische Einlage, die selbst den Charakter einer *Erfahrung, esperienza* hat. Sie würde nicht hierher gehören, ginge es nur um Straferklärung.

Im Mittelpunkt beider Selbstdarstellungen, also bei Francesca wie bei Ulisse, steht eine Rede, die den Lebenssinn der Figur zusammenfaßt:

Francesca sagt, was Amor bewirkt (5, 100–107),

Odysseus erklärt, Erkennenwollen liege in der Natur des Menschen und mache seine Würde aus im Unterschied zum Tier (26, 112–120).

Jeweils fassen drei Terzinen diese Weltmächte zusammen: Amor und Erkenntnis. Dante übt keine Kritik an diesen Mächten. Er zeigt sie. Zwar wurde Francesca bestraft, weil sie der Übermacht Amors unbesonnen Raum gab, aber die Strafe besteht im Höllenaufenthalt, nicht in ihrer Ermordung; Odysseus leidet ewig im achten Kreis; seine Strafe ist nicht der Schiffbruch. Ihre Reden zeigen die Übermacht Amors und das naturhafte und daher ethisch gebotene Wissensverlangen. Wir lernen die Protagonisten durch die jeweils drei Terzinen von innen kennen; der Wanderer Dante tritt fast auf ihre Seite. Odysseus war nicht nur ein falscher Ratgeber, sondern ein philosophischer Kopf, ein aristotelisch-averroistisch geschulter. Man hat bei der Suche nach Dantes Quellen oft an literarische Einflüsse gedacht, selten genug an den Anfangssatz der Aristotelischen *Metaphysik*: *Pantes anthropoi tou eidenai oregontai physei*. Von Natur, das heißt: Menschen können es nicht lassen, und sie sollen es nicht lassen. Im selben ersten Buch (Metaphysik A 2 982 b 24–983 a 5) polemisiert Aristoteles gegen die Dichter, die vom Wissensneid der Götter reden; sie lügen. Gott will uns als Wissende. Dieser unsrer gottgegebenen Natur kann der antike Halbgott Herakles mit seiner Warnung *nec plus ultra* keine Grenze setzen. Die Ausfahrt über die Säulen des Herkules hinaus verletzt nicht das christliche Empfinden, seit dieses Aristoteles und Averroes in sich aufgenommen hat, also nicht seit Albert von Köln. Wie sonst hätte Thomas Aquinas im *Paradiso* Siger von Brabant loben können? Nie hätte der fromme Kaiser Karl V. das plus ultra zu seinem Wappenmotto gemacht.

Dante gibt außer Francesca einigen anderen Höllenbewohnern ein individuelles Gesicht und läßt den Gesichtspunkt der Strafe zurücktreten: Farinata ignoriert seinen glühenden Steinsarg; die Politik, das Schicksal von Florenz, interessiert ihn allein. Im Gespräch mit ihm, canto 10, ist von Epikureismus nicht mehr die Rede, nur von Politik in Florenz, bei Brunetto Latini nicht von Homosexualität, canto 15. Es gibt noch andere Beispiele dafür, daß selbst große Untaten nicht alle menschlichen Qualitäten an einem Sünder vernichten. Dazu ist die menschliche Natur zu reich; Gottes Wissen strahlt uns im Wissenwollen des Odysseus entgegen. Daher verteidigt die kleine Rede, die Dante ihm in den Mund legt, unwidersprochen die Ausfahrt:

Der Text enthält keine Spur davon, Odysseus suche den Weg nach Eden aus eigener Kraft, statt ihn von der Gnade zu erwarten wie der Wanderer Dante. Nichts spricht dafür, daß er zum irdischen Paradies wollte. Er wollte der Sonne nachsegeln.

Schon gar keine Andeutung auch, daß der Heide Odysseus, der vom Christentum nichts wissen konnte, die Vernunfterkenntnis auf das Gebiet des Glaubens ausweiten wolle. Der Ozean ist gefährlich, aber er ist kein christliches Mysterium.

4. Lob des Wissenwollens

Die Bewertung der Odysseus-Reise leidet unter vier Umständen: Erstens wird sie nicht als poetische Kunst bewertet. Die zweite Hälfte von canto 5 und von canto 26 erlaubt Dante eine fabulierende Erklärung: Er hat im Jenseits erfahren, was man in Florenz schon immer wissen wollte, und erzählt es. Zwar hat der junge Schelling recht, wenn er von der *Commedia* behauptet, sie gehöre keiner besonderen literarischen Gattung wie Dramatik, Epik oder Lyrik an. Aber sie hat doch *auch* den Charakter eines fiktiven Berichts, einer Reiseerzählung. Nicht, als würden nur Episoden kolportiert. Dante zeigt die großen, übergeordneten Lebensbedingungen des Menschen: Amor und Wissenwollen. Poesie ist weder bei Dante noch bei Boccaccio Plauderstunde; sie ist gestaltete Weltkenntnis.

Zweitens: Die Odysseus-Episode wird isoliert. Sie wird meist interpretiert ohne Blick auf canto 27: Dort spricht Guido von Montefeltro, der mit Odysseus im selben Graben büßt, auch er als raffinierter Stratege. Er hat den Papst Bonifaz VIII. beraten, wie er Palestrina dem Erdboden gleichmachen kann. Mißbrauch des Einfallsreichtums bei Militäraktionen, das verbindet die beiden canti.

Drittens wird canto 26 zur Epochenspekulation mißbraucht. Man glaubt zu wissen, daß es eine solch gefährliche Welterkundung im ›Mittelalter‹ nicht gegeben haben kann. Aber es gab 1291 eine Atlantikexpedition von Genua aus. Auch damals gab es die Säulen des Herkules. War das nicht auch die Zeit, die man als ›Mittelalter‹ zu kennen glaubt?

Damit bin ich beim vierten Punkt: Die Punitionstheoretiker argumentieren bei canto 26 mit ihren Epochenbildern von Mittelalter und Neuzeit: Maßloses Wissenwollen, suggerieren sie, gehöre in die Neuzeit, die Innozentisten übertrügen dies anachronistisch rechtfertigend auf Ulisse. Hugo Friedrich glaubte, Augustins curiositas-Verbot, das Thomas Aquinas tatsächlich teilweise übernahm, hätte auch 1310 gegolten; manche zitieren Petrarcas Selbstkritik im Namen von Augustins *Confessiones* 10 und seinen Aufstieg zum Mont Ventoux. Aber das ›Mittelalter‹ hat sich seit dem 12. Jahrhundert verändert. Seit dem Ende des 11. Jahrhunderts entwickelten sich überregionale Diskussionsstränge, Wissenserweiterung und eine neue Hochschätzung des Neuen.

Seitdem gab es ein belegbares Pathos beim Lob der Vernunft, das sich gegen das curiositas-Verbot auf Augustins Frühschriften berufen konnte.

Jetzt lehrten Denker des christlichen Westens die These des Aristoteles, Wissenwollen charakterisiere die menschliche Vernunft, und es sei Dichterlüge, daß Götter den Wissensbesitz neiden. Dante hat an den Anfang seiner beiden wichtigsten philosophischen Schriften, des *Convivio* und der *Monarchia*, den Satz des Aristoteles gesetzt: Alle Menschen wollen von Natur aus wissen. Er hat das als den Grundsatz bezeichnet, aus dem er alles folgert. Was von Natur aus ist, gilt als ethische Norm. Alle Menschen, nicht nur Odysseus, verlangen nach Wissen, aus ihrer Natur heraus, nicht aus willkürlich-bösem Einfall.

Die Gestalt des Odysseus bei Dante regt an, neu nachzudenken über das Verhältnis von Theologie und Poesie. Manche Punitionisten hielten es für den Nachweis ihrer Vertrautheit mit dem mittelalterlichen Denken, daß sie nach Verfehlungen fahnden und wie Staatsanwälte für die Korrektheit des göttlichen Strafbeschlusses argumentieren. Sie zerbrechen sich Gottes Kopf für die Strafgründe und sind mit der Erklärung Vergils in den Versen 55–63 nicht zufrieden. Sie saugen aus vager Epochenspekulation und aus Kritik der Moderne eine vierte, eine zusätzliche und überflüssige Schuld des Ulisse. Sie mißverstehen sowohl Dantes Poetik als auch seine Theologie. Sie halten sich an das göttliche Strafsystem, das niemand leugnet, und setzen es als Ausleger dort fort, wo Dante es hinter sich gelassen hat, ohne es zu leugnen, um allgemeine Lebensbedingungen zu zeigen, die Leben hervorbringen und zerstören. Die Theologie Dantes ist eins mit seiner Poesie, denn sie borniert sich nicht auf Rechtsordnung, Schuldgründe und Strafvollzug, sondern zeigt die Herrlichkeit des Erschaffers auch in den Verlorenen.

Dantes Ulisse zeigt den spezifisch dantesken Sinn von philosophierender Theorie. Sie hält Hinzufügungen fern. Sie spekuliert nicht, wo Dante ausführlich seine bzw. Gottes Gründe nennt. Die ›kleine Rede‹ des Odysseus gehört wie Francescas Erklärung des mächtigen Liebesgottes Amor zu Dantes Interesse an einer Analyse der Lebensmächte, die in Europa um 1300 das Leben der Menschen bestimmten. Dante rechtfertigt nicht das Gericht, sondern zeigt, aus welchen kulturellen und gesellschaftlich-politischen Voraussetzungen Menschen ihr Leben lebten. An Francesca und Ulisse war mehr als nur Bosheit. In ihren naturhaften, zugleich allgemeinmenschlichen, also guten Impulsen strahlt uns die Güte Gottes entgegen wie im ganzen Universum, auch in Untergängen und Sünden. Francesca, die Sünderin, war Opfer Amors und des Gatten; Odysseus war Wissensdrang, der seine Natur ausmachte, und Opfer des unbekannten Meeres.

Ich deute hier eine Auslegungsart der *Commedia* an, die man ›Dantologia povera‹, eine ›arme Dante-Deutung‹ nennen könnte, im Anschluß an pittura povera und metafisica povera. Sie läßt so vieles weg. Sie liest Dantes *Inferno* ohne moralistischen oder, was schlimmer ist, staatsfrommen Kult des Strafsystems. Sie folgt Dante, der zeigt, wie Menschen im irdischen Leben durch ihre göttlich-menschliche Natur bestimmt sind, auch dort, wo sie diese verkehren. Eine solche Dantologie denkt sich nicht, wo Dante schweigt, nachträgliche Rechtfertigungen für Gottes Urteil aus. Oft schweigt sie, z.B. darüber, wie der Liebhaber Francescas hieß oder was das für eine Insel war, vor der Odysseus unterging. Denn Dante sagt darüber nichts.

III. IM HUNGERTURM

1. Ganz unten

Am tiefsten Punkt von Dantes Hölle brennt kein Feuer. Es herrscht eisige Kälte. Dort leiden die schlimmsten Verbrecher, ganz nahe bei Satan. Judas und Brutus haben ihre Wohltäter verraten. Unmittelbar vor ihnen erleidet Ugolino seine Strafe. Er hat seine politischen Freunde verraten. Er hat mehrfach die Partei gewechselt. Er hat Verträge gebrochen. Ihm wurde vorgeworfen, er habe als Herr der Stadt Pisa pisanische Festungen an die Koalition der Feinde – Genua, Lucca, Florenz – ausgeliefert.

Dantes Ugolino-Darstellung verteilt sich auf das Ende des zweiunddreißigsten und den Beginn des dreiunddreißigsten, also des vorletzten Höllengesangs.

Ugolino ist ein Ausbund an Verworfenheit. Aber der Erzbischof ist nicht besser, und an ihnen kann der Leser sehen, wie Dante denkt und dichtet. Seine Kunst webt keine Jenseitslegende. Und sie ist kein Strafregister in Versen. Ugolino wird nicht entschuldigt. Er wird nicht heroisiert als großer Verbrecher mit edlem Vaterherz. Er ist Verräter. Er zeigt sich gegenüber seinem Feind Ruggieri, mit dem ihn der Frost für immer zusammengebunden hat, von unmenschlicher Roheit. Aber Dante zeichnet ihn als Verratenen und Vater. Sein Verbrechen tilgt an ihm nicht jede göttlich-menschliche Qualität. Er erzeugt und erträgt die Eiseskälte der Nicht-Kommunikation. Er nagt auf ewig an seinem Feind, der völlig stumm bleibt; er, der Laie, an einem hohen Kleriker. Sein Verhalten zeigt tierischen Haß, *mostri per sì bestial segno odio* (32, 133). Aber er lebt in einem unzerstörten Familienverband. Der sonst so Grausame teilt, selbst den Hungertod vor Augen, mitfühlend das Schicksal seiner vier Kinder. Er leidet mehr noch als unter dem Hunger daran, daß er den Kindern nicht helfen kann. Das zeigt die Erzählung vom Hungertod des Grafen Ugolino von Pisa (Inf. 32,124–33,90, Übersetzung S. 134–137):

Die Dichter sind jetzt in der tiefsten Hölle, genauer im 9. Kreis. Sie sehen den Grafen Ugolino, der mit Haß und Heißhunger seine Zähne in den Schädel des Erzbischofs von Pisa, Ruggieri, schlägt. Ugolino, der Verräter, erzählt, wie ihn der Erzbischof verraten und mit seinen Kindern im Hungerturm hat umkommen lassen.

Ugolino ist nach Francesca und Odysseus die dritte große *Inferno*-Persönlichkeit, die in Europa nicht mehr vergessen werden konnte. Sein Haß und die Höllenszene zeigen das Leben auf der Erde, ein Leben, in dem einer den anderen auffrißt. Als einer der bösesten Menschen befindet Ugolino sich auf dem vorletzten Höllenboden. Und doch nehmen wir an ihm Anteil.

Der canto des Ugolino hat eine große Rezeptions- und Auslegungsgeschichte. Er kommt bei Chaucer vor; der deutsche Sturm-und-Drang-Dichter Gerstenberg ließ ihn 1768 mit seinem Drama *Ugolino* wiederaufleben und brachte Dante in die Nähe der deutschen Shakespeare-Begeisterung. Wie hat Dante das erreicht?

Er zeigt Ugolino nicht als Verräter, der mehrfach die Partei gewechselt hat. Er nennt ihn gleich am Anfang *Sünder* (33, 2). Ugolino ist nicht gut, nicht wahrheitsliebend; er will von seinem Geschick nur reden, damit dem Erzbischof, der ihn verraten hat, daraus Schande erwächst (33, 7–9). Der Erzbischof hatte Versöhnung geheuchelt und Ugolino beim ersten Zusammentreffen verhaften lassen. Ugolino hört aus den Worten des Besuchers den florentiner Dialekt heraus und schafft daraus die erste Möglichkeit der Anknüpfung: Dante werde wohl vom Schicksal des Grafen gehört haben, nur die Details der Todesart könne er nicht wissen. Und dann macht er ihm verständlich, warum er sich am Erzbischof ewig rächen muß.

Der Verfasser der *Commedia* urteilt nicht, ob er die Rechtfertigung Ugolinos überzeugend findet. Er verdächtigt ihn auch nicht wie ein angesehener Dante-Forscher es tat, er wolle mit geheuchelter Teilnahme am Leiden seiner Kinder von seinen Untaten ablenken. Er läßt ihn eine Rede halten, die nicht philosophisch wie Francesca das Wesen der Liebe oder wie Ulisse den Wert des Wissenwollens darlegt, sondern die nur die Geschichte seines Todeskampfes erzählt; ihn dauert der Unglücksmann, der das Verhungern seiner Kinder und sein Sterben beschreibt. Er stellt die Kerkerszene und das Verhungern in epischer Objektivität einfach hin. Er empfindet das Grauen und die moralische Ungeheuerlichkeit der Rache des Grafen, insistiert aber nicht weiter auf deren moralischer Verwerflichkeit, sondern läßt Ugolino reden. Dessen Erzählung ist die längste Rede, die Dante einem Sünder in Dantes Hölle zugestanden hat.

Er stellt das Geschehen im Hungerturm in drei Abschnitten dar:

Die Dichter sehen zwei im Eis aneinandergefrorene Männer, von denen der eine mit Heißhunger seine Zähne in den kahlen Schädel des anderen schlägt. Um zu erfahren, um wen und um was es sich handelt, bietet Dante dem grausamen Täter an, seine Ehre in der Menschenwelt wiederherzustellen, wenn er ihm erklärt, warum er den Benagten so roh bestraft (32, 124–139).

Zu Beginn des 33. Gesangs sieht Dante den blutbeschmierten Mund des Sünders, der sein Kinn mit den Haaren seines Opfers abwischt. Der Täter stellt sich vor als Graf Ugolino, von dessen

Kampf mit dem Erzbischof von Pisa er als Florentiner gewiß gehört habe. Nur *wie* er zu Tode gebracht worden sei, könne Dante nicht wissen. Dies schildert ihm Ugolino in 74 dramatischen Versen, an deren Ende er wieder wie mit starken Hundezähnen auf den Schädel des Erzbischofs einbeißt (33, 4–78).

Die Episode endet mit einer außerordentlich heftigen Anklage des Autors Dante gegen Pisa. Er wolle nicht den Verräter Ugolino rechtfertigen, aber Pisa habe vier unschuldige Kinder zu Tode gebracht und habe verdient, daß die Fluten des Arno es ertränken (79–90).

Ugolinos Erzählung beginnt mit der Angabe der Dauer der Gefangenschaft. Er hat durch ein schmales Mauerloch mehrmals die Wiederkehr des Mondes beobachtet; nach mehreren Monaten im Kerker sah er im Traum, wie der Erzbischof eine Schar böser Hunde gegen einen Wolf und seine Welpen hetzte, also gegen ihn. Dante erwartete Wahrheit von Träumen, besonders von Vorausahnungen der ersten Morgenstunde. Ugolino erwachte an diesem Morgen früh und hörte das Weinen seiner Kinder, die nach Brot schrien. Zu der Stunde, in der ihnen sonst das Essen gebracht wurde, hörte er, wie unten das Tor zum Turm zugenagelt wurde. Er erstarrte. Der kleine Anselmuccio achtet auf den Gesichtsausdruck seines Vaters und fragt besorgt: *Was hast du? Che hai?* (51) Der Gefühlszusammenhalt der Familie besteht noch. Der Vater muß sich Gewalt antun; er schweigt, nicht weil er gefühllos erstarrt wäre, sondern um das Leiden der Kinder nicht zu vergrößern (64). Er unterbricht die Kommunikation, um die Kinder zu schonen. Er blickt in die vier Gesichter, er sieht sein eignes Bild und den Widerschein seiner erschreckten Verzweiflung und nicht, wie ein Erklärer schreibt, den seiner Schuld in ihnen, und beißt sich vor Verzweiflung in beide Hände.

Der canto zeigt verschiedene Arten des Beißens: Sichbeißen aus Verzweifeln, Beißen, um satt zu werden, Beißen aus Rache. Die Kinder reagieren sofort auf den Gestus des Vaters; sie bieten ihm ihren Körper zur Speise an. In dieser Kältewelt des Hasses gibt es noch selbstlose Fürsorge füreinander. Die Familie hat die monatelange Kerkerhaft lebendig überstanden; Vater und Söhne beziehen sich aufeinander. Die Kinder sind bereit, sich für den Vater zu opfern. Das Thema des Kannibalismus klingt an; es wird gegen Ende verstärkt mit der Wendung, der Hunger habe, als die Kinder tot waren, mehr über ihn vermocht als der seelische Schmerz (75). Nun läßt sich der Verdacht auf Menschenfresserei nicht gänzlich von Ugolino fernhalten; schließlich sehen wir, wie er seinen Hunger mit Hirn und Nakken des Erzbischofs stillt. Aber der Satz, der Mangel an Nahrung (*digiuno*) sei zuletzt mächtiger gewesen als der Schmerz (75), bedeutet doch wohl, daß nach zwei Tagen der Trauer, des Schmerzes und des sinnlosen Rufens nach den Kindern der Mangel an Nahrung seinem Leben ein Ende gesetzt hat. Die krasse Schilderung der Not vertieft im Leser die Teilnahme am Schmerz des Vaters; sie zieht ihn in eine Familiensituation, die trotz des Leidens bis zuletzt intakte Gefühle kennt. Wir sehen, wie der erblindete Vater über die verhungerten Kinder torkelt. Dante behauptet nicht, er habe sich die letzten Tage seines Lebens vom Fleisch seiner Kinder ernährt, aber seine dunkle Ausdrucksweise läßt diese Frage aufkommen, und diese Zweifelsfrage verdüstert zusätzlich Ugolinos Sterben im Hungerturm.

Dante sagt nicht, er habe Mitleid mit Ugolino. Er hat zu viele Qualen gesehen. Die Struktur der Hölle ist so angelegt, daß der Bosheitsgrad nach unten hin steigt. Zutiefst kommt der Verrat, der kein Mitleid verdient. Aber Dante zeichnet Ugolino nicht als

Verräter, sondern seine Not. Er ist ein verratener Verräter. Vor allem ist er Vater, und an ihm, dem Verbrecher, leuchtet die göttlich-menschliche Schönheit des Vaterseins auf. Der erste Grund der Welt ist auch am tiefsten Punkt der Hölle nicht zu verkennen. Der gute Vater verzweifelt, weil er seinen Kindern nichts zu essen geben kann; er verhungert nach seinen vier Kindern. Der Familiensinn ist das Letzte, was in Italien stirbt. Dante läßt uns teilnehmen am Schmerz Ugolinos, an seiner Vatersorge. Dessen Rachebedürfnis entsteht vor unseren Augen aus Ohnmacht und Wut. Dante entschuldigt es nicht; aber er findet es überflüssig, es zu verurteilen. Er moralisiert nicht, aber führt die Erzählung so, daß, wenn Ugolino zuletzt wieder wie am Anfang seine harten Zähne in den Schädel des Bischofs schlägt, der Leser diesen barbarischen Gestus nicht so monströs findet, wie er zunächst aussieht. Wir kennen jetzt seinen Ursprung. Dieser ist menschlich, auch im vertierten Verräter und Sünder.

Historiker haben festgestellt, daß die Kinder und Neffen, die mit Ugolino im Hungerturm umkamen, erwachsen gewesen sein müssen; Dante läßt sie kleine Kinder sein; so ziehen sie uns stärker hinein: in ihre Bitte um Brot und in die Not des Vaters, der ihnen nicht helfen kann. Den Leser ergreift ihr Mitgefühl mit dem hungergeplagten Vater. Als sie sehen, daß er sich vor Verzweiflung in die Hand beißt, bieten sie ihm ihr eigenes elendes Fleisch an, *queste misere carni* (63). Sie verstehen ihr Fleisch als ein Kleid, das der Vater ihnen gegeben hat und das sie zurückgeben können. Das ist übrigens nicht christlich motiviert, sondern stammt aus der Antike (Aen. 2, 215).

Dantes Phantasie erreicht ein Äußerstes: Ugolino nagt in alle Ewigkeit am kahlen Schädel des Erzbischofs, ohne daß uns erklärt werden muß, wie man an einem Schattenschädel nagen kann. Alles Allegorisieren hört hier auf. Wir sehen eine hochindividuelle Situation. Sie ist von allgemeiner Bedeutung, denn wir sehen in den Abgrund der friedlosen Welt, in der Verrat und Haß herrschen, aber nichts wird ›symbolisiert‹. Man braucht nur einmal zurückzublättern zum ersten canto: Dort: Wald, Berg, Sonnenstrahlen, wilde Tiere, Jagdhund. Alles mit höherer Bedeutung. Hier herrscht kalter Realismus in einer ethischpolitisch inspirierten Lektion über den Frieden als höchsten Wert. Dante zeichnet *eine* Situation, *ein* Familienschicksal. Die harten Regeln einer unmenschlichen Politik nehmen dieser kleinen Gruppe die Lebensmöglichkeiten, die sie von sich her noch hätte. Wir lernen, was es heißt, wenn auf der Erde kein Friede herrscht. Dann werden auch die kleinen familiären Zentren wechselseitiger Rücksichtnahme vernichtet. Diesen äußersten Verfall umreißt Dantes Diktion knapp und hart, in ›rauhen‹ Versen, mit genauen Zeitangaben der Tage des Verhungerns: der erste Tag und der nächste (65), der vierte Tag (67), der fünfte Tag und der sechste (72), die beiden letzten Tage (74).

Goethe bemerkt zum Stil der Episode:

»Die wenigen Terzinen, in welche Dante den Hungertod Ugolinos und seiner Kinder einschließt, gehören mit zu dem Höchsten, was die Dichtkunst hervorgebracht hat; denn eben diese Enge, dieser Lakonismus, dieses Verstummen bringt uns den Turm, den Hunger und die starre Verzweiflung vor die Seele.«[9]

Die Jenseitsszene beleuchtet das irdische soziale Leben, in dem die Großen die Kleinen auffressen. Die ethisch-politische Komponente fehlt nicht; manche Leser erinnern an die Stelle aus dem Galaterbrief (5, 14–15), wo Paulus warnt: Liebe deinen

9 Johann Wolfgang Goethe, Schriften zur Literatur: Ugolino, Münchener Ausgabe, Band 6, 2 (München 1988), S. 598.

Nächsten wie dich selbst. »Wenn ihr aber einander beißt und auffreßt, dann seht zu, daß ihr euch nicht gegenseitig vertilgt!« Dante zitiert die Stelle nicht, die zeigt, wieviel krasser Realismus sich aus der Ermahnung zu christlicher Nächstenliebe entwickeln ließ.

2. *Der Verräter als Vater*

Dante hat aus einer Verräterepisode einen Hymnus auf Vaterschaft und Familiensinn gemacht. Er hat gezeigt, wie er sich das Böse in einer gut erschaffenen Welt denken kann. Er lehrt, wie Poesie über das Suchen nach Verfehlungen hinausgeht. Sie zeigt Weltverhältnisse: Die Macht des Liebesgottes, den Naturdrang des Menschen nach Wissen, den Familiensinn selbst im Untergang, die Lebensvernichtung durch Verrat und Haß. Sie führt vor Augen, wie weit Menschen sich gegenseitig zerstören können. Insofern ist sie ethisch-politische Reflexion. Aber sie ist es auf poetische Weise. Sie führt produktiv, weit über alles Chronikwissen hinausgehend in gestalteter Sprache, im sinnlichen Wohlklang des Reims, in eine Situation, die *auch* belehrend sein will. Sie zeigt, wohin die Verletzung von Friedenspflicht und Vertragstreue führt. Aber sie besteht nicht im Etikettieren von Verfehlungen. Sie nimmt die Sünder nicht als Sünder. Sie macht Sünder in der tiefsten Hölle zu Menschen im göttlichen Kosmos.

Auch wenn er von der Eiszone des *Inferno* spricht, betreibt Dante poetische Theologie. Sie zeigt als Poesie den allgegenwärtigen Gottesglanz, den auch extreme Bosheit nicht ganz verdrängt. Die Koinzidenz von Gottesbewußtsein und Dichtung verfehlt aber, wer das bloße Namhaftmachen von Sünden und der für sie vorgesehenen Strafen für Theologie hält. Dante erklärt seine poetische Theologie im *Paradiso*. Für die Erfahrung Ugolinos und seiner Kinder gilt *Paradiso* 1, 1–6: Das Licht des ersten Grundes leuchtet überall, abgestuft, auch in der Hölle. Im tiefsten Eis noch menschliche Wärme, bei den Kindern ohnehin und bei Ugolino gerade darin, daß er deren Äußerung unterdrückt, um das Sterben der Kinder nicht noch schwerer zu machen.

Ein bedeutender Historiker der italienischen Literatur hat Dante-Lesern empfohlen: »Werft die Kommentare weg!« Ich meine zwar, so sollte sich nicht ausdrücken, wer gerade dabei ist, Dante zu kommentieren. Die zahlreichen älteren Dante-Erklärungen, deren Zahl sich auf über siebzig beläuft, sind nicht wegzuwerfen, sondern beim Lesen zu historisieren. Ihre Abhängigkeit von der intellektuellen und gesellschaftlichen Situation ihres Verfassers und ihrer Entstehungssituation ist zu analysieren. Ein Kommentator des 14. Jahrhunderts mußte die *Commedia* gegen den Verdacht der Häresie oder der Kirchenfeindlichkeit verteidigen. Dabei hatte er andere Vorgaben zu beachten als ein Freund Dantes im 19. Jahrhundert, der im Blick auf sein Publikum auf Einfühlbarkeit oder auf historischen Stoff drängen mußte. Heute sind weder die christliche Glaubenslehre noch die religiösen Symbole Allgemeingut; mancher Dante-Erklärer hat sie sich mühsam angeeignet. Da wird es begreiflich, wenn er Übereifer an den Tag legt, Dante als ›christlichen‹ Dichter zu präsentieren. Er wird vorbringen, er stelle sich gegen die Romantisierung der liebenden Francesca oder die Heroisierung des Ulisse als Weltentdecker und Vorfahre des Kolumbus. Er versteht sich als wackeren Kämpfer gegen ahistorische Modernisierungen der Figuren Dantes. Bei Ugolino liegt die Gefahr rhetorischer Heroisierung weniger nahe, aber auch bei ihm zeigt sich mancher Dante-Erklärer besorgt, Dantes knappe Charakteristik Ugolinos als *Sünder* in 33, 2 würde überdeckt durch die vielen Verse, die das Unmaß des Leidens und das Höchstmaß an Vaterliebe schildern.

Dann entstehen banal-theologische Überzeichnungen. Während Dante eingangs klarstellt, daß Ugolino *Sünder* ist, dann aber mitfühlend Ugolinos letzte Tage schildert und erfahrbar macht, was bei fehlendem Frieden aus Menschen wird, schreiben neuere amerikanische Erklärer:

Dante's text insists again and again that God validates Ugolino's moral outrage; it shows God's justice using Ugolino's hatred as the instrument of the punishment of Ruggieri.[10] Diese erbauliche Zurechtlegung von Ugolinos Schicksal steht in Dantes Text weder *again and again* noch überhaupt. Während Dante erklärt, die Fehlhaltungen der Sünder teile er nach der Ethik des Aristoteles ein (Inf. 11), finden dieselben Autoren, die canti 32 und 33 seien voll von Bezügen auf die Bergpredigt. Sie halten bibelfest eine Mahnpredigt an den vor Hunger sterbenden Ugolino. Sie raten dem Verhungernden, er solle sich nicht Sorgen machen um den morgigen Tag, nach Matthäus 6, 33–34, als wäre das die Vorhaltung, die Dante ihm mache. Sie nennen Ugolinos hungernde Kinder Christus-Figuren und werfen Ugolino vor, Ugolino sehe in seiner Versteinerung, wenn er sein eigenes Gesicht auf ihren Gesichtern gespiegelt sehe, nur *death and guilt*. Sie ermahnen ihn – ich finde: verspätet: Sähe er wie sie in den Gesichtern der sterbenden Kinder den Widerschein Christi, dann wäre er gerettet.[11]

10 D, Inferno, S. 578.
11 D S. 579.

3. Poesie

Dantes spekulative Poesie erwächst auf theologisch-philosophischem Grund. Sie wird aber verfehlt, wenn Dantisten Körbe von Bibelzitaten über sie ausschütten oder neuere Theologeme als überzeitlich gültig unterstellen. Nehmen wir ein Beispiel: Ugolinos Sohn Gaddo wirft sich ihm zu Füßen und ruft: *Mein Vater, warum hilfst du mir nicht? Padre mio, ché non mi aiuti?* (69) Der Junge stirbt bald vor Hunger; seine Frage ist leicht zu verstehen. Aber einige Dantisten hoffen ihn besser zu verstehen, wenn sie ihre laientheologischen Kenntnisse aktivieren und Gaddos Hilferuf neben das Matthäusevangelium legen, in dem Jesus am Kreuz ruft (Matth. 27, 46): »Gott, mein Gott, warum hast du mich verlassen?« Die Analogie ist verfehlt: Die Gottverlassenheit des Erlösers ist nicht vergleichbar der Bitte des Kindes um Brot. Dieses Zitat ist so ungenau, daß es eine bloß private Assoziation bleibt, die zum Text nichts beiträgt. Der Erlöser am Kreuz bittet nicht seinen Vater um Hilfe; er klagt, daß Gott ihn verlassen hat. Das ist eine Erfahrung ganz anderen Zuschnitts als die Szene im Hungerturm. Es ist Frömmelei, einem hungernden Kind im ›Mittelalter‹ nicht zuzutrauen, seinen Vater anzuflehen: *Vater, warum hilfst du mir nicht?*, ohne dazu biblische Assoziationen nötig zu haben.

Aber nehmen wir einmal an, Dante habe Gaddos Anruf tatsächlich nach dem Vorbild Christi am Kreuz formuliert, dann hieße es doch, daß Gaddo in der höchsten Not gerade nicht zum himmlischen Vater riefe, sondern nach Ugolino. Dante hätte Christi Wendung in den Hungerturm herübergezogen und ihr einen innerfamiliären, säkularen Zusammenhang gegeben. Er hätte sie verweltlicht. Auf die Frage möglicher Säkularisierungen biblischer Wendungen bei Dante komme ich später zurück. Nicht der wörtliche Anklang, wenn er denn bestünde, wäre das originäre Textphänomen, sondern dessen Transposition in einen irdisch-familiären Kontext. Dann hätte Dante den Verlassenheitsruf Jesu, bei dem es nicht um Brot ging, profaniert; religiös gesehen wäre er durch die Übertragung auf eine Szene des Familienlebens bedeutungslos geworden.

Unser canto hat von dieser frommen Beflissenheit und dem Mangel methodischer Reflexion schon viel zu leiden gehabt. So assoziierte der Italianist Georges Güntert[12] die Hingabebereitschaft der Kinder Ugolinos (61–63) mit der kirchlichen Eucharistie. Der Text sagt davon nichts. Eine solche Auslegung verwechselt den spirituellen Sinn des Abendmahls mit dem Stillen des Hungers nach Brot. Sie saugt Fakten aus einem religiös-romantisierten Bild vom ›christlichen Mittelalter‹. Sie gibt sich als mittelalternah, geschichtsbewußt, aber sie fügt unnütze Assoziationen aus dem Religionsbedürfnis des Auslegers hinzu und unterstellt, ein vom Hungertod bedrohter Mensch der Zeit um 1300 sei nicht imstande gewesen, ohne Bibelsprüche seine Situation schlicht auszudrücken. Gewiß verdankt die Sprache mittelalterlicher Autoren viel der Bibel, anderes verdankt sie Vergil, Ovid und Aristoteles-Übersetzungen. Aber nicht alles ist Zitat, nicht alles ist Anspielung. Wer eine solche für eine bestimmte Textpassage behauptet, muß mehr tun, als die Bibel zu zitieren. Und sollte den Anschein vermeiden, er unterstütze die These von Singleton, Atheisten könnten Dantes *Commedia* überhaupt nicht verstehen. Denn das hieße, ein universales menschheitliches Poem als Eigentum einer ausgewählten Gruppe zu reklamieren. Die Bibel zu kennen, ist notwendig,

12 Georges Güntert, Lectura Dantis Turicensis, Inferno, S. 462.

aber überall die Bibel herauszuhören, ist historistischer Biblizismus. Als hätte Dante nichts Neues sagen können, das er nicht dem Wortlaut der Bibel entnommen hätte. Das ist methodisch falsch.

4. Politisches Lied

Dante schrieb die Ugolino-Szene nicht nur als poetischer Theologe, sondern auch als Politiker. Er beendet die Ugolino-Szene mit einer maßlosen Verwünschung Pisas (33, 79–80):

Ahi Pisa, vituperio dele genti / del bel paese là dove 'l ›si‹ suona.

> *O weh Pisa! Schande der Leute, die das schöne Land bewohnen,*
> *in dem das ›si‹ ertönt!*

Dante redet gegen Pisa mit dem leidenschaftlichen Haß eines Florentiners, der lieber einen Toten im Haus als einen Pisaner vor seiner Tür sehen will. Er fordert: Wenn schon die Nachbarstädte Lucca und Florenz es versäumen, die Stadt zu zerstören, dann soll das Arnowasser alle ihre Einwohner ertränken. Dante ist grausamer als der Erzbischof Ruggieri. Er läßt mehr Kinder umbringen als der Erzbischof. Auch solche Haßausbrüche gehören zur *Commedia*. Sie ist ein Werk der politischen Rhetorik, unglatt und ungeschönt. Dantes Vernichtungswunsch läßt sich in milderes Licht stellen durch den biographischen Hinweis: Auch er war Vater von vier Kindern und mußte es schändlich finden, Kinder wegen der politischen Optionen ihrer Eltern mit dem Tod zu bedrohen. Dante wünschte ja auch der Stadt Florenz all das Unglück, das die Einwohner von Prato ihr zudenken. Und das ist nicht wenig. Im Mund Dantes überrascht es doch. Ein ›sanfter‹ Christendichter war er nicht. Seine Poesie ist selbst beißend.

5. Drei von hundert

Francesca, Ulisse und Ugolino haben sich vorgestellt. Sie repräsentieren die großen Dante-Themen: Liebe, Wissenwollen, Friedensgebot. Daher führen sie den Leser ein in Dantes Weltgedicht. Sie haben pädagogische Mätzchen nicht nötig. Ihre Dramatik verjagt die Schläfrigkeit, die sich bei Klassikerverehrung leicht einstellt. Ihre Sprache ist knapp, klar und sinnlich; sie hört sich nur in veralteten Übersetzungen alt an. Sie ist 700 Jahre alt, aber sie ist unverwelkt in ihrer Direktheit und poetischen Kraft. Sie hält an, auf Dantes Regie zu achten: Er gibt anschaulich irdische Details, aber begnügt sich dabei mit dem Nötigsten. Wie wortesparend konnte er sagen: *An diesem Tag lasen wir nicht weiter* (5, 138). Wie gemeißelt schildert er den Schiffbruch des Ulisse: Nach sieben Zeilen schließt sich der Ozean über ihm für immer. Er duldet weder Geschwätzigkeit noch vage Besinnlichkeit. Alles ist genau abgezirkelt: Canto 26 hat wie der fünfte Gesang genau 142 Verse. Strenger kann ein Dichter seine Formvorgaben nicht einhalten. Diese Strenge kommt nicht zeremoniös, gesucht oder hochpriesterlich daher; sie bleibt in Wortschatz, in Syntax und Reimwort fast immer einfach. Man könnte ihre Kunst ›natürlich‹ nennen.

Die drei Szenen des Vorspiels sind relativ leicht zugänglich. Sie spielen drei Todesfälle, die auch in anderen Kriminalgeschichten vorkommen könnten. Sie enthalten zunächst keine undurchdringlichen Geheimnisse: Francesca wird von ihrem Ehemann ermordet; ein erkenntnissüchtiger Seefahrer verläßt alle bekannten Ufer und kommt im Meer um; ein grausamer Kirchenfürst läßt seinen Gegner einkerkern und verhungern; er praktiziert Sippenhaft und läßt dessen Kinder mitverhungern. Das alles sind erfundene Geschichten; sie gehen nur sehr teilweise auf tatsächliche Vorkommnisse zurück. Sie sehen dem realen geschichtlichen Leben so ähnlich, daß wir daran erinnert werden müssen, daß es sich um Erzählungen von Höllenbewohnern handelt. Es sind unsterbliche Seelen, die in alle Ewigkeit fortleben und dadurch die Möglichkeit haben, ihren eigenen Untergang zu berichten. Der fingierte Blick vom Jenseits her ermöglicht es dem Dichter, ein abgeschlossenes Leben in einem einzigen Ereignis konzentriert darzustellen. Höllenbewohner erzählen vom Ausgang ihres irdischen Lebens. Sie erzählen von ihrem Unglück – Ugolino berichtet maßloses Unglück –, aber sie stilisieren sich nicht als Opfer. Aber Mitleid erfreut sie, und sie erwarten Tränen des Besuchers. Ihre Berichte sind nüchtern und hart. Beim schlimmsten Verbrecher, bei Ugolino, bringt sein Bericht über das Sterben der vier Kinder eine gewisse Weinerlichkeit mit sich. Und Ugolino fragt: *Wenn du hier nicht weinst, worüber weinst du denn dann überhaupt?* (33, 42) Aber der Autor kehrt sofort wieder zu strenger Sachlichkeit zurück, indem er die einzelnen Tage der Hungerwoche numeriert und die ganze Erzählung einrahmt mit der Szene des blutigen Fraßes. Zu ihr hat er schon im Vorbereitungsteil Distanz geschaffen, nicht durch den literarischen Vergleich, nicht mit einer der zahllosen grausamen christlichen Märtyrerlegenden, sondern durch den antikisierenden Hinweis auf Tidaeus von Theben, der, zu Tode verwundet, sich das abgetrennte Haupt seines Feindes reichen läßt, um es zum Zeichen der Verachtung (*per disdegno*) zu benagen (32, 130–132). Dante stellt vorweg klar: Was in der Hölle passiert, ist schon auf der Erde, nämlich in Theben, vorgekommen.

So sind denn die canti 5, 26 und 32/33 wie geschaffen, in Dantes Dichtkunst einzuführen. Sie zeigen den höheren ›Realismus‹ einer ethisch-politischen Poesie, die krasse Vergehen nicht nur als bestraft, sondern als im göttlichen Kosmos durch andere Qualitäten der Sünder fast aufgewogen und von der göttlichen Gegenwart wie durchleuchtet präsentiert: als die radikale Liebesbereitschaft Francescas, die den Tod riskiert; als Wissenwollen des Ulisse ohne Selbstschonung; als Vatersorge des Verräters. Sie entreißt uns die Selbstsicherheit des moralistischen Verwerfens. Sie zeigt in großherziger Wahrheitsliebe, was ist. Dante selbst gibt zu verstehen, daß ihm diese drei Episoden besonders am Herzen lagen, wohl am meisten die des Ulisse. Aber wer diese Vorübung mitvollzogen hat, muß sich klarmachen, daß er jetzt drei von hundert Gesängen kennt. Er hat sich bisher nur in der Hölle aufgehalten. Paradies und Läuterungsberg stehen ihm noch bevor. Er darf nicht erwarten, alle diese canti hätten die konzeptionelle Bedeutung und künstlerische Perfektion der Gesänge 5, 26 und 32/33. Diese berühren auch einige Themen nicht, die für Dantes *Commedia* wichtig sind: Von Beatrice war darin nicht die Rede, und dabei ist doch das ganze Werk geschrieben, um einer einfachen florentinischen Frau, die im Alter von 25 Jahren gestorben ist, ein Denkmal zu setzen, dem kein anderes vergleichbar ist. Auch christlich-theologische Motive sind nicht vorgekommen. Die drei Hauptpersonen sind zwar ›Sünder‹, aber die Kriterien zu dieser Beurteilung stammen, wie Dante in *Inferno* 11 ausdrücklich festhält, der *Nikomachischen Ethik* des Aristoteles. Die drei Erzählungen kommen aus einer langen Geschichte, zu der antike Ethiken und historische Nachrichten ebenso gehören wie französische Liebesgeschichten und deren Echo in Italien.

Dantes Werk ist die auswählende Zusammenfassung der Menschheitsgeschichte, nicht nur der literarischen, der philosophischen und theologischen, sondern auch der ökonomischen, politischen und sozialen. Sie ist eine Reaktion auf die Weltmachtstellung der florentinischen Ökonomie; ständig bezieht sie sich auf die Machtpolitik der Päpste.

Von all dem muß noch die Rede sein. Wenn ich vorhin sagte, die drei Episoden seien *zunächst* leicht zugänglich, dann wollte ich andeuten, daß sie Dunkelheiten enthalten, die sich aus der historischen Entferntheit ergeben. Damals konnte ein Fürst seine Ehefrau, die er beim Ehebruch antraf, ermorden, ohne Sanktionen befürchten zu müssen; er war der oberste Gerichtsherr. Die radikale Art, in der Boccaccio dieses Ehedrama umgeschrieben hat, belegt, daß schon kurze Zeit nach Dante nicht alle Zeitgenossen die strenge Bestrafung der Ehebrecherin akzeptierten. Da waren geschichtliche Wandlungen im Gange, die Dante teils ausgesprochen, teils ausgelöst hat, die analysieren muß, wer Dantes historische Stellung erfassen möchte.

Die Ugolino-Episode erteilt eine Lektion politischer Ethik, aber bezieht sich auf eine konkrete geschichtliche Welt: In ihr kämpfen politisch mächtige Kirchenfürsten ohne jedes moralische Kriterium gegen ebenso bedenkenlose Herrscher, die keiner ordnenden Hand unterstehen. Sie zeigt, wie es zugeht, wenn kein Kaiser mehr sich um Italien kümmert. Sie ist auch ein historisches Lehrstück über die kaiserlose Zeit.

Die Ulisse-Erzählung handelt unbefangen von dem Erkenntnisdrang, der die menschliche Natur ausmacht. Sie wäre nicht möglich gewesen, ohne daß ein Umbruch in der Bewertung der

Wissensgier vorausgegangen ist. Statt des Verbotes der Neugier kannte nun jeder Studierte den ersten Satz der *Metaphysik* des Aristoteles: Alle Menschen verlangen *von Natur aus* zu wissen. Dieser Grundsatz war aufgenommen in die Zitatsammlungen für Studienzwecke. Er war gar nicht zu übersehen. Denn auch diese schlichten Textbooks begannen mit dem Satz: *Omnes homines naturaliter scire desiderant.*[13]

Auch technische Standards setzte Dante voraus. Wenn Ulisse der Sonne nachsegeln wollte, mußte das auch technisch möglich sein. Der zeitgenössische Schiffsbau hatte gegen 1300 ein hohes Entwicklungsstadium erreicht. Der lateinische Westen besaß jetzt Weltkarten und den Kompaß. Dante hat sich im Arsenal von Venedig über den Schiffbau kundig gemacht, so wie er in Paris und Bologna Aristoteles studiert hat. Es mußte historisch bereits viel passiert sein, materiell, soziologisch, politisch und intellektuell, bevor ein Mensch auch nur die drei Szenen, die ich jetzt verlasse, schreiben konnte, historische Schübe, die Dantes Werk ermöglichten und die er weitertrieb. Da waren Voraussetzungen geschaffen und ausgreifende Prozesse im Gang, von denen fortan die Rede sein muß.

13 Vgl. Jacqueline Hamesse, Les auctoritates Aristotelis. Un florilège médiéval, Louvain – Paris 1974, S. 115 Satz Nr. 1.

ZWEI

AUFRISS

I. DANTES FERNE

Dante ist uns ferngerückt. Zwar gilt er noch als Klassiker. Sein Schicksal, seine ungeheure Phantasie, die Plastik seiner Figuren und sein enormer Einfluß sichern ihm bleibende Aufmerksamkeit. Gute deutschsprachige Verlage legen immer noch Wert darauf, eine Übersetzung der *Commedia* vorrätig zu halten. Viele Menschen nennen noch seinen Namen mit Respekt, aber weder die gelehrte Dante-Forschung, die von 1860 bis 1929, von Karl Witte zu Karl Vossler und Erich Auerbach in Deutschland groß war, noch die bildungsbürgerliche Hochachtung hielt sich in den deutschsprachigen Ländern.

In Italien mag es anders sein; dort läuft noch immer die pädagogische Dante-Großinitiative, die ihm viele Schulstunden einräumt. Ich kritisiere sie nicht, sie schafft wunderbare Anspielungsmöglichkeiten im Gespräch, aber sie beengt *auch* die Gemüter, setzt einseitige Akzente und verwandelt ein Kunstwerk in geronnenen Schulstoff; Boccaccio ist weniger in Gefahr, bei ihm halten Schulleute sich gern züchtig an die Novelle vom Falken.

Dante faszinierte Maler wie Salvador Dalì und Poeten wie Ossip Mandelstam und Jorge Louis Borges; Ezra Pound und T. S. Eliot verdanken ihm viel. Er war wichtig für Samuel Bekkett und Ossip Mandelstam, dessen *Gespräch über Dante* mein Freund Ralph Dutli brillant übersetzt hat (Zürich ²1991). Auf ihn bezogen sich Pier Paolo Pasolini, Italo Calvino, auch Peter Weiss, Seamus Heaney und Derek Walcott. Die *Commedia* ist so extrem, so phantastisch, exzessiv, unvergleichlich und politisch, ungezähmt und ungeniert vor-bürgerlich, sie kehrt das gewöhnliche Vorstellen und Denken so gründlich um, daß sie zwar mißachtet, aber nicht mehr vergessen werden konnte.[1] Freilich ist Dante dann vor allem ›der Dichter der Hölle und des Exils‹; Bert Brecht hat von ihm gesagt, er sei Klassiker nur durch das *Inferno*. Ich habe vor, ihm zu widersprechen, aber erst später, nicht jetzt.

1 Das wichtigste Buch zur Wirkungsgeschichte Dantes bleibt Ernst Robert Curtius, Lateinische Literatur und europäisches Mittelalter, Bern 1948, ^{6}1967. – Seitdem sind viele Einzelstudien erschienen nach dem Muster: Dante in Frankreich, Dante in Deutschland, Dante in der Welt. Einige der vielen Titel:
Werner P. Friedrich, Dante's Fame Abroad, 1350–1850, Rom 1950;
Lino Lazzarini (Hg.), Dante e la cultura tedescha, Padua 1967;
Aldo Vallone, Storia della critica dantesca dal XIV al XX secolo, Padua 1981;
Stuart Y. McDougal (Hg.), Dante among the Moderns, Chapel Hill 1988;
Maria Rosa Menocal, Writing in Dante's Cult of Truth from Borges to Boccaccio, Durham 1991;
Enzo Esposito (Hg.), L'opera di Dante nel mondo, Ravenna 1992;
Frank-Rutger Hausmann (Hg.), »Italien in Germanien« – Deutsche Italienrezeption von 1750 bis 1850, Tübingen 1996;
David L. Pike, Passage through Hell: Modernist Descents, Medieval Underworlds, Ithaca NY 1997;
Nick Havely (Hg.), Dante's Modern Afterlife: Reception and Response from Blake to Heaney, New York 1998;
Alison Milbank, Dante and the Victorians, Manchester 1998;
Jackson Campbell Boswell, Dante's Fame in England. References in Printed British Books, Newark 1999;
Eva Hölter, »Der Dichter der Hölle und des Exils«. Historische und systematische Profile der deutschsprachigen Dante-Rezeption, Würzburg 2002;
Theodolinda Barolini – H. Wayne Storey (Hg.), Dante for the New Millenium, New York 2003, bes. S. 422–464.

Die großen Dante-Übersetzungen zweier so bedeutender Dichter wie Stefan George und Rudolf Borchardt, die zwischen 1900 und 1930 ihr freilich begrenztes Publikum hatten, konnten Dante nicht gegenwärtig halten. Von keinem Klassiker, denke ich, hört man so oft wie von Dante, daß jemand die Lektüre begonnen, aber abgebrochen hat. Das ist bei Homer und Shakespeare anders, wohl auch noch bei Molière und Voltaires *Candide.*

Dante war nicht immer so fremd. Er ist im deutschsprachigen Raum in den letzten Jahrzehnten, so scheint es, von uns weiter weggerückt. Kaum einer, der es nicht professionell muß, liest bei uns die ganze *Commedia.* Wie kommt das wohl? Die *Commedia* ist voraussetzungsreich. Der Leser muß, um ins Schlaraffenland zu kommen, einige Reisberge durchfressen: Da ist die griechische Philosophie, vor allem Aristoteles. Dante läßt wie ein Humanist die griechische Mythologie – in ihrer lateinischen Rezeption – aufleben und nimmt ständig Bezug auf die römische Dichtung, vor allem auf Vergil und Ovid. Er spricht über florentinische Politik in ihren weltpolitischen Zusammenhängen; er arbeitet die Kaisergeschichte auf und durchdenkt die Geschichte der Kirche. Dies alles sind inhaltliche Vorgaben. Wer die *Commedia* liest, um sie anschließend erklären zu können, sollte sie kennen; der freie Leser aber darf sich von ihnen nicht zu sehr beeindrucken lassen, denn schließlich ist Dantes Werk Dichtung, also weder philosophisches Traktat noch Chronik, noch fromme Lebensbeichte. Sie ist ›wahre Lüge‹, ein erfundener Bericht über eine Jenseitsreise, der auf umwegige Art Wahrheit ausspricht.

Aber um zur Poesie zu kommen, ist eine gewisse Vorbereitung zu empfehlen. Zwischen Dante, gestorben 1321 in Ravenna, und uns liegt eine lange Zeit, die sich bemerkbar macht.

Ich möchte die Schwierigkeiten klarmachen, die sich daraus ergeben. Ich nenne einige davon, nicht um abzuschrecken, sondern um Frustrationen vorzubeugen:

1. *Sprachbarriere*

Dantes Sprache ist nicht das heutige Italienisch. Auch Italiener müssen sich in Wortschatz und Grammatik erst einarbeiten.[2] Die Klangschönheit, die Prägnanz der Diktion, die Frische der Metaphern und der sinnliche Wohllaut gehen über der Schweißarbeit leicht verloren. Die Aufmerksamkeit des Lesers verschiebt sich aufs Inhaltliche, Theoretische, Theologische. Sie verkrümelt sich ins Ideologische oder Historische. Die *Commedia* italienisch zu lesen, wird für viele zur Mühsal. Zuerst überwiegt die Arbeit des Entzifferns. Die Konzentration auf den Inhalt ist fast der Tod der Dichtung. In ihr zählt das Wie mehr als das Was. Und die Form bleibt, wie einer gesagt hat, ein Geheimnis den meisten.

2 Für den deutschsprachigen Leser nützlich, geradezu unentbehrlich ist die Textausgabe von Leonardo Olschki, La Divina Commedia, Heidelberg [2]1922. Der italienische Text ist durch neuere Ausgaben überholt, aber die Anmerkungen geben dem deutschsprachigen Leser die nötigen Worterklärungen. Vor allem bringt der Anhang einen Abriß der speziellen Grammatik Dantes. Luca Serianni, Lezioni di grammatica storica italiana, Rom [6]1998, enthält S. 85–144 eine einführende linguistische Erklärung des ersten canto des Inferno. Zur Einführung geeignet auch: Paolo d'Achille, Breve grammatica storica dell'italiano, Rom 2001. Das wissenschaftliche Hauptwerk bleibt Gerhard Rohlfs, Historische Grammatik der italienischen Sprache. Band 2: Formenlehre und Syntax, Bern [2]1972.

2. *Das theologische Erbe*

Die *Commedia* handelt, aufs erste gesehen, vom Schicksal der Seelen in den drei Jenseitsbereichen. Ich sage: Fürs erste, denn dabei wird es nicht bleiben. Aber zunächst führt uns Dante in Hölle, Fegefeuer, Paradies. Dort kennen wir uns heute nicht mehr so gut aus. Manche verstehen den Begriff ›Seele‹ nicht mehr. Und was die Hölle angeht, so erklären selbst Bischöfe im Fernsehen, sie machten von der Lehre über die Hölle keinen Gebrauch. Hans Urs von Balthasar setzte die Torheit in die Welt: An die Existenz der Hölle müsse jeder Christ glauben. Aber vielleicht sei sie leer. Dann hätte Gott eine große Anstrengung wie den Höllenbau umsonst unternommen. Sie wäre eine theatralische Drohkulisse. Dann hätten die Erklärer der christlichen Lehre uns mehr als 1500 Jahre lang getäuscht, und heute würden sie es versäumen, uns über eine so wichtige Veränderung wie die Entleerung der Hölle beizeiten zu unterrichten.

So inkonsequent dachte Dante nicht. Seine Hölle ist voll besetzt. Er leidet, daß Vergil in die Hölle zurück muß, weil er ungetauft gestorben ist. Das war für Dante schon kaum zu begreifen. Für uns liegt es noch weiter weg.

3. *Dante ›reaktionär‹?*

Dantes Politik- und Gesellschaftskonzept nennen manche ›reaktionär‹. Alles, wodurch Florenz mächtig wurde, paßt ihm nicht: Handel, Mitregieren der kleinen Leute, Zulassung von Einwanderung, das Geld- und Bankwesen. Er trauert dem alten, dem uralten Florenz nach. Von florentinischen Bauwerken bewunderte er nur das Battistero und S. Miniato. Allerdings erkannte und anerkannte er die Bedeutung von Giotto. Und kann man ihn ›reaktionär‹ nennen? Denn von der Jenseitsreise erwartet er Freiheit. *Libertà va cercando* (Purg. 1, 71). Jeder wird sein eigener Kaiser und Papst. Er ist es nicht von vornherein. Er wird es durch Erfahrung und Einsicht und richtiges Leben.

4. Astropoesie

Dante arbeitet in die *Commedia* viel Stoff ein, der uns fremd geworden ist: Er macht, ich habe das schon angedeutet, viele Anspielungen auf die antike Mythologie. Nehmen wir als Beispiel den Mond. Dante nennt ihn nicht nur *luna*, was bereits anspielungsreich genug wäre, denn Luna besaß Tempel auf dem römischen Aventin und dem Palatin, gehörte also zum antik-römischen Kult, den viele Christen als Götzendienst verwarfen, sondern er nennt ihn die Schwester der Sonne, er bezeichnet ihn als Trivia in dem schönen Vers, der Trivia zwischen den Sternen als unzerstörbare Nymphe feiert (Par. 23, 26):

Trivia ride tra le ninfe eterne.

Trivia lacht zwischen den ewigen Nymphen.

Er identifiziert den Mond auch mit Proserpina und sagt von ihm, er beherrsche das *Inferno* (10, 80). Luna, das ist ein Sammelbecken antik-mythologischer und zeitgenössisch-astronomischer Vorstellungen. Das schafft dem heutigen Leser Mühe. Aber wenn man den Kommentaren entnommen hat, daß Dante statt *luna* auch *Trivia* sagt, bekommt man wieder Freude an dem hellklingenden Vers mit den vielen i und e. Das gibt Anlaß, an andere Mondgedichte zu denken:

Füllest wieder Busch und Tal
still mit Nebelglanz,
lösest endlich auch einmal
meine Seele ganz.

Oder:

Der Mond ist aufgegangen,
die goldnen Sternlein prangen
am Himmel hell und klar.

Dante spricht weniger gefühlvoll. Er nimmt weniger Bezug auf die Seele des Dichtenden. Er verfremdet mit Hilfe antiker Bilder und Namen: Der Mond als Trivia, die Sterne als Nymphen.

Ernst Robert Curtius beschrieb in seinem Buch *Europäische Literatur und lateinisches Mittelalter* (Bern 1948 und öfter) Dante als den zentralen Vermittler der antik-römischen Dichtung. Dante habe in der *Commedia* den Reichtum der römischen Literatur zusammengefaßt und einverwandelt; er habe ihn frisch erneuert und einen gesamteuropäischen Vorrat von Topoi geschaffen, der bis in die Gegenwart reiche. Dante sei deshalb der Begründer der antik-mittelalterlich-modernen Kontinuität; er wurde, Curtius zufolge, Stifter der europäischen literarischen Identität und ermöglichte erst die Nationalliteraturen. Das heißt: Dantes *Commedia* hat weltgeschichtliche Bedeutung, nicht nur italienisch-literarhistorische.

Ich sprach vom antiken Metaphernvorrat am Beispiel des Mondes, den die Fixsterne wie Nymphen begleiten. Dantes

Dichtung ist Astropoesie wie seine Philosophie Astrometaphysik ist: Die Sterne sind das Ziel der Wanderung, und jeder der drei Teile endet mit dem Wort: die Sterne (*stelle*). Aber Dante rief auch *historische* Universen auf; er zitiert Namen nicht nur aus der antiken Literatur, sondern auch aus der realen Weltgeschichte. Er bringt ganze Listen historischer Personen, römischer Kaiser und ehemals guter lombardischer Adliger. Um die geschichtlichen Zusammenhänge zu erfassen, braucht der Leser einen Kommentar; aber je nachdem, wie er sich dazu verhält, erntet er Wissensplunder oder Poesie. Benedetto Croce unterschied in der *Commedia* Poesie und Historisches (*storia*).[3] Es ist danach üblich geworden, das zu bestreiten. Aber etwas ist dran. Croce stellte sich im Dante-Jahr 1921 gegen das Übermaß historisch-philologischer Erudition, das die Poesie verdecke. Er sah eine Spannung in der *Commedia* selbst; sie zeige einen Dualismus von Poesie und Struktur. Letztere sei bestimmt durch die kirchliche Lehre. Er fand einen Gegensatz von Poesie und historischen Stoffen. Manche haben dagegen eingewendet, Croce zerschneide die Dichtung in eine genießbare konkret-poetische und in eine abstrakt-theologische Schicht. Und er eliminiere historische Daten, die Dante wichtig waren. Und doch möchte ich Croce nicht zu rasch widersprechen. Dante, der Wanderer, sucht im Jenseits nach Florentinern; in der Hölle sind sie reichlich vorhanden. So ergibt sich ein Übergewicht lokal-florentiner Geschichten, die modernen Lesern erklärt werden müssen. Aber das gehört, meine ich, nicht schon zur ersten Lektüre. Denn was der Dichter Dante aus den historischen Vorlagen macht, ist das poetisch Entscheidende und unterscheidet sich von dem Bild, das sich uns heute aus historischen Dokumenten ergibt.

3 Benedetto Croce, La poesia di Dante, Bari [3]1922.

5. *Lehrdichtung*

Die *Commedia* ist *auch* Lehrdichtung. Sie ist viel mehr als das; sie ist Prophetie und persönliche Erzählung, fingierter Reisebericht und politisches Pamphlet, aber sie ist auch Philosophie in dem weiten Sinn, den Dante dem Wort gab. Nicht, als habe er das Wort ›Philosophie‹ so vage genommen, wie man von der ›Philosophie des Pentagon‹ spricht. Das nicht. Wohl aber umfaßt bei ihm ›Philosophie‹ alles, was in der älteren Philosophie dazu gehörte, also auch Psychologie und Ökonomik, Naturwissen, Politik und Ethik. Dante läßt sich – zunehmend im *Purgatorio* und *Paradiso* – keine Gelegenheit entgehen, Physikalisches und Kosmologisches, Astrologisches, Theologisches und Philosophisches zu erörtern. Ihn reizt das Thema der Mondflekken. Umständlich legt er dar, wie trotz göttlicher Vorsehung die menschliche Willensfreiheit möglich ist. Aber er erörtert auch abgelegene Fragen, so im *Paradiso* die Gültigkeit und Austauschbarkeit von Ordensgelübden. Dabei beweist er zwar philosophischen Tiefgang und praktischen Verstand. Aber wir heute haben dieses Problem nur selten. Um die vielfältigen theoretischen Interessen Dantes in unser Verständnis seiner Dichtung zu integrieren, braucht es auch Philosophie-, Theologie- und Wissenschaftsgeschichte, es braucht Kenntnisse der mittelalterlichen Liturgie wie der Astronomie und Astrologie. Dies alles ist unentbehrlich fürs weitere Eindringen und die gelehrte Beschäftigung, aber es darf das freie Lesen nicht verhindern. Dieses hat Vorrang. Am Anfang darf es den Berg historischer Erudition auf sich beruhen lassen; er ist interessant und für ein fachliches Urteil unentbehrlich, aber zuvor und danach muß Dantes Poesie zur Geltung kommen.

6. Altertümelnde Übersetzungen

Die meisten Übersetzungen lassen Dante älter aussehen, als er ist. Sie glauben zuweilen, Dante einen Gefallen zu tun, indem sie ihm eine antiquierte Sprache verleihen. Sie lassen Dante gern altertümelnd und feierlich reden. Als Karl Streckfuß im Jahr 1824 die erste der heute noch gelesenen Übersetzungen der *Hölle* vorlegte, machte er auf den Einwand, seine Sprache sei zu modern, das Zugeständnis:

»Das Bild des Originals würde treuer hervortreten, wenn es dem Übersetzer möglich gewesen wäre, die Sprache alterthümlicher zu halten.« Er entschuldigte sich geradezu, daß er in die Sprache der »altdeutschen Poesie« sich nicht genug habe einarbeiten können, um seiner Dante-Übersetzung die gewünschte altertümliche Sprache zu geben. Er gestand aber ein, das archaisierende Übersetzen führe leicht zur »Ziererei«.[4]

Altertümliche Sprache als Ideal der Dante-Übersetzung – dieses Programm ist im 20. Jahrhundert nicht verschwunden; Rudolf Borchardt hat es mit verbissener Konsequenz noch 1930 verfolgt.

Eine andere Tendenz verfremdet Dante in der Übersetzung noch mehr, nämlich die, ihn ins Hohe zu stilisieren; mancher Übersetzer legte hinein, was er für Poesie hielt, und machte Dante weicher, gefälliger, glatter, als er ist. Andere Übersetzer, wie George und Borchardt, erfanden eine Art Gegensprache gegen das nach konventionellen Mustern gemodelte Lyrische und erschwerten das Verständnis. Auf das Problem der Dante-Übersetzung komme ich zurück.

4 Karl Streckfuß, Die Hölle des Dante Alighieri, übersetzt und erläutert, Halle 1824, dort als Einleitung: Andeutungen zur Kenntnis des Dichters und seines Zeitalters, S. 52–53.

7. Grausamkeiten

Wir sind heute an die Darstellung von Grausamkeit gewöhnt, aber es gibt in den tiefsten Höllenkreisen Szenen, die auch für heutige Krimileser hart sind: Aufgeschlitzte Menschenleiber laufen herum mit heraushängendem Gedärme. Menschenkörper verwandeln sich schlimmer noch als Kafkas Gregor zum Käfer. Goethe sprach von Dantes »widerwärtiger, oft abscheulicher Großheit«.[5]

Mehr als die grausamen Details der Hölle befremdet heute der Gedanke, daß der Gott Dantes den Verdammten endlose körperliche Qualen zufügen läßt, die nicht deren Erziehung dienen, sondern ewig das ›gerechte‹ Urteil exekutieren. Dante zufolge hat Gott den Seelen einen luftartigen Scheinleib verschafft, damit sie unter Feuer und Eis leiden können, und zwar so, daß kein zweiter Tod sie erlöst. Sie rufen nach dem zweiten Tod, z.B. *Inferno* 13, 118, aber der tritt nicht ein, denn ihre Schmerzen sind so kunstvoll dosiert, daß sie ihren Luftkörper nicht vernichten. Ihr Leiden soll ewig fortdauern. Ist dieses Strafsystem mit der Güte Gottes vereinbar? Man könnte es damit rechtfertigen, daß in der Hölle Dantes keine kleinen Ladendiebe zu finden sind, sondern nur große Untäter, wenn wir von Francesca einmal absehen. Doch das systematische Quälen findet sich auch im *Purgatorio:* Dort ist es zeitlich begrenzt und soll die reinigende Einsicht fördern, aber immerhin wurden den Neidischen die Augenlider mit Draht zugenäht, weil sie das Glück von Mitmenschen schief angesehen haben (Purg. 13). Dantes göttliche Strafjustiz entspricht nicht unseren Rechts-

5 Johann Wolfgang Goethe, Tag- und Jahrshefte 1821, Sophienausgabe 1, Band 36 (41), S. 194.

anschauungen; sie verbindet zu eng ›Gerechtigkeit‹ mit ewiger Strafe, und dabei hatte schon Origenes im 2. Jahrhundert diese Verbindung angezweifelt, aber Origenes wurde im 5. Jahrhundert kirchlich verworfen, und Dante unterwarf sich nicht nur dem gegen Origenes mächtigeren System von Strafe und Schmerzzufügen, sondern entfaltete in dessen Darstellung seine Phantasie. Sein Interesse an Quälerei stört.

8. Bilder vom Mittelalter ›niederreißen‹

Ich empfehle, erst einmal nachzudenken, was Poesie ist und was man von ihr erwartet. Das ist gewiß ein weites Feld, aber es ist schon etwas, wenn man sich klarmacht: Poesie ist gestaltete Sprache; sie ist geregelter Rhythmus und kunstvoll hergestellter sinnlicher Klang. Sie will nicht nur informieren; sie hat eine andere Sprache als der Alltag. Sie ringt dem gewöhnlichen Sprachgebrauch etwas ab, was dieser nicht kennt.

Sie nimmt den Leser hinein in eine Erfahrung; sie ergreift; sie löst Gefühle und Einsichten aus, manchmal auch Handlungen. Um sie aufzunehmen, ist eine gewisse Lockerung der Seele, eine Befreiung von Alltagszwecken nötig. Vielleicht ist das die Hauptstrapaze, sich freizuhalten, um vier Wochen lang im Jenseits zu wandern und zuzusehen, wie sich die irdische Welt von dort ausnimmt. Für den gesunden Menschenverstand ist eine solche Ablenkung, ein solcher Umweg, verrückt. Aber es ist die Verrücktheit der Poesie, wie sie auch ein dreizeiliges Gedicht von Ungaretti verlangt, erst recht *Faust II*. Dichten ist ein ›Übermut‹. Dieses Wort sollte der Dante-Leser buchstabieren: Diese Dichtung ist Mut, sie überspringt Gewohnheiten. Sie geht ungewohnt weit. Um es offen zu sagen: Sie ist maßlos: Sie vergöttert Beatrice, und sie wünscht, daß Florenz und Pisa zerstört werden. Aber sie geht auch darüber hinaus. Sie gestaltet diese Exzesse künstlerisch in großer Form. Sie ist Über-Mut.

Ich habe nun so viel von den Schwierigkeiten gesprochen, Dantes *Commedia* zu lesen. Aber ich habe mit meinem ›Vorspiel‹ auch einen praktischen Vorschlag auf den Tisch gelegt: Der Leser werfe sich auf die canti 5, 26 und 32/33 des *Inferno*.

Das Ziel ist, Dante als Dichter zu lesen und aufzufassen. Dabei darf er alle zusätzlichen Erklärungen und Fußnoten ignorieren. Beim zweiten Durchgang mag er sie schätzen und zuletzt wieder vergessen.

Ich empfehle als zweiten Schritt der Annäherung an Dantes *Commedia* den Einblick in die geschichtliche Welt von 1265 bis 1350. Ich gebe ihn im zweiten Kapitel dieses Buches in geraffter Form. Der Leser bekommt so ein faßliches Koordinatensystem, das er später verlassen kann. Er tritt in eine Welt, die anders ist, als die meisten Menschen sich vorstellen, gerade dann, wenn sie sich bemühen, Dante in der ›mittelalterlichen Welt‹ zu denken. Dantes Zeit waren Jahrzehnte rasanter Bevölkerungs- und Wirtschaftsentwicklung. Städtebewohner machten die Erfahrung realer Armut als Skandal neben dem Reichtum der Kirche. Die franziskanische Bewegung breitete sich aus. Städte reagierten mit dem Bau von Spitälern. Päpste wie Bonifaz VIII. entwickelten ihre Weltmachtideen; sie proklamierten sich zu auch politischen Herren von Kaisern und Königen, aber die gleiche Zeit entdeckte mit Hilfe des Aristoteles die ethischen Grundlagen der weltlichen Macht. Zugleich wurde das Verlangen nach einer ›geistlichen Kirche‹ (ecclesia spiritualis) laut. 1309 verlegte der Papst die Kurie nach Avignon. Um Dante nicht isoliert zu betrachten, auch wegen seiner Wirkungen auf Petrarca und Boccaccio, sollte der geschichtliche Blick nicht bei 1321 stehenbleiben, sondern weitergehen bis etwa 1375, dem Todesjahr Boccaccios:

Ein langanhaltender Boom ging zu Ende mit der Wirtschaftskrise 1340/41, dann kam die Pest von 1349/50. Karl IV. brachte es in Prag zu neuer Kaiserherrlichkeit, von 1346 bis 1378. Aber die kam nicht Italien, sondern Böhmen zugute; über die Hausmachtpolitik des Kaisers wurde am Rhein gemurrt.

Die rasante soziale und intellektuelle Entwicklung von 1250 bis etwa 1350 dementiert einen starken Epochenbegriff ›Mittelalter‹, d.h. ein Konzept, aus dem man irgend etwas ableiten könnte. Es ist besser zu wissen, daß man nicht weiß, was ›mittelalterlich‹ war. Man beginnt dann, sich Situationen, Ereignisse, Personen und Texte einzeln anzuschauen. Wer auf den starken Epochenbegriff ›Mittelalter‹ verzichtet, lernt auf das Reißen der Zeit zu achten, das zwischen 1250 und 1350 von besonderer Heftigkeit war.[6]

Das ›historische Vorspiel zur Dante-Lektüre‹, das ich empfehle, besteht nicht in einer Kurzbeschreibung ›*des* Mittelalters‹. Manche älteren Autoren hielten es für ›wissenschaftlich‹, literarische Texte in Zeitalterbilder einzuordnen. Sie nahmen Epochenbilder als Leitlinien der Interpretation. Dante erschien dann als ›mittelalterlich‹, gar als ›der Repräsentant des mittelalterlichen Geistes‹. Andere wollten ihn als Vorboten der Moderne oder stellten dem ›mittelalterlichen‹ Dante Boccaccio als ›modern‹ entgegen. Vittore Branca setzte zum Gegenschlag an und beanspruchte auch Boccaccio als mittelalterlich: *Boccaccio medievale*, zuerst Florenz 1956.

6 Henry Justin Steinberg, Accounting for Dante. Urban Readers and Writers in Late Medieval Italy, Notre Dame 2007.

Solche Zuordnungen galten oft als das eigentliche, das ›wissenschaftliche‹ Erkenntnisziel bezüglich der Dichtung. Aber die geschichtliche und ästhetische Realität deckt diese Operationen nicht. Epochenbilder sind anfechtbar. Wann begann in Cagliari die Renaissance? Die denkerische Aufgabe besteht nicht in der Anwendung vorhandener geistesgeschichtlicher Abstraktionen auf Texte, sondern in deren Freilegung. Es geht ums besonnene Weglassen des ihnen Zugefügten. Lessing machte einmal die Bemerkung, es sei die »Schwachheit der meisten, mehr Gefallen am Aufbauen als am Niederreißen zu finden«.[7] Natürlich dachte er nicht an blindes Niederreißen, sondern ans Niederlegen von Mauern, die den Blick versperren. Eine solche Mauer war und ist der Epochenbegriff beim Auslegen Dantes. Statt seiner sind Texte zurückzubeziehen auf konkrete Daten, nicht auf Epochenbilder oder Strömungsnamen. Wer weiterkommen will im Verständnis Dantes, legt Text neben Text. Texte spiegeln sich ineinander, empirisch-historisch, ästhetisch und philosophisch. Die großen Vereinnahmungen Dantes – sei's als italienischer Nationalheros, sei's als Reichsdenker, sei's als christlicher Dichter – haben viele Redensarten in die Welt gebracht; sie sind erst einmal zu vergessen zugunsten von sprachlicher und historischer Einarbeitung. Populäre Mittelalterbilder wie die der Harmonie von Kirche und Staat, das Wunschbild von der Übereinstimmung von Glaube und Vernunft oder von einem Leben, das voll war von ›Symbolismus‹, Zahlenmystik oder Templeresoterik, halte ich zunächst einmal fern.

7 Gotthold Ephraim Lessing, Berengarius Turonensis, Braunschweig 1770, S. 63 (Erstausgabe).

9. Zunächst die großen Figuren, dann der Rahmen

Der Leser der *Commedia* wird mit dem Anfang, also mit dem *Inferno*, beginnen, und darf sich für den Anfang eine personenorientierte, fast impressionistisch-leichte Auswahllektüre erlauben. Ich habe ihm vorgeschlagen, mit den canti 5, 26 und 32/33 zu beginnen. Und dabei alle historischen oder sonstigen Details zunächst auf sich beruhen zu lassen. Sich ›Informationen‹ zu beschaffen, ist heute leichter, als sich zweckfrei Dantes Erfindungen zu überlassen. Die genannten canti zeigen, wie Dante vom Jenseits aus die irdische Welt sah. Hier spricht Dante nicht als Ideologe oder Theologe, sondern als Schöpfer plastischer Gestalten. Diese Texte zerstören das Einheitsbild von ›Mittelalter‹, diese moderne, diese nostalgische oder despektierliche Abstraktion. Besser spricht man von Jahren und Jahrzehnten, von einzelnen Zentren, Autoren und Kulturlandschaften. Das ›Mittelalter‹ gab es nicht. Reißen wir diese Mauer ein. Widmen wir uns im Detail Dantes sprachlicher Kunst, seinen Metaphern und sinnlichen Klängen, seinen politischen Visionen und philosophischen Spekulationen.

Das sei der erste Schritt: Die eindrucksvollen Figuren des *Inferno* wahrzunehmen. Wer dabei bliebe, verfiele der romantischen Dante-Rezeption, die sich vor allem der Francesca annahm. Die Isolierung der großen Gestalten, als erster Schritt empfehlenswert, ist im zweiten Schritt sanft zurückzunehmen; der Wanderer steigt auf, vom *Inferno* durch das *Purgatorio* zum *Paradiso*. Er begreift zunehmend, daß Hölle, Läuterungsberg und Paradies nicht das Jenseits meinen, sondern die irdische Welt. Auf den ersten Blick handelt die *Commedia* zwar vom Schicksal der Seelen nach dem Tod. Bei näherem Hinsehen zeigt sie Weltverhältnisse wie Liebe, Familie oder Wissenwollen, in denen Menschen leben und die sie vernünftig oder unvernünftig ordnen.

Es handelt sich um canti, um Gesänge. Es sind, Dante zufolge, die Musen selbst, die sie singen. Der freie Leser wird sich klarmachen, daß er in eine Welt erfundener Wahrheit eintritt. Der Fachmann muß sich vorher überlegen, ob und wie weit er Gesängen die Schrauben seiner fachwissenschaftlichen Terminologie anlegen darf. Wer sie ins Deutsche überträgt, sollte sich fragen, ob er lyrische Gedichte in Prosa übersetzen darf. Fraglich ist weiterhin, ob – das ist nun in Distanz zu Curtius gesagt – ob ein prophetisches Werk, das zugleich eine politische Intervention sein will, aus Mosaiksteinen antiker, aber für überzeitlich gehaltener Topoi zusammengesetzt ist. Dann ertränke die *Commedia* im Überzeitlichen. Dann wäre der zweite Schritt der von mir vorgeschlagenen Einführung – die Kenntnis der historischen Welt, aus der Dante kam und gegen die er sich stellte – überflüssig. Dann hätte Geschichte mit Dantes ›Poesie‹ nichts zu tun. Aber so individuell die *Commedia* konzipiert und so poetisch sie gestaltet ist, sie ist auch ein Produkt der Florentinischen Krise und des Exils. Sie ist gerade als unableitbare Poesie ein eminent historisches Konstrukt. Und sie errichtet ein neues Weltgebäude mit antiken Bausteinen. Aber das Wort ›Weltgebäude‹ ist einseitig bis falsch: Dantes Buch ist ein ethisch-politischer Aufruf in den Zerwürfnissen Italiens zu Beginn des 14. Jahrhunderts. Es geht um Praxis. Um Erneuerung des daniederliegenden Italien, dem die moralische Führung fehlt. In dieser Notlage beansprucht die Poesie Lebensleitung. Sie übernimmt die Stelle, die durch Korruption der Kirche vakant geworden ist. Sie führt ein poetisches Spiel auf und hält dabei mehrere Bälle – Philosophie, Prophetie, Analyse des politischen

Status quo, Erneuerung der Antike, Verwirklichung des Franziskanismus – immer gleichzeitig in der Luft.

Dies will studiert, nicht nur genossen werden. Daher braucht es einen zweiten Durchgang. Dabei ist über die einzelnen Episoden hinauszugehen und zunächst auf den Bauplan zu achten: Drei Teile, 100 Gesänge. Hinab und hinauf geht es in Stufen: Die Verdammten stürzen hinunter in die Hölle nach Lasterkatalog; der Aufstieg im Läuterungsberg orientiert sich an Tugend- und Lasterbildern; die Stufen des Paradieses ergeben sich aus Sternkreisen oder Himmelsschalen.

Die *Commedia* ist streng strukturiert. Daher braucht der Leser im zweiten Anlauf die Baupläne der geordneten drei Reiche. Dabei kommt er – phasenweise – nicht um die schematischen Umrisse herum, die in Dante-Bildern eine große, wohl zu große Rolle spielen. Die Schemata der Höllenkreise, der Purgatoriostufen und der Paradiesesränge brauchen wir, aber sie sind dann wieder zurückzustellen zugunsten der Individuen und der theoretischen Reflexion, der Reimschönheit und des Spiels der Metaphern. Das Verhältnis von übergeordnetem Ordnungsrahmen zur poetischen Invention und zu den Individualitäten ist sorgfältig auszutarieren. Hier lauern Gefahren, die ich im einzelnen vorführen werde.

10. Dante genießen

Aber zuvor möchte ich anleiten, die *Commedia* zu *genießen*. Sie will ernst, aber nicht bärbeißig gelesen werden. Sie hat die Heiterkeit eines vollendeten Kunstwerks. Sie hat eine mathematische Struktur, aber es wird gut sein, nicht mit dem Zählen und Rechnen anzufangen, sondern Helligkeit und Ebenmaß zu bewundern und sich zu freuen an schönen, charakteristisch-dantesken Einzelheiten. Ich greife probeweise einige heraus:

Im *Purgatorio* (5, 130–136) drängen sich die Seelen an Dante heran, wie an jemanden, der im Lotto das große Los gezogen hat. Alle wollen von ihm Informationen, alle wollen, daß er auf der Erde Menschen finde, die für ihre arme Seele beten. Mit großer Selbstverständlichkeit erzählen sie ihm ihre Geschichte, an deren Wichtigkeit sie nicht zweifeln. Anders Pia, von der wir sonst fast nichts wissen. Sie ist ermordet worden von ihrem Ehemann; man sagte, er habe sie aus dem Burgfenster stoßen lassen. Wie kurz, wie prägnant erzählt sie das:

»Ach du, wenn du zur Welt zurückgekehrt bist und dich ausgeruht hast von dem weiten Weg«, … »erinnere dich an mich. Siena gebar mich, die Maremma tötete mich. Mehr weiß der, der mir zuerst den Ring anlegte und mich zu seiner Frau gemacht hat mit seinem Wappen.«[8]

Wie die beiden Männer vor ihr bittet sie Dante um Hilfe, aber zuvor gibt sie ihm den Rat, er solle sich zuerst ausruhen nach seiner beschwerlichen Reise. Die sienesische Sängerin Gianna Nannini hat 2007 zusammen mit der Schriftstellerin Pia Pera ein Album veröffentlicht, in dem sie die Geschichte der Pia weiterdenkt und besingt: *Pia come la canto io.*[9]

8 Von Pia, wer sie ist, wie sie zu Tode kam, wissen wir wenig. Ihr Mann, Herr der Maremma, soll sie getötet haben, indem er sie aus dem Fenster stürzen ließ. Aber niemand vor ihr hat Dante geraten, sich nach der Reise erst einmal auszuruhen, bevor er sich darum bemüht, für sie Beter zu gewinnen, C S. 159, 160; L S. 120.

9 Luca Toccaceli, Cantare i canti oggi, in: Barbara Perroni (Hg.), Leggere e rileggere la Commedia Dantesca, Mailand 2009, S. 69–78.

Oder Dante kritisiert den Zustand der Studien. Alle möchten Juristen oder Mediziner werden; sie wollen Macht ausüben und durch Wissen Geld verdienen. Dante sagt das so: Sie wollen herrschen, entweder mit Gewalt oder mit Sophismen (Par. 11, 6). Das ist eine von Dantes Kurzformeln für die verkehrte akademische Welt. Schroff, knapp, dantesk.

Strukturen und Hierarchien, die Personen und ihre Situationen, dramatische Szenen und stille Metaphern bilden das Gewebe der *Commedia*; aber Dante redet auch oft von sich selbst. Diese autobiographischen Zeilen, diese Sorge um seine Zukunft und der Schmerz, aus Florenz vertrieben zu sein, das unterlegt dem gewaltigen Aufbau der *Commedia* den schlicht-menschlichen Ton der Trauer und des Ausgeschlossenseins. Es geht immer auch um Dante, dessen Namen nur ein einziges Mal fällt, der aber von sich nicht schweigen kann. Dem Wanderer Dante wird mehrfach das bleibende Exil angekündigt – durch Ciacco, Farinata, Brunetto und Cacciaguida.

Es gibt Dante-Darstellungen, die ihre Wissenschaftlichkeit übertreiben und das Affektive umgehen. Sie sprechen wenig vom Leiden des Exils und kaum von der Liebe zu Beatrice, so sehr sind sie an Hierarchie und Ordnung, an Liturgie- und Bibelanklängen orientiert, neuerdings an Kontingenz oder dem Problem der Zeit. Dagegen stehen allein schon die vielen Interjektionen in Dantes Sprache. Wer sich aufgehalten hat bei schönen Versen und poetischen Erfindungen, mag dann hingehen zu Struktur und Rahmen, zur Grammatik, zu Vergil-Zitaten, geschichtlichen Details und Dantes Philosophie, er sollte dann aber zurückkehren zu einzelnen Gestalten, nicht nur zu Hauptfiguren wie Beatrice und Vergil, sondern auch zu denen an der Seite wie Pia oder zu der namenlosen schönen Frau im 28. canto des *Purgatorio,* von der wir später erfahren, daß sie Matelda heißt.

Alle Dichtung bittet den Leser, zurückzukehren zum Text, zu Bildern und sinnlichem Klang. Wissenschaftler neigen zu der Meinung, je begrifflicher, je allgemeiner, je bildloser eine Sprache sei, um so höher stehe sie. Interjektionen und sinnliche Effekte wie ein Ach! gehören nicht in ihre Prosa. Aber die Dichtung wird sinnlicher, je geistiger sie wird. »Habe nun, ach, Philosophie …« Wie oft ruft Dante Oh oder Ahi. Akademische Qualifikationsarbeiten vergessen oft die Sprache der Affekte und überhören die Zonen des Schweigens. Der freie, der nicht-professionelle Leser genieße den Imaginationsreichtum, die Metaphern und den schlichten Wohlklang des Reims. Metaphern verknüpfen das Jenseitigste mit dem Irdischen. Zum sinnlich schönen Klang zwei kurze Beispiele:

Dante trifft im zweiten canto des *Purgatorio* den Jugendfreund, den Sänger Casella, der Gedichte Dantes vertont hat. Der bittet ihn, einen Augenblick stehenzubleiben. Dante erkennt ihn und bleibt stehen. Dies ist die Szene (2, 76–89):

Eine von ihnen sah ich vortreten, um mich zu umarmen, mit so viel Gefühl, daß ich bewegt war, dasselbe zu tun. Oh weh, ihr Schatten, leer, außer für den Anblick! Dreimal umschlang ich ihn mit meinen Armen, und dreimal nahm ich sie vor meine Brust zurück. Ich entfärbte mich, glaube ich, vor Erstaunen, weil der Schatten lächelte und sich zurückzog; ich drängte, ihm folgend, weiter zu ihm hin. Mit sanfter Stimme bat er, ich solle stehenbleiben, und da erkannte ich, wer er war, und ich bat ihn, ein wenig zu bleiben und mit mir zu reden. Er antwortete mir: »Wie ich dich geliebt habe in meinem sterblichen Leib, so liebe ich dich jetzt, vom Leib gelöst.«

Es kommt hier darauf an, wie die Bitte des Casella in Dantes Bericht *klingt*, nämlich so (2, 85–89):

Soavemente disse ch'io posasse,
allor conobbi chi era, e pregai
che, per parlarmi, un poco s'arestasse.
Risposemi: »Così com'io t'amai ...«

Das kann keine deutsche Übertragung wiedergeben: Der ungewöhnliche Reim von *arestasse* auf *posasse* beruht auf den scharfen Konsonanten, wird aber ausgeglichen durch den vollklingenden Doppelvokal ai, der im Reim wiederkehrt. Freundschaft, Musik, Jugend, das alles ist in diesen Versen sinnlich präsent. Der Reim schafft eine Atmosphäre der Ruhe, des Innehaltens und des Genusses. Diese Verse reden nicht über die Freundschaft, sie *sind* das Glück der Freundschaft.

Aber der Reim schafft nicht nur Zusammenklang; er erzeugt auch durch das Zusammentreffen des Nichtpassenden ironische, skurrile Effekte. Im *Purgatorio* (24, 20–24) trifft Dante die Schlemmer, darunter Papst Martin IV. Er war als Feinschmekker dafür berühmt, daß er den Aal aus dem Lago di Bolsena in Vernaccia anbraten ließ. Im *Purgatorio* fastet er nun. Der Feinschmecker-Papst wird mit folgenden Worten vorgestellt:

... das Gesicht dort hinter ihm, mehr als andere wie von Mückenstichen übersät, hielt die heilige Kirche in seinen Armen, er stammte aus Tours und reinigt sich durchs Fasten von den Aalen aus Bolsena und vom Vernaccia.

und Dante sagt das so; und man beachte die Reimworte:

... e quella faccia
di là da lui più che l'altre trapunta
ebbe la Santa Chiesa in le sue braccia:

Da Torso fu, e purga per digiuno
L'anguielle di Bolsena e la vernaccia.

Der Reim bringt nicht nur Harmonie, er verstärkt die Ironie und verschärft die Attacke: Die Arme, *braccia*, des Heiligen Vaters sollen die verfallende Kirche stützen; sie sollen segnen, aber sie reimen sich auf *vernaccia*. Dante verachtet Genießer, aber er sagt das kühl und spöttisch, fast wie Heinrich Heine.

II. DANTES GESCHICHTLICHE WELT

1. *Ein wenig Biographie*

Dante war ein Autor von ausgeprägtem, ja extremem Ichbewußtsein. Er mußte sich erst zu dem Autorenbewußtsein entwickeln, das er in der *Commedia* zeigt. Er redet in der *Commedia* immer wieder von seinen Gefühlen und Gedanken, bezieht aber sein Leben nicht nur auf die Geliebte, sondern auch auf die politische, die ökonomische, die intellektuelle und die kirchliche Situation seiner Zeit.[10] Daher sind bei ihm die politische, gesellschaftliche und die religiöse, die literarische und die intellektuelle Konstellation nicht zu trennen. Die Kirche war damals schon nicht mehr ganz, aber doch noch weitgehend die Gesellschaft. Wer die Stadt oder wer gar Italien retten wollte, konnte weder am sozialen Zustand noch an der Korruption der Kirche vorbeigehen. Daher gehen Dantes Biographie und die Beschreibung seiner geschichtlichen Welt ineinander über; beides bestimmt seine Dichtung.

Dante ist 1265 in Florenz geboren und 1321 56jährig in Ravenna gestorben. Um die Zeitdimension fühlbar zu ma-

10 Wenn Dante ›ich‹ schreibt, ist es nicht einfach zu sagen, was gemeint ist: Der Repräsentant der Menschheit, der erbsündig belastete Sohn Adams, das empirische Individuum aus Florenz oder das hochgradig individualisierte, ›moderne‹ ›Subjekt‹. Diskussion darüber bei Albert Russel Ascoli, Dante and the Making of a Modern Author, Cambridge 2008, S. 32–41 und S. 53.

chen: Petrarca lebte von 1304 bis 1374, Boccaccio wurde 1313 geboren und starb 1375. 1376 kehrten Papst und Kurie von Avignon nach Rom zurück. Ein Zeitraum zeichnet sich ab.

Ich skizziere zunächst die Biographie Dantes und versuche dann eine elementare Übersicht über die geschichtliche Entwicklung von 1250 bis 1375. Daß das kaum möglich ist, leuchtet ein: Es ist schon schwer zusammenzufassen, was in einem einzigen Jahr geschehen ist, noch viel weniger lassen sich 125 Jahre intensiver Entwicklung zu einem einheitlichen Bild bündeln. Ich gebe hier nur ein paar abgrenzende Stichworte und Hinweise.

Was Dante in der *Commedia* von sich erzählt, ist im Sinn einer modernen Biographie nicht allzu ergiebig: Dantes Angehörige kommen nicht vor. Beatrice und er waren jeweils mit anderen Personen verheiratet; das bleibt verdeckt. Immerhin haben wir 12 oder 13 Briefe Dantes. Wir kennen recht gut unmittelbare Reaktionen von Zeitgenossen, die zu Unrecht im Schatten des übergroßen Dante stehen: Guido Cavalcanti, Cecco d'Ascoli und Cecco Angiolieri werde ich dem Leser noch vorstellen. Was amtliche Akten angeht, so wurden in Florenz früh Dokumente vernichtet, um die Schande der Verbannung zu verdecken. Allerdings haben wir die Dante-Biographie (*Tratatello in laude di Dante*, auch *Vita di Dante)* von Boccaccio und die informativen und schönen Chroniken von Giovanni Villani und von Dino Compagni. Giovanni Villani gibt in seiner *Cronica* ein Dante-Portrait von außen. Er schreibt: Dante wurde als einer von der Partei der Weißen aus Florenz verjagt. Er ging zum Studium zuerst nach Bologna, dann nach Paris. Er war Laie und doch ein großer Gelehrter, *sommo poeta e filosafo*; er erreichte eine Sprachkunst wie noch niemand in Florenz (S. 117).[11] Er wurde nach seinem Tod in Ravenna ehrenvoll begraben als ›Poet und großer Philosoph‹ (S. 116).

Giovanni Villani erwähnt von Dantes Werken die *Vita nova*, drei lateinische Briefe und zuletzt die *Commedia*, die voll sei von aller Art Weisheit: moralische, naturphilosophische, astronomisch-astrologische und theologische Einsichten. Dantes Florenzkritik teilte Villani nicht. Er drückte das so aus: Dante habe es genossen, über viele Leute schlecht zu reden, mehr als sich gehört. Das habe er wohl getan, weil er unter dem Exil sehr gelitten habe. Persönlich sei er wegen seines vielen Wissens ziemlich eingebildet und hochfahrend gewesen, *presuntuoso e schifo e isdegnoso*. Er war auf Philosophenart wenig freundlich im Umgang, *a guisa di filosafo mal grazioso*. Er konnte sich mit Laien schlecht unterhalten, aber wegen seiner ›Tugenden‹ (*virtù*) und seines Wissens verdiene er, für immer im Gedächtnis zu bleiben (S. 119).

Giovanni Villani ist etwa 1275 geboren und 1348 an der Pest gestorben; seine Brüder Matteo und Filippo setzten die Chronik fort; er gehörte zur Partei der Schwarzen. Er war als Kaufmann und Bankier weit in der Welt herumgekommen; er gibt die Sicht maßvoller Dante-Gegner wieder, wenige Jahre nach dessen Tod.[12]

11 Giovanni Villani, Cronica, c. 136, ed. Giovanni Aquilecchia, Turin 1979, S. 116–119. Die Zahlen in den Klammern sind die Seitenzahlen dieser Ausgabe.

12 An modernen Dante-Biographien sind zu nennen: Michele Barbi, Dante. Vita, Opere e Fortuna, mehrfach neu gedruckt seit 1933, entstanden aus dem Artikel ›Dante‹ in der Enciclopedia Italiana, auch deutsch 1943; Giorgio Petrocchi, Vita di Dante, Bari 1983, entstanden

2. *Schriften*

Dante wurde 1265 hineingeboren in eine unruhige, von blutigen Kämpfen zerrissene reiche Stadt. Seine Familie war von niederem Adel, nicht sehr reich. Ihm war es wichtig, daß er im Sternzeichen der Zwillinge zur Welt gekommen war. Mit neun Jahren, 1274, beachtet er zum ersten Mal Beatrice, schließt aber 1277 einen Ehevertrag mit Gemma Donati. Einige andere Frauen spielen eine Rolle, eine Violetta, eine Fioretta, Pargoletta und eine Donna Pietra. Er dürfte 1285 geheiratet haben, hatte vier Kinder, studierte wohl 1287 in Bologna, 1289 war er Soldat. Er nahm an der Schlacht von Campaldino gegen Arezzo teil (Inf. 22, 1–5), ebenso an der Belagerung und Eroberung von Caprona (Inf. 21, 94–96).

Am 8. Juni 1290 stirbt Beatrice. Die entscheidende Begegnung mit ihr und ihr Tod sind das Thema der *Vita nova* von 1293/94. Das Buch endet mit der Ankündigung, er werde zu

aus dem Artikel in der Enciclopedia Dantesca. – Robert Hollander, Dante. A Life in Works, New Haven 2001. Neuer, populärer: Fritz R. Glunk, Dante, München 2003; Barbara Reynolds, Dante. The Poet, the Political Thinker, the Man, London 2006. Neueste Forschungen, die über die Kategorie der Biographie hinausführen: Emilio Pasquini, Vita di Dante, Mailand 2006; Gennaro Sasso, Le autobiografie di Dante, Neapel 2008; Guglielmo Gorni, Dante. Storia di un visionario, Rom – Bari 2008.

Zu Boccaccio: Vittore Branca, Boccaccio. Profilo biografico, Florenz [2]1992; Ennio Sandal (Hg.), Dante e Boccaccio, Lectura Dantis Scaligera 2004–2005, Rom – Padua 2006.

Zu Petrarca: Ugo Dotti, Vita di Petrarca, Bari 1987; Enrico Fenzi, Petrarca, Bologna 2008; Zygmunt Baránski – Theodore J. Cachey jr. (Hg.), Petrarch and Dante, Notre Dame 2009.

Ehren Beatrices einen Lobpreis schreiben, wie noch nie eine Frau von jemandem gelobt worden ist.[13]

Nach dem Tod Beatrices wirft er sich nach einigem Schwanken trostsuchend auf die Philosophie, studiert 1291 bis 1295 in den florentiner Ordenshochschulen, in den *scuole de li religiosi*, wie er sagt, also bei den Dominikanern in Santa Maria Novella und wohl auch bei den Franziskanern in S. Croce. Seit 1295 war die Beteiligung von Adligen an der Stadtregierung möglich; Dante nimmt das sofort wahr; 1296 ist er im Rat der Hundert. Es gab die Partei der Guelfen, der ›Welfen‹, kaiserfeindlich und papstfreundlich; gegen sie standen die Ghibellinen, die Kaisertreuen und Papstfeindlichen. Ihr Name kommt von ›Waiblingen‹, einer Stadt in Baden-Württemberg, die früh in den Besitz der Staufer kam. In den florentinischen Stadtkämpfen war inzwischen die Partei der ›Guelfen‹ in zwei entgegengesetzte Gruppen zerfallen, in die ›Schwarzen‹ und die ›Weißen‹. Ihre Quartiere sind heute noch an Straßennamen erkennbar. Dante gehörte zur Partei der *Guelfi bianchi* und erreichte höhere Ämter: 1300 war er einer der sechs *priori* für zwei Monate und nahm 1301 als Mitglied einer Gesandtschaft an einer Reise zum Papst in Rom teil. Dante war noch in Rom, da zog am 1. November 1301 Karl von Valois, der Bruder des französischen Königs, auf Drängen des Papstes in Florenz ein. Er stellte sich auf die Seite der Schwarzen. Die Weißen, darunter Dante, werden verbannt. Er wird in Abwesenheit verurteilt, 1302 endgültig verbannt. Da er nicht vor Gericht erscheint, wird er zum Tod verurteilt. Er

13 Die maßgebende Ausgabe der Vita nova ist die von Gugliemo Gorni, Turin 1996. Diese ist vergriffen und steht nur in wenigen deutschen Bibliotheken. Die Ergebnisse Gornis berücksichtigt die neue Ausgabe von Stefano Carrai, Mailand 2009.

hat Florenz nie wieder gesehen. Wir treffen den Exilanten ab 1303/04 in Verona, Arezzo, Forli, Bologna und Ravenna. 1304 bricht er mit seiner Partei, den Bianchi.

Er beginnt in diesen Jahren, wohl 1304 oder wenig später, das große Werk des *Convivio*, einer überdimensionalen Einführung in die Philosophie; er schrieb es italienisch, in Volgare, wie die Volkssprache heißt. Auf dieses umfangreiche Werk muß ich öfter noch zurückkommen und sage hier nur:

Dante verteidigt den Wert der italienischen Sprache auch für hohe Themen;

Er zeigt Vernunftvertrauen, auch bezüglich der Offenbarung, nennt aber auch Grenzen ihrer rationalen Erfaßbarkeit;

Er entdeckt die Idee des fortdauernden Reichs, also des Imperium Romanum.[14]

Wohl etwas später, fast gleichzeitig beginnt er seine lateinische Sprachabhandlung: *De vulgari eloquentia.* Beide Bücher schließt er nicht ab, sondern beginnt um 1306, eher 1308, mit dem *Inferno,* das um 1310 vollendet und 1314 publiziert wird.

Ich stelle noch einmal die ungefähren Daten für die Schriften *vor* der *Commedia* zusammen:

1293/94 *Vita nova*
1304–1307 *Convivio*
1305–1306 *De vulgari eloquentia.*

1310 kommt Kaiser Heinrich VII. nach Italien. Dante hatte ihn lange als Friedensstifter erwartet; er schreibt ihm einen Brief und trifft ihn. Doch der Kaiser stirbt 1313. 1312 bis 1318 lebt

14 Unentbehrlich ist die vierbändige Ausgabe italienisch-deutsch mit reicher Kommentierung im Rahmen der Philosophischen Bibliothek, ed. Ruedi Imbach, Hamburg 1996 ff. Weitere bibliographische Angaben unten S. 222, Anm. 47.

Dante in Verona, schließt das *Purgatorio* ab, an dem er etwa 1310 bis 1313 gearbeitet hat und das er 1315 publiziert. 1316 schreibt er die *Epistola 13* an Cangrande, in der er die *Commedia* erklärt.[15] Er unterbricht die Arbeit am *Paradiso,* die er 1315/16 begonnen haben dürfte, und schreibt wohl 1317 sein Buch zur Philosophie des Gemeinwesens und der Kirche, die *Monarchia,* lateinisch. Die Sache war dringlich: Der Papst nutzte die deutschen Thronstreitigkeiten aus, um zu erklären, im Falle der Sedisvakanz im Reich unterliege die Führung des Reiches ihm, aufgrund der an Petrus verliehenen allumfassenden Vollmacht (*plena potestas*). Damit war Dantes Schützer, Cangrande della Scala, bedroht, der als Vikar des Kaisers amtierte. Dante arbeitete die Selbständigkeit der Politik heraus.

Bis 1321 vollendet Dante in Ravenna das *Paradiso.* Hier sind noch einmal die wahrscheinlichen Daten für die drei Teile der *Commedia*:

Inferno begonnen um 1304, eher 1306 – beendet gegen 1308,

Purgatorio begonnen um 1308 bis ca. 1313,

Paradiso begonnen um 1315/16 – vollendet kurz vor dem Tod 1321.

1320 hält er eine öffentliche Vorlesung in Verona über eine naturphilosophische Frage, die *Quaestio de aqua et terra.* Darin geht es um die Lage der Elemente. – Er erkrankt auf dem Rückweg von einer Diplomaten-Reise nach Venedig, stirbt im September 1321 und wird in Ravenna begraben.

15 Die Echtheit des 13. Briefs ist umstritten. Dazu vgl. unten S. 233–235.

3. Das unruhige Florenz

Die großen politischen Zusammenhänge haben sich schon angedeutet. Ich gehe zunächst der Stadtentwicklung nach:

Florenz hatte vor 1050 keine überregionale Bedeutung, nahm aber an der rasanten Wirtschafts- und Gesellschaftsentwicklung des 12. Jahrhunderts teil und setzte sich bald an deren europäische Spitze. Das war abzulesen an der Bevölkerungszahl. Ihr folgte die mehrfache Erweiterung des Mauerrings. Seit der Mitte des 12. Jahrhunderts kam es zur extremen Entwicklung des Handels und Geldwesens. 1252 prägte Florenz wieder eine Goldmünze, den Dollar des Mittelalters, den Goldgulden, den Fl., das heißt: der Florentinus. Die Stadt pflastert als eine der ersten Städte Europas 1237 ihre Straßen und baut ein städtisches Abwassersystem. Sie errichtet kurz hintereinander repräsentative Bauten, seit 1255 den Bargello, erweitert 1294 Santa Maria Novella, im Folgejahr die franziskanische Konkurrenz, S. Croce. Arnolfo di Cambio beginnt 1298 den Palazzo Vecchio.

In der zweiten Hälfte des 13. Jahrhunderts war Florenz eine Weltmacht; es hatte die Stelle des alten Rom erreicht. Am Bargello brachte man eine Inschrift an, die eben dies von der Stadt behauptete, *quae mare, quae terram, quae totum possidet orbem.*[16]

16 Nicolai Rubinstein, The Beginning of Political Thought in Florence, in: Journal of the Warburg and Courtald Institute 5 (1942), S. 213.

Zur politischen Lage bleibt das klassische Werk: Robert Davidsohn, Geschichte von Florenz, 4 Teile in 8 Bänden, Berlin 1896–1922. Weiter: Brian Tierney, The Crisis of Church and State, 1050–1300, Englewood Cliffs 1964; John Kenneth Hyde, Society and Politics in Medieval Italy. The Evolution of the Civil Life 1000–1350, New York 1973; Charles Till Davis, Dante's Italy and Other Essays, Philadelphia 1984; Lauro Martines, Power and Imagination. City-States in Renaissance Italy, Baltimore

Dante spielt im *Inferno* 26, 1–3 auf diese hochmütige Selbsteinschätzung an: Florenz schlägt seine Flügel über Land und Meer, sein Name verbreitet sich in der Hölle. – In der Hölle wimmelt es von Florentinern. Dort gehören sie hin, denn sie sind stolz und geldgierig (Inf. 6, 74–75; 15, 67–68). Aber nicht nur Florenz hat den Untergang verdient, das ganze Arnotal ist verdorben (Purg. 14, 16–57); der Arno soll Pisa überschwemmen und seine Einwohner ertränken (Inf. 33, 79–84). Ganz Norditalien ist korrupt.

Florenz hatte nur die ökonomische und soziale Gesamtentwicklung seit Anfang des 12. Jahrhunderts genutzt: Jetzt konnte Westeuropa seine Menschen ernähren; bis gegen 1100 gab es nach Mißernten selbst im reichen Kloster Bec noch Hungersnot. Um 1300 exportierte England Wolle nach Brügge und nach Florenz; nach Frankfurt kamen regelmäßig Rinderherden aus Ungarn. Die Landwege wurden verbessert; der Geldverkehr überregional geregelt. Kaufleute und Handwerker organisierten sich im Lauf des 12. Jahrhunderts. Sie schaffen für sich und die Stadt Rechtsordnungen. Sie machen die Erfahrung, daß sie das können. Recht muß keine Gabe von oben sein, von Gott, vom Kaiser, vom Bischof. Ihnen gelingt der Aufbau der bürgerlichen Welt. Sie schaffen Eigentum, sie setzen Regeln des Zusammenlebens, sie organisieren Handel, Recht und Politik. Sie machen die geschichtlich neue Erfahrung der Selbständigkeit der Bürger; das fördert seit dem 12. Jahrhundert das Vernunftvertrauen. Der Einzelne versteht sich nicht mehr nur als Teil der Familie, der Korporation, der

^{2}1988; Elisa Occhipinti, L'Italia dei comuni. Secoli XII–XIII, Rom 2000; John A. Scott, Understanding Dante, Notre Dame 2004, S. 309–336; Giuliano Milani, I comuni italiani. Secoli XII–XIV, Rom – Bari 2005.

Gehorsamsgemeinschaft des Ordens oder der Zunft oder der Stadt. Er macht die außerhierarchische, auch antihierarchische Selbsterfahrung des Einzelnen, etwas, das manche Moderne dem Mittelalter nicht zutrauen. Der Schriftsteller entwickelt ein neues Autorenbewußtsein mit dem Recht auf Neuerungen. Es war auch Vernunftvertrauen, daß in den Jahrzehnten der Kritik, 1280 bis 1350, einige Philosophen die distanzierte Erforschung der Grenzen der Vernunft betrieben. Sie wollten lieber die Grenzen der Vernunft selbst bestimmen, als ihnen blind zu erliegen.

Florenz und seine Handelsorganisation und Geldwirtschaft führten die Grenzenlosigkeit der Selbstausdehnung anschaulich vor. Die Stadt wuchs und wuchs. Die römische Militärsiedlung war klein; 1172 brauchte Florenz außerhalb der karolingischen eine neue Stadtbefestigung. Sie umschloß das Dreifache des Geländes des römischen Kastells. Ab 1284 plante Florenz die dritte Mauer, deren Größe heute am Straßenverlauf und an erhaltenen Festungstürmen noch leicht zu erkennen ist. Sie umschloß ein Gebiet, das etwa 20mal so groß war wie das alte römische Kastell. Jetzt hatte die Stadt etwa 100 000 Einwohner. *Florenz, innerhalb des alten Mauerrings, Firenze, dentro de la cerchia antica* (Par. 15, 97), das war der Sehnsuchtsruf florentinischer Konservativer. Denn die Stadt barst vor Zuwanderern und extremen sozialen Spannungen: Ihre Bürger schließen bis 1295 den Adel von der Politik aus. Danach kämpfen Adlige gegen Großkaufleute, diese gegen die Zünfte und beide bald gegen die Wollarbeiter. Der Papst schürt die Parteiungen in der Stadt. Er will den Kirchenstaat nach Norden abrunden und schließt sich mit einer Partei der Willigen zusammen. Neapel stand unter seiner Gewalt, nur Florenz störte den Aufbau einer päpstlichen Machtzone, die halb Italien umfaßt hätte. Der

Papst mußte versuchen, die inneren Zerwürfnisse der Stadt für seine Politik auszunutzen. Daher die Unruhe.

Dante vergleicht die Stadt, wegen des ständigen Wechsels der Verfassungen, mit einem Fieberkranken, der sich vor Schmerzen ständig im Bett herumwirft (Purg. 6, 136–151).

Guelfen und Ghibellinen, Papsttreue und Kaiseranhänger, hießen die Parteien, aber diese Schlagworte besagten zur Dante-Zeit fast nichts mehr; sie wurden bedeutungslos wie bei uns rechts und links. Nach Dantes Ansicht hatten sie sich gebildet anläßlich einer Metzelei, die am Ostersonntag 1216 nahe am Ponte Vecchio stattfand (Inf. 28, 106–108): Ein junger Adliger, Buondelmonte dei Buondelmonti, heiratete an diesem Festtag, aber er hatte einer anderen Frau die Ehe versprochen, und deren Clan brachte ihn jetzt um. Die Guelfen spalteten sich 1300 in Schwarze und Weiße.

Dantes *Commedia* ist *auch* seine Auseinandersetzung mit dieser blutigen und für ihn aussichtslosen Florentiner Geschichte. Er begegnet, meist in der Hölle, den handelnden Figuren dieses Dramas. Er trifft unter den Ketzern den Kardinal Ottaviano degli Ubaldini, der nicht ans Jenseits glaubte, aber 1258 eine Verschwörung organisiert hatte, die zur Vertreibung der Ghibellinen führte (Inf. 10, 120). Die Geflüchteten organisierten in Siena eine Armee von mehr als 70 000 Mann. Sie wurde 1260 bei Montaperti vernichtend geschlagen. Das Wasser der Arbia färbte sich rot vom Blut der etwa 10 000 gefallenen Guelfen (Inf. 10, 85–86).

Im *Purgatorio* trifft Dante Manfred, den unehelichen Sohn von Kaiser Friedrich. Papst Urban IV. hatte ihn 1263 exkommuniziert und Karl von Anjou als König von Sizilien eingesetzt, der 1266 Manfred in der Schlacht von Benevent besiegte (Purg. 3, 112–145).

1289 wurden die Ghibellinen von Arezzo in der Schlacht von Campaldino geschlagen. Dante deutet an, er habe als Soldat an der Schlacht teilgenommen (Inf. 22, 4–5 und Purg. 5, 85–129).

4. Reich und Kirche[17]

Wie die Kaisergeschichte, so spiegelt sich auch die Papstgeschichte in der *Commedia:* 1294 dankte Coelestin V. nach wenigen Monaten ab; er starb zwei Jahre später im Gefängnis, in das

17 Aus der Literatur zu diesem umfassenden Thema seien von unentbehrlichen älteren Arbeiten genannt: Albert Hauck, Kirchengeschichte Deutschlands im Mittelalter, besonders Band IV und V, zuerst 1887–1920, Nachdruck Berlin 1954; Fritz Kern, Die Reichsgewalt des deutschen Königs nach dem Interregnum, zuerst 1910, Nachdruck Darmstadt 1959. – Neuere Literatur: Franz-Xaver Seppelt, Das Papsttum im Spätmittelalter, München ²1957; Heinz Thomas, Deutsche Geschichte des Spätmittelalters, 1250–1500, Stuttgart 1983; Hartmut Boockmann, Stauferzeit und spätes Mittelalter, Berlin 1987; Jürgen Miethke, Kaiser und Papst im Konflikt. Zum Verhältnis von Staat und Kirche im späten Mittelalter, Tübingen 1988; Ernst Schubert, Einführung in die deutsche Geschichte des Spätmittelalters, Darmstadt ²1998; Jürgen Miethke, De potestate papae. Die päpstliche Amtskompetenz im Widerstreit der politischen Theorie von Thomas von Aquin bis Wilhelm von Ockham, Tübingen 2000; Rainer A. Müller (Hg.), Deutsche Geschichte in Quellen und Darstellungen: Spätmittelalter, Stuttgart 2000; Lorenz Weinrich, Quellen zur Reichsreform im Spätmittelalter, Darmstadt 2001; Ulf Dirlmeier – Gerhard Fouquet – Bernd Fuhrmann, Europa im Spätmittelalter, 1215–1378, Oldenburg Grundriß der Geschichte Band 8, München 2003 (umfangreiche Bibliographie); Malte Prietzel, Das Heilige Römische Reich im Spätmittelalter, Darmstadt 2004; Karl-Friedrich Krieger, König, Reich und Reichsreform im Spätmittelalter, München ²2005; Jürgen Miethke, Politiktheorie im Mittelalter, Tübingen 2008.

ihn sein Nachfolger geworfen hat. Dante wirft ihm die *große Verweigerung* vor, *il gran rifiuto* (Inf. 3, 60). Den Nachfolger Bonifaz VIII. trifft er unter den Simonisten in der Hölle (Inf. 19, 52–54). Dieser Papst habe die Kreuzzugsidee mißbraucht für private Rachefeldzüge gegen Christen; Dante läßt ihn durch den Apostel Petrus verurteilen (Par. 27, 22–27).

Für das Imperium Romanum und damit für Reichsitalien war der Tod Friedrichs II. 1250 der Wendepunkt. Er hatte einen fast säkularen Staat geschaffen, er hatte in Neapel eine weltliche Universität gegründet; er unterlag dem Papsttum, das ihn viermal mit dem Kirchenbann belegt hatte. Dante war überzeugt, dieser Kirchenkonflikt habe den Niedergang Italiens besiegelt (Purg. 16, 115–117).

Das Kaisertum wurde immer schwächer: In Deutschland wegen der zunehmenden Macht der Territorialherren, vor allem der Kurfürsten; in Italien verlor es seit 1250 gegen die reichen Kommunen. Für gut 50 Jahre traten Päpste an die Spitze der europäischen Politik, nicht nur aufgrund der tatsächlich vorhandenen Ideologie päpstlicher Weltherrschaft, nicht nur aus Machtgier, sondern weil keine übergeordnete Macht da war. Die Päpste verhandelten mit Mongolen, sie trafen Friedensregelungen; sie führten Kreuzzüge an. Nie waren sie dem politischen Programm, der Idee der päpstlichen Weltherrschaft, so nah wie zwischen 1250 und 1303. Ihre Kunst bestand darin, Frankreich gegen das Reich aufzustellen und die inneren Streitigkeiten (Reich gegen Territorialherren, Kommune gegen Kommune) zu schüren. Schon Innozenz III. hatte 1202 erklärt, Frankreich habe in weltlichen Dingen keine Macht über sich. Das vom Papst instrumentalisierte Frankreich sah Dante als eine Gefahr für die ganze Christenheit (Purg. 20, 43–45, vor allem Purg. 32, 136–160). Das moralische und religiöse Ansehen des Papsttums war, wie das *Decameron*, bes. 1, 2, belegt, längst ruiniert; das Schisma ab 1378 machte den Verlust für alle sichtbar. Es gab jetzt zwei, zuweilen drei Päpste, die sich gegenseitig mit dem Kirchenbann belegten. Die Folge war der Sieg der konziliaren Bewegung. Aber diese konnte die großen Probleme auch nicht lösen: Sie erreichte weder die Kirchenreform noch verhinderte sie den Hussitismus, schon gar nicht das Vordringen der Türken. Das Papsttum konnte sich erst nach dem Zusammenbruch der konziliaren Bewegung konsolidieren, also etwa um 1450; der wirtschaftliche Aufschwung des Kirchenstaats (Alaunfunde) stärkte das Papsttum, so korrupt es war, wie Nikolaus von Kues dem Papst ins Gesicht sagte.

Dante steckte von den sechs Päpsten, die er erlebt hat, fünf in die Hölle: Nikolaus III. (1277–1280), Inf. 19, 70–71; Bonifaz VIII. (1294–1303), Inf. 19,55–57 und öfter; Clemens V. (1305–1314), Inf. 19, 82–87; Coelestin V. versetzt er in die Vorhölle der Unentschiedenen, Inf. 3, 59 – 60, weil er 1294 nach wenigen Monaten das Amt aufgegeben hatte, das er hätte reformieren sollen, und damit dem Schlimmsten Platz machte, nämlich Bonifaz VIII., 1294–1303, dem starken Hauptfeind, mit seiner Geldmacherei, seiner kaiserfeindlichen Politik und seinem Programm päpstlicher Weltherrschaft, das er in der Bulle *Unam sanctam* als unfehlbare Lehre verkündet hat. In der Hölle sitzt Clemens V., der erst 1305 nach zweijähriger Vakanz gewählt wurde, weil die italienische und die französische Kardinalspartei sich nicht einigen konnten. Er regierte bis 1314, verlegte 1309 die Papstresidenz nach Avignon. Er hat Heinrich VII. erst zur Italienfahrt ermuntert und ihn dann aufgegeben aus Abhängigkeit von Frankreich. Dante verurteilt Johannes XXII., den mächtigen Avignoneser Papst aus Cahors (Par. 17, 58–60 und 18, 133–136). 1316 mit 72 Jahren zum Papst gewählt; zum

Schrecken mancher hielt er durch bis 1336. Dante warf ihm illegitimen Amtserwerb (Simonie), Kaiserfeindlichkeit und Geldbesessenheit vor. 1314, bei der Doppelwahl zum deutschen König – Ludwig der Bayer oder Friedrich der Schöne – beanspruchte er das Entscheidungsrecht: sein Machtanspruch führte zu heftigen literarischen Auseinandersetzungen über die Kompetenz des Papstes, *De potestate Papae*. Im Kampf mit Kaiser Ludwig dem Bayern übertrug er Robert von Neapel das Reichsvikariat über Italien; gegen den kaisertreuen Visconti in Mailand bereitete er einen Kreuzzug vor. Er war ein Genie der Finanzverwaltung; er machte durch fiskalische Ausbeutung die Kurie in ganz Europa verhaßt, besonders in Deutschland. Albert Hauck charakterisiert ihn: »Ein unscheinbares Männlein, klein, mager, blaß, kahlköpfig, mit unschönen Zügen und einer dünnen Stimme. Aber von der Ermüdung des Alters merkte man dem rastlos Tätigen nichts an. Alles interessierte ihn: die Politik und die Dogmatik, Kunst und Wissenschaft, die Streitigkeiten der Mönche und die Händel der Gelehrten, die Kreuzzüge und besonders Geldsachen jeglicher Art.«[18]

Die deutschen Könige der Zeit konnten einem solchen Papst zwar wie Ludwig der Bayer, 1314–1347, Widerstand leisten, aber in Italien sich nicht mehr durchsetzen; die Selbständigkeit und der Reichtum der unter sich zerstrittenen Städte und der Einfluß des an Frankreich orientierten Papsttums schlossen dies aus. Mit Rudolf von Habsburg, 1275–1281, endete zwar die ›kaiserlose, die schreckliche Zeit‹, aber er mußte im zerfallenden Reich für die Konsolidierung seiner Hausmacht sorgen. König Adolf von Nassau, 1292 bis 1298, hatte ohnehin eine zu kleine

18 Albert Hauck, Kirchengeschichte Deutschlands im Mittelalter, Band 5, 1, Berlin [8]1954, S. 480.

Hausmacht und fiel in der Schlacht gegen seinen Rivalen Albrecht von Habsburg. Dieser regierte von 1298 bis zu seiner Ermordung durch seinen Neffen 1308. Sein Nachfolger wurde der Luxemburger Heinrich VII., der Italien ordnen wollte, den Dante jubelnd begrüßte, der aber schon 1313 starb. Die lange Regierungszeit Ludwigs des Bayern, bis 1347, verging mit Hausmachtspolitik und Streit mit den Päpsten; 1338 beschlossen die Kurfürsten in Rhens, daß der deutsche König auch ohne päpstliche Approbation Römischer Kaiser sei. Mit Kaiser Karl IV., 1346 bis 1378, kommen wir an das Ende unseres Zeitraums. Er baute Prag aus, pflegte die Beziehung zu Paris, ordnete die Zuständigkeit der Kurfürsten neu, denen er mit der Goldenen Bulle von 1356 weitgehende Selbständigkeit bot; er schuf mit Böhmen und Brandenburg ein geschlossenes Machtgebiet, das er arrondierte.

Die deutsche Geschichte des 14. Jahrhunderts zeigte vor allem zwei Resultate: Jetzt stellten sich neben den mächtigen Rheinischen Kurfürsten – Mainz, Köln, Trier, Rheinpfalz – die Mittelmächte der deutschen Zukunft auf: Die Luxemburger mit Böhmen und Brandenburg, die Habsburger mit Streubesitz in der Schweiz, dort im Kampf gegen die Waldstädte, in Süddeutschland und Österreich, die Wittelsbacher in Bayern. Sie bestimmen für die nächsten Jahrhunderte die deutsche Politik. Sodann: Die Päpste in Avignon machen Reichspolitik in Italien unmöglich, vor allem wenn es ihnen gelingt, sich mit Neapel und Florenz zu verbünden. Sie bilden das Haupthindernis, daß Italien Frieden findet. Das haben Dante in seiner *Monarchia* und kurz darauf Marsilius von Padua im *Defensor pacis* schroff analysiert. Das war auch neu: Jetzt konnte man die Politik der Heiligen Kirche so rücksichtlos beschreiben wie die jeder anderen italienischen Mittelmacht.

5. *Die italienischen Mittelmächte*

Deutschland und Italien zerfielen zu Territorien mit ständig wechselnden Bündnissen. Es gab Einheitsbestrebungen, zum Beispiel in den achtziger Jahren eine Währungsunion der rheinischen Kurfürsten. Aber der deutsche Kaiser hatte weder Finanzhoheit noch Heer. Er wurde immer abhängiger von den Fürsten.

Italien war mit seinen mächtigen, in sich und miteinander zerstrittenen Kommunen noch kleinteiliger aufgelöst, aber im 14. Jahrhundert bildeten sich starke Mittelmächte:

Vor allem die Visconti in Mailand, die in der zweiten Jahrhunderthälfte gefährlich nahe an Florenz heranrückten. 1352 nahmen sie Bologna als päpstliches Lehen. Gian Galeazzo Visconti, 1385 bis 1402, gewann Pisa und Siena, kaufte Perugia und verhinderte den Romzug des Königs Ruprecht von der Pfalz.

Venedig, bisher See- und Handelsstaat, wurde im 14. Jahrhundert zur Landmacht. Es sicherte seine Landhandelswege nach Norden. Es baute seine Herrschaft auf der *terra ferma* aus, gewann zuerst Treviso und bekam dadurch zu seinen Dauerkonflikten mit Genua neue Spannungen mit Verona und mit Mailand. Wenn Genua sich mit Mailand verbündete, hatte Venedig einen schweren Stand, erst nach dem Tod Gian Galeazzos 1402 gelang ihm der Erwerb Paduas. Seine interne Verfassung blieb merkantil-aristokratisch; soziale Reformbewegungen um 1354 unterdrückte es blutig.

Florenz suchte sich im Laufe des Jahrhunderts mehrfach auswärtige Quasi-Diktatoren, um seiner internen Kämpfe Herr zu werden und um diese Herren bald wieder zu verjagen. 1325 bis 1327 regierte Herzog Karl von Kalabrien als Stadtherr, von 1341 bis 1343 Gautier de Brienne, Herzog von Athen. Die mittlere wohlhabende Schicht übernahm immer wieder das Regiment; 1343 wurde die Vorherrschaft des in Zünften organisierten *popolo grasso* gebrochen; die kleinen Leute, das *popolo minuto*, erzwang Mitwirkung. 1378 kam es zum Aufruhr der Wollweber; man machte Zugeständnisse und nahm sie bis 1382 alle wieder zurück. Eine großbürgerliche Aristokratie, die sich Lebensformen des Adels aneignete, zum Beispiel Turniere abhielt, beherrschte die Stadt, konnte 1406 die alte Feindin Pisa unterwerfen, hatte jetzt Zugang zum Meer und eine Universität.

Rom war in den Händen der großen Familien, der Colonna, Orsini und Frangipani. Versuche des kleineren Volks, ihre Herrschaft abzuschütteln, scheiterten. Cola di Rienzo versuchte, die Adelsherrschaft abzuschaffen und mit Zustimmung der Päpste eine Art Volksherrschaft zu installieren, die Herrlichkeit der alten Römischen Republik mit viel Symbolik zu erneuern, er kam nicht durch. Im Kirchenstaat schuf Kardinal Albornoz um die Jahrhundertmitte militärisch Ordnung; er legte große Festungen an und eroberte Bologna zurück. Die Päpste konnten 1376 zurückkehren, aber jetzt brach das Große Schisma aus, die Päpste in Rom und Avignon schwächten sich gegenseitig. Der Kirchenstaat faßte, wie gesagt, erst nach der Besiegung der konziliaren Bewegung gegen 1450 festeren Halt.

Neapel/Sizilien waren für Dante altes Reichsgebiet; Boccaccio zog hier Vergleiche zwischen einem Königreich und der unruhigen Republik Florenz; er erhoffte sich dort noch in späten Jahren eine Stellung, denn dort war ein Jugendfreund, Niccolò Accaioli, in höchste Ämter gekommen.

Seit der sog. Sizilianischen Vesper, 1282, waren die Anjou in Sizilien gestürzt, Peter von Aragon wurde König. Alle späteren Ansprüche Spaniens auf Süditalien schrieben sich daher. Es gab das nun von Sizilien abgetrennte Königreich Neapel. Dort regierte König Robert von 1309 bis 1343, auch er ein Anjou und Herr der Provence. Er versuchte vergeblich, Sizilien zurückzuerobern. Dante verspottete ihn, er sei mehr zum Predigen als zum Regieren geeignet. Das ging auf Roberts papstfreundliche Politik und gegen Einmischungsversuche in Florenz. Robert war der König, in dessen Kreis der junge Boccaccio studierte, er berief die beiden größten Maler des Jahrhunderts, Giotto und Simone Martini, nach Neapel, wo er Santa Chiara, das Franziskanerkloster, ausbaute. Er examinierte Petrarca vor dessen Dichterkrönung. Sein Sohn Karl, Herzog von Kalabrien, war schon 1328 gefallen. Dessen Tochter Johanna war mit dem Sohn des Königs von Ungarn verheiratet, hatte aber ein Liebesverhältnis mit ihrem Onkel und soll ihren Gemahl umgebracht haben. Ludwig von Ungarn unternahm einen Rachefeldzug, eroberte Neapel. Papst Clemens VI. erkannte die Herrschaft Ludwigs in Neapel nicht an. Johanna kam wieder an die Macht, wurde in Scheinprozessen freigesprochen. Sie hat noch dreimal geheiratet, konnte die Regierung nicht in die Hand nehmen, ihre Männer noch weniger. Intrigen und innere Wirren waren die Folge. Sie starb 1382 im Gefängnis.

Ich bin absichtlich über die Dante-Zeit hinausgegangen. Die Verhältnisse in Italien und im Reich zeigen seit 1250 Auflösung, Zersplitterung und Unruhe überall. Die großen Hoffnungen Dantes und die Italienpolitik Heinrichs VII. erschienen bald als Illusion. Spanien und England bauten ihr Herrschaftsgebiet aus; Frankreich war mit Ludwig IX. und Philipp le Bel vorangegangen, versank aber seit 1355 in den Hundertjährigen Krieg mit England. Die Institution Kirche büßte Glaubwürdigkeit ein. Skepsis breitete sich aus. Es war schon viel, seine kleine Gruppe zusammenzuhalten in einer Welt, die bestimmt war von Pest, Hunger und Krieg. Der Rückzug ins Private stand offen, wenn

Fortuna es gestattete. Übrigens schrieb auch Dante den dauernden Wechsel bei Macht und Reichtum dem Walten der Fortuna zu (Inf. 7, 61–96). Die allgemeine Sonne ist verschwunden. Die beiden Sonnen, Papstamt und Kaisertum, sind, wie Dante sagt, untergegangen (Purg. 16, 106–114). Dann flüchten die Menschen, wie Karl Marx im Blick auf Epikur formulierte, ins Lampenlicht des Privaten. Sie sehen, daß die Herrschenden nichts suchen als Macht, Genuß und Geld. Sie hören nicht auf deren Worte; sie sehen deren Taten und machen es wie sie.

6. Intellektuelle Situation

Es ist unmöglich, die soziale und politische Situation von 1250 bis 1375 in Kürze zusammenfassend darzustellen, aber die intellektuelle Situation war noch komplizierter und voraussetzungsreicher; sie ist auch noch immer weniger erforscht; ich begnüge mich hier mit wenigen Strichen, die ich in Teil DREI, Kapitel IV bis VI, genauer ausführen werde.

Das 12. Jahrhundert brachte die soziale, die politische und die wissenschaftliche Wende, und das in mehrfacher Hinsicht. Die gesellschaftliche Entwicklung ermöglichte eine intellektuelle Doppelbewegung und hing von ihr ab: Sie drängte auf Anerkennung der menschlichen Individualität und zugleich auf härtere, weniger symbolische Erforschung der Natur. Abaelard forderte das Recht des irrenden Gewissens, schockierend genug für seine Leser, auch für die Henker bei der Hinrichtung Jesu. Das 12. Jahrhundert brachte die Anerkennung der Selbstbestimmung des Mönchs. Kein Mensch sollte mehr vom Vater als Geschenk (*oblatus*) einem Heiligen oder einem Kloster dargebracht werden; er sollte über seine Lebensform selbst entscheiden.

Die allgemeinere Anerkennung rationaler Kriterien führte zur allmählichen Abschaffung des Gottesurteils zugunsten rationaler, kriteriengeleiteter Gerichtsentscheidungen. Gleichzeitig brauchte die expandierende Gesellschaft eine bessere Erforschung der Natur. Die Naturwelt wurde umgestaltet durch Rodung, Stadtgründung und Architektur. Wer technische Arbeiten leitete in der Stadt oder beim Ackerbau, mußte die Natur kennen. So suchte man im 12. Jahrhundert nach neuen Büchern, die eine kausal analysierende Vergegenständlichung der Natur lehrten und den moralistisch-religiösen Symbolismus zurückdrängten.

Diese Bedürfnisse begünstigten im 13. Jahrhundert die Rezeption des Aristoteles und der arabischen Wissenschaften. Sie meldeten sich schon im 12. Jahrhundert an und führten zur Suche griechisch-arabischer Bücher. Der Westen entdeckte, daß er neu lernen mußte und neu lernen konnte: Die ›Weisheit‹ war nicht schon da; die alten patristischen Autoritäten, Augustin oder Gregor der Große, hatten nicht alle Fragen gelöst. Es begann eine neue Suche nach antiken Quellen: Cicero und Seneca boten das Konzept einer außerchristlichen allgemein-menschlichen Ethik. Dadurch spitzte sich die Frage zu, ob die Tugenden der Heiden mehr waren als, wie Augustin geschrieben hatte, ›glänzende Laster‹. Es war nicht mehr selbstverständlich, daß allein Christen und unter ihnen nur die Mönche richtig lebten. Diesen großen Vorgang setzte das 13. Jahrhundert mit der Rezeption der *Ethik* und der *Politik* des Aristoteles fort, auch durch die Beschäftigung mit Cicero und Seneca; für Dante und Boccaccio wurde die Ethik Senecas besonders wichtig.[19]

19 Über Dante und Aristoteles: ED 1, S. 372–377; über Dante und Thomas: Kenelm Foster, in: ED 5, S. 626–649; Edward Moore, Studies in Dante. First Series, Oxford 1896; Lorenzo Minio Paluello, Luoghi cruciali in

Albert der Große rezipierte in mindestens zwanzigjähriger Arbeit diese Textmassen. Er meinte keineswegs, er könne sie friedlich in das vorhandene Wissen des christlichen Westens einfügen, sondern war überzeugt, alles sei neu zu machen. Die Wissenschaft der Lateiner sei höchst unvollkommen, über grundlegende Konzepte wie Seele und Geist hätten sie kaum nachgedacht. Das sei alles neu zu finden. Dazu seien die Schriften des Aristoteles unentbehrlich, aber sie würden erst aufgeschlossen durch die arabischen Kommentatoren, also Avicenna und Averroes. Albert erklärte ausdrücklich, er stimme mit Averroes fast in allem überein. Siger von Brabant führte die Unbefangenheit Alberts fort; er hat über Gottfried von Fontaine, Boethius von Dacien, Meister Dietrich von Freiberg auf Meister Eckhart gewirkt und Dantes hohes Lob erhalten.[20]

Dabei ging es unter anderem um die Lehre von der natürlichen Glückseligkeit des menschlichen Geistes. Aristoteles hatte die Ethik auf Eudaimonie hin angelegt. Das Ziel allen Handels sei das Glück, und dem menschlichen Geist könne das Glück nicht umgeworfen werden wie ein Mantel; der Geist sei in sich Tätigkeit, er sei Aktivität der Selbst- und Welterfassung und insofern immer selig. So entstand in Paris, in Bologna und anderswo die Lehre vom Intellekt als Glück, von der *felicità mentale.* Der Westen entdeckte, es gebe wohl zwei Arten der

Dante, Spoleto 1993; Gennaro Sasso, Dante: L'imperatore e Aristotele, Rom 2002; auch die mehrfach genannten Arbeiten von Bruno Nardi und Maria Corti, La felicità mentale, Turin 1983; Cesare Vasoli, Otto saggi per Dante, Florenz 1995, bes. S. 117–132; ders., Bruno Nardi e il ›restauro‹ della filosofia di Dante, in: Letteratura e filologia 1 (Rom 2010), S. 57–73.

20 Belege und Literatur bei Kurt Flasch, Meister Eckhart. Die Geburt der ›Deutschen Mystik‹ aus dem Geist der arabischen Philosophie, München 2006.

Lebenserfüllung, also des Glücks: das natürliche Glück des Geistes, das jedem Menschen zugänglich sei, und für die Gläubigen das jenseitige Glück der Begnadeten. Demnach war das menschliche, das politische Leben als rationale Selbstgestaltung konsequent festzuhalten und gegen theologische Einsprüche zu verteidigen. Dann war das soziale, das politische Leben nach Vernunftregeln zu gestalten, auch wenn der Glauben eine höhere, jenseitige Glückseligkeit versprach. Diese Doppelung der Glückseligkeit des Geistes spricht Dante in der *Monarchia* aus und beruft sich dafür ausdrücklich auf Aristoteles–Averroes. Die *Commedia* kennt neben dem himmlischen Paradies auch das irdische. Das Ziel des menschlichen Lebens, lehrt die *Monarchia*, sei die Aktuierung aller Möglichkeiten der menschlichen Vernunft. Auch das erklärt das Lob, das Dante dem Thomas von Aquino über dessen Gegner Siger in den Mund legt.

Die Lehre vom Intellekt, von seiner Wesensaktivität, Glückseligkeit und Göttlichkeit, hatte Albert aus Aristoteles–Averroes herausgearbeitet, vor allem in seinem Traktat *De intellectu et intelligibili.*[21] Aber er hatte mehr getan: Er hatte die gesamte Naturphilosophie des Aristoteles mit Hilfe des Averroes erklärt, einschließlich der Elementenlehre, über die Dante noch

21 Auf die Bedeutung dieses Textes, der immer noch zu lesen ist im neunten Band der Opera Omnia Alberti Magni, ed. Auguste Borgnet, Paris 1890, S. 477–521, haben Bruno Nardi und Cesare Vasoli mehrfach hingewiesen. Vgl. dazu auch Kurt Flasch, Meister Eckhart. Die Geburt der ›Deutschen Mystik‹ aus dem Geist der arabischen Philosophie, S. 70–85. Zur Bedeutung von Alberts Intellekt-Buch für Dante vgl. Cesare Vasoli, Bruno Nardi e il ›restauro‹ della filosofia di Dante, in: Maria Antonietta Terzoli, Alberto Asor Rosa, Giorgio Inglese, Letteratura e filologia fra Svizzera e Italia, Band 1, Rom 2010, S. 57–73; Paolo Falzone, ›Sì come dice Alberto in quello libro che fa dello intelletto‹, im selben ersten Band, S. 38–56.

ein Jahr vor seinem Tod die Abhandlung *De aqua et terra* geschrieben hat. Naturphilosophie war keine Studienübung für Anfänger, sie blieb ein würdiges Forschungsgebiet bis zuletzt, bei Albert, Dietrich und Dante.

7. Armut als Problem

Ein noch so flüchtiger Überblick über die intellektuelle Welt von 1250 bis 1350 darf das Problem der Armut nicht unerwähnt lassen.[22] Der wachsende Reichtum der mittel- und norditalienischen, der französischen und rheinischen Städte hatte wachsende Armut zur Folge. Es entstand eine neue Sensibilität für Not, Leiden, Armut. Franz von Assisi hat die Empfindlichkeit für die Not der Armen und Kranken gefördert: Man erinnerte sich, daß Jesus arm gewesen war. Das apostolische Leben war ein armes Leben; der Jesus des Neuen Testaments hatte klar gesagt, der Menschensohn habe nichts, wohin er sein Haupt legen kann. Seine Jünger sollten, wenn sie unterwegs seien, kein Geld dabeihaben. Abaelard hatte in seiner *Theologia* die Quellen antik-philosophischer Armutsideen ausgegraben und mit denen des Neuen Testaments synthetisiert. Weder die Idee der Armut noch die Kritik an Hybris oder *superbia* ist erst auf christlichem Boden *entstanden*, und darauf insistierte Abaelard. In der Macht- und Geldkirche des 13. und 14. Jahrhunderts löste das zugleich antik-philosophische wie neutestamentliche Konzept freiwillig besitzlosen Lebens gewaltige Spannungen aus. Das Verlangen nach einer *ecclesia spiritualis* durchzieht die *Comme-*

22 Roberto Lambertini, La povertà pensata. Evoluzione storica della definizione minoritica de Bonaventura ad Ockham, Modena 2000.

dia, die *Monarchia*, den *Defensor pacis*, das *Decameron*, Wyclif und das Denken der Hussiten.

Dann flossen die sokratisch-franziskanische Armutsidee und die aristotelisch-averroistisch-albertistische Intellekttheorie zusammen. Möglich war dies, sogar naheliegend, denn Aristoteles hatte vom Intellekt, vom *nous* gesagt, er habe mit nichts etwas gemein, er müsse leer sein von allem, um sich alles zum Inhalt machen zu können. Schon Plotin hatte daraus gefolgert: *aphele panta*, laß alles fallen. Dann wären wir bei Meister Eckhart und seiner Armutspredigt. Es kam zu verschiedenen Formen der Aktualisierung der Albertschule: bei Dietrich und Eckhart, anders bei Dante und Boccaccio.

8. Sprache

Noch je einen Hinweis zur Geschichte von Sprache und Dichtung in unserem Zeitabschnitt, zunächst zur Sprache:

Die Stadtbevölkerung nahm zu an Zahl und Bildung. Der Klerus reagierte darauf mit mehr Predigten; besonders die Bettelorden übernahmen im Laufe der ersten Hälfte des 13. Jahrhunderts diese Aufgabe. Es gab jetzt mehr Häretiker oder doch mehr Menschen, die ihren Dissens kundtaten. Diskussionen über Wahrheit und Unwahrheit der Religionen mit Muslimen und Juden wurden häufiger. Die Lesekompetenz nahm zu, auch bei Frauen, zumal in Florenz und in anderen Städten. Der Gebrauch der Volkssprache wurde häufiger, selbst in Rechts- und Religionsdingen; das Volgare drängte das Lateinische zurück, ohne es zum Verschwinden zu bringen.

Die *Commedia* ist in Volgare geschrieben. In derselben Zeit verwandelten Raimundus Lullus das Katalanische und Meister

Eckhart das Mittelhochdeutsche und verteidigten ihren Gebrauch auch bei ›großen‹ Themen: Die christliche Wahrheit sei für alle da, auch für die Ungelehrten. Wenn man Ungelehrte nicht belehren dürfe, würde nie jemand gelehrt, argumentierte Eckhart. Alle drei Autoren, Dante, Lull, Eckhart schrieben auch noch lateinische Bücher, sogar überwiegend, auch Boccaccio. Aber sie schrieben nicht mehr im gewöhnlichen Universitätslatein des 13. Jahrhunderts; sie durchbrachen es durch ihre individuelle Diktion. Die Universitäten verloren an Bedeutung: Dante, Lull und Petrarca standen außerhalb der Universitäten und kritisierten sie. Mit dem langdauernden französisch-englischen Krieg verlor die Sorbonne ihre zentrale Rolle; Nichtfranzosen konnten sie nicht oder nur schwer besuchen; seit der Universitätsgründung in Prag 1348 nahm die Zahl der Universitäten zu: Heidelberg folgte 1386. Diese neuen Universitäten waren regionalisiert und territorialisiert; sie waren Ausbildungsinstrumente der Landesfürsten für den Nachwuchs ihrer neuentstandenen Administrationen.

Die Pest kehrte seit 1348 immer wieder, wurde zur Dauererfahrung bis ins hohe 17. Jahrhundert und erwies das Wissen aller Fakultäten als unwirksam. Die Menschen, ratlos, brauchten die Erörterung ihrer Lebenslage in Volgare, in philosophischer Dichtung und in philosophierender Predigt. Petrarca übertrug diese Tendenz ins Lateinische zurück, anti-universitär, anti-averroistisch, als ethisch-politische Reflexion über Wissen und Leben, als Entwicklung individueller Religiosität und Verurteilung der Kirche als Hure Babylon. Innerhalb der Universitäten entwickelten sich Spekulationskritik und wachsende Zweifel anerkannter Gewißheiten, von Wilhelm von Ockham zu Nicolaus von Autrecourt.

Die klassischen Texte lasen Theologen und Philosophen seit

etwa 1280 zunehmend genauer; es begann ein Zeitalter des Nachprüfens. Es war zu untersuchen, welche der vielen verbotenen Thesen der Verurteilung von 1277 vielleicht doch und vielleicht modifiziert gehalten werden könnte. Die produktive intellektuelle Arbeit an den Universitäten verlagerte sich auf medizinische und logische Einzelforschung, auf die Theorie des Geldes oder die philosophische Theorie der Elemente wie in Dantes *De aqua et terra.* Das weiterführende, nicht bloß reproduzierende Interesse galt physikalischen Bewegungsproblemen, auch der Meteorologie und der Theorie des Regenbogens. Dietrich von Freiberg entzog mit spektakulärem Erfolg die Untersuchung des Regenbogens der Meteorologie und entwickelte sie neu und erfolgreich mit Hilfe der Optik arabischer Herkunft.

9. Europäische Dichtung in den Volkssprachen

Frankreich, England und Deutschland besaßen vor 1200 eine ausgedehnte volkssprachliche Dichtung; man denke an die große Versepik, an Chrétien de Troyes, an das Nibelungenlied, an Gottfried von Straßburg und Wolfram. Seit dem 9. Jahrhundert gab es deutsche Wissenschaftsprosa, besonders mit Notkers Aristoteles-Übersetzungen. Gewiß fing in Italien nicht alles mit Dante an; es gab Troubadoure, den Dolce Stil Nuovo und Guido Cavalcanti; es gab den Sonnengesang des heiligen Franz und die Gesänge des Iacopone da Todi, den Bonifaz VIII. einkerkern ließ, den sein Nachfolger wieder befreite und der 1306 starb.[23]

23 Zur historischen Realität des Dolce Stil Novo gibt es kritische Stimmen. Dazu Zygmunt Baránski in: Lansing S. 308–311; Literaturübersicht bei Robert Hollander, Dante. A Life in Works, Anm. 58 S. 188–189.

Dennoch hat Italiens volkssprachliche Dichtung eine auffallende europäische Verspätung. Wie kam es dazu? Wahrscheinlich gibt es mehrere Antworten: Das Lateinische blieb in Italien länger selbstverständlich; man glaubte nicht im ›Mittelalter‹, sondern im antiken Römischen Reich zu leben. Aber das glaubte man in Frankreich und im Reich auch; es gab ausgearbeitete Theorien der Übertragung (*translatio*) des Studiums und des Imperiums. Hier setzt die schon erwähnte Theorie von Ernst Robert Curtius ein, die Dante eine geradezu weltgeschichtliche Bedeutung gibt: Die Nationalsprachen haben durch das Lateinische erst sprechen gelernt, jedenfalls was die Dichtung angeht.[24] Der Reim ist eine westliche Erfindung lateinischer Dichter. In Frankreich wie im Reich habe es, so Curtius, eine lange Zeit der Aufarbeitung der antiken Dichtung – Vergil, Ovid, Statius, Terenz – gegeben. Die Texte lateinischer Klassiker waren hier vor 1200 durch karolingische Handschriften mehr präsent als in Italien; sie waren Gegenstand der Auslegung und des Schulunterrichts. Das Lateinische blieb in Italien als Sprache der Juristen und der Mediziner gegenwärtig. Es war Fachsprache, Verwaltungssprache, nicht Dichtungssprache. Frankreich, die Provence, das Reich hatten eine lange Vorbereitungszeit hinter sich, den lateinischen Klassikern poetische Töne zu entlocken. Dante holt das alles mit einem persönlichen Kraftakt nach: Indem er die lateinische Dichtung in der Volkssprache fortsetzte, habe er, so immer noch Curtius, den lateinischen Mutterboden produktiv für die Nationalliteratur aufbereitet, habe damit die Lyrik Petrarcas und die Erzählkunst Boccaccios ermöglicht und die Kontinuität der gesamten euro-

24 Ernst Robert Curtius, Europäische Literatur und lateinisches Mittelalter, S. 353–383.

päischen Überlieferung gesichert. Er ist insofern der Vater der europäischen Identität. Indem er Petrarca und Boccaccio ermöglichte, sicherte er den Vorrang der italienischen Literatur bis ins 17. Jahrhundert.

III. VON DANTE ZU BOCCACCIO

1. *Dante im sechsten Kreis der Hölle. Bei Epikureern*

Ich habe bislang fast nur von Dante gesprochen; die zeitgenössischen italienischen Autoren treten ihm gegenüber an die zweite Stelle. Aber Dante kam nicht aus dem Nichts; er hatte Lehrer und Freunde, auch Gegner. Für andere war er der Anfang; Spätere knüpften an ihn an und entfernten sich gleichzeitig von ihm. Die Zeit zwischen 1250 und 1350 lief schnell. Die soziale und politische Geschichte habe ich umrissen; die künstlerischen Umwälzungen waren nicht minder heftig. Um von der intellektuellen Dramatik der florentinischen Entwicklung einen leicht belegbaren Eindruck zu geben, vergleiche ich Dantes *Inferno* 10 mit Boccaccios *Decameron* 6, 9. Die Texte liegen gut vierzig Jahre auseinander. Sie zeigen, wie die Welt sich verändert hat.

Mit canto 10 des *Inferno* betreten wir den sechsten Kreis der Hölle. Wir sehen Epikureer in glühenden Steinsärgen. Dante und sein Führer Vergil befinden sich in einer abseits gelegenen Gasse zwischen Stadtmauer und Gräbern. Vergil erklärt, worin der Irrtum der Epikureer besteht (15): *Diese Leute lassen die Seele mit dem Körper sterben*. Sie glauben nicht an die Unsterblichkeit, nicht an Strafe oder Glück im Jenseits. Dante und Vergil gehen und staunen. Plötzlich dringt ein Zuruf aus einem der Sarkophage. Einer der Verdammten hat Dantes florentinischen Dialekt erkannt und sich stramm aufgerichtet in dem glühenden Steinsarg. Vergil erklärt: Es ist der Parteiführer Farinata.

Unsere Blicke hatten sich schon fest gekreuzt. Er richtete sich auf mit Brust und Stirn, als habe er für die Hölle nichts als Verachtung.

Sie sprechen über Politik; die Familie Dantes gehört zu den Gegnern Farinatas.

Da erhob sich daneben in der aufgedeckten Öffnung ein Schatten bis zum Kinn; ich glaube, er hatte sich auf Knien aufgerichtet. Er blickte um mich herum, als wolle er sehen, ob ein anderer bei mir wäre.

Er sucht nach seinem Sohn, nach Guido Cavalcanti, dem ersten Freund Dantes, dem Dichter und Philosophen. Er sieht, daß er nicht mit Dante gekommen ist; er fürchtet, Guido sei tot, und sinkt resigniert zusammen. Farinata hört das, verzieht aber keine Miene. Die Stadtpolitik von Florenz ist ihm wichtiger als der Vaterschmerz seines Nachbarn und als die eigenen Qualen im glühenden Steinsarg. Es folgen erneut Unterhaltungen über die blutigen Parteikämpfe in Florenz und über die Rolle des Farinata dabei. Die Unterhaltung endet, indem Farinata dem Höllenbesucher die Zukunft enthüllt: Er sagt Dantes Exil voraus.[25]

Dante und Vergil befinden sich, wie gesagt, im sechsten Kreis, dem der Ketzer. Der Aufbau des canto 10 ist übersichtlich: Am Anfang und am Schluß stehen intime Unterhaltungen der beiden Dichter. Sie schließen drei aufregende Szenen ein. Genaugenommen ist es eine einzige Szene, die der Farinata-Be-

25 Dante datiert die Jenseitsreise auf den April 1300. Farinata sagt ihm voraus, die Mondgöttin Proserpina, die in der Unterwelt herrscht, werde nicht einmal, sondern fünfzigmal erscheinen, dann werde auch er wissen, wie schwer es ist, aus der Verbannung zurückzukommen. 50 Monate sind vier Jahre. Bis dahin waren die Versuche der Bianchi, zurückzukehren, alle gescheitert, und Dante brach mit ihnen im Juni 1304.

gegnung, die Cavalcante unterbricht und dadurch in zwei Teile zerlegt. Im einzelnen:

Vers 1–21: Dante ist allein mit Vergil, er erbittet Erklärungen zum Gräberfeld nahe der Mauer. Vergil orientiert: Wir sind bei den Anhängern Epikurs.

Vers 22–51: Farinata hört Dante sprechen und erkennt den florentinischen Dialekt. Er beginnt in perfekter Rhetorik mit der captatio benevolentiae, um Dante zum Stehenbleiben zu veranlassen. Er verachtet, er ignoriert die Höllenstrafe. Viel schlimmer ist für ihn die politische Lage in Florenz. Er fragt zuerst nach Dantes Ahnen. Er fragt nicht nach einzelnen Personen, sondern nach der Familie, und weiß: Das waren alte Feinde. Er zieht die Braue hoch, *quasi sdegnoso*. Ihn interessieren die Kämpfe in Florenz. Er hat keinen Blick für seinen zusammenbrechenden Nachbarn. Dieser existiert für ihn nicht.

Vers 52–72: Cavalcante kniet sich auf, erscheint nicht wie Farinata in voller Gestalt. Auch seine Art zu reden steht im Kontrast zu Farinata. Er nimmt an, Dante sei wegen seiner Intelligenz, *per altezza d'ingegno*, als Höllenbesucher zugelassen. Er meint, dann müsse auch sein Sohn Guido dieses Privileg teilen. Er mißversteht Dante, hält ihn für tot und sinkt zurück in den glühenden Steinsarg.

Der Ghibellinenführer Farinata degli Uberti war der Führer der kaiserfreundlichen Partei von 1239 bis zu seinem Tod 1264. 1258 wurde er durch die Guelfen vertrieben, schlug diese aber bei Montaperti an der Arbia und kehrte nach Florenz zurück. Er vertrieb die Guelfen zweimal, 1248 und 1260, aber wie Dante schnippisch bemerkt, konnten die zurückkehren, während die Anhänger des Farinata diese *Kunst* nicht so beherrschten.

Farinata fährt ungerührt in seiner Rede fort, als sei nichts geschehen. Er sagt Dante voraus, er werde in 50 Monaten, also nach vier Jahren und zwei Monaten, nämlich im Juni 1304, selbst erfahren, wie schwer es ist, in die Heimatstadt zurückzukommen. 1304 trennte Dante sich von den Weißen. Hier erfährt Dante zum ersten Mal, was ihm bevorsteht. Er versteht die drohenden Worte nicht. Vergil erklärt sie ihm nicht, sondern verweist auf Beatrice, die sie ihm erklären werde. Andere düstere Prognosen werden folgen.

Dante grübelt: Wieso hatte Cavalcante nicht gewußt, daß sein Sohn lebt. Farinata erklärt das: Die Verdammten haben Kenntnis des Zukünftigen, nicht des Gegenwärtigen. Die Kommentare verweisen auf Thomas von Aquino (Sth I, 89, 8). Aber der sagt nur, daß arme Seelen natürlicherweise keine Kenntnis von irdischen Dingen haben. Während Dante von Zeitstufen redet: Die Zukunft kennen sie, die Gegenwart nicht.

Dante fragt nach anderen Epikureern: Farinata liegt hier mit Tausenden anderen, mit Friedrich II. und dem Kardinal Ottaviano degli Ubaldini. Farinata erwähnt nur zwei Namen der Großen. Er hält sich an die aristokratische Perspektive und nennt nur einen Kaiser und einen Kardinal.

In Florenz gibt es Epikureer in Massen. Das Wort ›Epikureer‹ war abgelöst von den Texten Epikurs, die nicht bekannt waren. Der Name bedeutete vornehmlich: Anhänger einer hedonistischen, rein irdischen Ethik. Epikurs Texte wurden erst im 15. Jahrhundert bei Diogenes Laertius, Buch 10, wiederentdeckt, den der fromme Ambrogio Traversari übersetzte. Das Wort ›Epikureer‹ war bis dahin meist eine Art Schimpfwort, hier – wie bei Salimbene von Parma – auch auf Kaiser Friedrich II. angewandt. Noch Luther nennt Erasmus ein Schwein aus der Herde Epikurs.[26]

26 Vgl. Giorgio Stabile, in: ED 3, S. 697–701.

Einige bessere Informationen über Epikur hatte man im 13. Jahrhundert schon durch Cicero. Thomas von Aquino bewertete Epikurs Philosophie als ein zwar grundfalsches, aber diskussionswürdiges ethisches System.

Es ist der canto des Farinata. Ihre Unterhaltung – zuerst über Florenz, über seine persönliche Rolle in den blutigen Parteikämpfen, dann über das Wissen der Verdammten – wird durch Cavalcante unterbrochen. Vergil hat Dante beigebracht, nicht zu viel zu reden (20). Nur die glühenden Steinsärge erinnern an den Höllenort, wo Luna=Diana=Prosperpina herrscht (Vers 80 nach Aen. 7, 118). Daß sie Schmerzen verursachen, wird nicht gesagt. Farinata und Cavalcante haben andere Sorgen.

Dante geht es um das Charakterbild des politischen Gegners Farinata, auch um Ehrenrettung: Farinata besiegte Florenz, wandte sich aber gegen die Parteifreunde, die es zerstören wollten. Florenz ist ihm wichtiger als seine unkomfortable Situation. Er ist kein Genießer, aber hochnäsig, adelsstolz und immer noch Parteimann. Als verachte er das ganze *Inferno* (36). Die Qualen haben ihn nicht gebrochen. Er zeigt Resistenz gegen das göttliche Strafsystem. Der freie Wille bleibt intakt; er ignoriert das Strafsystem Gottes.

Die Beschreibung des Farinata erfolgt auch mit philosophischen Begriffen. Die *Commedia* ist *auch* Lehrgedicht. Farinata heißt *großgesinnt, magnanimo* (73). *Megalopsychia*, dieser aristotelische Wert aus der *Nikomachischen Ethik* (4, 7–9), steht im Kontrast zur antiken wie zur christlichen Demut, *humilitas*. Sie hat das Große im Sinn und weiß sich ihm gewachsen. Dante zeigt sich unbesorgt, ihn christlich zu integrieren. Farinata denkt nur große Dinge; er setzt sich Gefahren aus; er kennt keinen kleinlichen, nachträglichen Hass.

Dante hatte, wie nach ihm Boccaccio, gründliche Kenntnis

der *Nikomachischen Ethik* des Aristoteles. Dieses Buch war konzipiert als Teil der politischen Wissenschaft. Die Ethik des Aristoteles ist Ethik und Politik. Alles ethisch-politische Verhalten erstrebt Eudaimonie. Glück kann uns nicht von außen kommen, es wird uns nicht wie ein Mantel umgeworfen, sagte Aristoteles. Philosophie ist Bewußtsein von dieser Innensteuerung.

Dante stellt dem Vater seines Freundes Guido Vergil vor und sagt dabei über seinen Freund Guido, dieser habe vielleicht Vergil nicht zu schätzen gewußt (Inf. 10, 62): *forse cui Guido vostro ebbe a disdegno*.

Dante setzt sich damit ab vom Jugendfreund: *Er* schätzt Vergil. Anders als Guido. Dantes Bemerkung über Vergil hat mehrere Nuancen; er sagt der Sache nach:

Ich bin politischer Dichter wie Vergil; ich mache nicht nur Liebeslyrik, wie wir sie früher gemeinsam betrieben haben. Ich kümmere mich wie Vergil um das Imperium. Ich mache das große Liebesgedicht für Beatrice. Dies schließt Politik mit ein.

Zweitens: Ich glaube zwar nicht, daß Vergil die Geburt Jesu vorausgesagt habe, obwohl Christen das seit dem vierten Jahrhundert behaupten.[27] Aber Vergil glaubte an das jenseitige Schicksal der Seelen. Ich als christlicher Dichter folge ihm als Dichter der Seelenreise. Ich bin kein Epikureer. – Heute kann man hinzufügen: Obwohl der historische Vergil das gerade war.[28]

Drittens: Dante verehrt Vergil als seinen Vater und Führer, aber er folgt ihm nicht kritiklos. Er legt die *Aeneis* korrigierend aus, wenn Vergil in der *Aeneis* 10, 198–203 den Sinn von Bittge-

27 Dies ergibt sich aus Monarchia 1,11,1, ed. Prue Shaw, Florenz 2009, S. 350.

28 Nachweise bei Viviane Mellinghoff-Bourgerie, Les incertitudes de Vergile, Pariser Diss. bei Pierre Grimal, Brüssel 1990.

beten bestreitet (Purg. 6, 41–42). Er deutet Distanz an, wenn er nacherzählt, wie Anchises den Aeneas im Jenseits begrüßt, indem er hinzufügt (Par. 15, 26):

Wenn unser größter Dichter Glauben verdient.

2. *Offene Fragen*

Es bleiben ungelöste Fragen; ich nenne drei: Erstens, die Leichen der Ketzer liegen unten im Grab, aber hier haben sie ihr Aussehen, ihren Scheinleib; hier leiden und sprechen sie. Das stellt das Problem: Was ist ein Schatten? Vergil ist ein Schatten. Aber er kann Dantes Körper tragen. Wie ist das möglich?

Ungelöst ist zweitens die Frage: Was wird das Jüngste Gericht verändern, von dem es heißt, es werde im Tal Josaphat stattfinden? Die Seelen sind durch Minos schon gerichtet. Sie werden ihren Leib zurückbekommen, und der Deckel wird geschlossen. Da es keine Zukunft geben wird, erlischt ihre Erkenntnis. Mehr geschieht nicht. Wir erfahren aber: Die Zeit wird mit dem Jüngsten Tag enden. Es gab vor Dante wie bei Dante keine christliche Aufwertung der Zeit, außer für die Bewährung auf Erden und die Selbstreinigung im *Purgatorio.*

Drittens: Wie verhält Vergil sich zu Beatrice? Er verweist auf Beatrice, sie werde Dantes Zweifel wegen der dunklen Zukunftsaussagen klären (127–131). Das wird sie übrigens nicht tun; Cacciaguida wird das in *Paradiso* 17 erledigen. Jedenfalls anerkennt Vergil Beatrice als die höhere Autorität. Aber in welchem Sinn genau?

Antonio Stäuble deutet Vergils Hinweis als die Aussage: Die Vernunft führe zum Glauben. *La Ragione guida alla Fede.* Stäuble entnimmt daraus die Gesamtdeutung der *Commedia* und erklärt, sie sei die Gesamtbewegung weg von der Vernunft hin zum Glauben. Diese Bewegung inspiriere Dantes Himmelsreise.[29] Diese Deutungsart ist pseudo-theologisch, wird aber heute wieder öfter vertreten. Man muß sie genau ansehen, die Texte der großen Theologen des 13. Jahrhunderts danebenhalten und mit dem Text Dantes vergleichen. Ihr entstehen eine Reihe von Schwierigkeiten:

Die allegorisierende Identifizierung Vergils mit der Vernunft geht zu weit. Der antike Dichter führt Dante bis zum irdischen Paradies, das ebenso ein Glaubensinhalt ist wie das himmlische Paradies. Der historische Vergil wußte nichts vom *Purgatorio.* Vor allem: Keineswegs ist Beatrice der Glaube oder steht sie für den Glauben.

Es war einfache christliche Lehre seit Paulus: Glaube und Hoffnung hören im Himmel auf. Vergil führt zu Beatrice, und diese *glaubt* nicht mehr, sondern *sieht.* Dieses *Sehen* stillt die Sehnsucht der Vernunft. Die Vernunft wird nicht zurückgelassen wie Glaube und Hoffnung. Diese sind auf das irdische Leben beschränkt. Die Vernunft erreicht mit der Gottesschau ihr Ziel. Steht Beatrice für irgend etwas anderes? Sie ist eine Frau, deren Schönheit Dante erneut überwältigt. Sie kennt sein irdisches Leben genau. Sie ist keine Abstraktion; sie zeigt Freude und Zorn. Die Farbe ihrer Kleidung ist Dante wichtig. Es muß nicht alles gleich symbolisch sein. Dante liebt Beatrice wie ein Mann eine Frau liebt. Aber wenn sie schon für etwas anderes steht, dann für die selige Anschauung Gottes, nicht für den

29 Antonio Stäuble, Canto X, in: Lectura Dantis Turicensis: Inferno, S. 144. Noch einmal als letzter Satz des Artikels wiederholt, S. 149: *il movimento dalla Ragione alle Fede che ispira il viaggio di Dante.*

Glauben und nicht für die Theologie, denn die sind ans irdische Leben gebunden.

Dante fehlt am Anfang seiner Reise auch nicht der Glaube. Er ist Sünder, aber gläubig. Er wird nicht zum Glauben, sondern zur Seligkeit geführt, zur natürlichen durch Vergil, zur himmlischen durch Beatrice und Bernhard. Der Apostel Petrus persönlich wird ihm versichern, daß er im rechten Glauben ist. Also kann dies nicht das Ziel der Jenseitsreise sein. Antonio Stäuble irrt. Sein Irrtum ist widerlegbar; er liegt nur in einem gegenwärtigen Trend. Diese Überbetonung des Glaubens nenne ich: Fideismus. Das ist Ideologie, keineswegs thomistische Theologie. Es steht sogar zu dieser im Widerspruch. So etwas muß man abstreifen, um zum Text zu kommen.

Dann kann der Leser wieder auf Feinheiten achten. Er kann Dantes Sprache auffassen, die feinen Zwischentöne zwischen Vergil und Dante. Vergil weiß, was Dante denkt. Aber Dantes dauerndes Fragen geht ihm auch auf die Nerven. Er hat Dante zu verstehen gegeben, er solle nicht zuviel reden. Er ist fast immer freundlich, freundschaftlich, aufmunternd und stärkend. Er ist die sympathischste Person in der ganzen *Commedia.* Doch man beachte Tonhöhen. Vergil redet in den verschiedensten Stilarten: Manchmal diplomatisch verklausuliert, dann wieder philosophisch klar, aber manchmal auch populär. Hier schnauzt er Dante an. Der wollte doch Farinata sehen, wie er schon *Inferno* 6, 79–81 erklärt, jetzt sieht er ihn und weicht zurück: Vergil ruft ihm zu (10, 31):

Volgiti! Che fai?

Dreh dich um! Was machst du?

Dagegen spricht Farinata, dessen Stimme Dante hört, bevor er ihn sieht, als geschulter Diplomat, ganz Herr der Situation. Er ist *hochgesinnt*, *magnanimo*, redet gravitätisch, mit tiefer Stimme. Mit dunklem o einsetzend bittet er Dante, stehenzubleiben: *O Tosco*. Das o bestimmt dreifach den Reim der Terzine (22–24):

O Tosco che per la città del foco
vivo t'en vai così parlando onesto,
piacciati di ristar in questo loco.

> *O Toskaner, du gehst lebend durch die Feuerstadt*
> *und sprichst so würdig,*
> *möchtest du so gut sein, hier an dieser Stelle stehenzubleiben.*

Das ist Politik, Diplomatie; er weiß nicht, wen er vor sich hat, aber der Mann kommt aus Florenz. Das ist nicht der barsche Ton, den Vergil zuweilen anschlägt. Die drei Verse sind Großgesinntheit, diplomatische Höflichkeit und korrespondierende Lautmalerei. Sie sind Kunst.

3. *Häretiker in Florenz vierzig Jahre später: ›Decameron 6, 9‹*

Dantes Kunst ist nicht zeitlos. Sie kommt aus zeitlichen Voraussetzungen und bezieht sich ausdrücklich auf ihre Zeit. Der Zeitbezug ist ihr nicht nur äußerlich, sondern betrifft die leitenden Ideen. Welt- und Religionsauffassungen wandelten sich zwischen 1250 und 1350; Dante steht mitten in diesem Wandel; er greift ihn auf und betreibt ihn. Um dies nicht nur zu vermuten, sondern zu beweisen, gehe ich einige Jahrzehnte weiter; etwa von 1305 nach 1350 von Dante zu Boccaccio. Ich möchte an einem Beispiel zeigen, wie man fünfzig Jahre später in Florenz von epikureischen Ketzern sprach. Das Thema ist fast das gleiche wie in Dantes Inf. 10: Es geht um Guido, um Dantes Freund, den Epikureer und Sohn des Epikureers Cavalcante von *Inferno* 10. Boccaccios Novelle, *Decameron* 6, 9, spielt ebenfalls an der Stadtmauer, unter Gräbern. Die Königin, von den zehn jungen Leuten für diesen einen Tag gewählt, beginnt ihre Erzählung:

4 *Zuvor müßt ihr wissen, daß in vergangenen Zeiten Florenz sich auszeichnete durch schöne und anerkennenswerte Lebensformen. Nichts ist von ihnen heute übriggeblieben. Die Geldgier, die mit dem Reichtum unserer Stadt ständig wuchs, hat sie alle verjagt.*
5 *Damals war es Sitte, daß sich die jungen Adligen der einzelnen Stadtviertel trafen und kleine Gruppen von beschränkter Mitgliederzahl bildeten. Sie achteten darauf, nur solche Leute aufzunehmen, welche die Unkosten leicht tragen konnten, und abwechselnd lud jeder einmal alle zu sich nach Hause ein. Heute bot der eine, morgen der nächste für alle offenen Tisch, und so kamen alle an die Reihe, jeder an seinem Tag. Oft luden sie zu ihren Zusammenkünften vornehme auswärtige Gäste ein, wenn sie in die Stadt kamen, aber auch andere Bürger.*
6 *Mindestens einmal im Jahr trugen alle die gleiche Kleidung, und an den wichtigen Festtagen ritten sie gemeinsam durch die Stadt. Zuweilen veranstalteten sie Turniere, besonders an den Hauptfesten oder wenn irgendeine gute Nachricht von einem Sieg oder ähnlichem in die Stadt gekommen war.*
7 *Unter diesen Gruppen war nun auch die des Herrn Betto Brunelleschi. Dieser Herr Betto und seine Gefährten hatten sich sehr bemüht, auch Guido, den Sohn des Herrn Cavalcante de' Cavalcanti, für die Gruppe zu gewinnen.*

8 *Dafür hatten sie gute Gründe: Nicht nur war er einer der besten Logiker, welche die Welt damals besaß, und ein hervorragender Naturphilosoph – das kümmerte die Gruppe freilich weniger –, sondern er war ein Mann von großer Heiterkeit, eleganten Sitten und hervorragender Beredsamkeit. Alles, was er wollte und was zu einem Adligen paßt, verstand er besser auszuführen als jeder andere. Darüber hinaus war er sehr reich und konnte mit überschwenglicher Gastfreundschaft alle ehren, von denen er annahm, daß sie es wert waren.*

9 *Jedoch war es Herrn Betto nie gelungen, ihn zu gewinnen, und er und seine Gefährten glaubten, das komme daher: Seine philosophischen Untersuchungen hätten ihn zu sehr von den Menschen entfernt. Weil er zuweilen Ansichten der Epikureer vertrat, sagte das gewöhnliche Volk ihm nach, mit seinen Untersuchungen verfolge er einzig den Zweck, zu beweisen, daß es keinen Gott gebe.*

10 *Nun war Guido eines Tages vom Or San Michele über den Corso degli Adimari zum Baptisterium San Giovanni gegangen, einen Weg, den er oft nahm. Damals standen dort noch die großen Marmorsärge, von denen heute einige im Dom Santa Reparata und viel andere rings um San Giovanni stehen, Guido ging gerade dort entlang – zwischen diesen Steinsärgen, den Porphyrsäulen, die dort stehen, und dem Stadttor von San Giovanni, das geschlossen war –, als Herr Betto und seine Gruppe über den Platz von Santa Reparata geritten kamen. Als sie Guido zwischen den Gräbern sahen, riefen sie: »Los! Diesmal geben wir's ihm!«*

11 *Sie gaben ihren Pferden die Sporen und preschten wie in einer scherzhaften Attacke gegen ihn heran. Bevor er sich versah, hatten sie ihn umringt und riefen ihm zu: »Guido, du weigerst dich, zu unserer Gruppe zu kommen. Aber sieh mal, wenn du bewiesen hättest, daß Gott nicht existiert, was hättest du davon?«*

12 *Guido, der sich von ihnen umzingelt sah, rief sofort zurück:*

»Herren, hier seid ihr zu Hause. Hier könnt ihr mich beschimpfen, wie ihr wollt!«, und noch während er dies sagte, stützte er eine Hand auf einen dieser hohen Sarkophage und sprang, behende wie er war, mit einem Satz auf die andere Seite. Befreit von der Umzingelung, ging er davon.

13 *Sie blieben verblüfft stehen und schauten einander an. Dann begannen sie, über ihn zu reden und zu behaupten, er sei dämlich, denn was er ihnen geantwortet habe, habe gar keinen Sinn; der Platz, auf dem sie stünden, gehöre schließlich ihnen so wenig wie allen anderen Bürgern und Guido habe mit ihm nicht weniger zu tun als sie.*

14 *Aber Messer Betto wandte sich ihnen zu und sagte: »Die Dämlichen, das seid ihr, denn ihr habt ihn nicht verstanden. Er hat uns elegant und in wenigen Worten die größte Beleidigung der Welt zugerufen. Denn wenn ihr genau zuseht, sind diese Särge die Häuser der Toten, denn dorthin werden die Toten gelegt, und dort halten sie sich auf. Die Gräber, behauptet er, seien unser Haus, um uns zu beweisen, daß wir, die ungebildeten Laien, im Vergleich zu ihm und zu anderen studierten Männern weniger wert sind als Tote. Insofern sind wir hier auf dem Gräberfeld bei uns zu Hause.«*

15 *Jetzt verstanden alle, was Guido hatte sagen wollen. Sie schämten sich und belästigten ihn nie mehr. Und Herrn Betto hielten sie von da an für einen scharfsinnigen, einen denkenden Mann.*

4. Nach 40 Jahren. Ähnlichkeit im Kontrast

Boccaccios Novelle 6, 9 bezieht sich zurück auf Dante, *Inferno* 10. Wir sind wie dort bei Epikureern, es geht wie dort um Guido Cavalcanti. Wir stehen auch hier zwischen Stadtmauer und Gräbern. Steinsarkophage wie dort, aber jetzt an der Porta San

Giovanni, genau lokalisiert. Wir sind in der Stadt Florenz, nicht im *Inferno*. Aber es ist der Bereich der Toten, dem Guido sich entzieht. Er muß springen. Kein Engel kommt, nichts Übernatürliches hilft.

Einige dieser antiken Sarkophage sind heute noch im Vorhof des Dommuseums zu sehen.

Guido distanziert sich von den jungen Edelleuten, springt über einen mannshohen Sarg. Er ist sportlich. Der größte Philosoph ist all-round-Mensch. Eingeführt als Sohn des Cavalcante, den der Dante-Leser aus *Inferno* 10 kennt. Er war als Dichter bekannt; Boccaccio sah ihn als Philosophen.

Zur Charakteristik Guidos sagt Boccaccio: Er ist ein glücklicher Mensch, reich und philosophisch. Boccaccio stellt ihn nicht als Dichter vor, sondern als Denker, als Logiker und Naturphilosoph: grüblerisch, ernst, auffallend. Er ist *gentile*. Die Novelle zehrt wie der canto Dantes von einem ethischen Konzept, freilich von einem andersgearteten: Sie handelt vom Wert der *gentilezza*, von edlen Umgangsformen, die ein wirklich Edler nicht verliert, wenn er grob angegangen wird. Er begrüßt die Flegel mit: *Signori. Meine Herren!*

Die Leute halten ihn für einen Atheisten. Aber nur das vulgäre Volk, *la gente volgare* (9). Es zeigt sich: Auch die Garde junger Nobler denkt wie das gewöhnliche Volk. Sie betreiben das, was ich »attributiven Atheismus« genannt habe.[30] In *Inferno* 10

30 Kurt Flasch, Attributionsatheismus in Boccaccios Decameron 6, 9: Guido Cavalcanti, in: Friedrich Niewöhner – Olaf Pluta, Atheismus in Mittelalter und Renaissance. Wolfenbütteler Mittelalter-Studien, Wolfenbüttel 1999, S. 115–127. Dort auch die Belege aus Seneca und Siger. – Über Guido Cavalcanti s. Mario Marti, in: ED 1, S. 891–896; Maria Corti, La felicità mentale, Turin 1983; Giorgio Inglese, L'intelletto e l'amore. Studi sulla letteratura italiana del Due e Trecento, Mailand

war von Atheismus nicht die Rede; das jenseitige Leben von Menschenseelen wurde bestritten. Die Situation hat sich verschärft. Wer die Seelenunsterblichkeit leugnete, mußte deswegen nicht Atheist sein.

Die jungen Leute fragen ihn: Wenn du bewiesen hättest, daß kein Gott existiert, was hättest du davon? Man muß intellektuelle Schritte bewerten können. Zu was sind sie gut? Boccaccio teilt Dantes Einwände gegen das Übergewicht einer rein theoretischen Einstellung.

Boccaccio verurteilt Florenz so scharf wie Dante: Der Geldsinn hat alles korrumpiert (4). Gute alte Gewohnheiten des Zusammenlebens sind dahin. Nicht ein nachdenklicher Außenseiter wie Guido schadet der Stadt, sondern die allgemeine Geldgier. Dante und Boccaccio teilen das Armutskonzept, das sowohl aus Philosophie wie aus Franziskanertum stammt. Seit dem 12. Jahrhundert waren Reichtum und Armut aktuelle Fragen. Abaelard zitiert in seiner *Theologia* die Philosophen, die seit Sokrates das arme Leben als das vernünftige gepriesen haben.[31]

Boccaccio gibt die extravaganten Ansichten Cavalcantis kritiklos wieder. Guidos Charakter erleidet bei ihm durch sie keinen Schaden. Keine Andeutung, daß sie aus moralischer Korruption hervorgehen.

Die Novelle ist auf den Ausspruch am Schluß, § 14, hin konstruiert. Auf ihn wird von Anfang an hingewiesen (3): Es heißt, er sei tiefsinniger als alles sonst im *Decameron*. Die Behauptung ist: Der Geist ist Leben, ist die höchste Form von Leben. Nur

2000, S. 3–56; Guglielmo Gorni, Guido Cavalcanti. Dante e il suo ›primo amico‹, Rom 2009.

31 Vgl. dazu Kurt Flasch, Armut als philosophische und christliche Idee, in: Günther Frank (Hg.), Melanchthon und die Neuzeit, Bretten 2000.

das intellektuelle Leben ist Leben. Das steht bei Aristoteles *Metaphysik* 12, 7, bei Seneca und Siger von Brabant.

Der Vergleich von *Inferno* 10 mit *Decameron* 6, 9 macht den Zeitabstand fühlbar und belegt die intellektuelle Entwicklung von 1300 bis 1350:

Bei Boccaccio wird niemand zur Hölle verdammt. Alle sind in Florenz. Florenz ist wie die Hölle: Todeszone, viele Epikureer. Die Gesellschaft differenziert sich aus. Die Muse, die freie Geselligkeit nimmt ab. Gemeinsam mit Dante ist die Florenz-Kritik: Schonungslose Analyse des Verfalls durch Frühkapitalismus, bürgerlichen Erwerbssinn, kaufmännisches Zweckdenken. Weitere Themen der Politik bleiben jetzt draußen. Es besteht keine Hoffnung auf einen das Leben verbessernden Kaiser. Ganz anders als Dante verschwendet Boccaccio keinen Gedanken mehr daran, ein Kaiser könnte kommen und das Leben erneuern.

Boccaccio kritisiert Guido nicht; er zeichnet ihn mit Sympathie. Es ist die Novelle Guidos als einer großen Persönlichkeit und der *gentilezza* als einem untergegangenen Wert. Boccaccios Guido fehlt nichts, außer vielleicht der Glaube. Eher kritisiert Boccaccio die gottgläubige rohe Reitergruppe, diese Naturburschen ohne Sinn für intellektuelle Diskussion. Er entkommt der drohenden Bedrängnis durch eigene Kraft, sportliche Übung und Entschlossenheit.

Boccaccio sucht hier mehr als Dante die philosophische Substanz. Ihm gegenüber weitet er die Themen aus auf Logik, Naturphilosophie, Epikureismus, Beweis, daß Gott nicht ist, intellektuelles Leben als das eigentliche Leben.

Die verbreitete Ansicht, das *Decameron* erzähle nur vom sinnlichen Vergnügen, ist falsch. In unserer Novelle und oft im

Decameron ist davon nicht die Rede. Es geht wie bei Dante um die geistig-ethisch-politische Situation von Florenz, um Gesellschaftskritik, um Formulierung der anstehenden philosophischen Probleme. Boccaccio ist kein Immoralist; er führt den Immoralismus der Kaufmannsstadt vor Augen; er veranschaulicht in konkreter Moralphilosophie den Wert der *gentilezza*.

Die dramatische Regie ist ähnlich wie in *Inferno* 10: Da sind Epikureer, da ist ein Cavalcanti, wir sehen Gräber an der Stadtmauer. Boccaccio bietet etwas mehr an epischer Beschreibung des Verfalls und verzichtet auf den Reim; er arbeitet den Lehrcharakter der Erzählung stärker heraus.

Der Wandel von 1300 bis 1350 ist sichtbar: Ähnliche intellektuelle Position, aber nicht mehr im Jenseits, sondern Differenzierung am irdischen Ort. Farinata war nur äußerlich in der Hölle. Oder besser: Die Hölle Dantes zeigt Florenz als Hölle. Dante redet nicht über die Ketzerei des Farinata, erwähnt die Hölle nur als Platz im Bestrafungsrahmen. Farinata tritt aus dem Rahmen heraus. Von diesem sagt man zu Recht, er sei als Struktur des *Inferno* nach der *Nikomachischen Ethik* gebildet, aber Aristoteles kannte keine Häretiker. Bei Boccaccio verschwindet dieser Laster-Katalog-Rahmen vollständig. Neu ist: Boccaccio stellt Dantes Freund Guido in den Mittelpunkt; er läßt Farinata draußen. Er zeigt biographisches Interesse an Dante und seinen Freunden. Dante überließ Gott die harte Bestrafung des Unglaubens, fragt selbst nicht danach, sondern nach der scharf umrissenen Politikerfigur der älteren Generation, den es nichts angeht, wenn sein Sargnachbar zusammenbricht. Boccaccio verschiebt die Szene auf den Platz zwischen Dom und Stadtmauer; er macht den Häretiker zur überlegenen Universalperson. Er zeichnet einen Heroen der neuen Zeit.

Guido ist kein einsamer Intellektueller; er ist gesellschaftlich integriert, ein *uomo universale.* Boccaccio nimmt die christlichen Zensuren zurück, die schon in *Inferno* 10 knapp waren. Er erarbeitet den Lehrcharakter seiner Erzählung; in ihr ist Aristotelismus präsent wie bei Dantes *magnanimo*; nur verschärft Boccaccio ihn durch das Zitat aus Siger und Seneca. Beide dichten rund um die *Nikomachische Ethik* des Aristoteles. Sie aktualisieren die aristotelische Ethik-Politik zur Florenz-Kritik.[32]

Ich lasse hier zwei Fragen offen; ich stelle sie nur: Erstens: Wie denkt Dante das Verhältnis von ›Rahmen‹, Struktur der Hölle, Lasterkatalog und Einzelperson? Er rückt Farinata heraus. Indem er ihn *hochgesinnt* nennt, *magnanimo*, gesteht er dem verurteilten Häretiker zu, was Aristoteles als die Tugend der großen Leute beschrieben hat. Er sagt nicht etwa: Wie konnte er sich's erlauben, nicht ans Jenseits zu glauben, jetzt sieht er, was er davon hat. Nichts dergleichen. Dante respektiert die moralische, die individuelle Perfektion der Person. Er rechtfertigt nicht das Strafurteil. Er greift es auch nicht an. Er läßt es als Hintergrund stehen.

Zweitens eine methodische Frage: Dantes *Commedia* und das *Decameron* wollen als Dichtung gelesen werden. Ist das möglich ohne Information von außerhalb der Dichtung? Verlangt das der Ganzheitscharakter von Dichtung? Muß sie nicht alles enthalten, was zu ihrem Verständnis nötig ist? Will sie nicht rein als poetisches Ganzes genommen werden, als in sich geschlossenes

32 In der Nachwirkung der Nikomachischen Ethik überlagert das Konzept der sozialen und politischen Disposition den älteren Begriff individueller christlicher Tugend. Deswegen spreche ich von einem ethisch-politischen Konzept bei Aristoteles. Vgl. dazu Sonia Gentili, in: LF 1, S. 154–155.

episches Gewebe, ohne gelehrte Anmerkungen? Was entgeht einem Leser, der im Farinata-Kapitel das Wort *großgesinnt*, *magnanimo*, nicht als aristotelisches Ethikkonzept erkennt und bei Boccaccio nicht das Aristoteles-Seneca-Siger-Zitat im Mund des Guido? Er wüßte dann nicht, daß Dante in dem historischen Kampf um die *magnanimitas* im christlichen Westen spricht.[33] Er sähe nicht, wodurch es Dante möglich wurde, einen großen florentinischen Politiker in einer Unterhaltung vorzustellen, als wäre er gar nicht in der Hölle, ja sogar unter der ausdrücklichen Erklärung, seine Strafleiden interessierten ihn nicht. Diese Erfindung um 1300 zu verteidigen, erforderte gelehrtes Wissen. Nur als eigene Erfindung wäre das schwer plausibel zu machen gewesen. Aber das Wesentliche hätte der ungelehrte Leser begriffen: Farinata ist ein Ketzer, aber er ist nicht nur ein Ketzer, sondern ein großgesinnter, unegoistischer Staatsmann. Er schont sich nicht. Er ignoriert seine Bestrafung und seine körperliche Qual. Und diese Selbständigkeit kann (oder will) auch der allmächtige Gott nicht verhindern. Diese theologisch-philosophische Quintessenz: Dantes Gott respektiert selbst in der Hölle die Freiheit, versteht auch, wer nicht wie Dantes gebildete Zeitgenossen das Wort ›großgesinnt‹ als Rükkendeckung durch die größte philosophische Autorität der Zeit für ein poetischpolitisches Experiment erkennt. Auch für ihn ist der Farinata-Gesang in sich vollständig; er ist in sich rund und schön.

33 Diesen beschreibt René-Antonin Gauthier, Magnanimité. L'idéal de grandeur dans la philosophie païenne et dans la théologie chrétienne, Paris 1951. Er zeigt, daß das Wort *magnanimus* schon vor der Aristoteles-Rezeption vorhanden und als Ehrentitel vor allem von Fürsten, Militärs und Heiligen verwendet wurde, daß es aber durch die Auseinandersetzung mit Aristoteles die bei Dante entscheidenden Merkmale erhielt.

IV. HÖLLE

1. *Originalität*

Der erste Durchgang durch das *Inferno* bringt zumindest *ein* sicheres Resultat: Dantes Jenseits zeigt die irdische Welt.[34] Das Jenseits in Dantes *Inferno* ist das beurteilte, das gerecht bewertete, das dauerhaft gesetzte Diesseits. Dante urteilt. Gott und die Teufel führen aus. Dante fixiert; er setzt fest für die Ewigkeit; er äternisiert. Er muß sein Urteil als gerechtes Urteil plausibel machen, sonst wäre es nicht das göttliche, das gerechte, das letzte Wort über bekannte Menschen. Dantes *Inferno* ist vielgestaltig und voraussetzungsreich. Man kann es eine Urzeugung ohne Vorgänger nennen. Es gab Vorformen der Jenseitsreise, bei Homer, den Dante nur indirekt kannte, vor allem bei Vergil im 6. Buch der *Aeneis*, auch in volkstümlichen Erzählungen, lateinischen wie arabischen. Aber was Dante daraus gemacht hat, ist völlig neu. Die Vorgaben der Bibel und der Theologen waren nicht so fein ausgearbeitet und so phantastisch-genau wie Dantes Hölle. Sie sagten seit der Verurteilung des Origenes, der die biblische Hölle als zeitlich befristeten Besserungsaufenthalt nach Regeln der göttlichen Erziehungskunst in der Art des späteren Fegefeuers gedeutet hatte, nicht viel mehr als: ewiges körperliches Feuer, das die Sünder nur deswegen nicht vernichtet, weil Gottes Allmacht sie durch Wunder weiter erhält, um sie ewig strafen zu können.

34 Das ist das bleibende Resultat der Schrift von Erich Auerbach von 1929, die im einzelnen vieler Korrekturen bedarf: Dante als Dichter der irdischen Welt.

2. *1 + 33 + 33 + 33 = 100. Zahlensymbolik*

Verglichen mit Homers *Ilias* kommt Dantes *Commedia* nicht aus uriger Vorzeit. Sie stammt aus gutdokumentierter erforschbarer Umgebung, aus der florentinischen, aus der westlichen Kultur des 13. Jahrhunderts, die wir gut kennen. Dantes *Inferno* ist eine gestaltenreiche und dabei wohlgegliederte Welt; zur ersten Annäherung mag impressionistisches Lesen nützlich sein, aber dem *Inferno* als Gesamtaufbau werden ein paar Ausschnitte nicht gerecht. Dante selbst hat mit der Gesamtanlage der *Commedia* schon manchen dazu verführt, einzelne Teile herauszulösen, denn sie besteht aus einer Fülle von Einzelszenen mit vielen Personen; ihre Einheit hat sie *stofflich* nur vom Wanderer Dante, der die drei Jenseitskreise besichtigt. Aber sein Werk ist als Ganzes ins Auge zu fassen, ohne die hochgradig individuellen einzelnen Figuren darin untergehen zu lassen. Nur so kann der Leser zum Rahmen hingehen, um später zu den Gestalten zurückzukommen.

Der erste canto des *Inferno* bildet die Einleitung zur *Commedia* insgesamt: So ergibt sich die Struktur: 1 + 33 + 33 + 33 = 100. Noch Boccaccio wird sich an sie halten. Das *Decameron* besteht aus 100 Novellen, 10 Geschichten für zehn Tage, daher Deca-hemeron, Zehntagewerk.

Eine solche quasi-mathematische Gesamtanlage nährt im Leser die Erwartung von Zahlensymbolik. Schließlich lehre die Heilige Schrift, sagt man ihm, Gott habe alles nach Zahl, Maß und Gewicht geordnet, und die weitverbreiteten mathematischen Schriften des Boethius enthielten eine Ontologie der Zahlenhaftigkeit der Geschöpfe, nicht Mathematik im modernen Sinn. Daher suchen manche in den Zahlenverhältnissen tiefere Bedeutung; sie sehen in der Zahl 100 eine gerundete

Ganzheit, so werde die Welt vollständig, ganzheitlich, wie mit dem Auge Gottes betrachtet. Einige Forscher geben daher gern dem Mittelpunkt des Gesamtwerks, also dem 50. Gesang, oder jeweils dem Mittelstück der drei Teile oder auch der mittleren Zeile eines canto eine herausragende Bedeutung. Das, sagen sie, sei das spezifisch Mittelalterliche. Ich halte mich zurück und nehme Zahlensymbolisches nur an, wenn ein Autor es ausdrücklich ausspricht; oft wird es ihm nur unterstellt. Solche Dante-Deuter verhalten sich wie die Besucher einer mittelalterlichen Kirche, die wissen, daß die Apostel die Säulen der Kirche heißen, und nun anfangen zu zählen, bis sie auf die Zahl Zwölf kommen. Sie wissen nicht, daß es im Mittelalter Kontroversen um zahlsymbolische Argumente gab, denn Aristoteles hatte ein Faible für die Zahl Drei, aber ein Autor um 1300, Pariser Magister zur Dante-Zeit, spottete, wenn Aristoteles mit seiner Begeisterung für die Zahl Drei recht habe, müsse man annehmen, wir hätten drei Beine und drei Augen. Die Vorliebe für generelle Zahlensymbolik ist Pseudo-Vertrautheit mit dem Mittelalter: Wenn Dante sie nicht ausspricht, darf man sie nicht hineinlegen. Dann besteht die Auslegung im Weglassen, nicht im Hinzufügen vermeintlich ›mittelalterlicher‹ Prämissen. Kein Autor der Zeit vor 1500 hat zahlensymbolisch denken *müssen.*

Was bleibt: Dante hat seinem Gesamtwerk eine präzise, genau ausgeglichene Struktur gegeben, vorhersehbar 3 mal 33. Er sagt nicht, die Zahl 33 bedeute die Lebensjahre Jesu auf Erden. Er hätte es sagen können, er hat es nicht gesagt. Damit bestreite ich nicht die besondere Bedeutung der Zahl Drei: Die *Commedia* besteht aus drei Teilen, die Terzine aus drei Versen; drei mal drei ergibt neun, und Dante hielt die Zahl Neun für die Zahl seiner Beatrice. Er hat sie mit neun Jahren kennengelernt, und sie ist im neunten Jahrzehnt des Jahrhunderts gestorben. Wo Dante einer Zahl besonderes Gewicht ausdrücklich zuspricht, werde ich ihm folgen, so wenn er in der *Vita nova* (29, 3) die Drei mit der Trinität verbindet oder die Zahl Hundert als eine gewisse Vollständigkeit und Vollkommenheit bewertet.[35] Aber es gibt schon zu viele esoterische Dante-Deutungen; man füge Dante keinen Symbolismus hinzu, keine Verschwörergruppe, keinen Geheimbund, keine Ketzerei; fromme Schnörkel und mystische Einfälle sind ihm fremd. Erörterungen darüber lenken ab von dem, was vor Augen liegt: von der poetischen Gestaltung, von der metaphysischen Spekulation und vom politischen Bezug. Leicht überprüfbar ist die mathematische Strenge des Aufbaus: Die drei Teile sind fast genau gleich lang, je etwa 4700 Verse, die einzelnen canti unterschreiten nie 110, überschreiten nie 160 Verse.

Zahlenmäßig bestimmt hat Dante auch Datum und Zeitdauer seiner Jenseitsreise: Er fingiert, er habe den Höllenabstieg am Karfreitag des Jahres 1300 begonnen. Er hatte mehrere Gründe, das Jahr 1300 zu wählen: Es war das erste Jubiläumsjahr der Christenheit und war mit vielen Hoffnungen und Enderwartungen umgeben; in diesem Jahr war Dante vom 15. Juni bis zum 15. August einer der Prioren; am 1. Mai dieses Jahres war der offene Krieg zwischen den Schwarzen und den Weißen ausgebrochen. Beatrice war jetzt zehn Jahre tot; im August 1300 starb sein wichtigster, sein erster Freund Guido Cavalcanti. Am Karfreitag und Karsamstag dieses Wendejahres blieb er in der Hölle. In der Frühe des Ostersonntags kommt er am Läute-

35 Zur Zahl bei Dante vgl. Manfred Hardt, Die Zahl in der Divina Commedia, Frankfurt/M. 1973; Gian Roberto Sarolli, in: ED 4, S. 87–96; Guglielmo Gorni, Lettera, Nome, Numero. L'ordine delle cose in Dante, Bologna 1990; neueste Literatur bei Simone Albonico, in: LF 1, S. 227 Anm. 26.

rungsberg an, braucht vier Tage für den Aufstieg und den Aufenthalt im irdischen Paradies. Am Donnerstag der Osterwoche steigt er auf ins himmlische Paradies. In dessen Überzeitlichkeit geht alles sehr schnell; nach wenigen Stunden kehrt er auf die Erde zurück.

3. *Der erste canto: Wald und Berg und allegorische Bestien*

Dante wird im 35. Lebensjahr sich dessen bewußt: Er findet sich in einer Lebenskrise. Er kommt zu sich in einem wilden Wald. Er sieht einen Hügel, den am frühen Morgen die Sonne bestrahlt, und will ihn besteigen. Drei wilde Tiere stellen sich ihm in den Weg. Vergil tritt auf, ihm zu helfen; er will mit ihm eine andere Reise antreten.[36]

Der wilde dunkle Wald, die Angst, sich zu verlieren, das Sonnenlicht auf nahem Hügel, die drei Bestien, die ihm den Weg versperren, eine Art Gepard, ein Löwe, ein freßgieriger Wolf, das alles ruft nach symbolischer Deutung: Der Gepard als Sinnengier, der Löwe als Hochmut, der wilde Wolf als Habgier, der beleuchtete Hügel als Glück und Ziel der Geretteten. Die Allegorie ist so dick aufgetragen, ganz so ›mittelalterlich‹, wie manche Ausleger es lieben. Dante selbst spricht sie aus. Andererseits

36 Zu den einleitenden canti des Inferno vgl. außer den oft genannten Kommentaren, auch in der Lectura Dantis Turicensis, Inferno; Francesco Mazzoni, Saggio di un nuovo commento alla Divina Commedia, Florenz 1967; Eduardo Sanguineti, Dante reazionario, Rom 1992; Giorgio Petrocchi, Itinerari danteschi, Mailand 1994; Guglielmo Gorni, Dante nella selva. Il primo canto della Commedia, Florenz 2002; ders., Dante. Storia di un visionario, Rom – Bari 2008.

redet er gleich im zweiten Vers von sich selbst – *mi ritrovai per una selva oscura*, was nicht heißt: ich befand mich, sondern: ich erwachte aus Schlaftrunkenheit, aus tiefer Benommenheit, Bewußtlosigkeit, also: ich kam zu mir –, und dieses Ich ist zeitlich genau datiert, ist nichts Allegorisches, sondern ein fünfunddreißigjähriger Mann, in fingierter Chronologie festgelegt auf Freitag, den 25. März 1300. An ihm ist Allgemeines zu erkennen: Er redet von der Mitte *unseres* Lebens. Von dem Engpaß, in dem er sich befand, sagt er, nie habe ein Mensch ihn lebend verlassen. Vers 27: *Non lasciò giammai persona viva*. Niemand, nicht nur er. Es geht um ihn, aber nicht um ihn allein. Aber wen er in der Hölle trifft, sind nur Menschen, die vor März 1300 gestorben sind. Alle Ereignisse, die nach diesem Datum geschehen, setzt der Autor ins Futur, zum Beispiel den Tod Heinrichs VII. (Par. 30, 136–138).

Es war ein fruchtbarer literarischer Handgriff, dem im Jenseits Unerfahrenen den älteren Höllenbewohner als Begleiter und Deuter beizugeben. Vergil erklärt: Der sonnenbestrahlte Hügel, das sei Prinzip und Ursache allen Glücks, in Philosophensprache: *principio e cagion di tutta gioia* (1, 78). Er ist nicht nur das Glück eines Einzelnen, anders als in Goethes *Werther*. Es geht nicht um Pflicht und Ordnung, sondern antik-philosophisch-mediterran um Freude. Mehr noch: Vers 106 macht klar: Es geht um die Rettung des gedemütigten Italien (*umile Italia*), für das die Helden der *Aeneis* starben. Nicht als versetze Dante die geographische Einheit Italien in den Himmel; vielmehr soll das irdische Italien gerettet werden vor den drei Bestien, einer Art Leopard, einem Löwen und dem Wolf. Im Fortgang des Textes verschmelzen diese drei Bestien zu einer einzigen, als vereinigten sie sich zum Wolf: Habgier zerstört das ganze Leben: Geldgier hindert Dante und Italien daran, glücklich zu sein. Dante liebt solche Verschmelzungen. Er tritt mit solcher Umwandlungskunst in offene Konkurrenz zu den Metamorphosen Ovids.

Also Allegorie, ja, wo sie ausgesprochen ist, auch wenn Dante sie gelegentlich demonstrativ dunkel läßt, aber die Dunkelheit klar bezeichnet, nicht präzisiert. Die Lehre vom vierfachen Schriftsinn entnahm Dante der kirchlichen Bibelauslegung. Sie entstammte der hellenistischen Homer-Erklärung der Philosophen; Philo hatte sie auf die hebräische Bibel angewandt, Hieronymus und vor ihm Origenes haben sie übernommen, Augustin hatte sie früh gegen die Manichäer gewendet, weil er so die dinglichen Vorstellungen der hebräischen Bibel als vernünftig verteidigen konnte. Später erkannte er, die allegorische Auslegung diene der Wundervermeidung, und hat sie teilweise zurückgedrängt. Nur als *zweite* Auslegung, *nach* der wörtlichen, ließ er sie zu und übte sie in dieser eingeschränkten Form eifrig.

Allegorisch deuten, das heißt: Erkennen, daß etwas gesagt wird, aber etwas anderes gemeint ist. Es heißt keineswegs immer: Etwas Diesseitiges für Jenseitiges nehmen. Die Jenseitsreise sagt etwas anderes, nämlich Diesseitiges. Der Berg in *Inferno* I ist mindestens ebenso irdisches wie himmlisches Glück; gegen Ende des canto erscheint er als die politisch-ethische Befreiung der *umile Italia*, hier auf der Erde. Allegorisch lesen, heißt nicht immer: Etwas christlich-theologisch, gar eschatologisch, als am Jüngsten Tag eintretend, zu deuten. Man muß damit rechnen, das *Purgatorio* deute auf Reinigungen hin, die wir in unserem irdischen Leben, im privaten wie im öffentlichen, zu vollziehen haben; das *Paradiso* hat zweifellos jenseitig-religiöse Bedeutung, also beseligende Schau Gottes, weist aber ›allegorisch‹ auf etwas anderes hin, auf irdische *beatitudo*, auf *felicità mentale*, als auf das Ziel aller philosophischen Ethik. Die Rettung Italiens von den drei Bestien, das ist, jedenfalls nach canto 1, auch das andere, das der Text allegorisiert. Sie ist auch das, was er meint, wenn er von etwas anderem, dem Jenseits, spricht.

4. Dantes ›Ich‹

Dante sagt von Anfang an und immer wieder ›Ich‹, anders als Homer und Vergil. Es geht immer um ihn. Er nennt sein Alter, 35 Jahre, er nennt oft Tag und Stunde, er sagt, er stamme aus Florenz, er sei Dichter und sei Freund Beatrices. Diese genauen Einzelheiten sind so wenig ›allegorisch‹, wie wenn Vergil seinen Geburtsort Mantua und seine Lebenszeit unter dem ›guten‹ Augustus nennt. Er nennt Aeneas den ›Gerechten‹ und nimmt damit die ethisch-politische Perspektive ein. Man kann das Wort ›Ich‹, dem Fortgang folgend, auch allegorisch deuten: Dann ist er der Toskaner, der Florentiner, der Mensch generell, den die drei Bestien angreifen. Das ist aber nicht ›jenseitig‹, sondern dann ist ›Ich‹ der Mensch in Toscana, in Italia. Die eine Bedeutung gleitet in die andere über: Polysemie. So ist Vergil eine datierbare Person, der Verfasser der Reichsdichtung, der *Aeneis,* aber er ist zugleich die Poesie als Philosophie, er ist der ›Weise‹, er ist Führer durch die ganze Breite von *Inferno* und *Purgatorio.* Er ist der Prophet, von dem ungenaue Leser meinten, er habe in der vierten Ekloge die Menschwerdung Gottes vorausgesagt. Er verheißt Neuanfang. Er spricht von einem neuen Geschlecht, *nova progenies*; er verheißt Hoffnung für die Person Dantes, für die *umile Italia* und für die Menschheit insgesamt.[37]

37 Zur Rolle Vergils immer noch wichtig: Domenico Comparetti, Virgilio nel Medio Evo, Livorno ²1896.

Zu Dante kommt kein Engel und lange Zeit auch kein Heiliger, Bernhard tritt erst ganz am Ende des *Paradiso* auf, sondern es kommt der Dichterphilosoph, der Heide Vergil, freilich hat ihn der Chor dreier heiliger Damen beauftragt.

Es ist kein Theologe, und es ist auch nicht Aristoteles, der den Dichter durch *Inferno* und *Purgatorio* führt. Vergil war der Autor der *Aeneis*, der Dante seinen hohen Stil verdankte. Vergil hatte die gottgewollte Ewigkeit des Römischen Imperiums besungen; er ermöglichte und bestätigte Dantes politische Philosophie. Drittens war Vergil in den Augen Dantes ein Weiser, ein Philosoph. Ob Dante annahm, Vergil habe in seiner vierten *Ekloge* die Geburt des Gottmenschen vorausgesagt, ist bei einem so sorgfältigen Leser wie ihm unwahrscheinlich.

Die *Commedia* spricht in der ersten Zeile von Dantes ›Ich‹. Mit ›Ich‹ zu beginnen, war nicht absolut neu; Augustins *Confessiones*, der *Trost der Philosophie* des Boethius und der *Rosenroman* waren dafür Vorbilder, auch Brunetto Latini. Dantes ›Ich‹ ist die einzige Person, die über alle drei Hauptteile (cantiche) hin durchhält. Auf sie sind alle Erfahrungsstufen bezogen.

Dantes ›Ich‹ ist doppeldeutig noch in einem Sinn, der mit Allegorie nichts zu tun hat: ›Dante‹, das ist einmal der Jenseitswanderer, von dessen Erfahrungen erzählt wird, aber er ist zweitens auch der Erzähler, der Chronist seiner Reise. Er ist Inhalt des Berichts und zweitens der Berichtende. Diese Unterscheidung, die keine Trennung ist, soll der Leser mitdenken, zumal dort, wo der Dichter sagt, das Gedächtnis sei überfordert mit dem, was er gesehen hat.

Am Ende des ersten canto bleiben Fragen offen, die festzuhalten sind, auch wenn sie vielleicht nie beantwortet werden:

Waren es drei wilde Tiere oder eines? Von einem bestimmten

Punkt an ist einzig von der Wölfin (*lupa*) und nur von der *bestia* die Rede, die allen Menschen den Weg verlegt. Verwandeln sie sich dreieinig ineinander? Dante war spezialisiert auf Verwandlungen, Metamorphosen.

Habgier war Dante fremder als Hochmut. Ginge es nur um seine Person, stünde nicht Habgier im Vordergrund. Verlagert er das Hauptthema von sich weg? Beatrice wird im *Purgatorio* 33,85 – 90 ihm Schuld vorwerfen. Schuld, nach ihrem Tod sich mit anderen Frauen abgegeben zu haben, Schuld auch, falschen Lehren gefolgt zu sein. War Dante ein Weile Epikureer? In der Sicht Beatrices lebte er, nachdem sie ihn nicht mehr mit ihren schönen Augen leitete, in einer falschen Wertewelt. Er folgte nicht weiter Beatrice, als sie durch ihren Tod eine höhere Gestalt annahm. Er lebte, als sei die irdische Welt die einzig reale.

Von der Wölfin (*lupa*) heißt es: Wenn sie gefressen hat, hat sie mehr Hunger als vorher (Inf. 1, 99). So etwas konnte auch ein antiker Ethiker von der Habgier sagen.[38] Aber es ist auch eine bildhafte Umschreibung des frühen Kapitalismus in Florenz. Jedenfalls der Maßlosigkeit der Geldgier. Die Wölfin, heißt es, vermählt sich mit aller Art von Getier. Das erlebt täglich, wer in einer entwickelten Geldwirtschaft lebt. Da meint es einer gut und will fremden Reisenden ein Quartier anbieten. Schon mischt sich das Geldwesen ein. Umsonst gibt es nichts mehr, schon gar nicht eine Übernachtung. Ein Pfarrer will zum Trost der Trauernden eine Friedhofskapelle bauen. Auch dazu, die Trauernden zu trösten, braucht er Geld. Wir sind im 14. Jahrhundert. Unser Pfarrer hat schon viel Geld gebraucht, um nach Avignon zu reisen, um seine Pfründe zu erwerben.

38 Ovid, Met. 8, 834: *Plusque cupit quo plura suam dimittit in alvum.*

Hat Dante die Tiere *gesehen*? Hatte er einen Albtraum? Erzählt er eine Vision? Er sagt, er sei aus dem Schlaf erwacht. Also doch wohl ein Traum? Einfacher noch: Er hat sie erdichtet.

Er sieht Vergil, er fragt ihn, ob er ein Schatten sei oder ein Mensch. Er rechnet von vornherein damit, daß es Schatten gebe oder Menschen. Er verfügt über diese Unterscheidung als Leser der *Aeneis*. Vergil antwortet, er sei kein Mensch, ein Mensch sei er gewesen. Was ist ein Schatten? Und vor allem: Worin besteht Dantes Krise? Sieht er ein, daß er ein Sünder ist, und weiß er nicht, wie er da herauskommt? Ist es Sündenbewußtsein oder psychische Erschöpfung? Karlheinz Stierle deutet die Ausgangskrise, als stehe Dante vor dem Suizid und Beatrice rette ihn in letzter Minute, indem sie Vergil schickt. Dante sagt das nicht. Ihm genügt, daß die Krise ernst ist. Daß sie Himmel und Hölle in Bewegung setzt. Sie verknüpft Sinnkrise und persönliche Liebesgeschichte mit einem politischen Programm und einer Gesamtdeutung des Universums. Der Rest mag offenbleiben.

Aber warum schickt sie Vergil? Warum kommt sie nicht selbst? Sie ist ja in die Hölle gekommen und hat dort sogar geweint. Sie hat dort gefürchtet, sie komme vielleicht zu spät: Wie verträgt sich das mit ihrer Seligkeit? Warum mußte Maria erst Lucia schicken?

5. Geographie der ›Hölle‹. – Vom Vorraum über den Acheron zum ersten Kreis. Canti 2–11

Dante zufolge sind mehr Menschen in der Hölle als auf der Erde. Ihre Masse ist von bunter Vielfalt, wird durch das System der Höllenkreise streng geordnet. Es handelt sich um weite Räume,

Balkone oder Bergstraßen, um Rundungen, die sich nach unten wie ein Trichter verengen. An der tiefsten, engsten Stelle, am Erdmittelpunkt, steckt Satan in ewigem Eis und zerkaut in seinen drei Mäulern drei Verräter, Judas, der Jesus verraten hat, und die beiden Verräter an Caesar: Brutus und Cassius. Auch hier, an der dunkelsten Stelle des Universums, Gleichgewicht von individueller Reise, Erkundung der Welt, Theologie und Politik.

Die Eingangsszene von canto 1, das Zusichkommen Dantes, seine Versuche, sich dem beleuchteten Berg zu nähern, das Hin und Her mit den Bestien, die Gespräche mit Vergil dauern einen ganzen Tag lang. Am Abend – canto 2 – kommen Dante, dem Wanderer, Zweifel, ob er die Kraft hat, sich auf eine Jenseitswanderung einzulassen; die beiden Menschen, die das vor ihm lebend geschafft haben, Aeneas und Paulus, hatten eine göttliche Mission; er glaubt zunächst nicht, eine solche Sendung zu haben: *Ich bin nicht Aeneas, ich bin nicht Paulus* (2, 32). Vergil erzählt ihm die Vorgeschichte: Maria hat Lucia aufgefordert, zu Beatrice zu gehen, ihrem Geliebten in der Not Hilfe zu schikken, nämlich den in der Hölle einsitzenden Vergil. Wenn drei mächtige Himmelsdamen für ihn sorgen, kann er die Reise wagen. Er stimmt zu.

Die Wanderer durchschreiten das Höllentor mit der Inschrift: Hier geht's zum ewigen Schmerz. Gerechtigkeit, Allmacht, höchste Weisheit und ursprüngliche Liebe haben die Hölle erbaut (canto 3). Nichts Irdisches wurde *vor* ihr erschaffen, sie wird ewig bestehen. Wer hereinkommt, lasse alle Hoffnung fahren. Der Richterspruch gilt für immer.

Die beiden Dichter betreten zuerst einen Vorraum. In ihm leiden die Unentschiedenen, die weder warm noch kalt waren. *Sie lebten ohne Lob und ohne Schande, senza infamia e senza lodo* (3, 36). Dante sieht die Engel, die bei der Rebellion Satans neutral bleiben wollten. Hier ist ein solcher Höllenlärm, ein Gestöhne und Geschrei, daß Dante – schon wieder – weint. Die Besucher kommen an den Fluß Acheron, dort haben sich Sünder versammelt, die Charon über den Fluß fahren soll. Ein Erdbeben erschüttert die Vorhölle, ein Blitz läßt Dante bewußtlos zusammenbrechen. Er kommt wieder zu sich im ersten Kreis der Hölle. Wegen seiner Bewußtlosigkeit muß die Art des Transportes eines lebendigen Leibes von Kreis zu Kreis hier nicht erörtert werden; einfach ist er nicht; es handelt sich um beträchtliche Entfernungen über rauhe Steilwände mit vielen Gefahren.

Im ersten Höllenkreis, canto 4, wird nicht gefoltert und gequält. Das Leiden hier ist unkörperlich; es besteht in dem Bewußtsein, das Lebensziel, die beseligende Anschauung Gottes, die alle Welterkenntnis einschließt, nie erreichen zu können. Es ist der Aufenthaltsort der ungetauft gestorbenen Kinder und der tugendhaften Nichtchristen, der ›großgesinnten‹ Geister. ›Großgesinnt‹ ist ein hohes Prädikat der Ethik des Aristoteles. Diese Geister haben die höchste Stufe der natürlichen Moral erreicht. Sie befinden sich im sog. Limbus. Limbus hieß im klassischen Latein der Rand, der Saum, der Streifen. Nach Augustins Gnadentheorie gehörten Ungetaufte in die Hölle, auch die Kinder. Sie sollten gestraft werden, wenn auch auf die *mildeste Weise, poena mitissima*. Das unter Augustins Einfluß stehende Konzil von Karthago 418 verurteilt im Kanon 3 alle, die einen mittleren Ort zwischen Himmel und Feuerhölle behaupten.[39] Das war seit dem 12. Jahrhundert unerträglich; frühe Scholastiker machten aus dem Wort ›Limbus‹ eine Zwischenzone, eine

39 Heinrich Denzinger – Peter Hünermann, Enchiridion symbolorum. Kompendium der Glaubensbekenntnisse und kirchlichen Lehrentscheidungen, Freiburg/Brsg. [40]2005, Nr. 224 S. 107.

Vorhölle, ließen die Strafe dort immer weicher werden und sahen im 13. Jahrhundert schließlich einen Ort naturhafter Seligkeit. Thomas verteidigte diesen Kompromiß in der Quaestio *De malo* qu. 5, a. 1–5. Kirchliche Lehrentscheidungen mahnten immer wieder, an dieser Lehre festzuhalten; noch 1794 verwarf Papst Pius VI. die streng-augustinistische Kritik am Limbus, die behauptete, er sei ein »pelagianisches Märchen« (D-H Nr. 2626 S. 723).

Die Limbus-Theorie bot Theologen die Möglichkeit, die Notwendigkeit der Taufe und der Mission zu behaupten und gleichzeitig zu vermeiden, daß Gott Unschuldige strafte; für Augustin waren sie keine Unschuldigen, sondern Erbsünder. Der Limbus hatte in der Bibel keine Grundlage und war theoretisch ein Notbehelf, ein Zwischenzustand zwischen Verdammnis und ewigem Glück. Es ist vergnüglich zu sehen, wie Kirchenleute sich darüber den Kopf Gottes zerbrochen haben.[40] Einer von ihnen kam auf die nachdenkenswerte Idee, ungetaufte Kinder, die sich auf ewig verurteilt sähen, müßten Gott hassen und hätten ihre Strafe dann auch verdient.

Was hat Dante mit dem Limbus gemacht? Er übernimmt die Lehre, läßt ungetaufte Kinder und gute, aber ungetaufte Heiden darin sich aufhalten, erweitert aber den Kreis. Er läßt dort den Wanderer die Dichter Homer, Horaz, Ovid und Lukan sehen; sie nehmen ihn, Dante, als sechsten in ihrem Kreis auf. Das ist die Selbsternennung zum größten Dichter seit der Antike. Er sieht die großen Heiden in einem *nobile castello* (4, 106). In diesem schmerzfreien Elysium trifft er Elektra und Penthesileia,

40 Kardinäle vollführten gestern noch Eiertänze. Leo Scheffczyk zum Beispiel im Lexikon für Theologie und Kirche, Band 6, Freiburg/Brsg. [3]1997, S. 937.

Caesar und Enea. Dort sieht er Aristoteles, den *Meister derer, die wissen*, *maestro di color che sanno* (4, 133). Andere Philosophen bewundern und ehren ihn; Platon und Sokrates stehen ihm am nächsten, aber da sind auch Demokrit und Anaxagoras, Cicero und Seneca. Etwas zur Seite steht für sich Saladin (4, 128). Die großen Ärzte sind da, Galen und Avicenna, auch Averroes, *der den großen Kommentar schuf*, *che'l gran commento feo* (4, 144). Die antike und arabische Kultur ist versammelt und als wertvoll gesichert.

Den zweiten Kreis bewacht Minos; hier leiden die Wollüstigen (canto 5), aus deren Masse Francesca und ihr Geliebter herausgehoben sind. Der sechste canto handelt von den Schlemmern; er wird von Zerberus bewacht. Unter ihnen trifft Dante den Florentiner Ciacco. Das ergibt erste Gespräche über den Niedergang von Florenz. Den vierten Kreis beherrscht Pluto; hier werden Geizige und Verschwender bestraft (canto 7). Es folgen bei immer strengerer Bestrafung die Zornigen und die Traurig-Trägen (canti 7 und 8). Im 6. Kreis stecken die Häretiker in glühenden Steinsärgen; hier trifft Dante den Staatsmann Farinata und den Vater seines Freundes Guido Cavalcanti (canti 9–11). Es folgt eine kurze Unterbrechung der Höllenwanderung; Vergil erklärt den Aufbau des Ganzen.

6. Der Aufbau der Hölle nach canto 11

Man vergleicht gern Dante mit Homer, beide, so scheint es, stehen am Anfang und ermöglichen spätere poetische Weltentwürfe. Aber es besteht ein großer Unterschied: Von Literatur *vor* Homer wissen wir so gut wie nichts, auch wenn das Gilgamensch-Epos und andere orientalische Gesänge als Quelle gelten. Dante hingegen ist später Erbe; er nennt die Autoren, die vielen, die für ihn wichtig waren: Griechen, Römer, Araber. Außerdem knüpft er an die Theologie an, wählt aus, was er brauchen kann; er formt es um, wie er es braucht. Das Beispiel Limbus zeigt: Er orientiert sich nicht am Neuen Testament, auch nicht an einer zeitüberlegenen christlichen Dogmatik, sondern an Zeitgenossen und deren Autoritäten. Was man unter ›christlicher Lehre‹ versteht, war in verschiedenen Jahrhunderten verschieden; der Limbus und auch das Fegefeuer sind dafür gute Beispiele, aber auch die Lehre von der Trinität, von den zwei Naturen Christi, von der Gnade. Solche Wandlungen bleiben dem verdeckt, der die Historizität der christlichen Wahrheit ignoriert.

Daß Dante Traditionen aufgreift, verändert und seiner Konstruktion einpaßt, gilt auch für den Aufbau des *Inferno* im ganzen. Vergil und Dante, der Wanderer, machen am Rand des sechsten Kreises eine Rast, um sich an den Höllengestank zu gewöhnen, und Vergil nutzt die Zeit, im 11. canto die Struktur der Hölle zu erklären, vom 2. Kreis der Hölle an: Bestraft werden nicht einzelne Sünden, sondern vernunftwidrige verfestigte Dispositionen, falsche Lebensweisen, die man ›Laster‹ nennt. Bestraft wird erstens in den Kreisen 2 bis 5 die habituelle Maßlosigkeit in der Beherrschung von Affekten, von sexueller Begierde, von Gaumenlust und Zornkraft. Danach erreichen die Wanderer den Fluß Styx und hinter Mauern das Reich des Dis. (Dis kommt von Dispater, dem römischen Gott der Unterwelt, entsprechend dem griechischen Pluton.) Dort leiden die Gewalttätigen, abgeteilt nach verschiedenen Formen der Gewaltanwendung – gegen den Nächsten, gegen sich selbst, gegen Natur, gegen Kunst und gegen Gott: Sie leiden in verschiedenen Felsnischen des 7. Kreises. Weiter nach unten folgen Menschen mit betrügerischen Dauerhaltungen; die Kreise 8 und 9 weisen die meisten

Untergliederungen auf, Ringe oder Taschen, Gräben. Zunächst kommen Betrüger, die sich gegen Menschen vergangen haben, die ohnehin kein Vertrauen zu ihnen hatten: Verführer, Schmeichler, Zauberer, Geschäftsbetrüger, Heuchler, Diebe, betrügende Ratgeber, unter ihnen Odysseus, zuletzt Zwietrachtstifter und Fälscher. Das alles, fein, nämlich zehnfach, unterteilt. Ganz zutiefst kommen im 9. Kreis, vierfach untergliedert, die Betrüger, die sich an Menschen vergangen haben, die ihnen vertrauten, Verräter an Verwandten, an politischen Freunden, an Gästen, zuletzt die Verräter an Jesus und an Caesar.

Es gibt also drei Grade zunehmender Verwerflichkeit: Am wenigsten böse ist die Unbeherrschtheit der Affekte, dann folgt die Gewalt, zuletzt die verschiedenen Grade von Betrug. Vergil erklärt diese Reihenfolge, die uns überrascht: Je geistiger eine Fehlhaltung ist, um so spezifisch menschenartiger und um so böser ist sie. Zugeständnisse an die Animalität sind weniger schlimm als intellektuell gesteuerte und bewußt gewählte Fehler.

In diesem Zusammenhang beruft Vergil sich ausdrücklich auf die *Ethik* des Aristoteles: Deine Ethik, mahnt Vergil seinen Schüler, erklärte dir doch die drei Dispositionen, die dem Himmel mißfallen (11, 80). Das heißt: Die Höllenstruktur entspricht der *Nikomachischen Ethik* des Aristoteles; das Verhältnis von Kunst und Natur erklärt Vergil, indem er die *Physik* des Aristoteles erklärt. Vers 11, 101: *la tua Fisica*. Vergil setzt voraus, sein Schüler kenne die Hauptwerke des Aristoteles. Dante, der Schriftsteller, setzt voraus, daß sein Leser sie auch kennt. Dantes Lasterkatalog beruht auf der *Nikomachischen Ethik* und auf Ciceros *De officiis*, besonders 1, 13.[41] Aber er modifiziert ihn. Er

41 Cicero, De finibus 1, 13, 41: Ungerechtigkeit geschieht *aut vi aut fraude*. – Dante hatte an den rhetorischen Schriften Ciceros kaum Interesse,

wußte, daß er vor anderen Lebensverhältnissen stand als Aristoteles. Mittelalterliche Autoren, die man ›politische Averroisten‹ genannt hat, wußten, daß ihr *politisches* Hauptproblem bei Aristoteles–Averroes nicht vorkam: Die *Nikomachische Ethik* kannte keine Epikureer, sie wußte nichts davon, daß die kuriale Politik das Imperium ruiniert und den Frieden in Italien verhindert; sie verlieh keinen *prophetischen* Impuls. Sie sagte nichts über die Zukunft; sie kündigte keinen *veltro* an (Inf. 1, 101–102), der bald kommen und den Wolf aus Italien in die Hölle, alle Habgier mit kaiserlicher Autorität aus der Welt vertreiben wird. Aus ihr ergab sich nicht die Kritik an Florenz, das die allgemein menschliche Erwartung von Glück mit rastloser Bereicherung, mit siegreicher Konkurrenz und sinnloser Vergrößerung des Privateigentums identifizierte. Aus Aristoteles folgte weder die Kirchenkritik noch die Kritik am florentinischen Frühkapitalismus. Allerdings hatte er sich in seiner *Politik* gegen die maßlose Steigerung der Einwohnerzahl der Polis ausgesprochen. Aristoteles kannte keine amtliche Wahrheitsverwaltung; Dante verengte ihn, indem er wütete gegen Häretiker und Homosexuelle, wenn er auch seinem Lehrer Brunetto Latini, den er unter ihnen antrifft, mit uneingeschränkter Hochachtung und feinem Takt begegnet (canto 15). Bei Francesca hat er nicht von deren *lussuria* gesprochen; bei Farinata verlor er kein Wort über Häresie als Strafgrund; im Gespräch mit Brunetto Latini sagt er nichts über ›Sodomie‹, wie damals die Homosexualität hieß.

Mit dem sechsten canto des *Inferno* setzen, wie gesagt, politische Analysen ein. Dante will von dem florentinischen Schlemmer Ciacco, der wie alle Infernobewohner die Gegenwart nicht

wohl aber an den ethischen, z.B. auch an den Tusculanen und an De finibus bonorum et malorum. Vgl. ED 1, S. 991–997.

kennt, aber die Zukunft schon weiß, wissen, was der Konflikt zwischen den zerstrittenen Familien der Cerchi und der Donati für die Stadt bringen wird. Er erfährt, daß die Donati nach drei Jahren, von 1300 an gerechnet, mit Hilfe Bonifaz VIII., der jetzt, 1300, noch zögert, die Oberhand gewinnen wird. Die Gesellschaftskritik betrifft zunächst Florenz, aber auch Pistoia (25, 10–12), Pisa (33, 79–89) und Genua (33, 151–153). Die Gründe des sozialen Verfalls, schon im *Convivio* 4, 12, 9 erörtert, betreffen die wirtschaftlich fortgeschrittenen Gegenden Italiens und stehen alle nicht bei Aristoteles. So wichtig die Ethik-Politik des Aristoteles war, Dante las sie nicht als Kontemplativer; sie machte ihn nicht zum bloßen Theoretiker; er entnahm ihr seine politisch-dringlichen Bewertungen. Diese zu minimalisieren, dazu besteht heute, nach der entgegengesetzten Welle der siebziger Jahre, die Tendenz sowohl in der italienischen wie in der deutschsprachigen Dante-Literatur.

Dante hat zwei ihm wichtige Bücher, das *Convivio* wie *De vulgari eloquentia*, abgebrochen, um sich ganz der vulgärsprachlichen, ethisch-praktischen und prophetischen *Commedia* zu widmen. Dabei hat die *Commedia* auch den Charakter einer Lehrdichtung: Sie informiert über den Aufbau des Kosmos, die Weltbedeutung der Fortuna und die Struktur des Jenseits, sie erklärt das System von Lastern und Tugenden; sie präsentiert eine große Anzahl geschichtlicher Personen und Verhältnisse; sie gibt fast so etwas wie eine geschichtliche Phänomenologie des europäischen Geistes. Sie will die Willensfreiheit retten trotz aller geschichtlichen und astrologischen Vorbedingungen menschlichen Handelns. Das alles war nicht aus Aristoteles zu ermitteln, so wichtig er war.

7. Dantes Weltgericht

Über den vielen Details, welche die Dante-Forschung hervorhebt, sind die einfachen Linien nicht zu übersehen:

Nicht die Kataloge der Laster und Tugenden stehen im Vordergrund; sie begründen die Strukturen, aber Dantes Kunst drängt sie zurück zugunsten künstlerischer Komprimierung geschichtlicher Zustände und Personen; Dante kondensiert Überliefertes zu wenigen Worten und Gesten einer bleibenden Figur. Die Ewigkeit der Höllenstrafen – sie hatte Origenes und seinen Anhängern mißfallen, Augustin hatte sie urgiert und für den Westen fixiert –, sie erhält bei ihm den poetischen Sinn, zeitliche Vorgänge und sterbliche Menschen in ihrer bleibenden individuellen Form vorzustellen: Francesca, Farinata, Odysseus, Ugolino.

Staunen erregt die Anmaßung, mit der Dante die Urteile Gottes ausspricht. Wie konnte ein einzelner Mensch, gar ein einfacher Laie, kein Theologe, darüber entscheiden wollen, wer in die Hölle, wer in den Himmel kommt? Einen Menschen zum Heiligen zu erklären, gehörte zur Dante-Zeit in die Kompetenz der Kirche; für Höllenstrafen war nicht einmal sie zuständig. Das Ungeheure dieses Anspruchs fiel damals auf: Dieser Dante urteilt, Gott, Engel und Teufel führen seinen Spruch aus. Man muß die poetische Operation sehen, die Dante damit vollzog: Seine Urteile durften nicht willkürlich ausfallen, er mußte poetisch-kreativ ihre innere Plausibilität aus der Eigenart und Selbstbestimmung der Personen herleiten, ein ungeheurer psychologisch-historischer Aufwand. Er mußte Einzelheiten bringen, aber sie so auswählen, koordinieren, synthetisieren, daß *sein* Urteilsspruch als das Urteil Gottes begreiflich wurde. Die Theologie der ewigen Höllenstrafen diente ihm zur Sanktion der rückwärts gewandten Analyse bekannter Personen und der poetischen Fiktion. Die Strafen waren nicht von außen zugefügte Gerichtsbeschlüsse, sondern die poetisch-logische und dauerhafte Verdeutlichung freier Menschen. Am Anfang hat Dante noch Mitleid mit den Bestraften, aber je tiefer sie steigen, um so widerlichere Verbrecher treffen die Dichter, und Mitleid weicht dem Zorn (canto 13; canto 20; canto 29). Die Schuldigen erleiden, was sie als gegenläufiges Spiegelbild ihrer Taten bewirkt haben; sie erfahren den poetisch-genau abgepaßten Gegenschlag, das sog. *contrapasso* (canto 28).

8. ›Inferno‹ als Albtraum

Die Poesie des *Inferno* ist noch eine andere: Sie beschwört Bilder der Nacht, der Zerstörung, des Schreckens; sie versammelt das Personal vieler alteuropäischer Albträume: Kentauren treten auf und Minotaurus, Charon (canto 3) und Cerberus (6), Pluto (7), die Furien und Medusa (9). Sie ordnet poetisch-rational diese Visionen des Grauens: brennenden Sand, Feuerregen. Gewalttäter schwimmen im kochenden Blutstrom, Unterteufel tauchen mit komischen Nebeneffekten Schwindler in siedendes Pech; der Flugdrachen Geryon fliegt die beiden in den zu Fuß nicht erreichbaren nächsttieferen Kreis (canti 16 und 17). Giftige Schlangen fressen sich durch Diebe hindurch: Wir erleben die übertreibendste rocky horror picture-Show, Szenen des Wahnsinns und der Verwandlung, Metamorphosen scheinbar solider Substanzen ineinander, Selbsttöter werden zu Bäumen. Das grausige Spiel, das Goethe groß, aber abstoßend fand, erreicht Höhepunkte wie die: Wir sehen aufgeschlitzte Personen mit heraushängendem Gedärme (canto 28), wir riechen den Gestank überfüllter mittelalterlicher Spitäler im Sommer (canto 29). Das alles schafft eine Atmosphäre gebändigten Grauens, gestalteten Unmaßes. Das ist poetisch-aufgehobenes Chaos – Chaos der menschlichen Seele in der gar nicht so rationalen europäischen Tradition. Archaischer Groll, Urväterspuk kehren zurück; Katharsis durch ausgehaltenes Grauen, übersichtlich gemacht mit Hilfe der Ethik des Aristoteles.

9. *Ins Einzelne gehen*

Die *Commedia* wurde oft großflächig, ideologisch, theologisch oder national gelesen. Dagegen hilft nur, ins Detail zu gehen. Dann findet man nachdenkliche Wendungen wie die von der *Wahrheit mit dem Gesicht der Lüge* (16, 124). Die Verdammten werden definiert als die, die das Gut des Intellekts verloren haben, *c'hanno perduto il ben dell'intelletto* (3, 18). Das wahre Glück des Menschen ist das Gut, das die Natur des Intellekts fordert – diese These des Aristoteles liegt dem Ganzen zugrunde. Aber Dantes philosophierende Poesie überdeckt nicht das Grauen, die Zerrissenheit, die Trauer und die kleinen Wünsche. Der Leser entdeckt die Rücksicht Dantes auf das Ruhmbedürfnis der Granden (canto 13); er liest die besorgniserregenden Vorhersagen von Dantes düsterer Zukunft durch Ciacco (canto 6), durch Brunetto Latini (canto 15) und Fucci (canto 24).

Er hört merkwürdige Nebentöne, die nicht recht ins theologische Konzept passen: Beatrice verspricht Vergil, sie werde ihn vor Gott loben, was doch dem Höllenbewohner nichts nützt (2, 74); Francesca würde sich durch Gebete für Dantes Mitgefühl bedanken, wenn Gott ihr Freund wäre. Das klingt, als wären diese Verdammten gut, gar besser als der rächende Gott. An einigen Stellen sieht es so aus, als gebe Gott den Bösen einen inneren Trieb ein, die Strafe zu *wollen*; aber daneben verachten reuelose Gotteslästerer ihre Strafe (14, 47); in ungebrochenem Sünderstolz reden Jason (canto 18) und Fucci (canto 25). Einige der Gestraften werden nur noch härter, noch rebellischer. Das liest man nicht bei Aristoteles; das besagt kein Lasterkatalog; das hat Dante erfunden. So auch das Genrebild der Verrücktheiten der besseren Gesellschaft von Siena am Ende des 29. canto, Verse 121–138: Dort werfen die jungen Herren mit Geld nur so um sich, und einer von ihnen kam auf die (nur für Dante) verrückte Idee, den Braten mit Nelken zu würzen.

Das *Inferno* bedrückt und ordnet die Bedrücktheit. Es erfreut durch viele kurzgefaßte und einige ausgearbeitete Metaphern wie diese:

Aus canto 21 (7–18): Betrüger in öffentlichen Ämtern müssen ins siedende Pech. Dante vergleicht die grausame Szenerie mit der Schiffswerft der Venezianer im Winter:

Wie in der Schiffswerft der Venezianer im Winter, wenn sie nicht in See stechen können, das klebrige Pech kocht, um die Schiffe, die Schäden zeigen, neu zu bestreichen – statt dessen baut der eine ein neues Schiff, ein anderer stopft mit Werg die Planken eines Schiffs aus, das viele Fahrten gemacht hat; der eine schlägt Nägel ein am Bug, ein anderer am Heck, wieder ein anderer macht Ruder, ein anderer wickelt Taue auf; wieder ein anderer setzt Flicken auf das kleine Vordersegel (terzeruolo) oder das große Hauptsegel (artimon) –, so siedete dort unten, nicht durch ein Feuer, sondern durch göttliche Kunst, das dichte Pech, das auf allen Seiten das Ufer verklebte.

Rustikale Metaphern geben zuweilen dem *Inferno* ein aufgerauhtes poetisch-realistisches Klima: Bäuerliche Erfahrungen ziehen hohe Themen auf die Erde zurück. Etwa im canto 24 (1–18):

In jenem Teil des jungen Jahres, in dem die Sonne ihre Strahlenhaare im Zeichen des Wassermanns mildert,[42] *wenn die Nächte schon mitten am Tag herankommen, wenn der Reif auf dem Boden das Bild seiner weißen Schwester malt – freilich hält dies Gemalte nur kurz an –, dann steht der junge Bauer, dem das Heu ausging, auf, er schaut hinaus und sieht das Feld ganz in Weiß. Er schlägt sich enttäuscht auf die Hüfte, kehrt ins Haus zurück und jammert, ein armer Tropf, der nicht weiß, was er tun soll, aber dann geht er noch einmal hinaus und schöpft Hoffnung, weil er sieht, die Welt hat in kurzer Zeit ihr Aussehen verändert, er nimmt seinen Stab und treibt die Schafe hinaus auf die Weide – so erschreckte der Meister mich, als ich seine Stirn so umwölkt sah, und so schnell bot er für mein Übel die Medizin.*

Oder Odysseus tritt auf, neben vielen Lichtern im Dunkeln, ein Feuermantel umhüllt ihn und seinen Mittäter. Dante denkt an das Gefunkel der Glühwürmchen an einem Sommerabend in der Toscana. Der berühmte canto 26 beginnt (25–33):

Wie der Bauer, der oben sich ausruht – in der Jahreszeit, da die Sonne ihr Gesicht am wenigsten verbirgt, zu der Stunde, wenn die Fliege der Schnake weicht –, wie der Bauer unten im Tal, wo er sonst

42 Dante ist erschrocken über den Zorn Vergils. Er malt das Bild eines jungen Bauern, der die Schafe zur Weide führen will, aber den Reif am Wintermorgen für Schnee hält. Der Reif weicht schnell, weil die Sonne ihn auflöst. Der Bauer faßt Zuversicht, so weicht Dantes Furcht der Hoffnung, da er sieht, daß Vergils Gesicht sich aufheitert. – Die ›Haare der Sonne‹, antikes Bild für die Strahlen. – Die Schwester des Reifs – der Schnee, *la neve.*

erntet und pflügt, viele Glühwürmchen sieht, so viele Flammen erglänzten, wie ich wahrnahm, als ich dort ankam, wo der Boden zu sehen war, im ganzen achten Graben.

Dante führt solche Metaphern breit aus. Er gibt eine feste sinnliche Anschauung als Ausgangspunkt, besonders oft am Anfang eines canto.

10. *›Inferno‹ bei Boccaccio*

Dante wurde oft monumentalisiert. Dagegen zeichne ich ihn im Strudel der Geschichte. Seine Botschaft wurde aufgenommen, aber vielfach verändert, auch verbogen. Dies zeigt sich, wenn man fragt: Was wird bei Boccaccio aus dem Thema ›Hölle‹? Sein Buch beginnt mit den infernalen Szenen der Pest; aber nie nennt er die heimgesuchte, leidende Stadt ein ›Inferno‹. Heute ist die abgeblaßte Höllen-Metapher bei Kriegs-, KZ- und Brandberichten, auch bei schweren Autounfällen üblich. Vermutlich war um 1350 die Hölle noch nicht metaphorisiert genug, und das Wort konnte nicht so abstrakt-generell verwendet werden. Heute gibt es zahlreiche deutsche Komposita mit ›Hölle‹; sie setzen die Metaphorisierung als erreicht voraus: Höllenangst, Höllenlärm, Höllenmaschine. Der SPIEGEL schreibt gelegentlich, Wolfgang Koeppens Briefe berichteten von seiner »Ehehölle«. Terminologisch ist *›inferno‹* auch bei Boccaccio ein unterirdischer Ort; man wird nicht sagen können, Boccaccio habe nicht mehr an die Hölle *geglaubt*; er hatte wohl manchmal Angst, er werde in ihr enden. Aber das wissen wir nicht; wir haben nur seinen Text. Im *Decameron* ändert er die Perspektive: Er fragt nicht mehr, was die Hölle ist und wer hineinkommt. Er fragt: Wer spricht von der Hölle und warum? Er sucht die Hölle in den Reden der Menschen auf. Er weiß auch, daß sie in ihren Ängsten vorkommt. Er mindert die Angst durch milde, lächelnde Skepsis.

Da heißt es schon einmal von einer verliebten Frau, sie habe wohl weniger ans *Inferno* gedacht als an einen möglichen Liebhaber (Dec. 8, 7, 8), was etwa bedeuten könnte: Sie schaute nicht nach unten, zur Erde, sondern sie blickte lebenslustig und männerwild umher. In Pistoia gibt es eine Frau, die von zwei verrückt in sie verliebten Florentiner Kaufleuten als Liebesbeweis verlangt, sie sollten sich zum Schein begraben lassen, und sie antworten, sie gingen für sie nicht nur ins Grab, sondern ins *Inferno* (Dec. 9, 1, 18).

Was bei Boccaccio aus dem *Inferno*-Motiv wird, zeigen zwei Erzählungen des immer gern schlüpfrigen Erzählers Dioneo: Im *Decameron* 3, 10 erzählt ein Einsiedler einem jungen, unschuldigen Mädchen, sie müsse den Teufel in die Hölle zurückschikken, und er zeigt ihr, wie das geht: indem sie mit ihm schläft.

Dioneo erzählt auch folgende *Inferno*-Geschichte (Dec. 7, 10, 8–21; meine Zusammenfassung):

Da gab es also in Siena zwei junge Männer, einfache Leute. Der eine hieß Tingoccio Mini, der andere Meuccio di Tura. Beide wohnten am Salztor. Sie hingen fast den ganzen Tag zusammen, und jeder hatte den Eindruck, daß sie dicke Freunde waren.

Und weil sie, wie andere Leute auch, in die Kirchen und zu den Predigten gingen, hatten sie vielfach von der Herrlichkeit und dem Elend der Seelen der Verstorbenen gehört, die sie, je nach ihren Verdiensten, in der anderen Welt erwarteten. Darüber hätten sie liebend gerne etwas Sicheres gewußt. Da sie aber nicht wußten, wie sie das anstellen sollten, versprachen sie sich gegenseitig: Wer als erster von ihnen stürbe, der sollte, wenn er eben könne, zum dem zurückkommen, der noch am Leben ist, und ihm die Nachrichten übermitteln, die er verlangte. Und sie besiegelten das mit einem Eid.

Nicht lange nach diesem Versprechen wurde Tingoccio Taufpate. Die Mutter des Kindes wurde dadurch seine geistliche Verwandte, seine ›Gevatterin‹, wie man das in manchen Gegenden nannte. Nun war diese Frau, Monna Mina, eine sehr schöne und lebhafte Frau, und Tingoccio verliebte sich in sie, seiner geistlichen Verwandtschaft mit ihr ungeachtet. Tingoccio verstand es so gut, ihr zu sagen, was er von ihr wollte, mit Worten und mit Taten, daß sie ihm sein Vergnügen gewährte. Aber Tingoccio verausgabte sich dabei zu sehr und wurde plötzlich krank. Nach ein paar Tagen verschlimmerte sich die Krankheit so sehr, daß er, geschwächt wie er war, den Kampf mit ihr nicht bestehen konnte; er schied aus diesem Leben.

Es vergingen drei Tage, und dann kam eines Nachts Tingoccio, wie versprochen – vermutlich war er vorher nicht dazu gekommen –, in das Schlafzimmer von Meuccio, der tief schlief, und rief seinen Namen.

Meuccio erwachte und fragte: »Wer bist du?«

»Ich bin Tingoccio«, erwiderte er. »Ich bin, wie versprochen, zu dir zurückgekommen, um dir Nachrichten von der anderen Welt zu bringen.«

Sie plaudern über die Jenseitswelt, Meuccio, ob er hier unten etwas für ihn tun könne. »Ja«, antwortete Tingoccio, er solle Messen für ihn lesen und Totengebete sprechen lassen; er solle Almosen geben. Das seien die Dinge, die dort drüben viel nutzten. Meuccio versprach, das mache er gerne für ihn.

Gerade wollte Tingoccio wieder gehen, da fiel dem Meuccio die Gevatterin ein. »Ein Glück, lieber Tingoccio, daß mir jetzt die Gevatterin einfällt, mit der du oft genug geschlafen hast, als du hier unten warst. Welche Strafe hast du dafür gekriegt?«

»Meine Sünde war die: Ich habe mit meiner Gevatterin geschlafen, und zwar so heftig, daß ich mich dabei ruiniert habe.« Da brach er in schallendes Gelächter aus und sagte: »Geh, du Narr! Davor brauchst du keine Angst zu haben. Hier oben kümmert sich keiner um Gevatterinnen!« Als ich das alles hörte, faßte ich wieder Mut. Inzwischen nahte der Tag; er rief noch: »Meuccio, machs gut! Ich kann nicht länger bei dir bleiben!« und schon war er verschwunden.

Nachdem er gehört hatte, daß man dort oben sich um Gevatterinnen nicht kümmert, lachte er sich wegen seiner Dummheit aus, in der er schon auf einige Gevatterinnen verzichtet hatte. Aber er lernte gerne dazu, und von diesem Tag an wurde er für die Zukunft klüger.

Die Hölle kommt bei Boccaccio nicht mehr als realer Ort realen Geschehens vor. Sie ist zur Redensart geiler Einsiedler und herrschsüchtiger frati geworden. Sie erlegen anderen Gesetze auf, erlauben sich selbst alles und machen ihre Zuhörer gefügig und spendefreudig durch Höllenpredigten (Dec. 3, 7, 28). Ehevorschriften sind ihr beliebtes Thema, und die beiden geistig bescheidenen Sienesen, die ihre Zweifel am Jenseits haben und es genau wissen wollen, quält dieses Thema, aber im Jenseits stellt sich heraus, daß sich niemand um die Vorschriften und Kategorien des Kirchenrechts kümmert. Sexuelle Beziehungen unter geistlich Verwandten, also unter Paten, Patenkindern u. ä. waren ein ernsthaftes Thema des Kirchenrechts, aber sie sind Menschenwerk, verdienen keinen Respekt. Auch Dante hatte die Prediger verspottet, aber Boccaccio zeigt respektlos im einzelnen, wie sie die Menschen mit ihren Jenseitserfindungen bedrängen. Die Hölle kommt als Realität nicht mehr vor; Boccaccio diagnostiziert sie als Mönchsgerede und Einschüchterungsrhetorik. Das ist ein erheblicher Abstand zu Dantes *In-*

ferno. Das Jenseits als realer Ereignisraum ist weggefallen. Daraus schlägt Boccaccio doppelten Gewinn: Erstens: Auch einfache Menschen sind erzählenswert. In Dantes *Inferno* kommen nur die Großen vor. Boccaccio weitet den Sprachraum aus auf untere Schichten, auf ihre Lebensgewohnheiten und Sprechweisen. Dante war ihm mit Interesse am Lokalcharakter von Dialekten vorausgegangen, hatte sich aber für einfache Leute nicht interessiert. Zweitens erschließt Boccaccio neue sprachliche Wirklichkeiten: Sex hat Dante nur diskret angedeutet in der Art: *An jenem Tag lasen wir nicht weiter.* Boccaccio kommt deutlich zur Sache; er zeigt, welche Konflikte die körperliche Liebe im Kontext von Partnerschaft, Familie und Herrschaftsordnung auszuhalten hat: Ungewißheit, ob man geliebt wird, Eifersucht, Abwehr der Übergriffe der Familien und religiöse Tabus.

V. LÄUTERUNGSWEG

1. Der geschichtliche Raum zwischen ›Commedia‹ und ›Decameron‹

Dantes *Commedia*, so originell sie ist, hatte geschichtliche Voraussetzungen und historische Folgen. Um ihre Stellung in einer heftig bewegten geschichtlichen Landschaft anfangsweise zu beschreiben, schlage ich ein Gedankenexperiment vor: Stellen wir uns vor, jemand läse zum ersten Mal den Anfang des *Inferno* und dann den des *Decameron*. Nehmen wir an, er käme bis zum sechsten canto des *Inferno*, bis zu Ciaccos Florenz-Kritik und wechselte dann über zum Anfang des *Decameron*. Dieses hat einen langen Vorlauf – mit *Proemio* und *Introduzione*, mit der Pestschilderung und der Motivierung des Auszugs aus der Stadt. Unser Leser, nehmen wir an, käme bis zum Ende der vierten Novelle. Er vergliche *Inferno* 1 bis 6 mit *Decameron* 1, 1–4. Er wüßte, nehme ich an, daß das *Decameron* das zeitlich spätere Werk ist; er fände, es nehme Bezug auf die *Commedia*, es sei aber doch recht anders und bringe gleich am Anfang einige Erzählungen, die seine Andersheit erklären. Diese Erzählungen hätten also einen doppelten Boden: Sie erzählen eine neue Novelle, aber sie nähmen indirekt Bezug auf die *Commedia*. Die vier neuen Anfangserzählungen zeigen zugleich, warum Boccaccio 1350 nicht mehr so dichten kann wie Dante 1310.

Zwischen beiden Werken muß einiges passiert sein. Der heutige Leser wird zuerst an die Pest als Einschnitt denken, von der Boccaccio schreibt, er wisse nicht, ob der berechtigte Zorn Gottes über unser verkehrtes Leben oder eine ungünstige Konstellation der Sterne sie hervorgerufen habe. Unser Leser wird die Strukturen der beiden Werke vergleichen und feststellen: Dantes Hölle hat einen klar erkennbaren Eingang, das Höllentor, und Dantes (Dante 1) Wanderung verlaufe eindeutig bis zu einem letzten, ebenfalls klar als äußerste Stufe bezeichneten Ende, bei dem Dante 2 nicht ausruht; er muß auffallend schnell zur Erde zurück und seinen Dichterauftrag erfüllen. Es gibt die Hölle mit ihrem scharf bezeichneten Eingang und Tiefstpunkt, und es gibt zwei ähnlich durch Eingangsformalitäten und Höchstpunkt begrenzte andere Reiche. Die Dreiteilung zeichnet sich deutlich ab: Der zunächst verirrte, in einer Krise befindliche Dante wird geheilt, indem Vergil ihn durch die drei Bereiche führt. Er soll zuerst die Menschen sehen, die das *Gut des Intellekts* verfehlen, dann Menschen oder vielmehr Schatten, die sich reinigen, und schließlich solche, die ihr Ziel erreichen.

Das *Decameron* hat eine solche Gliederung nicht. Es übernimmt zwar die Hundertzahl der Abschnitte, aber kein Handlungsfaden verbindet die 100 Geschichten; jede hat andere Protagonisten; jede hat ein anderes Umfeld, und acht der zehn Tage haben ein eigenes, anderes Thema. Gleich am Anfang des *Decameron* tritt uns eine einzelne Person entgegen, nämlich der Verfasser; aber er gehört zum Rahmen, nicht zum Inhalt der Novellen; pointiert tritt er noch einmal hervor in der Einleitung zum vierten Tag. Die erste Novelle des ersten Tags zeigt: Wir sind auf der Erde, nicht in Himmel oder Hölle, wir sind unter italienischen Kaufleuten; die zweite Novelle erzählt von Unterhaltungen eines Kaufmanns mit Abraham, seinem jüdischen Freund; in der dritten Novelle entgeht ein gewitzter und nachdenklicher Jude einer Falle, die der Sultan, der Geld braucht, ihm gestellt hat. Die vierte Novelle schildert den moralischen Verfall in einem Benediktinerkloster draußen auf dem Land: Ein Novize sieht zufällig eine hübsche junge Frau, fällt in der fleischlichen Versuchung, sein Abt will ihn bestrafen, aber fällt in derselben Versuchung, nur ist er verlogener und raffinierter: seine Verdorbenheit hat Methode.

Wieso beziehen diese vier Szenen sich auf den Anfang des *Inferno*? Boccaccios erste Novelle zeigt: Selbst eine Ausnahmeerscheinung wie der gelehrte und anständige Mönch kann nicht ins Innere eines anderen Menschen sehen, zumal nicht des schlechtesten Menschen der Welt, eines Geldmanns und Advokaten aus Prato im Dienst Bonifaz' VIII.; er *glaubt* das aber. Weil er die geheuchelten Tränen des Sünders sieht, glaubt er dessen Reue zu *sehen*; er denkt noch altmodisch, Seelenzustände seien sichtbar, und folgert, der Lügner sei ein Heiliger. Er täuscht sich und die Stadt und setzt dessen Kult beim wundersüchtigen Volk und beim geldinteressierten Klerus durch. Ergebnis: Wenn es dieser weiße Rabe nicht gekonnt hat, dann kann es niemand: Kein Mensch kann einem anderen den Platz im Jenseits anweisen.

In der zweiten Novelle will Abraham sich zum Christentum bekehren; er will nur noch schnell seinen Glauben durch einen Besuch beim Stellvertreter Christi auf Erden stärken. Aber er findet Papst und Kurie so verlottert und korrupt, daß er folgert: Dies muß die wahre Religion sein. Denn die Kirchenleute setzen alles daran, sie zu zerstören; wenn sie sich dennoch erhält, beweist Gott mit diesem unbegreiflichen Wunder, daß ihre Lehre wahr ist. Nur noch diese Paradoxie beweist die Wahrheit der christlichen Religion. Vernünftigerweise müßte Abraham Jude bleiben. Die christliche Religion macht die Menschen nicht besser.

Die dritte Novelle, die Ringparabel, lehrt: Die drei mittelmeerischen Religionen sind nicht am Wahrheitsgehalt unterscheidbar: Die Frage nach der wahren Religion bleibt offen.

Zusammengefaßt heißt das: Boccaccio hielt die Kirche für genauso korrupt wie Dante. Aber zweierlei hat sich verändert. Erstens: Es ist unmöglich geworden, innere Dispositionen fremder Personen sicher zu erkennen. Daher kann ein Dichter keine Jenseitsplätze mehr verteilen. Zweitens: Kein rationaler Leitfaden führt mehr zur Wahrheit des Christentums. Wir können die drei Religionen nicht nach ihrem Wahrheitswert beurteilen. Schon gar nicht nach ihrer Kraft, ein anständiges Leben zu ermöglichen; das beweist die negative Klosterlegende. Dante bleibt präsent in Boccaccios Analyse der Amoralität der Geldgier von Advokaten, in der Verurteilung der Geldwirtschaft des Papstes. Was Dante über die Kirche schreibt, bestätigt bei Boccaccio jeder Tag, aber Dantes Jenseitsgewißheit, sein Eifer, den wahren Glauben zu bekennen, und seine vermeintliche Kompetenz, Himmelssitze zu vergeben und Höllenqualen zuzuweisen, kann Giovanni aus Certaldo, der sich selbst einmal Johannes den Nützlichen nennt, Johannes utilitatum, nicht fortsetzen. Er will sich an das halten, was wir sehen.

Die wichtigsten Stellen für diesen Zusammenhang sind:

Erste Novelle § 72: Der Beichtvater behauptet, er *sehe* die Reue.

Erste Novelle § 89: Das Jenseitsschicksal des Advokaten aus Prato, sagt der Erzähler, ist mir verborgen, aber ich urteile nur nach dem, was nach außen erscheinen kann, *ma per ciò che quest n'è occulto, secondo quello che ne può apparire ragiono.*

Also beschränkt der Erzähler sich aus erkenntnistheoretischen Bedenken auf die sichtbare Welt. Er nimmt Abschied von Dantes Jenseitsgewißheit.

Boccaccio behält die 100-Teile-Struktur bei, aber nicht die

Dreiteilung der Jenseitsbereiche. Diese kommen noch vor, aber als Redensarten und Machtinstrumente korrupter, täuschenwollender Mönche. Sie sind herabgesunken auf die Stufe orientalischer Zauberpulver.

Es ist, als sage Boccaccio am Anfang des *Decameron*: Ich habe von Dantes Erfahrungsreichtum gelernt, von seiner Kritik an Geldgesellschaft und Kirche, aber seine Jenseitsarchitektur, seine eindeutige Wegrichtung, zuerst nach unten, dann immer weiter nach oben, kann ich nicht nachvollziehen: Ich bleibe beim Beobachten irdischer Dinge, ich erzähle, was die Menschen äußern, ich achte auf die Kohärenz ihrer Reden. Für deren Beurteilung brauche auch ich ethisch-politische Maßstäbe, philosophische Wertkonzepte, wie Dante sie wußte, aber sie erlauben mir nicht mehr, Weltgericht zu halten. Die Meinungen über Kriterien gehen auseinander, neue müssen gesucht werden, daher lasse ich zehn junge Leute erzählen; ich dezentralisiere die Weltbetrachtung; sie erfolgt nicht ohne Urteil über Gut und Böse, aber dieses Urteil bezieht sich auf Folgen von Handlungen, nicht auf Gesinnungen und jenseitige Bestrafungen; diese bleiben verborgen. Zwischen Dante und mir liegen die Erfahrungen von Wirtschaftskrisen und von der Ohnmacht der Menschen vor der Pest, vor allem aber hat sich im Denken Entscheidendes verschoben: Der Übergang vom Sehen zum Wissen ist inzwischen ein Problem. Für Dante war es das noch nicht.[43] Der Übergang von Hier nach Dort, von der Welt zu Gottes Weisheit, von der Pest zu Gottes Zorn oder zur astronomischen

43 Den Prozeß der Problematisierung des Sehens belegen: Katherine Tachau, Vision and Certitude in the Age of Ockham. Epistemology and the Foundations of Semantics 1250–1345, Leiden 1988; Robert Pasnau, Theories of cognition in the Later Middle Ages, Cambridge 1997.

Konstellation ist mir nicht mehr möglich. Ich beobachte Menschen, ich untersuche ihre Reden. Was wir sehen, bleibt Außenseite, zeigt nicht die Seele. Die Seele bleibt im Dunklen. Aber auch die einfachen irdischen Kausalverbindungen sind unsicher: Die medizinische Wissenschaft wußte nicht, woher die Pest kam. Die juristischen Fachleute konnten das Zusammenleben nicht regeln.

Diese Zurücknahme der lange geltenden Erkenntniszuversicht fordert eine neue Art zu dichten. Alle Dichtung ist Fiktion und enthält als solche Wahrheit. Die Bibel ist Gottes Poesie; die Theologie ist eine Art wahrer Dichtung. Dante konnte sein Ich zum Repräsentanten der ganzen Menschheit machen; er hatte eine ›realistische‹ – ›realistisch‹ im Sinne der Parteien des Universalienstreites – Auffassung des Universalen: das ›Wesen‹ des Einzelnen war ihm das Allgemeine, Bleibende. Aber Boccaccio berichtet von perspektivengebundenen Sichten, von betont individuellen Erfahrungen, die der Leser aus seiner Sicht als allgemein gültig anerkennen kann oder auch nicht. Er gibt individuelle Sichten; die Leser können sie sich individuell aneignen, sie verbessern oder zurückweisen.

Was blieb einem Dichter nach dem Zusammenbruch der Jenseitsgewißheit, der Seelendurchsichtigkeit und der Reichsillusion Dantes? Er konnte seine individuellen Erfahrungen lyrisch stilisieren. Von seinem eigenen Gefühl, von seiner Liebe oder seinem Haß konnte er noch als von etwas Gewissem ausgehen. Dies tat Petrarca in seiner italienischen Lyrik. Oder er konnte wie Boccaccio Menschenschicksale so täuschend fingierend beschreiben, also mit ausgewähltem empirischen Material plausibel machen, daß aus ihnen etwas für unser Tun und Lassen zu lernen war, nichts freilich über den metaphysischen Grund der Welt, über die letzte Ursache der Pest oder gar über das wohlorganisierte Jenseits als Einheitsziel allen menschlichen Lebens. Nicht einmal das vernünftig erkennbare Naturziel irdischer Glückseligkeit ist kollektiv organisierbar. Die Kirche, von der man dies im 13. Jahrhundert hätte erwarten können, war so auf Geld und Machterhalt aus, daß von ihr für das Menschheitsziel nichts mehr zu erwarten war. Die Ideallandschaft, in der Eva und Adam kurz lebten, dient nur noch als Staffage, der Ausmalung des Landaufenthaltes einer Gruppe reicher florentinischer Jugendlicher.

Ein solcher Prozeß der Zurücknahme der Erkenntniszuversicht, eine solche Minderung oder Vernichtung des Vernunftvertrauens in eine erkennbare gerechte Jenseitsordnung ist kaum die Sache eines Einzelnen. Zwischen 1320 und 1350 hat sich das Verhältnis von Vernunft und Wirklichkeit verändert; etwas hat sich kulturell, intellektuell, kollektiv verschoben. Bedeutung und Erkennbarkeit des Jenseits haben abgenommen; die Menschen zweifeln mehr an Behauptungen übers Jenseits; der Klerus hat jedenfalls in Florenz das Vertrauen verspielt; das Innere des Menschen ist schon für das Diesseits und seine Seelenzustände undurchschaubar geworden. Nach drüben ist die Aussicht uns verrannt; die alten philosophischen Argumente für die Wahrheit unserer Religion, die Dante ausdrücklich noch anerkannte, stehen auf dem Kopf; ihre Wahrheit ist, wie der Jude vor Saladin zeigt, unerkennbar geworden; nur eine verrückt-paradoxe Rechtfertigung wie die des Juden Abraham legt sie noch nahe. Selbst schlichte Sehakte sind zu bezweifeln: Sehen wir etwa, ob ein Mensch bereut?

Boccaccio könnte sagen: Wir müssen umlernen, wir müssen uns ans Gegebene halten. Wir hören immer noch Reden über Inneres und Jenseitiges: Beschränken wir uns aufs Erkennbare und untersuchen ihre Funktion im sozialen Leben! Wem nutzen sie, wem schaden sie? Wer redet warum über die Hölle? Nicht als wäre es mit der Feststellung des Gegebenen getan. Um die Menschenwelt so zu beschreiben, daß Nutzen herausspringt und Schaden eindeutig bezeichnet wird, brauchen wir Kriterien, Regeln. Diese kamen auch bei Dante nicht aus dem Jenseits, sie gründeten nicht nur auf dem Glauben, sondern auf einer Verbindung von Bibel, Aristoteles, Vergil, Cicero und Seneca; Boccaccio braucht wie Dante Sokrates, Platon und Aristoteles, Cicero, Seneca und Boethius; bei ihm ist diese Textarbeit dokumentiert erhalten. Seit Albert von Köln und Thomas von Aquino, seit dem Streit um die griechisch-arabische Philosophie, der in der Verurteilung von 1277 gipfelte, seit der Erstarrung der zerstrittenen Ordensschulen hat sich die intellektuelle Welt verwandelt: Jenseitsgewißheiten schwanden; Tatsachen und Texte wurden genauer studiert; Grenzen unserer Erkenntnis wurden hart analysiert; hohe Spekulationen hatten es immer schwerer.

Boccaccio spricht diese Gesamtentwicklung im *Decameron* nicht direkt aus, aber er bezeugt sie. Den intellektuellen Umbruch von 1274 bis 1340 belegt ein Brief oder Briefentwurf von Boccaccio an einen streitbaren Intellektuellen, vermutlich an Petrarca. Darin sagt Boccaccio, Dichter seien zum Studium der Philosophie verpflichtet. Er nennt als für Poeten unentbehrliche Quellen Philosophen und Naturforscher in einem Atem: Sokrates und Seneca, Euklid, Ptolemäus und Archimedes, dabei nennt er auch Wilhelm von Ockham. Der Brief stammt aus dem Jahr 1339; damals lebte Ockham noch zehn Jahre in München. Er polemisierte im Dienst Ludwigs des Bayern gegen die Politik und Politiktheorie des avignonesischen Papstes Johannes des XXII. Der Brief oder Briefentwurf wirft Probleme auf; er hat den Charakter einer bunten Leseliste. Mit der Empfehlung Ockhams konnte er bei Petrarca kaum Sympathie erregen, aber der Name steht nun einmal da. Boccaccio nennt Ockham als Lehrer der Logik, also nicht als politischen Denker, aber die aristotelische Logik und ihre mittelalterlichen Kommentatoren erörterten immer auch Fragen der Ontologie und der Philosophie der Erkenntnis, den Übergang vom Sehen zum Wissen. Charakteristisch dafür ist der Anfang der aristotelischen Schrift *De interpretatione, Peri hermeneias.* Dort erklärt Aristoteles das Verhältnis von Wort, Gedanke und Sache und geht damit über logische Fragen im Sinne der modernen Logik weit hinaus.[44] Jetzt, um 1350, war die Harmonie dieser Beziehung gestört; eine Wandlung war eingetreten, die alles veränderte, was Menschen denken konnten. In der ersten Hälfte des 14. Jahrhunderts traten Sehen, Denken und Sprechen auseinander. Schlichte Rückkehr zu Dante war nicht mehr möglich. Dantes Intention war unentbehrlicher denn je, sie mußte mit neuen intellektuellen Konzepten und frischen künstlerischen Mitteln versucht werden.

2. *Der Läuterungsberg. Geographisches*

Kehren wir zurück zu Dantes *Purgatorio* und beginnen mit etwas Geographie bzw. theologischer Geologie. Dante nahm an, Satan habe, als er vom Himmel zur Erde stürzte, ein gewaltiges trichterförmiges Loch in die Erde gerissen, das bis zum Erdmittelpunkt reicht, wo er seitdem im Eis steckt. Die Erdmasse, die der Teufel dabei verdrängte, sei auf der anderen Erdhälfte, die

44 Der Brief: Mavortis miles extrenue, an Francesco Petrarca (?) in: Giovanni Boccaccio, Tutte le opere, a cura di Vittore Branca, Band 5, 1, Mailand 1992, S. 514.

Dante sich nur mit Wasser bedeckt vorstellte, als ein riesiger Berg aus dem Ozean herausgetreten. Der Satan, in der Theorie ein rein geistiges Wesen, stürzte herab wie ein Meteorit. Sein Einschlag schuf einen Krater, die Hölle, und auf der anderen Seite der Kugel eine Erdaufschüttung, den Fegeberg oder das Purgatorium, der antipodisch zu Jerusalem liegt, wo die Höllenöffnung gähnt. Das Fegefeuer ist also bei Dante keine Feuerhöhle im Erdinneren wie bei Thomas von Aquino, sondern ein Reinigungsberg, den die Seelen besteigen, bis sie oben auf der äußersten Hochebene das irdische Paradies erreichen. Dantes *Purgatorio* ist keine Strafkolonie, sondern eine Zone unterstützter Selbstreinigung. Es ist keine Hölle auf Zeit. Geographisch entspricht es umgekehrt dem *Inferno*. Die Stoffmasse des Kraters ist aufgetürmt zum hohen Berg.

Wie die Hölle gegliedert war, so hat auch das *Purgatorio* drei Teile: Im sog. *Ante-Purgatorio* warten die Seelen oft lange auf Zulassung (1–9); das eigentliche *Purgatorio* beschreibt in den canti 10–27 sieben Reinigungsstufen; zuletzt, auf der oberen Plattform, liegt das irdische Paradies (canti 28–33), der alte Garten Eden, in dem Dante Beatrice wiedertrifft und eine Prozession mit symbolischen Figuren sieht.

Die sieben Stufen der Reinigung sind gegliedert nach den sieben Hauptlastern; nur kommen im *Purgatorio* die schwersten Sünder zuerst, nämlich die Stolzen (canti 10–12), die im *Inferno* ganz unten waren. Ihnen folgen die Neidischen (canti 13–15), dann die Zornigen (canti 15–17), die Trägen (canti 17–19), aber dieses Wort muß erklärt werden: Es sind die von acedia Betroffenen, von einer Art melancholischer Passivität, schließlich Geizige und Verschwender (canti 19–22). Die letzte Gruppe, also die mit den am wenigsten schweren Lastern, bilden die Schlemmer und die Wollüstigen (canti 23–27).

Der Läuterungsberg ist, wie man sieht, streng gegliedert, aber er ist kein geometrisches Produkt. Man darf ihn nicht zu rational zeichnen: Hier geschieht Überraschendes. Träume stehen jeweils am Anfang eines neuen Abschnitts des Aufstiegs. Oben angekommen, betreten wir das irdische Paradies. Im Unterschied zum Himmlischen Paradies, wo Gott und die Seligen wohnen, ist es der körperliche Raum, in den Adam bei der Erschaffung versetzt und aus dem er vertrieben wurde, weil er die verbotene Frucht aß, die seine Gattin ihm reichte und von der er wußte, daß sie ihm verboten war. Der Hölleneingang ist breit; die Seelenmassen regnen dort nur so hinein; der *Purgatorio*-Eingang ist eng und streng bewacht.

Mindestens *vier* Merkmale fallen auf, steigt man vom *Inferno* zum *Purgatorio* auf. Erstens, hier herrscht Bewegung. Im *Inferno* bewegen sich im wesentlichen nur die beiden Dichter; die Verdammten sind nicht genau an die Stelle gebunden, wohl aber an ihren Kreis. Vergil darf hindurchwandern; dieses Privileg erhielt er nur zur Rettung Dantes. Aber im *Purgatorio* wandern alle, mehr oder weniger schnell: alle wollen, alle müssen nach oben. Also nicht nur die Dichter steigen auf, sondern auch die Scharen der Schatten. Daher kommt es zur lebhaften Erfahrung der Zeit, daher die vielen Zeitangaben. Zeit ist hier zwar noch nicht Geld, aber Verkürzung des Läuterungsaufenthalts, und das zählt. Vergil drängelt immer: Wer denkt, sagt er, empfindet Zeitverlust als besonders schädlich.

Zweitens: Der Aufstieg ist schwer, mancher ermattet. Die Sünder werden an ihren Schattenkörpern auch physisch bestraft, den Neidischen werden mit Draht die Augen zugenäht, am Ende ist ein Feuerring zu durchschreiten. Allzu sanft geht es nicht zu. Aber niemand wird wie in der Hölle gefoltert. Die

Seelen sollen sich selbst reinigen, indem sie über sich selbst nachdenken und ihre Taten an der antiken Ethik und an deren Vertiefung in der neutestamentlichen Lehre von den Glückseligkeiten, also an der Ethik der Bergpredigt, messen. Weniger zählt, was ihnen angetan wird, mehr, was sie selbst erarbeiten. Das Fegefeuer ist kein Gefängnis, in dem weniger böse Sünder eine zeitlich begrenzte Feuerstrafe absitzen, sondern es ist die Einrichtung, in der, wie es gleich am Anfang heißt, *l'umano spirito si purga* (1, 5). Die Gnade von oben kommt zu Hilfe; kein Teufel tritt hindernd entgegen; Engel zeigen sich behilflich, die Laster zu tilgen. Es tritt eine teuflische Schlange auf, aber zwei Engel vertreiben sie.

Es wird gesungen und gebetet; man hört keine Schmerzensschreie wie in der Hölle. Dante schuf die eher kirchlich-fromme Atmosphäre einer Klosterliturgie, fügte aber mächtige pagane Einlagen hinzu, gleichberechtigte antike Motive. Er konstruiert auffällig gleichgewichtig zwischen die neutestamentlichen Sentenzen und Bilder, zwischen Seligpreisungen der Milde, der Barmherzigkeit, der Demut, der Armut und des Hungers nach Gerechtigkeit antik-mythologische Figuren und antik-philosophische Konzepte. Psalmengesänge begleiten den Weg (5, 24); kirchliche Hymnen ertönen; der liturgische Abendgesang ist zu hören: *Te lucis ante terminum* (8, 13); der Lobgesang *Te deum* liegt in der Luft (9, 140); das *Pater noster* ist vertont (11, 1–7), aber auch die weltlichen Dichter, Künstler und Sänger sind intensiv gegenwärtig, Vergil sowieso, aber auch Casella und der Maler Oderisi, wir hören Sordello und Statius.

Das *Purgatorio* ist nach der rauhen Hölle die Cantica der Sanftheit, des höfisch-höflichen Umgangs, der *dolcezza* der Töne. Wir hören Gesänge, wir bewegen uns in einer Atmosphäre der Zuwendung und des Aufstiegs. Zwar erklingen auch

Trauertöne des Exils (besonders in 7) und des Heimwehs der Seefahrer (8, 1–9). Auf den unteren Rängen, wo die schwereren Laster gebüßt werden, wird auch hart bestraft. Aber die Seelen sind sich der Glückseligkeit des Endes sicher. Sie haben Hoffnung. Am Ende, oben, wird das göttliche Bild im Menschen, das nie ganz ausgelöscht war, gereinigt und wiederhergestellt sein.

Drittens: Wenn die Bewohner der *Hölle* etwas vom Durchwandernden erbitten, dann ist es die Wiederherstellung ihrer Ehre, die Sicherung ihres Ruhmes im bleibenden Kunstwerk Dantes. Im *Purgatorio* wünschen sie, daß er, wenn er zurückgekehrt ist, auf der Erde Bittgebete für sie anrege; diese seien das einzige, was ihnen helfen könnte, die lange Wanderzeit abzukürzen. Aber können Bittgebete den einmal gefällten, unwandelbaren Richterspruch Gottes abändern? Sie können es, sagt Dante, weil Gott selbst auf diese Weise durch Liebe besiegt werden will.

Seither habe ich kaum von Beatrice gesprochen, die doch die Reise gewollt hat, die zu ihr hinführt. Ich werde das später nachholen, aber jetzt ist schon zu erwähnen: Am Ende des *Purgatorio* trifft Dante erstmals wieder Beatrice in einem spannungsreichen Rendezvous (30, 73–145; 31, 37–81). Unterwegs, wenn unser Wanderer, der im Unterschied zu Vergil einen gewichtigen Leib den Berg hinaufschaffen muß, zu ermatten droht, treibt ihn die Aussicht wieder an, daß er oben, im irdischen Paradies, Beatrice wiedersehen wird (6, 43–51).

Viertens: In den Pausen des mühsamen Aufstiegs kommt es zu theoretischen Unterhaltungen. In keinem der drei Teile wird so viel philosophiert wie im *Purgatorio*. Dante vertieft jetzt, was vorher angerissen war: seine Poetik, seine Position zu Literatur und Kunst, zu den Dichtern vor ihm, besonders zu Vergil (22, 37–73) und zum Dolce Stil Nuovo (24 und 26, 78–138); er spricht über Künstlerstolz (11, 79–120) und über seine eigene Art des Dichtens. Er präzisiert seine Position in der Politik, so in den Gesprächen mit Sordello (6, 76–151) und Aldobrandesco (11, 58–72); er verwandelt seine Beschreibung des Arnotals in eine wütende Invektive (14, 16–58): Der Geldsinn hat alles korrumpiert.

Im *Purgatorio* klärt Dante eine Reihe theoretischer Probleme: Er erklärt den Unterschied zwischen dem wahren Guten, das allgemeinen Charakter hat, also von vielen besessen werden kann, im Unterschied zu partikulärem Besitz, der Gemeinsames ausschließt und folglich Streit auslöst (15, 40–81). Er verteidigt die Willensfreiheit gegen theologischen und astrologischen Determinismus (16, 52–118). Er philosophiert über das Verhältnis von Leib und Seele. Er sagt uns, was ein ›Schatten‹ ist (25, 31–108); im *Purgatorio* herrscht das Pathos der Selbstbestimmung, des Innengeleitetseins der Büßenden. Ausführlich entwickelt Vergil die Theorie der Liebe, auch der Strafe (17, 91–139 und 18, 13–70): Liebe liegt jeder menschlichen Handlung zugrunde. Sie ist die Antriebskraft zu allem. Naturhafte Liebe irrt nie. Wird die Liebe vom Intellekt geleitet, kann sie irren. Sie kann das falsche Objekt lieben oder den richtigen Inhalt zu sehr oder zu wenig schätzen. Das sind die Gesichtspunkte, die der Struktur des *Purgatorio* zugrunde liegen. Aber das *Purgatorio* ist nicht bloßes Lehrgedicht: Es wird gelitten. Dante und sein Leser empfinden den Schmerz, daß Vergil am Ende zurück muß in die Hölle (27, 115–142). Das versteht weder Dante noch wir: dieser noble, einfühlsame, weise Mann kommt nie ins Paradies, die sympathischste Figur der ganzen Komödie bleibt ewig draußen; ihm fehlt nichts als das bißchen Wasser der Taufe. Die Wendung vom bißchen Wasser der Taufe stammt nicht von mir, sondern von Papst Pius II.

3. *Cato und Casella (canti 1 und 2)*

Die Jenseitswanderer kommen, beglückt vom Morgenlicht und heller Luft, gestärkt vom Anblick strahlender Sterne der Südhemisphäre, die seit Adam kein Mensch mehr gesehen hat, am Fuß des Läuterungsberges an, der eine Insel im Weltmeer ist. Der Dichter der *Commedia* ruft die Musen an, ihm zu helfen. Die Musen nennt er *heilig*: Ich gehöre ganz euch (1, 8):

O sante Muse, poi che vostro sono …

Am Eingang treffen sie einen würdigen alten Mann, der sich wundert, daß Leute aus dem *Inferno* herausgekommen sind. Er fürchtet neue Unregelmäßigkeit, aber Vergil klärt ihn auf. Höhere Himmelsdamen haben ihn beauftragt, diesem Mann da, der noch lebt, das Jenseits zu zeigen. Und dann charakterisiert er seinen Schützling (1, 71–72; Übersetzung S. 145):

Libertà va cercando, ch' è si cara,
Come sa chi per lei vita rifiuta.

Der würdige Greis ist kein anderer als Cato, der sich in Utica das Leben nahm, als er sah, daß Caesar gesiegt hat und die republikanische Freiheit abgeschafft war. Christus hat Cato aus der Hölle, aus dem Limbus herausgenommen und ihn zum Wächter des Zugangs bestimmt. Augustin hatte den Suizid streng verworfen; auch Dante sah ihn als Verstoß gegen die Natur an, aber hier stellt er diese Bewertung zurück und macht Cato zum Aufseher über das *Purgatorio*. Er preist ihn: Cato hat den Wert der Freiheit vorgelebt, und als sie verlorenging, verweigerte er das Weiterleben. Dante nennt den Heiden und Selbstmörder Cato *heilig*.

Dante charakterisiert sich hier als den, der *libertà* sucht, ohne zu sagen, was *libertà* heißt. Er assoziiert sie mit Catos Selbsttötung aus politischem Anlaß. Klar liegt darin die Verwerfung der Tyrannei; sie ist schlimmer als der Tod. Mancher Kommentator bemüht sich hinzuzudenken, Freiheit sei gemeint als Reinigung von Sünden, die am Reinigungsberg stattfindet. Dazu hätte jeder Mann aus dem Heer der christlichen Märtyrer besser gepaßt. Cato ist der Mann von Strenge und Rechtlichkeit, er ist kein Christ, aber ein Heide im Besitz der natürlichen Tugenden, deren Wert im *Purgatorio* anerkannt und um die Ethik der Bergpredigt erweitert ist. Er beauftragt Vergil, Dantes Gesicht vom Höllenstaub zu reinigen und ihn mit weichem Schilf zu gürten. Kleiner Wink Dantes: Du verstehst: Das Nachgiebige ist stärker als das Starre.

Gleich im zweiten canto sehen wir Cato in Aktion: Ein Engel hat ein Schiff voller Schatten herangeführt, die zum Aufstieg bestimmt sind. Darunter ist ein Freund Dantes, der Sänger Casella. Casella löst sich aus der Schar, Dante erkennt ihn und begrüßt ihn freudig, umarmt den Schatten und erschrickt: Es ist nur ein Schatten. Aber er kann reden und singen; Dante bittet ihn, er möge das Liebeslied singen, das imstande sei, sein ganzes Verlangen zu stillen (2, 108), und Casella stimmt ein Liebeslied Dantes an:

Amor, che nella mente mi ragiona.

Alle sind beglückt, Vergil und die neu Angekommenen lauschen mit Hingebung, als hätten sie sonst nichts vor. Die Musik nimmt sie heraus aus der Situation, aus der Aufstiegspflicht. Aber da kommt der alte Cato donnernd heran: *Was ist denn hier los? Che è ciò? Ihr langsamen Geister!* (2, 118). Er treibt die Seelen an. Sie sind nicht hier, um sich an Liebesliedern zu berauschen. Hier herrscht die Härte des Lebens, nicht die Heiterkeit der Kunst. Augustin hatte in *Confessiones* 10 die Schönheit selbst der Kirchengesänge als Versuchung beschrieben. Cato vertritt die Eindeutigkeit des zielgerichteten Wegs. Konzerteinlagen sind nicht vorgesehen.

4. Das Unglück Italiens. Sordello

Italiens Unglück, der Zusammenbruch der Reichsidee und der Reichsmacht, das sind neben Beatrice-Sehnsucht, Kirchenkritik und Antikeintegration Dantes große Themen. Sie flammen immer wieder auf: Im *Inferno* 6 hatte der Schlemmer Ciacco schon das düstere Schicksal von Florenz vorausgesagt (Inf. 6, 63–91). So beklagt der Troubadour Sordello in *Purgatorio* 6 das Unglück Italiens. Er stammt wie Vergil aus Mantova. Vergil tritt auf die verwandte Seele zu (Purg. 6, 58–151):

Wir kamen zu ihr hin: O lombardische Seele, wie hochgesinnt und unnahbar standst du da! Wie ernst und langsam in der Bewegung deiner Augen!

Sie sagte kein einziges Wort. Sie ließ uns vorbeigehen und folgte uns nur mit dem Blick wie ein Löwe, der ruht. Dennoch ging Vergil zu ihr hin und bat sie, uns den besseren Aufstieg zu zeigen. Aber sie antwortete nicht auf seine Frage, sondern erkundigte sich nach un-

serem Land und Leben, und der liebe Begleiter begann: »Mantua …«, und der Schatten, soeben noch ganz verschlossen in sich, sprang auf von der Stelle, wo er vorher stand, ihm entgegen und rief: »O Mantuaner! Ich bin Sordello aus deiner Stadt«, und sie umarmten einander.[45]

Dante sieht, wie gemeinsame Herkunft die beiden Dichter verbindet, und bricht in den Friedensaufruf an Italien aus: Die freundschaftliche Begrüßung zwischen Vergil und Sordello beweist, wie stark die Verbindung zwischen zwei Mantuanern ist, und doch ist in Italien kein Frieden, weder in den Städten noch unter ihnen.

O weh, Sklavin Italia, du Haus des Schmerzes! Schiff ohne Steuermann in schweren Stürmen! Nicht Herrin, sondern Hure der Länder! Diese vornehme Seele war so erregt allein schon beim süßen Klang ihrer Stadt, daß sie ihren Mitbürger festlich empfing, aber die Menschen, die jetzt in dir leben, sind nie ohne Krieg. Einer frißt den anderen auf – Menschen, die ein und dieselbe Mauer und derselbe Graben umschließt.

Sordellos Klage beginnt als Wehklage über die geschundene Italia, weitet sich aus zur Kritik an der Kirche, an ihrer weltlichen Macht und daß sie dem Kaiser den Gehorsam verweigert, wendet sich dann an den Kaiser und zuletzt an die Stadt Florenz. Sordello spricht zu König Albrecht von Habsburg. Albrecht wurde 1308 von einem Neffen ermordet. Es war schon geschehen, was hier nach 1308 ex eventu prophezeit wird. Albrechts Nachfolger wurde Heinrich VII., der Luxemburger, auf den

45 Sordello, der bedeutendste Troubadour Italiens.

Dante seine Hoffnung für Italien setzte. Er ist der eigentliche Adressat der Rede. – Daraus ergeben sich Vorschläge zur Abfassungszeit: Das *Purgatorio* ist sicher nach 1308 verfaßt. Das *Inferno* war schon länger abgeschlossen und wurde 1314 publiziert. Damals war das *Purgatorio* in Arbeit und vielleicht zwei Jahre später beendet.[46]

5. *Kleine Schönheiten, große Bosheiten*

Der Leser Dantes steht zwischen zwei Gefahren: Entweder er konzentriert sich auf übergeordnete Themen der Theologie, der Kosmologie, der Politik und wird starr, ideologisch und bleibt kunstfern – manche machen gar aus der *Commedia* einen Kate-

46 Einige wichtige, relativ sichere Daten zur Chronologie nach ED 2, S. 81; C S. 187 – 188; Robert Hollander, Dante. A Life in Works, New Haven 2001; Giorgio Inglese, Guida alla Divina Commedia, Rom 2002, S. 27, und Giorgio Petrocchi, Vita di Dante, Roma – Bari [5]2008; Guglielmo Gorni, Dante. Storia di un visionario, Rom – Bari 2008:
Dante schreibt sein erstes Gedicht: 1283;
sammelt eine Auswahl seiner Gedichte von 1283 bis 1292 in der Vita nova von 1293/94;
schreibt 1295–1298 freie Lyrik, an eine *pargoletta* (junges Mädchen) und an eine ›steinerne‹, ihn ablehnende Geliebte (*Rime petrose*);
hält sich zweimal länger in Verona auf: 1302/1303 und 1312–1318;
verfaßt von etwa 1304 bis 1307 das Convivio;
vielleicht zwischen Convivio 3 und 4: De vulgari eloquentia,
bricht beides ab zugunsten der Commedia, an der er etwa 15 Jahre lang arbeitet; er verfaßt das
Inferno von 1304, eher 1306/7 bis 1308,
das Purgatorio von 1308 bis 1312, veröffentlicht wohl beides 1314/1315,
das *Paradiso* von 1316–1321.
Stirbt in der Nacht vom 13. auf 14. September 1321 in Ravenna.

chismus in Versen –, oder er widmet sich liebevoll den Details, wird sprach- und bilderfreundlich, erkennt in Dante den Dichter und vernachlässigt den Denker. Bevor ich, wie unvermeidlich, noch einmal auf die Politik zurückkomme, notiere ich wenige poetische Finessen.

Da war die schon erwähnte Szene, wo Casella, der sich aus der Schar löst, Dante erkennt und ihn bittet, nicht gleich weiterzugehen (Purg. 2, 85–88).

Dantes Kirchenkritik ist hart; mehrere Päpste steckt er in die Hölle, wenige in das *Purgatorio*, darunter Martin IV. aus Tours, italienisch Torso, der 1285 nach reichlichem Genuß von Aal, der in Vernaccia gebraten war, gestorben sein soll. Jeder, der einmal am Lago di Bolsena Fisch gegessen und Wein getrunken hat, wird dem schlemmenden heiligen Vater diese kleine Schwäche nachsehen und sich an der papstkritischen Miniatur erfreuen (24, 22–24).

Dante kritisiert den Papst ohne Verbissenheit, ohne Prinzipienreiterei, verschmitzt und in äußerster Einfachheit. Aber ich habe schon darauf hingewiesen, mit welchem raffinierten Effekt er den Arm des heiligen Vaters reimt auf den Wein vom Lago di Bolsena:

Le sue braccia
E la vernaccia.

Das *Purgatorio* bringt einige breitausholende, volltönende poetische Metaphern: Polternd stört Cato die Seelenschar, die dem Liebeslied lauscht, wie aufgescheuchte Tauben, die beim Fressen waren und die ein plötzlicher Knall aufjagt (2, 124–133).

Oder die Seelen treten aus einem Engpaß am Läuterungsberg zögernd heraus wie Schafe aus dem Gehege (3, 79–87):

Wie Schafe aus dem Gehege kommen, erst eins, dann zwei, dann drei, während die anderen ängstlich stehenbleiben, Auge und Maul am Boden, und die anderen machen dann, was das erste Schaf machte, drängen sich an es heran, wenn es stehenbleibt, einfach und still, und sie wissen den Grund nicht, so sah ich die Spitze dieser begünstigten Herde auf uns zukommen, verhaltenen Gesichts und in würdigem Gang.

Oder noch einfacher: Der Aufstieg geht durch eine Enge, die so verschlossen ist, wie Weinbauern die Wingertwege verrammeln, wenn die Trauben reif sind (4, 19–24).

Die Vergleiche stammen aus der Erfahrung der Bauern. Sie geben zum hohen Thema vertrauten Zugang.

6. Politik im ›Purgatorio‹

Ich komme zur Politik, darauf achtend, wie Dante sie ausdrückt. Im 14. canto wird Dante angeredet, er möge doch sagen, woher er kommt. Er drückt sich etwas umwunden aus: Er sagt, er komme aus dem Arnotal, aber er vermeidet den Namen des Flusses, erst recht den von Florenz. Sein Unterredner wundert sich (14, 25–30):

»Warum verschwieg er den Namen dieses Flusses, ganz so, wie man schreckliche Dinge nicht beim Namen nennt?« Der Schatten, der so gefragt wurde, gab die schuldige Antwort: »Ich weiß es nicht. Aber es ist schon recht, daß der Name dieses Flusses verschwindet.«

Dante beschreibt dann das Arnotal.[47] Er findet im Casentino nur Schweine, bei Arezzo nur Kläffer, in Florenz nur Wölfe und in Pisa nur Füchse. Vor Arezzo macht der Flußlauf einen scharfen Knick: Er wendet voll Verachtung die Schnauze ab. Bevor es eine schlicht informierende, wertfreie Heimatkunde der Toscana gab, stand diese polemische Landschaftsskizze Dantes.

Die Politik im *Purgatorio* endet nicht mit dem 14. canto; sie durchzieht die ganze cantica bis hinauf zur höchsten Spitze: Dante kritisiert die französische Politik wegen ihrer Reichsfeindlichkeit und Vereinnahmung des Papsttums; er legt Hugo Capet ihr Sündenregister in den Mund (20, 42–125). Und ganz am Ende, vor dem Übergang ins überirdische Paradies (33, 37–45), prophezeit Beatrice in verschlüsselter Form einen machtvollen, auch politischen Retter; sie benennt ihn spielend mit der Zahl 515, was man als DXV oder DVX lesen kann, also duce, die Wonne faschistischer Dante-Ausleger.

Das alles heißt nicht, das *Purgatorio* sei nur oder primär politisch zu lesen. Es ist Seelenarbeit, auch Strafe und Selbstbesinnung. Da trifft Dante einen berühmten Künstler, der sich von seiner Eitelkeit reinigt und von dem Wahn, immer der Erste sein zu müssen (11, ab Vers 73). Er stöhnt:

Mein Herz war immer darauf aus, der Erste zu sein. Für diesen Hochmut zahlt man hier die Rechnung, und ich wäre nicht einmal hier, hätte ich mich nicht, solange ich noch sündigen konnte, Gott zugewandt. Oh, eitler Ruhm menschlichen Könnens!

Wie Dante das Arnotal ethisch-politisch analysiert, so geht er die neuesten Kunstrichtungen durch und schiebt noch seine

47 Dantes politisch-ethische Beschreibung des Arnotales: Purg. 14, 16–58.

Florenz-Kritik ein. Alles Getue, alles Konkurrieren der Künstler ist eitel; Ruhm vergeht schnell. Cimabue ist schon vergessen. Jetzt, im *Purgatorio,* kann Oderisi den Konkurrenten nennen und ihm den Vortritt lassen, als Lebender hätte er es nicht gekonnt, und dafür büßt er jetzt. Er arbeitet an sich.

7. *Das irdische Paradies*

Mit canto 28 erreichen die Dichter das irdische Paradies.[48] Dante, frei von allem Zwang, betritt eine Ideallandschaft; es ist das Muster einer harmonischen Landschaft, eines locus amoenus. Er kommt an den Fluß Lethe, der die Erinnerung an alle bösen Taten löscht. In der schönen Waldlandschaft bewegt sich harmonisch, Blumen pflückend, wie ein Teil der Natur, eine schöne Frau. Ihren Namen erfahren wir erst später: Matelda. Hier oben lebt der Mensch im Einklang mit der Natur. Der Zeitdruck des Aufstiegs ist gewichen. Wir sind nach Höllenqualm und Aufstiegsmühe im irdischen Paradies, in der versöhnten Natur (Übersetzung S. 253–256).

Dantes Sprache geht hier auf dem Teppich der römischen Dichtung: Das Blumenpflücken der fremden Frau erinnert ihn an Persephone, die Tochter der Erdmutter Demeter. Diese wurde – nach Ovid, *Metamorphosen* 5, 385 ff. – beim Blumenpflücken vom Totengott Hades geraubt und in die Unterwelt entführt. Sie verlor den Frühling – also alle Blumen, die sie gepflückt hatte.

48 Übersichtlich, neu, nicht in allen Einzelheiten überzeugend dazu: Robert Hollander, Qualque appunto sull' Eden dantesco, in: LF 1, S. 239–256.

An Ovids *Metamorphosen* 10, 525 erinnert auch ein anderes Detail des Textes: Die Göttin der Liebe wurde von einem Pfeil ihres Sohnes Cupido getroffen, gegen seinen Willen. Canto 28 fängt an wie eine Liebesgeschichte, auch mit der Erinnerung an Hero und Leander. Aber die Frau bleibt so unnahbar wie liebenswürdig und freundlich. Ihre Rolle bleibt unbestimmt, zart, pastellfarben; sie ist eine schöne junge Frau, sie tanzt und singt, weckt Lebenslust und erweist sich als naturkundig. Ist sie die Freundin Beatrices, ihre Abgesandte? Man weiß es nicht und wird es auch später nicht erfahren. Sie wird Dante im Lethefluss baden, aber zuvor hat der immer wißbegierige Dante eine naturwissenschaftliche Frage: Er hatte kurz vorher gelernt, daß keine meteorologische Störung das irdische Paradies erreicht, aber jetzt hört er Blätter rauschen, spürt Wind. Er will wissen, wie das kommt. Sie kennt sich aus und ist bereit, es zu erklären. Aber sie übt auch auf Dante erotische Faszination aus in der Atmosphäre versöhnter Natur.

Sie erklärt ihm die Meteorologie: Dieser Berg ist so hoch gelegen, damit irdische Ausdünstungen, die Turbulenzen erzeugen, ihn nicht erreichen. Es gibt keine Gewitter und keine Stürme. Von all dem ist er frei. Aber weil durch die Drehung des *primum mobile* die gesamte Luft rings um die Erde sich dreht, trifft diese Luftbewegung in dieser Höhe auf, die vollkommen frei in die lebendige Luft ragt, und bringt den Wald, der dicht belaubt ist, zum Rauschen.

Die Pflanzen, geschüttelt, vermögen so viel; sie schwängern mit Wirkenskraft und Samen die Luft, und diese streut sie kreisend aus. Die Erde unten empfängt und gebiert je nach der Güte ihres Bodens und ihres Himmels verschiedene Gewächse unterschiedlicher Wirkkraft. Es wäre kein Wunder, wüchse eine Pflanze dort unten ohne sichtbaren Samen auf. Das heilige

Land hier oben ist voll von jeder Art Samen und bringt Früchte, die es drunten nicht gibt.

Mateldas Meta-Biologie und Meta-Meteorologie beruhigen Dante; er geht am Lethefluss entlang, Matelda auf der anderen Seite geht mit. Da erscheint eine feierliche Prozession. Lichtglanz und Gesang. Vorneweg sieben Kandelaber. Es folgen vierundzwanzig Greise. Vier Tiere umgeben einen Triumphwagen, den ein Greif zieht. Rechts von ihm schreiten drei Frauen, links von ihm vier. Zuletzt kommen sieben gekrönte Greise.

Die Prozession kommt zum Stehen, Beatrice kommt in einer Blumenwolke, Vergil geht unauffällig. Sie hält eine so scharfe Strafrede gegen Dante, daß sie damit selbst die Engel zum Einspruch bewegt. Aber hier oben wird nichts vergessen, vor dem Bad im Lethefluß. Sie erklärt den Engeln Dantes Schuld. Sie sagt (30, 108–114):

Dieser Mann war in seinem jungen Leben mit allen Möglichkeiten so ausgestattet, daß jede rechte Haltung in ihm sich wunderbar erwiesen hätte. Aber ein Acker verödet und verwildert bei schlechter Saat und unbebaut um so mehr, je mehr erdhaft-gute Kraft er besitzt. Für eine gewisse Zeit hielt ich ihn mit meinem Gesicht; indem ich ihm meine jungen Augen zeigte, nahm ich ihn mit mir in die rechte Richtung. Sobald ich aber auf der Schwelle zu meinem zweiten Lebensalter stand und mein Leben vertauschte, da entzog er sich mir und gab sich anderen hin. Ich war aufgestiegen vom Fleisch zum Geist; Schönheit und Tugend hatten in mir zugenommen, aber für ihn war ich weniger wert und weniger geschätzt. Er lenkte seine Schritte ab vom wahren Weg und folgte falschen Bildern des Guten, die ihr Versprechen nie halten.

Beatrice zwingt Dante zum Bekenntnis seiner Sünden. Danach bricht er zusammen, Matelda taucht ihn in den Lethefluß und führt ihn zu dem Wagen, auf dem Beatrice in ihrer ganzen Schönheit erscheint (canto 31). Der Triumphzug zieht – wir sind im Paradies von Eva und Adam – zum Baum der Erkenntnis. Der Wagen wird an dessen Stamm gebunden. Dante schläft kurz ein, und als er erwacht, sieht er: Der Greif, der den Wagen gezogen hat, und die Seligen haben den Wagen verlassen. Ein Ungeheuer nimmt den Wagen in Besitz und verschwindet damit im Wald (canto 32). Schließlich entfernen sich Beatrice, Dante und Matelda vom Baum der Erkenntnis. Beatrice sagt die Rettung der Kirche und die Stärkung der päpstlichen wie der kaiserlichen Macht voraus. Die Schar kommt ans Ufer des Flusses Eunoe. Dessen Wasser ruft die guten Taten in die Erinnerung zurück und vollendet die Läuterung.

8. Rückblick auf das ›Purgatorio‹

Ich bin den canti 28 bis 33 brav nacherzählend gefolgt, erlaube mir aber nun eine Reihe von Bemerkungen:

Erstens: Das irdische Paradies auf den Fegefeuerberg im Weltmeer zu verlegen, war nicht die allgemeingültige Ansicht von Dantes Zeitgenossen. Diese behaupteten ein auffindbares Gelände im Zweistromland oder in der Nähe; die Theologen hatten deswegen im Zeitalter der Entdeckungen erhebliche Rückzugsprobleme. Dante war originell in seiner Gestaltung des Paradieses, wie er überhaupt im *Purgatorio* mehr Spielraum hatte als bei der Hölle. Die Purgatoriovorstellungen waren neueren Datums, wie Jacques Le Goff, *La naissance du Purgatoire,* leicht überzeichnend, gezeigt hat, aber sie waren weniger ausgebaut; sie waren so etwas wie die zeitlich befristete Hölle. Das irdische Paradies war die Möglichkeit, in den ursprünglich geplanten Menschenaufenthalt zurückzukehren; eine Wiederherstellung des Status quo vor dem Sündenfall.

Zweitens: Als Mainzer bin ich von Kind auf an Fastnachtswagen, Triumphzüge und Prozessionen gewöhnt, dennoch erregt Dantes Umzug mein Erstaunen. Dante hält an, ihn allegorisch zu deuten: Die Frauen links und rechts des Wagens sind die vier Kardinaltugenden der Philosophen; die drei Damen sind Glaube, Hoffnung und Liebe, die drei theologischen Tugenden. Der Greif ist Christus, in dem die menschliche Natur mit der göttlichen vereint ist. Ich würde es keinem Christgläubigen vergen, wenn er fände, Dante gehe in der Apotheose Beatrices zu weit, wenn er Christus vor ihren Triumphwagen spannt. Der extreme Plan der *Commedia*, eine verstorbene junge Frau so zu verherrlichen, wie noch nie eine Frau hochstilisiert worden ist, findet hier seinen extremen Ausdruck. Das paßt gut zur *Commedia*, gerade deswegen bleibt es befremdlich.

Drittens: Dante ist oben angekommen, aber er hört zunächst die harte Rede seiner Freundin. Sogar die Engel finden, sie treibe es zu grob, und versuchen, sie zu mäßigen. Sie sagen mit etwas anderen Worten, nämlich auf die feine englische Art: ›Wie gehst du mit deinem Freund um! Warum machst du den Mann so fertig?‹ Ihr Vorwurf lautet, daß er nach ihrem Tod sich anderen Frauen zugewandt hat; das ist schlimm, wenn man mit Dante an Beatrice eine außergewöhnliche Sonderrolle vergibt; sie ist wie eine Göttin, *l'ultima dea*, schreibt Giorgio Petrocchi.[49] Man muß sich erinnern, daß es Dante ist, der dies wollte und der diese Donnerrede verfaßt hat; er wollte, daß man wisse:

49 Giorgio Petrocchi, L'ultima dea, Rom 1977.

Nur durch Reue kommt man in die Seligkeit. Danach erst kommt das Vergessen.

Viertens: Am Ende des 27. canto geht Vergil. Er hat seine Aufgabe erfüllt: Dante ist geläutert, noch nicht endgültig, aber doch ist er nun Herr seiner selbst. Vergil sagt zu ihm: Ich verleihe dir nun *Krone und Mitra* (27, 142). Er ist niemandem mehr untertan. Vergil sagt nicht: Du bist jetzt heilig. Er sagt: Du bist jetzt dein eigener König und Papst. Er ist als Individuum souverän. Hier bekommen wir die Erklärung, was es hieß, als Vergil Cato erklärte, warum Dante hier sei: Er sucht die Freiheit, *libertà va cercando* (1, 71). Das Ziel war nicht, den Glauben zu erlernen oder Gehorsam zu üben. Dante, der Wanderer, praktiziert das auch sofort: Er geht frei, ohne Anweisung und ohne Zeitdruck, im Garten Eden spazieren, canto 28.

Fünftens: Dante genügt es nicht, den Weg durch das *Purgatorio* mit der Wiederbegegnung der Liebenden zu beenden. So romantisch geht es nicht zu; das Zusammentreffen ist eher herb als sentimental. Vor allem gilt Dantes Interesse der Lage der Christenheit: Christus hat den Triumphwagen verlassen. Ein Ungeheuer hat ihn in Beschlag genommen. Wenn der Wagen die Kirche ist, dann ist Jesus jetzt nicht mehr bei ihr. Das kollektive Schicksal ist gleich wichtig wie das individuelle Dantes. Am Ende versichert der Autor nicht, es sei alles nicht so schlimm. Es ist unvorstellbar schlimm, die Kirche Jesu gibt es nicht mehr, aber zuletzt verspricht Beatrice, es komme demnächst ein Retter.

9. Fegefeuer um 1350

Der Leser ahnt schon, was im *Decameron* aus dem Fegefeuer wird: Es erleidet dasselbe Schicksal wie die Hölle; es wird als Redensart und als Instrument für unlautere Zwecke von Klerikern entlarvt. Nun kommt es bei einem Dichter nicht nur auf das Was an, sondern auf das Wie. Das zeigt die Novelle, die Lauretta im *Decameron* 3, 8 erzählt: Ein Abt hat sich in eine Frau verliebt, die bei ihm beichtet. Sie beklagt sich über die Eifersucht ihres Mannes. Er schlägt ihr vor, den Ehemann in einem Klostergewölbe einzuschließen und ihm, nachdem er ihn mit einem orientalischen Zaubermittel betäubt hat, nach einigen Stunden zu erklären, er sei jetzt im Fegefeuer. Er bleibt dort einige Monate, in denen sich der Abt mit der Ehefrau vergnügt.

Das Wort ›Purgatorio‹ ist nur noch ein Instrument in der Hand eines durchtriebenen Klerikers. Als Realität kommt es im *Decameron* nicht mehr vor. Wir sind weit weg von Dante nach wenigen Jahrzehnten.

VI. PARADIES

Dante sagt im *Paradiso,* Himmel und Erde hätten Hand angelegt an sein Dichtwerk. Der Himmel bestätigt seinen Dichterauftrag, zuerst durch Cacciaguida (Par. 17, 98–120), dann noch einmal durch Beatrice. Der Apostel Petrus approbiert Dante (canto 24) und beauftragt ihn mit Kirchenkritik (27, 64–66). Dante stilisiert sich im *Paradiso* hoch; er gibt sich elitär und fast so abweisend, wie er nach Giovanni Villani (25, 2) im Alltag aufgetreten sein soll.

Gleich am Eingang des *Paradiso* wehrt er ungeeignete Leser ab: Wessen Boot zu klein ist, soll nicht wagen, ihm zu folgen aufs offene Meer, aufs Meer des Seins; er unternehme eine Fahrt, die noch niemand vor ihm unternommen habe (2, 7):

L'acqua ch'io prendo già mai non si corse.

Damit gibt er den wichtigen Wink, Traditionsbezüge nicht zu überschätzen. Dante wußte: Er war ein neuer Anfang, von keiner Vorlage ableitbar.

Er spricht mit Pathos, mit höchster Achtung von seinem Werk; zweimal nennt er es *das heilige Dichtwerk, lo sacrato poema* (23, 62), nicht mehr wie vorher *comedia.* Der Himmel hat ihn zum Propheten berufen. So steigert er das Erkenntnisinteresse des Lesers an seinem einzigartigen Reisebericht. Er ist stolz auf seinen Erfindungsreichtum. Verschmitzt, fast scherzend gibt er dem Leser seine Überlegenheit zu verstehen, indem er fragt (5, 109–111): Wenn der Text hier abbräche, wie gierig wärst du wohl zu wissen, wie es weitergeht? Wüßtest du vielleicht, wie es weitergehen könnte? Natürlich nicht.

Das alles schüchtert ein; der Leser kommt ins Schwanken, er mißt seine Kräfte ab, möchte die Auslegung des *Paradiso* gern Geeigneteren überlassen, aber die sind schwer zu identifizieren. Das *Paradiso* übergehen kann er auch nicht: Schließlich läuft die ganze *Commedia* auf das *Paradiso* zu. Der Himmel ist das Ziel der Jenseitsreise. Hier, nicht im *Inferno*, das sich fast selbst erklärt, hier, wo es nichts zu verifizieren gibt, steht der Leser vor der Probe, ob er die *Commedia* als Dichtung versteht, ob er sie wahr-nimmt, als rhythmisch gefügte, schöne und versteckt *wahre* Fiktion, als Frucht von Inspiration und Kunst. Die Hölle verstehen wir leichter: Sie zeigt mit unserem irdischen Leben eine verdammte Ähnlichkeit – aber im Paradies war noch keiner von uns; hier muß der Dichter zeigen, daß ihm etwas einfällt, das Unwahrscheinliche plausibel zu machen.

Das *Paradiso* ist Kontrastinstanz. Der Jenseitswanderer Dante zielt auf den ethisch-politischen Kontrast, indem er seinen Weg beschreibt: aus tiefstem Schmutz in göttliche Helle, oder schlicht: ›Ich kam aus Florenz zu gerechten Menschen‹. Der kleine Satz enthält die schärfste Kritik und den härtesten Kontrast; er deutet auf die Quasi-Unmöglichkeit des Gedichts: Wie es in Florenz, der verruchten Wolfsstadt zugeht, wissen wir, aber wie soll einer, der aus Florenz kommt, anschaulich das Zusammenleben von Gerechten beschreiben? Woher bekommt der Dichter des *Paradiso* Erfahrung? Das ist Sache der Eingebung, der göttlichen Erfindung: Die Poesie als Poesie, als Spiel der Farben und Formen, als Sternenglanz und Engeltanz, dieser Übermut der Imagination kommt im *Paradiso* zur Vollendung. Hier macht der Leser die Probe: Hat er nur Inhalte aufgenommen oder hat er auf die Form geachtet, die den meisten Menschen wenig gilt.

Ich will so vorgehen: Nach einer kurzen Präambel (1) beginne ich mit einer Skizze der Struktur des *Paradiso* (2), gebe also eine Art Übersicht, zunächst mehr stofflich, versuche dann eine distanziertere Beschreibung und nenne Lebenssphären, sozusagen Hauptthemen, die das *heilige Gedicht* berührt (3). Das *Paradiso* ist, meine ich, der Höhepunkt der Poesie Dantes. Es will und soll nicht als Kosmologie, Theologie oder Politik, sondern als philosophische Poesie mit ethisch-politischem Zweck gelesen werden, und dazu möchte ich ein besonders poetisches Stück zeigen, den canto 23: *Paradiso* als Lyrik (4).

1. Präambel zum Paradies

Es gibt wohl heute niemanden mehr, der Dantes *Paradiso* ohne besonders große Anfangsschwierigkeiten liest. Auch Italiener können es nicht, auch sie hindern Sprachschwierigkeiten; auch ihnen fehlt die Kenntnis der ptolemäischen Astronomie und der mittelalterlichen kirchlichen Dogmatik, vor allem von deren Genese. Nach 1945 fiel es der Theologisierung zum Opfer. Ich will klar sagen, woran man diese erkennt: Sie unterbelichtet alles Antike, sie minimalisiert Politik und praktische Philosophie; sie geht vorbei an Dantes Kosmologie, sie schiebt die grundlegenden Forschungen von Bruno Nardi an den Rand. Jetzt sagte man, das *Paradiso* sei gedichtet zu Ehren der Gottesmutter. Mag ja sein, aber das *Paradiso* enthält noch ganz anderes: zum Beispiel die Anrufung Apollos im ersten Gesang, ein förmliches Gebet zum heidnischen Gott. Und da steht noch die ausdrückliche Erklärung Dantes, die *Commedia* solle ihm erstens die Dichterkrönung einbringen und zweitens die Rückkehr nach Florenz ermöglichen (25, 1–9). Dante war nicht einer von hunderttausend mittelalterlichen Marienverehrern, sondern der

Denker und Künstler, der ein Gebet an Dantes Sternbild, an die Zwillinge, richtete. Man muß das doch wohl *Gebet* nennen:

O gloriose stelle, o lume pregno
di gran virtù,

auf die er Begabung und Berufung zurückführt (22, 112–123, Übersetzung S. 368), ohne daß sein Sternenglaube die Freiheit des Willens bestritte.

Dante nahm sich theoretische und poetische Freiheit. Er rechnete damit, daß ihn mancher *frate* der Häresie bezichtigen werde – aber er baut vor: Nicht irgendein Theologieprofessor oder Bischof hat ihn, den Laien, zur Lehre ermächtigt; der Apostel Petrus selbst hat seinen Glauben geprüft; insgesamt *drei* Apostel bescheinigen ihm korrekte Kenntnisse in Glauben, Hoffnung, Liebe. In der Hoffnung, ruft Beatrice ungerügt vor diesem Gremium aus, übertreffe diesen Mann kein Sterblicher.

Vieles klingt nach Anmaßung. Die Ambition des Verfassers gipfelt darin, daß er bestimmt, wer in den Himmel kommt. Er nimmt dorthin keineswegs nur kanonisierte Heilige auf; er ignoriert die Kompetenz der Kirche zur Kanonisierung. Er versetzt Freunde wie Carlo Martello ins Paradies, aber auch umstrittene Figuren wie Siger von Brabant und Joachim von Fiore. Thomas von Aquino polemisierte gegen Siger an wegen seines ›Averroismus‹; er verlor sein Lehramt in Paris, aber Dante versetzt ihn ins Paradies, und dort lobt ihn der heilige Thomas, der ihn auf Erden scharf angegriffen hatte (10, 136–138, Übersetzung S. 320):

la luce eterna di Sigieri,
che, legendo nel Vico de li strami (Rue de Fouarre),
silogizò invidiosi veri.

Siger gewann durch Folgerungen beneidenswerte und/oder vielbeneidete, haßerzeugende Wahrheiten. Das klingt nicht, als sähe Dante in Siger einen Häretiker, vielmehr kritisiert er die Ketzerverdächtigung; er kennt die Gemeinsamkeiten von Albert-Lesern. – Was Joachim von Fiore angeht: Bonaventura hatte ihn bekämpft, weil er den radikalen Flügel der Franziskaner inspirierte. Er hatte bestritten, daß Joachim ein Prophet sei. Dantes Bonaventura bestätigt ihm genau das im Paradies.

Das ist noch nicht alles. Dante legt *seine* Urteile den Himmelspersonen in den Mund; er läßt Petrus Damiani, die heiligen Benedikt und Petrus die Kirche verurteilen; er urteilt aus ihrem Mund buchstäblich von oben herab, er läßt die Seligen, die das Innere kennen, urteilen über alles und alle: Sie verwerfen so gut wie alle europäischen Herrscher, sie kritisieren Bettelorden und Benediktiner, sie verwerfen den Luxus der Prälaten (21, 27); sie treffen vernichtend die Kurie, die Kardinäle, die Päpste, den zur Zeit regierenden Nachfolger Petri inklusive. Das klang um 1300 frevelhaft anmaßend, präsumptuös: Und war es das nicht? Dante hat nicht an Demutsformeln gespart, um Einwände fernzuhalten. Er preist ständig die Gnade, die ihm alles vergönnt hat. Er dankt den Vermittlern, vor allem Beatrice und Maria. Und dabei erreicht seine Ambition ihren Höhepunkt, indem er Beatrice fast vergottet. Er setzt sie, die keine kanonisierte Heilige ist, in die höchsten Ränge des Paradieses. Er läßt sie – hochmütige Demut oder demütiger Hochmut? – Heroen wie Vergil und Heilige wie Bernhard dem Wanderer entgegenschicken. Sie kritisiert Prediger und Kirchenfürsten. Sie erreicht das Unmögliche: Ein Sterblicher sieht Gott, den kein Auge je gesehen. Er versetzt in Himmel und Hölle, wie er es für richtig hält, und spottet gleichzeitig über Krethi und Plethi, die zu wissen glauben, wer in Himmel oder Hölle ist (13, 130–143, vgl. 19, 64–66 und 20, 130–139). Selbst die Seraphim kennen die Beschlüsse der Vorsehung nicht (21, 91). Dante kennt sie, jedenfalls einige von ihnen, die ihn direkt betreffen. Er meldet damit den universalen Erkenntnisanspruch einer Dichtung an, die sich als Philosophie und Prophetie versteht: Sie dekoriert nicht, was alle schon wissen. Sie schmückt nicht aus; sie sieht in den Grund der Dinge. Sie ist Philosophie, praktische Philosophie. Das ist nicht die Wissenschaft der Universitäten, sondern der argumentierende Entwurf einer neuen Lebensart. Sie lehrt leben in der Zeit des Verfalls. Als inspirierte, anschauliche Einsicht zeigt sie der Menschheit den Weg; sie übernimmt die Autorität der Lebensleitung. Damit tritt sie in Konkurrenz zur Theologie, und das wurde damals auch so gesehen. Ein erbitterter Kampf um die Wahrheit der Poesie begann: Ist sie nicht Fiktion, von minimalem Wahrheitsgehalt, wie Thomas von Aquino lehrte? Petrarca und Boccaccio fochten diesen Kampf aus, im Sinne Dantes, ohne ihn schon definitiv gewinnen zu können.

2. *Struktur*

So viel an Präambel mußte sein, nun zum Aufbau des *Paradiso* und zum Gang der Handlung:

Der Gesang setzt ein mit der Beschreibung der Herrlichkeit, *gloria*, dessen, der alles bewegt, der alles durchdringt und aus allem hervorleuchtet, hier weniger, dort mehr. Am meisten erstrahlt er im Himmel, wo ich, Dante, war, den aber, wer herabsteigt, nicht darstellen kann; unser Gedächtnis ist der intellektuellen Erfahrung nicht gewachsen. Dante ruft Apollo an und erfleht dessen Hilfe – und den geliebten Lorbeer, die Dichterkrönung.

Dante wird auf schwer faßbare Weise vom irdischen Paradies ins Himmlische transportiert. Er findet sich in einem Lichtmeer. Er kommt in der Mondsphäre an; ihr sind die Engel, die unterste Gruppe der reinen Geistwesen, zugeordnet. Über diese Zuordnung sind sich weder Dante noch seine meisten Erklärer im klaren: Die Engel bilden unermeßliche Heere. Es ist unvorstellbar, daß sie alle damit beschäftigt sind, die Sternschalen geordnet zu leiten. Albert der Große hatte Klarheit geschaffen und gelehrt, Engel gehörten der Heilsordnung an und seien extrem viele, für die geordnete Bewegung der acht oder neun Sternschalen seien die von den Philosophen ermittelten, überschaubar zahlreichen Intelligenzen zuständig. Dante übernahm diese Präzisierung nicht.

Im ersten Himmelskreis begegnet Dante Seligen, denen noch etwas vom Mangel der Mondsphäre, nämlich Veränderlichkeit anhaftet: Es sind Frauen, Piccarda Donati, die Schwester des verruchten Corso Donati, und Kaiserin Constanza, die Mutter von Friedrich II. Äußere Gewalt hat sie gehindert, ihr Klostergelübde einzuhalten. Nicht ganz gefestigt in ihrem freien Beschluß, haben sie sich nicht heroisch der Gewalt widersetzt. Das wäre möglich gewesen; der Mensch hat freien Willen. Langen Erörterungen über religiöse Gelübde gibt Dante dadurch großes Gewicht, daß er sie mit der Theorie der Willensfreiheit verbindet. Schritt für Schritt enthüllt sich ihm die Ordnung des Himmels und zugleich die Würde der Freiheit des Willens. Zugleich steigt er auf zu immer größerer Helligkeit und Schönheit. Die Abstufung der Himmelssphären scheint ungleiche Seligkeit zu bedeuten; aber dies, zeigt sich, ist nicht so: Die Glückseligkeit ist ihrer Natur nach immer *ganz* da oder gar nicht. Alle Heiligen sind in *verschiedenem Grad* selig, und doch sind alle *ganz* selig. Bei geistigen Dingen bedeuten die Worte ›mehr oder weniger‹ etwas anderes, etwas Ganzheitlicheres als bei Quanten. Zudem macht die völlige Übereinstimmung mit dem Willen Gottes die Seligkeit aus.

Jeder der drei Hauptteile der *Commedia* ist dreigeteilt, außerdem kehrt die Dreiteilung in der Dreizeiligkeit der Terzinen wieder. Im *Inferno* blieben die ersten neun Gesänge außerhalb der Stadt des Dis[50] und ab canto 30 kam der Kreis der Verräter; im *Purgatorio* folgte auf das ausgedehnte *Ante-Purgatorio* der Mittelteil: ihm folgt mit den canti 28 bis 31 das irdische Paradies. Ähnlich ist die Struktur des *Paradiso*. Auch hier bilden die ersten neun Gesänge eine Einleitung. Das *Paradiso* ist nach Himmelssphären der alten Astronomie geordnet: Zuerst kommen die sieben Planetensphären, in der Reihenfolge: Mond, Merkur, Venus, Sonne, Mars, Jupiter, Saturn, dann die Weltschale der Fixsterne, dann die letzte, die äußerste Sphäre mit ihrer schnellsten Umdrehung, von der alle andere Bewegung, alles Werden und Vergehen abhängt, das *primum mobile*, das erste Bewegbare. Gut aristotelisch, nach *Metaphysik* 12, 7, bewegt es sich aus Sehnsucht nach dem ersten Beweger als der Gesamtheit aller Wesensgestalten. Der erste Beweger bewegt, aber nicht indem er anstößt, sondern als das Geliebte, dem alles zustrebt. Das sind insgesamt neun Sphären, denen die neun Chöre der Engel zugeordnet sind: Engel, Erzengel, Kräfte, Mächte, Fürsten, bis zu Cherubim und Seraphim, wie sie Dionysius Areopagita um 500 angeordnet hatte. Über den neun Sphären dehnt sich der unräumlich gedachte, der unendliche, geistige Himmel. Das heißt: Er ›dehnt sich‹ nicht; er lebt. Er ist intellektuelle Tätigkeit, Erkenntnis und Liebe. Aus traditionellen Gründen führt er noch

50 Dis bedeutet soviel wie *Pater dives*, der Reiche. Der Name übersetzt den des griechischen Pluto.

den alten Namen ›Feuerhimmel‹ oder Empyreum. Die Pariser Theologen erklärten noch 1241, er sei stofflicher Natur, eine zehnte äußerste Schale von höherer Materialität, aber Dante spiritualisierte ihn philosophierend zum Feuer der Liebe.[51] Die drei Teile der *Commedia* enden ähnlich mit einem separaten Schlußteil: Das *Inferno* mit der Eiszone der Verräter, das *Purgatorio* mit dem irdischen Paradies, das *Paradiso* mit dem Empyreum.

Die niedersten Planetensphären – das sind Mond, Merkur und Venus – bilden den unteren Bereich des Paradieses, der die canti 1–9 umfaßt und dem *Ante-Purgatorio* strukturell entspricht. Auf diese drei Sphären fällt noch der Schatten der Erde. Hier *zeigen* sich Dante jene seligen Geister, die mit ihrer Vernunft die sinnlichen Regungen zu beherrschen wußten, die den drei regierenden Sternen entsprechen, aber noch vom Schatten der Veränderlichkeit getroffen waren; Mond und Sonne gelten hier als Sterne wie andere auch. Diese Seligen zeigen vorbildlich die Tugend des Maßhaltens, der sozialen Kompetenz, der Intelligenz. Ihr Wille war bei Gott, war aber getrübt durch Rücksichten auf irdische Interessen.

Aus der Mondsphäre steigt Dante auf zur Sphäre des Merkur. Er sieht zunächst nur singende und tanzende Lichter. Aus ihrem Reigen treten aktive, weltgestaltende Selige hervor; sie tragen noch den Charakter der unteren Welt an sich; sie haben gehandelt, um Ruhm und Ehre zu gewinnen. Ginge es nach Augustin, wären sie deshalb in der Hölle, nicht so bei Dante. Da ist vor allem Kaiser Justinian, der mit seiner Gesetzessammlung Ordnung in die Welt gebracht hat. Dante überläßt ihm lange das Wort; der Kaiser schildert die Entwicklung des Römischen Rei-

51 Dante, Ep. an Cangrande, Brief Nr. 13 und Par. 30, 48–52.

ches. Er zieht Folgerungen für Dantes Gegenwart aus der Weltbedeutung des römischen Adlers (6, 97–108):

Jetzt kannst du urteilen über die, die ich oben anklagte, und ihre Fehler, die der Grund sind für all eure Übel. Der eine stellt dem Zeichen aller die goldenen Lilien entgegen, der andere bemächtigt sich seiner für seine Partei, so daß schwer zu erkennen ist, wer den ärgeren Fehler macht.

Das geht auf die aktuelle politische Situation: Die Guelfen bauen auf die goldenen Lilien Frankreichs gegen das Reich, die Ghibellinen bemächtigen sich des Reichsadlers zu Parteizwekken; Karl II. von Anjou führt die Guelfen gegen die Ghibellinen. Wir sind im sechsten canto des *Paradiso*; er ist geschrieben während des sechsjährigen Aufenthalts Dantes in Verona, 1312–1318. Dort hat er das *Paradiso* etwa bis canto 18 verfaßt; er hat wohl 1316 den Brief an Cangrande formuliert, in dem er die Absicht seiner *Commedia* zusammenfaßt. Er hat die Arbeit am *Paradiso* unterbrochen, um – wahrscheinlich um 1317 – die *Monarchia* zu schreiben. Zwischen 1319 bis 1321 hat er das *Paradiso* in Ravenna abgeschlossen. Jetzt gehört er keiner Partei mehr an und kritisiert sie alle aus dem Mund Justinians.

Auf Mond- und Merkursphäre folgt Venus. Dante sieht nur kreisende Lichter, aus denen sich aber Stimmen erotischer Talente offenbaren: sein Freund Karl Martell, Prinz von Neapel, und die Prostituierte Rahab. Sie hatte Verdienste bei der Eroberung des Heiligen Landes; sie hat die Kundschafter beherbergt. Auch so kommt man in Dantes Himmel.

Die drei folgenden Sphären, deutlich durch größere Helligkeit abgesetzt von den früheren, sind die von Sonne, Mars und Jupiter: Die Seligen, die hier auftreten, lebten vorbildlich höhere Tugenden, besonders Werthaltungen, die den Sternen zugeordnet sind: Klugheit, Tapferkeit, Gerechtigkeit.

Im Himmel der Sonne singen und tanzen die Weisen. Sie bilden drei Kränze, von denen jeder aus zwölf Lichtern besteht. Im ersten Kranz spricht Thomas von Aquino: Er, der Dominikaner, singt das Lob des heiligen Franz und tadelt den Verfall der Dominikaner. Aus dem zweiten Reigen tritt Bonaventura hervor, er, der Franziskaner, besingt den heiligen Dominikus und beklagt den Niedergang der Franziskaner. Die beiden Orden waren in der geschichtlichen Welt spinnefeind; Dante dichtet ihnen himmlische Harmonie an, *weil* sie auf der Erde nicht bestand. Noch strategischer: Er läßt Thomas von Aquino einen Denker verherrlichen, den dieser schroff als Averroisten bekämpft hatte, Siger von Brabant (10, 97–138), und er läßt Bonaventura den von ihm bekämpften Joachim von Fiore als Propheten preisen (12, 127–141). Die Parteiungen, die auf der Erde herrschen, haben keine Wahrheit. Dante gibt nicht die faktischen Individualitäten Thomas und Bonaventura wieder, er läßt sie sagen, was sie hätten sagen sollen. Ihre himmlischen Figuren widerlegen ihre irdische Existenz. Sie korrigieren sie, bestreiten ihren Streit und nehmen ihren Orden den irdischen Konkurrenzcharakter, der sie de facto kennzeichnet. Eben nur de facto.

Dante erteilt Thomas noch einen besonderen Lehrauftrag. Er läßt ihn im 13. canto über die Frage sprechen, wer der weiseste Mensch war, Adam, Salomon oder Jesus. Er nimmt diese Frage zum Anlaß, den besonderen Charakter der Weisheit eines *Königs* herauszustellen. Damit betont Dante Wichtigkeit und Eigenständigkeit der Politik, so schon in der langen Rede Justinians, jetzt mit der besonderen Anerkennung politischer Weisheit. Gleichzeitig läßt er Thomas den Zusammenhang von Ideenlehre und Theorie der Erschaffung erklären (13, 52–117). Die Himmelsbewohner neigen zu lehrhaften Passagen; mancher Leser hat gefragt, ob sie noch Dichtung sind: Gleich im ersten canto erklärt Beatrice die Ordnung der Welt als Ähnlichkeit mit Gott; sie erläutert die Antriebskräfte, die spezifisch zu jedem Geschöpf gehören (1, 103–120). Jetzt wird begreiflich, warum Farinata, Odysseus und selbst Ugolino nicht nur Böse sind; auch in ihnen strahlt die Herrlichkeit des höchsten Gutes wider. Piccarda erklärt die Verschiedenheit der Stufen der Seligkeit und weshalb sie keine Ungleichheit mit sich bringen (4, 26–63). Im canto 7 entwickelt Beatrice eine Theorie, warum Gott Mensch geworden ist; sie schließt sich dabei an die Schrift *Cur Deus homo* des Anselm von Canterbury an; im canto 14, besonders 43–51, erklärt König Salomo, welche Art von Körper die Seligen haben werden; Beatrice wiederum macht aufmerksam auf die Besonderheit des neunten Himmels (17, 100–120); später beschreibt sie die Ordnung der Engel (29, 10–84). Canto 29 bringt aus himmlischer Sicht die richtige, die neoplatonisierende Philosophie der Erschaffung, die schon in canto 1 anklang: Die Welt ist der abgestufte Widerschein der Mitteilsamkeit der Güte Gottes; daher ist das Universum Ordnung.

Das war der Besuch in der Sonnensphäre, es folgt die des Mars. Hier glänzen die Geister der Glaubenskämpfer, besonders der Märtyrer, im rötlichen Licht der Tugend der Tapferkeit. Sie bilden ein Ballett in der Form eines den ganzen Himmel umspannenden großen Kreuzes. Aus dieser wohlgeformten Gruppe löst sich der Geist Cacciaguidas, eines Urahnen Dantes, der 1147 beim zweiten Kreuzzug ums Leben kam, also Märtyrer war. Seine Vorstellungen gehören noch ganz in die florentinische Welt vor dem ökonomischen Boom seit der zweiten Hälfte des 12. Jahrhunderts. Damals war Florenz noch bescheiden und klein, es lebte noch innerhalb der alten römischen Mauern des kleinen Kastells. Cacciaguida redet lange; Dante gibt ihm die drei canti 15 bis 17, er erzählt vom Ursprung der Familie Dantes und bricht in die Klage aus, (15, 97–128):

Fiorenza, innerhalb des alten Mauerrings,
von dem ihr heute noch Terz und Non erklingen,
lebte in Frieden, nüchtern und keusch.
Sie besaß kein Kettchen, keinen silbernen Stirnreif,
keine perlengeschmückten Röcke, keinen Gürtel,
der sehenswerter war als die Frau.

Aus Cacciaguida spricht der Geist des Kreuzritters. Er führt keine ›Gespräche‹ mit dem Islam, er bekämpft diese falsche Religion und die Verkehrtheit dieser Menschen. Er lobt die vergangenen Zeiten. Sein Florenz gibt es schon lange nicht mehr. Schließlich sagt er Dante sein Schicksal voraus, das Exil. Er ermahnt Dante, nicht aufzugeben, sondern die Wahrheit schroff und klar herauszusagen. Das ist die himmlische Inthronisation der politischen Poesie. Er beauftragt ihn mit Florenz-Kritik und bestätigt dem politischen Dichter die Risiken und die höhere Weihe (17, 31–142). Er beschreibt die politische Position Dantes: Er gehört zu keiner Partei mehr; er ist eine Partei für sich (17, 69).

Dante und Beatrice kommen dann in den Jupiterhimmel, den sechsten. Beatrice ermahnt ihn: Sieh dich um und hör zu! Das Paradies besteht nicht nur aus meinen Augen (18, 20–21). Er soll politisch denken, nicht nur verliebt dreinsehen. Denn hier bilden die Seelen gerechter Fürsten – darunter nur ein einziger Herrscher aus dem Mittelalter: Wilhelm II. von Sizilien – bedeutungsvolle Buchstabenreihen, sie stellen sich zusammen zu Symbolfiguren, aus denen der Spruch: DILIGITE IUSTITAM herausleuchtet. Das Ballett der Fürstenseelen bildet dann einen großen Adler, der Dante belehrt über die Unerforschlichkeit Gottes. Er nennt gerechte Herrscher, die im Himmel sind, darunter auch den Heiden Trajan. Dante erklärt, ihn quäle diese Frage schon lange: Nur die Taufe allein, ohne gerechte Werke, sichert nicht den Himmel, aber warum nur ist die Taufe nötig, wenn einer gerecht ist? Und dann diese Ausnahmen: Rahab zuvor, jetzt Trajan (canto 19). Der Adler spricht von Konstantin als gerechtem Herrscher, auch wenn er unrecht tat, das halbe Reich an Papst Silvester zu verschenken. Und dann setzt Dante noch einen Heiden in den Himmel: Ripheus (20, 67–77 und 117–129), der im zweiten Buch der *Aeneis* ›gerecht‹ genannt wird.

Dante hält die Frage nach der Seligkeit für Heiden als Wunde offen. Sie wird auch im Himmel nicht gelöst. Bei Chiavacci Leonardi steht, die Theologie habe für Fälle wie den des Ripheus die Theorie der Begierdetaufe entwickelt. Sie fragt nicht, wer das wann getan hat; sie hält jede theologische These für zeitenthoben wahr. Aber auch die Theologie hat eine Geschichte: Kirchenschriftsteller vor Augustin hatten davon gesprochen, daß, wenn ein Katechumene sich zur Taufe angemeldet hatte, er aber durch Krankheit oder Tod gehindert wurde, die reale Taufe zu empfangen, sein erklärter Wille als Taufe anerkannt wurde. Augustin aber bestritt das; er forderte den faktischen Vollzug des Sakraments mit Wasser. Erst spätere Theologen überlegten, ob nicht ernsthaftes Wahrheitsinteresse und gutes Leben als Begierdetaufe gelten könnten. Mit Dantes Ripheus hat das alles nichts zu tun. Dante sagt nichts von Begierdetaufe.

Der siebte Himmel ist der des Saturn mit der Engelgruppe der *Throne.* Die kontemplativen goldfarbenen Geister bilden eine goldene Leiter, deren Ende in den höchsten Himmel ragt. Dort herrscht geschäftige Bewegung, auf und ab. Zwei Geister wenden sich Dante zu: Petrus Damiani beklagt den Niedergang des Klosterlebens: Früher war das anders (21, 17–21). Dieses Motiv wird Boccaccio fortführen (Dec. 1, 4): Früher herrschte Heiligkeit im Konvent, heute nur noch Korruption. Dann spricht der heilige Benedikt und kritisiert schroff den Verfall seines Ordens (22, 73–93). Wenn die Heiligen auf die Erde blicken, vor allem auf die Kirche, ist es fast zum Verzweifeln. Alles liegt danieder. Die Kontemplation ist aufgegeben. Dabei ist sie doch, wie schon im *Convivio* (4, 22, 17) gezeigt, die bessere Lebensform.

Im Fixsternhimmel, dem achten, dem die Cherubim zugehören, bietet sich ein neues Bild: Christus, umgeben vom Strahlenkranz der Seligen, steigt auf ins Empyreum. Dante stellt es so dar, als komme Christus – wie die bisher gesehenen Heiligen – eigens für Dante herunter und wiederhole für ihn persönlich und die Leser seine Himmelfahrt. Das ganze Spiel in den Himmelsregionen unterhalb des Empyreum ist ein Kunstereignis, ein Schein. Denn Christus und Maria sind wie alle Heiligen oben, im unkörperlichen Empyreum. Auch Maria erscheint, wird gekrönt und steigt, umgeben von Engelchören, in den obersten Himmel auf. Das geschieht im 23. Gesang, auf den ich gleich zurückkomme.

Dante gibt, wenn auch zögerlich, zu verstehen, daß er, der Dichter, es ist, der die Heiligen auftreten und Jesus in den Himmel auffahren läßt, weil wir Menschen sinnliche Vorstellungen geistiger Vorgänge brauchen. ›Real‹ geschieht gar nichts im 23. canto. Christus und Maria ›zeigen‹ sich wie in einem Mysterienspiel.

Immer noch in der achten Sphäre, in der Dante länger verweilt, vom 22. bis zum 27. canto, folgen drei merkwürdige Auftritte: Drei Apostel treten hintereinander auf und prüfen Dante jeweils über eine der drei theologischen Tugenden: Petrus prüft seinen Glauben und findet ihn vollkommen (24), der Apostel Paulus prüft seine Hoffnung (25), der Apostel Johannes prüft seine Liebe (26). Dante verschafft sich die perfekteste Legitimation seiner Rechtgläubigkeit und seiner guten Absicht: Wer die Kirche so vernichtend kritisiert wie er, braucht himmlische Rückendeckung. Dante vergöttlicht Beatrice und verschafft sich selbst die höchste denkbare Legitimation: Cacciaguida bestätigte seine politische Schriftstellerei als höheren Auftrag; drei Apostel halten jede Theologenkritik von ihm ab. Petrus selbst beauftragt Dante mit seinem Dichtwerk (27, 64–66).

Dante trifft Adam, den ersten Menschen, und ist glücklich, ihm drei Fragen stellen zu können: Erstens fragt er nach der Art der ersten Sünde und erhält zur Antwort: Sie war nicht Naschhaftigkeit, sondern das bewußte Übertreten eines gesetzten Grenzzeichens. Zweitens will er wissen, wie lange Adam und Eva im Paradies waren: Die Herrlichkeit währte nicht lange, der Aufenthalt im Paradies dauerte nur gerade mal sechs Stunden, und drittens, ob die Sprache von damals erhalten sei, was Adam verneint: Die Sprache ist, wie alle irdischen Dinge, in ständigem Wandel (26, 79–108). Daß die Sprache des Paradieses verloren ist, daß sie nicht im Hebräischen die Zeiten überdauert hat, kann man als Dantes Selbstkritik an seinem *De vulgari eloquentia* auffassen. Aber dort bereits hatte er geschrieben, der Mensch sei ein äußerst unstabiles und veränderliches Lebewesen, *instabilissimum et variabilissimum animal.*[52]

Der neunte Himmel, der auch Kristallhimmel heißt, ist der des *primum mobile* mit den *Seraphim.* Es trägt keine Sterne mehr, bewegt sich unvergleichlich schneller als die anderen

52 Dante, De vulgari eloquentia I, 9, 6, Philosophische Werke Band 3, ed. Ruedi Imbach, S. 28.

Schalen und ist der Ursprung ihrer Kreisbewegung. Beatrice erklärt diese Astronomie, bricht noch einmal in die Klage über die Verirrung der Menschheit aus und endet mit der Vorhersage eines baldigen Retters (27). Wir erreichen den Endpunkt der Reise: In den Augen Beatrices erscheint Gott für Dante als ein Punkt von unendlicher Helle. Um ihn kreisen die neun Chöre der Engel. Dante erläutert die Ordnung dieser Chöre gemäß der Lehre des Dionysius vom Areopag. Beatrice erklärt, was Gott ist; sie tut es mit Worten aus der *Metaphysik* 12 des Aristoteles: Gott ist das Prinzip, an ihm hängen die Himmel und die ganze Natur (28, 41–42); dabei erstrahlt Beatrices Schönheit in immer hellerem Licht (28).

Der zehnte Himmel, der auch Empyreum heißt, ist der unräumliche Raum Gottes und der Seligen. Bei Dante ist er kein Raum mehr, sondern Intellekt, Liebe und reines Licht. Er ist die Energie der Einsicht und der Liebe, die sich auf das wahre Gute richtet (30, 40–42, Übersetzung S. 400):

pura luce:
luce intellettual, piena d'amore;
amor di vero ben, pien di letizia;
letizia che trascende ogne dolzore.

Diese Verse sind groß wegen ihres Inhalts wie wegen ihrer Form: Sie sprechen Dantes Neukonzeption des Empyreum aus: Es ist keine weitere Weltschale, sondern intellektuelle und affektive Energie. Und die Schönheit der intensivierenden Wiederholungen: Licht, reines Licht, ganz Liebe, Liebe zum wahren Guten, ganz Freude, Freude, die jeden Genuß übersteigt. Jeweils nimmt die neue Zeile das letzte Wort der vorausgehenden Zeile auf und steigert es.

Wir erfahren jetzt, daß die Heiligen dort ihren wirklichen Sitz haben, einen ›Sitz‹ ohne Ort und ohne Zeit. Was Dante bisher von ihnen gesehen hat, waren nur ihre für ihn bestimmten *Erscheinungen.* Sein und Erscheinen sind bislang noch auseinandergefallen. Die Seelen *sind* im Empyreum, wie Dante *Paradiso* 4, 28–48 erklärt, sie *erscheinen* aber in den verschiedenen Sphären. Um sich Dante zu zeigen, veranstalten sie in den unteren und mittleren Sphären Ströme von Licht, Ballette sprühender Geisterfunken, Harmonie der Bewegungen, die sich zu Sprüchen formieren. Alle Auftritte bilden ein faszinierendes metaphorisches Spiel der Farben und Töne. Dante sieht noch einmal Beatrice, die ihm Erschaffung und Art der Engel erklärt, auch deren Fall. Sie mokiert sich über die Torheiten der Prediger (29, 115–129), was Boccaccio zu vielen schönen Geschichten weiterentwickelt hat. Beatrice erscheint von überwältigender Schönheit. Die Lichtströme formen sich zuletzt zu einem Amphitheater und bilden die ewige Rose, die weiße Rose. Ihre Blütenblätter sind die einzelnen Seligen.

Dante äußert den Wunsch, die Seligen mit ihren auferstandenen Leibern zu sehen, die sie nach dem Jüngsten Tag wiedererhalten werden. Auch dieser – theologisch gesehen: ausgefallene – Wunsch wird erfüllt; am Rand der dogmatischen Korrektheit bekommt er die Szenerie eines privaten Jüngsten Gerichts zu sehen. Dante, der Schriftsteller, denkt auch im Empyreum politisch: Beatrice zeigt ihm den großen Thron, der noch leer ist und der bestimmt ist für Kaiser Heinrich VII. (30). Der fiktive Himmelsbesuch spielt im Jahr 1300, Heinrich starb erst 1313.

Dante, in der Erwartung weiterer Erklärungen, schaut sich um nach Beatrice; aber sie ist verschwunden, sie ist unangekündigt aufgefahren zu ihrem himmlischen Sitz. An ihre Stelle ist ein Greis in weißem Gewand getreten, Sankt Bernhard. Er erklärt die Sitzordnung der himmlischen Rose: Er zeigt ihm die Madonna, zu deren Füßen Eva, in der dritten Reihe von oben sitzt Beatrice neben Rachel. Weiter unten die jüdischen Frauen; die vorchristlichen Seligen sitzen getrennt. Bei den Christen sehen wir Franz, Johannes den Täufer, Benedikt und Augustin (32, 35), selige Kinder. Wieder quält die Frage der Gnadenwahl. Dante will Gott sehen; Bernhard hatte dazu auf Maria verwiesen. Sie soll es ihm vermitteln. Er beginnt den 33. Gesang (1–39) mit der Bitte an Maria für die Erfüllung von Dantes Begehren:

Jungfrau Mutter,
Tochter deines Sohnes,
niedrig und hoch, mehr als Geschöpf,
festes Ziel des ewigen Rates!

Du bist es: Du hast die menschliche Natur so geadelt,
daß ihr Schöpfer es nicht unwürdig fand,
ihr Geschöpf zu werden.

In deinem Leib ward die Liebe wieder entzündet;
durch ihre Wärme
im ewigen Frieden
ist diese Rose aufgegangen.

Das Gebet Bernhards füllt das erste Drittel des canto; die zwei letzten Drittel reden davon, wie Dante Gott sieht, wie er darüber reden könnte und daß er zur Erde zurück muß.

Bernhards Bitte ist formuliert mit großer Kunst: Maria vereint in ihrem Leib den Gegensatz von Schöpfer und Geschöpf. Wir nähern uns dem Ende des Buches: Maria wird angeredet als Zusammenfassung, als Vereinigung von Endlich und Unendlich. Durch ihre Vermittlung sieht Dante Gott. Jetzt verschwindet auch Bernhard. Dante ist allein. Zunächst waren Beatrices Augen, von Gott geliebt und geehrt, auf den Beter gerichtet und zeigten, wie willkommen ihr ergebene Gebete sind. Dann wandte sie sich zum ewigen Licht; nie habe ein Geschöpf sich mit so klarem Auge darein versenkt. Dante erzählt (33, 46–57):

Ich näherte mich dem Ziel all meines Verlangens; die Glut meiner Sehnsucht erreichte den Höhepunkt. Bernhard gab mir lächelnd ein Zeichen, nach oben zu blicken, aber ich tat schon von mir aus, was er wollte. Denn mein Blick wurde immer reiner; mehr und mehr trat er ein in den Strahl des hohen Lichts, das aus sich selbst Wahrheit ist. Von da an wurde mein Sehen stärker als die Sprache, die vor einem solchen Gesicht versagt; auch faßt das Gedächtnis nicht dieses Übermaß an Einsicht.

Drei Bilder beschreiben die Flüchtigkeit des höchsten Moments. Es war wie ein Traum: Wie es dem geht, der im Traum etwas sieht, aber nach dem Traum bleibt ihm nur ein leidenschaftliches Gefühl zurück, und alles andere gibt das Gedächtnis nicht her, so geht es mir: Was ich gesehen habe, ist fast ganz erloschen, aber das süße Gefühl, das daraus entstand, tropft noch ins Herz. So schmilzt Schnee in der Sonne, so verwehten die leichten Blätter der Weissagungen der Sybille im Wind.[53] Das ist eine letzte Anspielung auf die *Aeneis* 3, 441–452. Wir können die verwehten Blätter nicht zum Buch zusammenfassen, wo doch das Universum eine Einheit bildet wie ein Buch.

53 Vergil, Aen. 3, 448–451, erzählt, der Wind habe die Weissagungen weggeweht.

Dante sieht Gott: Er sieht: In ihm ist aller Weltreichtum vereint. Er sieht ihn als drei identische Kreise mit je verschiedener Farbe, als Trinität: Der zweite Kreis erscheint wie ein Spiegel des ersten, wie der Nebenregenbogen den Hauptregenbogen spiegelt. Der dritte Kreis geht wie ein großes Feuer aus von beiden. Im zweiten Kreis, dem des Logos, sieht Dante ein menschliches Antlitz, Christus. Nach diesem kurzen Höhepunkt bricht Dante ab. Die Sprache sei unfähig, das Gesehene wiederzugeben. Seine Aufgabe ist jetzt nicht, Gott zu sehen, sondern die *Commedia* zu schreiben.

3. Lebensbereiche. Hauptthemen

Soviel zur Inhaltsübersicht; ich beginne einen zweiten Erkundungsgang: Welche Lebenssphären spiegelt Dantes *Paradiso*? Gleich am Anfang zeigt der Anruf *O buon Apollo* die dichte Präsenz der Antike. In *Inferno* und *Purgatorio* ist sie durch Vergil und viele antik-mythologische Figuren unübersehbar; im *Paradiso* hört sie keineswegs auf. Wenn Dante seinen so wichtigen Begriff für das Übersteigen des Menschlichen, das *trasumanar*, erläutern will, erwähnt er weder Gnadentheologie noch Heiligenlegenden, sondern er nennt Glauco, der durch den Genuß einer Pflanze zum Genossen der Götter wurde (1, 70). Dantes Jenseits ist nach den sieben Planetensphären geordnet: Die achte Schale trägt die Fixsterne, die neunte Sphäre ist der Kristallhimmel oder das *primum mobile*, dann kommt das Empyreum. Dieses System ist im Grundriß ptolemäisch, also antik, arabisch interpretiert. Es bestimmt den Aufstieg des Jenseitswanderers.

Dieses Jenseitsbild faßt drei Elemente oder Bilderkreise zusammen: Die aristotelische Physik, die ptolemäische Kosmologie und die astrologische Mythologie. Dies alles sind Traditionen der Antike. Dante hatte nicht das Bewußtsein, im ›Mittelalter‹ zu leben. Im Interesse des freien Willens lehnte er wie Augustin den astrologischen Determinismus ab, aber das hinderte ihn nicht, zu seinem Sternbild, den Zwillingen, zu beten (22, 112–123). Er dachte das Universum als System von Vermittlungsrädern, die alle abhängen vom *primum mobile*, von der ersten, dem Beweger nächsten Weltschale, die sich bewegt, weil sie dem Formenreichtum des Weltgrunds so nahe wie möglich kommen und ihr Abbilder in der irdischen Welt schaffen will. Die Seligen erscheinen Dante in den Planetenhimmeln. Diese Personen sind durch die Planetensphären und durch ihre freien Entscheidungen zu dem geworden, was sie sind. Sie haben real ihre Eigenart durch die Sternenzonen gewonnen, denen sie angehören. Es handelt sich für Dante dabei um naturhafte Kausalitäten, nicht um poetische Assoziationen.

Der berühmte *letzte* Vers des *Paradiso*

L'amor che move il sole e l'altre stelle.

bezieht sich nicht auf romantische Liebe, sondern auf das Streben der äußersten Weltschale nach dem Formenreichtum des Weltgrunds, den das astronomische System engelgeleiteter Schalen vor allem durch die Sonne, die als Planet gedacht war, auf der Erde nachahmt. Die Weltschalen der griechischen und arabischen Denker waren von Intelligenzen geleitet. Anders war die Geordnetheit der Welt nicht zu erklären.

Antike Mythologie, Kosmologie und Astronomie zeichnen die Landkarte des Jenseits, nach der unser Himmelswanderer aufsteigt. Je höher er kommt, um so deutlicher sieht er die Struktur des Universums. Er fängt gleich im zweiten Gesang kosmologisch an. Da trifft der Liebende endlich die Geliebte im Paradies, und was sagt er als erstes? Ich karikiere nur wenig, wenn ich seine ersten Worte dahin zusammenfasse: Sag mal, was ich dich immer schon fragen wollte, wo kommen die Mondflecken her (2, 49)? Unromantischer kann ein Rendezvous nicht beginnen. Mond- und Sonnenflecken widersprachen der Vollkommenheit der supralunarischen Sphäre des Aristoteles. Wer die Welt gut und geordnet finden wollte, mußte sich auf diese Störung himmlischer Harmonie einen Reim machen. Beatrice holt aus zu einer philosophischen Belehrung über Einheit und Verschiedenheit; sie korrigiert den studierten Mann, der sich im *Convivio* (2, 13, 9) die Mondflecken durch Verdichtung und Verdünnung, sozusagen mechanisch, erklärt hatte. Sie widerspricht: Verschiedenheiten fordern forma-hafte Prinzipien (2, 70). Uns zeigt dies die Präsenz der antikisierenden Kosmologie im *Paradiso* und die Dringlichkeit des damaligen philosophischen Tagesproblems des ›Mehr und Weniger‹ – sei's an Licht, sei's an Seligkeit.

Antikes zeigt sich auch in anderen Zusammenhängen. Dante erdenkt sich, Cicero folgend, für seinen Himmelsreisenden eine Art Astronautenblick (22, 154): Er sieht die Erde weit unter sich: Wie klein sie doch ist! Wie falsch die Habgier der Menschen, die sich um Teilchen von ihr blutig bekämpfen. Die Habgier, Grund aller Kriege, ist töricht, wirkt lächerlich, blickt man aufs Universum (27, 106–134; 22, 133–139).

Vom großen kosmischen Zusammenhang wendet der Blick sich rasch, schon im sechsten Gesang, auf die Politik und oft auf das Geschick von Florenz. Dies ist der zweite große Themenkomplex im *Paradiso*. Dantes Ahnherr Cacciaguida beklagt den Verfall der Heimatstadt; sehnsüchtig erinnert er an eine Stadt ohne markanten Fernhandel, ohne Besitzindividualismus und ohne Modekram, eine Stadt (15, 99) *in pace, sobria e pudica*.

Die Stadt wollte immer größer werden und wurde chaotisch; der alte Konservative bedauert die Öffnung der Stadt für die Bewohner der Umgebung; die Vermischung der Bevölkerungen sei der Ursprung allen Übels (16, 67).

Zwei Gesänge, 15 und 16, sind so gut wie ganz der Historie von Florenz gewidmet; sie enden mit harter Verdammung der Wolfsstadt. Dante erfährt in der Form von ›Prophezeiungen‹ sein eigenes Schicksal im voraus: Er wird die Demütigungen des Exils erleben, erfahren, wie bitter das Brot im Ausland schmeckt, das mit Salz gebacken wird: *come sa di sale lo pane altrui* (17, 58). Das Gedicht ist durchzogen von der Hoffnung auf Rückkehr in den *Schafstall des heiligen Johannes*, das *ovil di San Giovanni* (16, 25). Die Stadt ist zerrissen durch innere soziale Spannungen, und sie steht zwischen Kaiser und Papst. Daher die Bedeutung von Kaiseridee und Römischem Recht, das keine kaiserfeindliche Papstpolitik zuließ, im *Paradiso,* besonders im canto 6. Außer Florenz tadelt Dante besonders Robert von Anjou wegen seiner papsthörigen Kaiserfeindlichkeit: Der Herr von Neapel kann Predigten halten, aber von Politik versteht er nichts (8, 144). Naturhafte Unterschiede von Menschen haben forma-haften Ursprung; sie sind auch bei Personen zu respektieren und in der Politik zu beachten; wir kennen dieses Thema von den Mondflecken her.

Einen dritten großen Themenkomplex des *Paradiso* bildet die Kirchenkritik. Dantes Himmelsbewohner kritisieren die Päpste (18, 118 ff.) und prophezeien dem regierenden Papst die Hölle: Dieser Papst verurteilt Leute, nur um sich später den Freispruch abkaufen zu lassen (18, 130). Vielleicht findet ein einziger Papst aus Dantes Lebenszeit Anerkennung, aber bei ihm sagt Dante nicht hinzu, daß er Papst war; Dante preist zwar den großen Logiker Petrus Hispanus, nennt ihn aber nicht unter dem Papstnamen Johannes XXI. Dieser ist 1277 bei einem Dacheinsturz des Papstpalastes in Viterbo ums Leben gekommen (Par. 12, 134–135). Ich sagte ›vielleicht‹, denn die Zuschreibung des Handbuchs der Logik an diesen Papst ist nicht ganz sicher.

Die Heiligen mahnen zum Kreuzzug, den die Päpste vernachlässigen; sie tadeln Machtgier und Geldsucht der Kirche. Für Theologie interessiert sich kaum jemand; die Herren wollen herrschen und Geld machen, sei's mit Gewalt, sei's mit Syllogismen (9, 133; 11, 1–6). Daher sind die meisten Predigten albern; sie ergehen sich in Mätzchen, sie dienen im besten Fall der Unterhaltung, dem Verkauf von Ablässen und der Eitelkeit des Predigers (29, 70–126).

Dante trifft den Reformmönch Petrus Damiani, der wenige Jahre vor seinem Tod Kardinal wurde und jetzt ausruft (21, 124–142):

»Vom sterblichen Leben war mir nur wenig verblieben,
da bat, ja schleppte man mich zu diesem Hut,
der heute von Schlechten zu immer noch Schlechteren übergeht.
Petrus kam barfuß und mager,
so auch das große Gefäß des Heiligen Geistes.
Ihr Essen nahmen sie wahllos in irgendeiner Behausung.
Die heutigen Hirten wollen links und rechts bedient sein,
sie brauchen einen, der sie begleitet
und, weil sie so dick sind, einen, der sie von hinten aufs Pferd hebt.
Ihre Prachtmäntel reichen auch noch für ihre gesattelten Pferde,
zwei Viecher gehen dann unter das eine Fell.
O Langmut, daß du das alles erträgst!«

Auf diese Rede antwortet der Chor der Seligen mit einem so lauten Wutschrei, daß dem Besucher die Sinne schwinden. Einen so donnernden Ausbruch hat er im Himmel nicht erwartet, er ist vor Schreck wie benommen, aber Beatrice fragt zurück: *Weißt du denn nicht, daß du im Himmel bist?* Er lernt: ›Himmel‹ bedeutet nicht pure Harmonie, sondern Heiligkeit und Gerechtigkeit, also auch heiliger Zorn (21, 127–135; 22, 1–8).

Wie genau schildert der fromme Mönch die Kardinäle von heute: Die Apostel kamen barfuß und mager, sie aßen, was sie grad bekamen, die Kardinäle heute sind viel zu dick und reisen zu Pferd. Sie kommen nie allein, sondern mit Personal; sie brauchen einen, der sie hinten hinaufhebt. Ihre teuren Pelzmäntel sind ostentativ zu groß: zwei Bestien unter einer Decke.

Das *Paradiso* bezieht seine poetische Potenz auch aus solchen Satiren; in ihrer unbarmherzigen Genauigkeit inspirierten sie Boccaccio. Poesie ist *auch* die menschliche Form des himmlischen Wutschreis. Sie ist die Sprache des gerechten Zorns und der Verachtung für das, was in der Welt als groß gilt.

Außer der Kirchenkritik bestimmen noch mindestens zwei Lebenssphären Dantes *Paradiso:* Einmal die großen Figuren, sodann die doktrinalen Fragen. Die Poesie des *Inferno* war geprägt durch die prägnante Kontur einer Reihe von Gestalten, die man nicht mehr vergißt – Francesca da Rimini, Farinata, Ulisse und Graf Ugolino. Diese plastisch-figurale Machart tritt im *Paradiso* zurück, fehlt aber keineswegs: Der Kaiser Justinian, der Freund Carlo Martello und der Urahn Cacciaguida sind konkrete, fest umrissene Gestalten, auch die Heiligen: Benedikt und Petrus Damiani, Franziskus und Dominikus, Thomas und Bonaventura. Literarisch lebt Dantes Text nicht nur vom ironisch-kritischen Blick auf die heutige Erde, sondern auch von der Unverwechselbarkeit solcher Figuren. Sie sind nicht so grell gezeichnet wie mancher Höllenbewohner. Im lichtüberfluteten *Paradiso* stellen sie sich als individuelle Figuren nicht so leicht plastisch dar.

Aber gilt das für Beatrice? Gewinnt sie in unserer Imagination Leben oder ist sie vielleicht doch keine Frau, sondern Symbolfigur der Theologie? Darüber hat man gestritten, aber doch nur, meine ich, weil man vergessen hat, daß nach korrekter Theologie des Paulus im Himmel nichts mehr geglaubt und auch keine Theologie betrieben, sondern geschaut und gesungen wird.[54]

Die Geliebte übt im *Paradiso* mehrere Funktionen zugleich aus: Ihre Schönheit, vor allem die Schönheit ihrer Augen, zieht den Freund unendlich an; sie ermutigt, sie tröstet, sie ermahnt wie eine Mutter; sie ist aber auch, vielleicht ein wenig zu viel, die Lehrerin, die ihm die fremde Himmelswelt und den Kosmos überhaupt erklärt; sie ist Fürsprecherin bei den höchsten Instanzen, sie hat die Fäden in der Hand bei Personen der mittleren Ränge. Und sie macht sich am Ende entbehrlich; sie zieht sich nach oben zurück. Ihr Lächeln, das sie klug moderiert, auch zeitweise einstellt, um Dantes Fassungskraft zu schonen, bewegt als das Geliebte alle Schritte. Vielleicht leidet Beatrice als literarische Figur unter der Vielzahl ihrer Funktionen; sie wird zerrieben zwischen Geliebter und Göttin. Dante spricht von der Geliebten in den Sprachformen der zeitgenössischen Liebeslyrik; zugleich ist sie Lehrerin der Weltkunde und der Gotteslehre; der Himmelswanderer wundert sich einmal: Beatrice redet ja fast wie frater Thomas.

54 Paulus, 1 Kor. 13, 8–10; 2 Kor. 5, 7. Auch Thomas von Aquino, Sth 1–2, 67, 3.

Das muß sie, sie argumentiert scholastisch fachgerecht, *provando e riprovando* (3, 3), denn das *Paradiso* behandelt mit Leidenschaft Fragen der Theorie. Sie bilden einen letzten Themenkreis. Nicht nur der Theologie, sondern auch der Astronomie und Dichtungstheorie, der Philosophie und insbesondere der Kosmologie. Die Dichtung steigt in den Himmel auf, gewinnt von dort her Übersicht und wird als Poesie der Intelligenz lebensleitende Macht. Sie macht durchsichtig, was sich sonst in Lebensknäueln und Debattenwirrsalen verliert. Sie zeigt die Struktur der Welt; sie klärt umstrittene Fragen der Gelehrten, z. B. die nach Vereinbarkeit von Prädestination und freiem Willen, aber auch der richtigen Platon-Interpretation (4, 49). Immer wieder hat der Himmelsbesucher Zweifel, *dubbi*; er fragt ungeniert, erstaunt: *Che cose son queste?* (20, 82) Das fängt bei Mondflecken an und endet bei der Theorie der Erlösung (7, 47). Ich nenne nur einige der Themen: Das Verhältnis von Einheit und Vielheit im Universum (2, 70 ff.), Gottes Motiv zur Welterschaffung (29), Ewigkeit und Wandel, die beseligende Schau – mehr im Intellekt oder in der Liebe (28)? Und immer wieder das Rätsel: Verdammt Gott wirklich edle Heiden (19–20)?

4. ›Paradiso‹ als Poesie

Man könnte das heilige Poem überfrachtet nennen. Aber es ist es nicht. Zunächst einmal durch seine rigorose Einteilung. Die fast geometrische Ordnung mit 33 fast gleichlangen Gesängen schafft Übersicht. Nichts wird breitgetreten. Rigorose Strategie sichert dem Gedicht die Einheit, dazu die durchgehaltene Kunstform der Terzinen, die beiden Hauptfiguren des Wanderers und seiner Führerin.

Vor allem ist das *Paradiso* eine Einheit kraft seiner poetischen Atmosphäre. Damit bin ich endlich bei seinem Lyrismus. Wie war er möglich? Wie kann Dante das Unsagbare sagen? Seine vielen Erklärungen, er könne es nicht, spitzen das Problem nur zu: Er hat Gott gesehen, er hat in Gott alle Weltinhalte gesehen, aber er kann uns nicht sagen, was er gesehen hat. Er hilft sich mit der Unterscheidung: Das Gedächtnis kann nicht aufnehmen, was der Intellekt erfaßt; dieses Motiv durchzieht das ganze Buch und führt zu der schönen Metapher, es gehe ihm wie einem, der träumt. Er spürt noch den Schrecken oder das Traumglück in seinen Gliedern, hat aber den Inhalt vergessen, kann also nicht sagen, was er geträumt hat.

Dennoch sagt Dante, was er gesehen hat: Funken, die ihre Feuerintensität verändern, Lichtspiele und pyrotechnische Figuren, die sich zu Buchstaben formen, zu einem großen M etwa, das dann zum sprechenden Adler wird. Engel und Selige tanzen Ballett und bilden Kreise, Kreuze, eine Leiter, die sich im Unendlichen verliert. Neben die Beleuchtungseffekte treten Farbspiele, intensive, ungegenständliche Farbmalerei. Gott selbst ist keine menschenartige Figur, sondern zuerst ein Punkt, der sich in drei Farbkreise auflöst, die einander umschlingen.

Um Dantes Lyrismus näherzukommen, muß der Leser ins Einzelne gehen. Ich wähle dafür den 23. Gesang (1–111). Er enthält weder historischen Stoff noch doktrinale Belehrung. Dante betritt den letzten, den Fixsternhimmel. Beatrice erwartet den triumphalen Aufflug, zuerst Christi, dann Marias; Christus und Maria entschwinden nach oben. Eine meditativ-lyrische Variation über das dogmatische Thema der Himmelfahrt Jesu und der Aufnahme Marias in den Himmel. Ein literarisch höchst prekäres Unternehmen, das gerade deshalb Dantes Dichtkunst zeigt. Er setzt so ein:

Wie ein Vogel, der während der Nacht, die uns die Dinge verbirgt,
auf vertrautem Zweig geruht hat am Nest seiner süßen Jungen
und der nun, ihres ersehnten Anblicks wegen
und um die Nahrung zu finden, mit der er sie füttert,
– die harte Mühe wird ihm Genuß –,
wie der den Zeitpunkt vorausnimmt, wie er vorfliegt auf einen offenen Zweig
und mit glühendem Gefühl die Sonne erwartet, starren Blicks,
daß nur die Morgenröte erscheine –
so stand meine Frau, aufgerichtet und wach,
der Himmelsgegend zugewandt, in der die Sonne langsamer zu gehen scheint.

Es gibt selbst im *Paradiso* kaum einen Gesang, der so wenig Gegenständliches enthält. Er fordert keine gelehrten Kommentatoren. Dante ist angekommen im Fixsternhimmel. Und Beatrice erwartet den Triumphzug Christi. Dieser zieht vorbei, als Sonne mit allen Sternen. Beatrice lächelt wieder, weil Dante jetzt gestärkt ist. Dann der Triumphzug Marias mit den Aposteln, schließlich ihre Krönung. Den Hauptvorgang, die Auffahrt Christi, erfahren wir nur aus dem Mund Beatrices. Dante sieht Lichterscheinungen und Farben. Der Eintritt zweier menschlicher Körper in den obersten Himmel läßt sich unkörperlicher, ätherischer nicht schildern. Wir bekommen Christus nicht zu Gesicht, erfahren aber: Er ist die Einheit von Weisheit und Macht. Bei uns hier wütet die Macht ohne Einsicht, und die Weisheit verglüht machtlos in sich.

Auch der Engel, der am Ende Maria mit saphirenem Licht krönt, ist entpersonalisiert; nicht nur hat er keinen Namen – die Kommentatoren rätseln vergeblich: Ist es Gabriel? Dante nennt ihn nicht einmal ›Engel‹, sondern er nennt sich: *amore angelico*, substantielle Liebe, nichts sonst.

Dem zusehenden Dichter schwinden mehrfach die Worte, die Sinne: Er kann nicht sagen, wie glücklich Beatrice ist in der Erwartung (23, 24); er hält den Sonnenglanz nicht aus, ist überwältigt (23, 33–34), sein Geist gerät außer sich, er kann sich an nichts erinnern (23, 40–45). Er sagt, daß er nichts sagt.

Die poetische Rede bricht mehrfach ab, und dies wird Anlaß, über eine Dichtung nachzudenken, die das Paradies ›figuriert‹. Sie kann nicht glatt fließen; sie muß zerstückt sein – wie das Wandern über einen Bergweg, der abgerutscht ist oder unter einer Schlammlawine begraben. Dante war im Himmel und sagt, er habe vergessen, was er gesehen hat. Und doch sagt er nicht nichts. Was er hinschreibt, ist alles andere als ein schwarzes Loch. Und warum nicht? Das eben macht die Poesie, deren Kunstgriffe hier zu sehen sind. Es sind mindestens drei:

Einmal die Vergleiche, sodann die Licht- und Farbspiele, und über allem die Intensität der Liebe zu Beatrice.

Der canto setzt ein mit dem *Wie ein Vogel*, der den Sonnenaufgang erwartet – wir dürfen an die Nachtigall denken, mit ihren süß-melancholischen Tönen –, so erwartet Beatrice die Himmelssonne. Sodann: Wie in heiterer Vollmondnacht der Mond mit allen Sternen, so erleuchtet die Himmelssonne all die sie begleitenden Lichter; Dante dachte, die Sonne sei die Lichtquelle nicht nur der Planeten, sondern aller Sterne. Der Mond heißt wie bei Vergil und Ovid *Trivia*, und der schöne Vers vergleicht, angelehnt an Horaz, die Sterne antikisierend mit Nymphen.

Nächster Vergleich: Wie der Blitz aus der Wolke gegen die Natur des Feuers, das immer aufsteigt, zur Erde schlägt, so gerät Dante außer sich. Dann die Beschreibung der Dichtung: Sie ist ein Springen, ein Überspringen; sie ist Last auf den

Schultern, ein Boot auf hoher See. Diese und andere Metaphern schaffen, auch wenn sie literarische Vorbilder hatten, dichte Anschauung als Ausgangspunkt, den die poetische Meditation dann allerdings immer verläßt. Der Leser vollzieht selbst die Aufstiegsbewegung vom Sinnlichen zum Übersinnlichen. Dantes Poesie hat in der bildhaft festgehaltenen irdischen Erfahrung einen präzisen Ausgangspunkt, ent-springt ihr aber.

Aber indem sie ihn verläßt, gerät sie nicht ins Dunkel. Ins Unbestimmte steigt sie auf, aber nicht ins Graue, und dies bewirkt der zweite Kunstgriff, die Lichtmalerei. Der Vogel erwartet die Morgenröte, Beatrice die Himmelssonne, der Himmel erhellt sich, Sonne, Mond, Sterne, sie leuchten alle zugleich, aus einziger Lichtquelle gespeist. Die Seligen ziehen vorbei, lebendige Lichter, *viva luce* (23, 31). Christus ist das Lichtwesen selbst, nicht Licht als Epiphänomen, nicht nur als Schein, sondern er ist das substantielle Licht, *la lucente sustanza* (23, 32). Der Dichter, obwohl geblendet, weiß das; er verfällt nicht ins Klagelied einer schwarz-malenden, nur negativen Theologie. Die eigene Erschütterung, die Ohnmacht, den Gedächtnisverlust vergleicht er dem Blitz, der aus der Wolke stürzt; noch die Verdunklung seiner Sinne wird Lichtphänomen. Beatrices *heiliges Antlitz, il santo aspetto*, ist Licht, ihr *heiliges Lächeln, il santo riso*, macht es noch heller (23, 59–60). Beatrice verweist von ihrem Gesicht, das in Dante die Liebe neu entfacht, auf den Blumengarten, dem die Himmelssonne das Farbenglück gewährt; er sieht die Rose, Maria, die Lilien, die Apostel. Dann wieder setzt ein Vergleich ein: Wie in der irdischen Erfahrung ein Sonnenstrahl aus zerrissener Wolke auf eine Blumenwiese auftrifft, so taucht die Lichtgruppe auf, deren Lichtquelle sich, um seine Augen nicht zu zerstören, schon in die Höhe entfernt hat. Sie bestrahlt die Seligen, ohne selbst gesehen zu werden – wie bei uns die Sonne hinter Wolkenfetzen hervorstrahlt. Christus ist Sonne, Maria lebendiger Stern, die Seligen bilden Lichtergruppen und bewegen sich in Kreisen und Kränzen. Und alles ist in Farben getaucht. Gold haben die Himmelsbewohner immer verachtet, die Krone Mariens ist saphirnes Licht, kein dinghaftes Metall, nicht das glitzernde Zeug, für das Irdische sich töten. Lichter, Flammenkränze, saphirener Glanz, süßer Gesang des *Regina caeli* – das bleibt, wenn Zentralsonne und Hauptstern sich in den höchsten Himmel entziehen.

Beatrice nennt das sanfte Vorbeiziehen einen Triumphzug, der die Ernte des ganzen Weltprozesses einbringt, also das, was herauskommt beim Drehen aller Himmelsschalen. Es ist ein Triumphzug ohne die Allüren irdischer Sieger; die Hauptsonne entschwindet, um Dante wieder das Sehen zu ermöglichen.

Die Poesie dieses canto kommt durch einen dritten Kunstgriff zur Vollendung, wenn man das einen Kunstgriff nennen darf. Aber poetische Strategie ist das schon: Die Fülle irdischer Bilder als Ausgangspunkt, das überirdisch-üppige Spiel der Farben und Klänge – dies alles ist eingetaucht in die Atmosphäre der Liebe zu Beatrice. Sie wird vielleicht nie intensiver, nie direkter ausgesprochen als in diesem Gesang. Dieser Gesang ist ein Liebeslied an Beatrice: Nur hier redet er sie so an (23, 34):

Oh Beatrice, dolce guida e cara!

Sie lächelt jetzt wieder, was sie im vorigen canto bewußt unterlassen hatte; sie macht ihn in einer Art höherer Koketterie auf ihre Veränderung aufmerksam: *riguarda qual son io* (23, 46). Sie sieht: Ihr Gesicht macht ihn immer mehr verliebt (23, 70), sie verweist ihn aber von sich weg auf das vorbeiziehende Himmelsgeschehen; sie beginnt mit ihrer Ablösung. Negatives Liebesgedicht: Sie beginnt zu gehen, nicht ganz so schnell wie die

Himmelssonne und der lebende Stern aufgetaucht sind, um rasch zu entschwinden im Lichtmeer. Sind die beiden Triumphzüge zufällig vorbeigekommen? Sind sie Dante zum Empfang entgegengeeilt? Das bleibt offen.

Wir haben einen Endpunkt erreicht. Ich könnte zusammenfassen: Dantes *Paradiso* bietet Schwierigkeiten, besonders für Leser mit einem biographistischen oder naturalistischen Begriff von Dichtung, aber es ist große Poesie. Das *Paradiso* arbeitet weniger an der skulpturalen Ausformung einzelner plastischer Gestalten; es gruppiert die Seelen zu Reigen, Tanzfiguren, Buchstaben, zu Kreuz und zu Adler, zur goldenen Leiter und zuletzt zur weißen Rose. Die *Paradiso*-Poesie bindet gern mehrere Terzinen zu großen Bogen. Man denke nur an die Beschreibung des die Sonne erwartenden Vogels am Anfang von canto 23. Wir sehen Aufwärtsbewegungen von Gruppen, aber sie gehen nicht mit der Mühsal des *Purgatorio*, sondern sanft, leicht und heiter. Die harmonische Atmosphäre schließt Invektiven und Zornausbrüche über die irdische Welt nicht aus. Das *Paradiso* ist Augenfreude, aber entmaterialisiert. Seine Elemente sind Licht, Farben und Musik. Es ist Poesie des Sehens, der Gewißheit und des gemeinsamen Glücks. Dante lebt auf wie der Falke, dem man die Kapuze wegnimmt, sich streckt, seine Kraft fühlt und zeigt, daß er Lust hat und daß er schön ist (19, 34–39). Dieses Moment der spontanen Eigenbewegung im Angesicht Gottes, das Omnipotenztheologien dem Menschen gern absprechen, hier wird's gefeiert. Wärme und familienartige Vertrautheit spricht in der Metapher: wie ein Säugling, der sein Ärmchen ausstreckt zur Brust der Mutter (30,82–86). Interjektionen häufen sich im *Paradiso.* Schön im canto 23, 34:

O Beatrice, dolce guida e cara!

DREI

POESIE – THEORIE – POLITIK

I. BEATRICE

1. Beatrice ist nicht die Theologie und nicht der Glaube

Die *Commedia* ist ein exzentrisches Liebesgedicht, ein Hymnus auf Beatrice. Wer war Beatrice? Von ihr geht Dantes Jenseitswanderung aus, zu ihr führt sie hin. Im zweiten canto des *Inferno* erzählt Vergil, sie habe ihn in der Hölle aufgesucht und berichtet, die heilige Lucia sei, von Maria angeregt, zu ihr gekommen und habe sie gefragt: *Beatrice, du wahres Lob Gottes, loda di Dio vera, warum eilst du deinem Freund nicht zu Hilfe?* (Inf. 2, 103–104). Der heutige Leser wundert sich, warum Beatrice nicht allein darauf gekommen ist, aber Dante wollte wohl seine Rettung auf allerhöchste Stellen, zuletzt auf die Gottesmutter, zurückführen. Beatrice gibt für einen Augenblick ihren Himmelssitz auf und steigt für Dante hinab in die Hölle. Dann hören wir lange nichts von ihr. In *Purgatorio* 19 träumt Dante von einer verführerischen Frau; ihr tritt eine namenlose Dame entgegen, von der es heißt, sie sei *heilig und schnell* (19, 26). Sie greift in die Traumszene ein und mobilisiert Vergil zur Entlarvung der Verführerin, aber die Dame hat keinen Namen, wir wissen nicht, ob es Beatrice ist. Als einer identifizierbaren Person begegnet Dante ihr wieder am Ende des *Purgatorio* (Purg. 30). Sie begleitet Dante durchs *Paradiso,* überläßt zuletzt die Führung dem heiligen Bernhard (31, 59–93).

Sie ist im Hintergrund die Hauptperson der *Commedia,* sie spricht seltener als Vergil, und manches, was wir hören, hinterläßt Unsicherheit. Wer ist sie eigentlich, Beatrice? Ihr Nachname wird in der *Commedia* nie genannt; Dantes Sohn Pietro identifizierte sie mit der Tochter des angesehenen Kaufmanns Portinari; Boccaccio erzählt, sie habe einen Simone aus der Bankiersfamilie der Bardi geheiratet.

Wie dem auch sei, sie ist keine einfache florentiner Frau: Sie sitzt in den höchsten Rängen der Himmelsrose, sie beauftragt Vergil mit der Führung bei Dantes Reise. Sie ist mehr als eine Frau, aber was genau?[1]

Mir scheint, es bestehe bei neueren Dante-Darstellungen eine gewisse Tendenz, Fragen zu umgehen, die ihre Figur uns stellt. Sie wollen wohl Gefühliges vermeiden und nicht über Unentscheidbares streiten. Auch ich bleibe über Beatrice in manchem Zweifel. Ich halte daher zunächst einmal fest, in welchen Texten sie vorkommt. Das ist außer in den genannten canti der *Commedia* und außer einem Abschnitt im zweiten Buch des *Convivio* vor allem Dantes frühe Schrift *Vita nova*, vermutlich 1293/94 geschrieben. Dort erfahren wir, daß sie Dante zum ersten Mal auffiel, als er neun Jahre alt war, 1274. Damals erschien ihm die Achtjährige als die verherrlichte Herrin seines Geistes, *la gloriosa donna de la mia mente.*[2] Das ist ein früh gebrauchtes,

1 Zu Diskussionen über Beatrice vgl. außer der Literatur zur Vita nova und zum Convivio: Aldo Vallone, in: ED 1, S. 544–551; Etienne Gilson, Dante et Béatrice, Études dantesques, Paris 1972; Giorgio Petrocchi, L'ultima dea, Rom 1977; Robert P. Harrison, The Body of Beatrice, Baltimore 1988; Ignazio Baldelli, Realtà personale e corporale di Beatrice, in: Giornale storico della letteratura italiana 169 (1992), S. 161–182; Rudy Abardo (Hg.), Omaggio a Beatrice, Florenz 1997; Mario Pazzaglia, Il ›mito‹ di Beatrice, Bologna 1998; Guglielmo Gorni, Dante. Storia di un visionario, Rom–Bari 2008, S. 110–122.

2 Dante, Vita nova, c. 2 alter Zählung, in der heute maßgebenden Ausgabe von Guglielmo Gorni, Turin 1996, das erste Kapitel c. 1, 2 bei Gorni S. 5–6. Die Ausgabe von Stefano Carrai gibt die neue Kapitelaufteilung nach Gorni, bei ihm S. 41–42.

erhabenes, nach Himmelsherrlichkeit klingendes Prädikat. Er war hingerissen von ihrer Schönheit. *Von da an beherrschte Amor meine Seele* (1, 8). Er nennt sie einen *jungen Engel, angiola giovanissima*; er wendet auf sie das bei Albert zu findende Homer-Zitat an: Sie schien mehr die Tochter eines Gottes als eines Menschen.

Dantes Beschreibung der ersten Begegnung mit Beatrice im ersten Kapitel der *Vita nova* mischt profanierte Offenbarungssprache mit Elementen der Naturphilosophie. Mit feierlichen, lateinischen Dicta feiert sie Beatrice als Offenbarung des Heils, genauer: Sie ist das Heil. Sie verweist nicht auf das eschatologische Heil der Christen: *Apparuit iam beatitudo vestra. Jetzt ist eure Glückseligkeit erschienen* (1, 6). Diese Sprache klingt nach dem Evangelium, meint aber die erste Erfahrung der Beseligung durch den Anblick Beatrices; sie nimmt wohl auch Formeln auf aus Guido Cavalcantis Gedichten, dem Dante dieses Buch gewidmet hat. Das ist transformierte religiöse Sprache, mit dem Homer-Zitat ins Antike transponiert zur Feier Beatrices als Göttin. Naturphilosophisch denkt Dante seine Liebe entstanden auf dem Weg über die Augen zu den Vitalgeistern, die in den geheimsten Kammern seines Herzens wohnen (1, 5). Seine Beatrice-Erfahrung ist nicht die unbesorgten Glücks: Dante zittert in allen Adern; es ist das Zittern, das Francesca wahrnahm, als ihr Geliebter sie küßte. Der Liebesgott erschreckt den Knaben, so daß er ausruft, wieder in lateinischer Sprache, mit einem profanierenden Anklang an das Evangelium (Matth. 3, 11 und Luk. 3, 16): *Ecce deus fortior me qui veniens dominabitur mihi. Siehe, ein stärkerer Gott kommt und wird mich beherrschen* (1, 5). Er fängt an zu weinen und beschreibt dem Freund, dem Naturphilosophen Guido, sein Weinen als das Werk des *Naturgeistes, spirito naturale*, der seinen Sitz dort habe, wo die Seele die Nahrung verdaut, also vor allem in der Leber. Von diesem *Naturgeist* unterscheidet Dante den *Lebensgeist, spirito animale*, der seinen Sitz habe in der hohen Kammer, zu der alle *Wahrnehmungsgeister, spiriti sensitivi*, ihre Wahrnehmungen tragen, also im Gehirn. Dieser sensitive Lebensgeist ist über Beatrices Erscheinung voller Erstaunen und redet zu den Lebensgeistern der Augen, so daß diese nicht aufhören, sich die Wahrnehmung der Schönen zu verschaffen. Es war aristotelische Lehre, daß die Liebe mit dem Sehen beginnt; die arabischen Ärzte, vor allem Avicenna, hatten die Lehre von den Lebensgeistern ausgearbeitet, Albert war ihnen gefolgt, sie waren bei Guido Cavalcanti ein ständiges Thema.[3] Dante beschreibt Dantes überwältigende Erfahrung der achtjährigen Beatrice als Unterwerfung unter den Liebesgott mit Vokabeln der transponierten antik-philosophischen Theologie und der aristotelisch-arabischen Naturphilosophie und Medizin. *Von jetzt an beherrschte Amor meine Seele.* Er nennt Beatrice auch ›Engel‹, und dieses Wort hatte gewiß stärkeres Gewicht als bei einem Schriftsteller des 19. Jahrhunderts; aber auch dieser Ausdruck bedeutete die Profanation eines strikt-religiösen Terminus in die Sprache der Liebeslyrik. Ich weiß nicht, wann ein Dichter zum ersten Mal seiner Geliebten sagte, sie sei ein ›Engel‹. Vermutlich haben wir hier einen der frühesten Belege. Insgesamt beschreibt Dante die erste Begegnung mit Beatrice als die Realisierung ihres *Namens:* Sie macht selig. Und die vielen Menschen, die gedankenlos ihren Namen nennen, wissen nicht, was sie sagen (1, 2).

Dante macht sich nicht die Mühe, die Beglückung des Neunjährigen irgendwie psychologisch begreiflich zu machen. Bea-

3 Belege s.v. ›spirito‹ in: ED 5, S. 387–390.

trice ist ein Schicksal, keine, wie man heute sagen würde, ›Partnerin‹. Beatrice tritt ihm entgegen, und er ist wehrlos. Zugleich betont der Verfasser der *Vita nova,* diese Liebe sei immer der Vernunft untergeordnet geblieben (1, 10); sie hatte keine sexuelle Komponente.

Etwa sechzig Jahre später erzählte Boccaccio den Anfang der Liebesgeschichte Dantes. In seiner Dante-Biographie, dem *Tratatello in laude di Dante,* den ich in seiner ersten, der ausführlicheren Fassung zitiere, läßt er die Liebe des jungen Dante bei einem Frühlingsfest entstehen, das der Vater Beatrices für Freunde und Nachbarn in seinem Haus veranstaltete. Boccaccio nennt auch den Namen des Vaters: Folco Portinari, dessen Haus nicht weit entfernt vom Haus der Familie Dantes lag und der als Geldverleiher und Immobilienhändler ein angesehener Bürger war. Es war der erste Mai, und der Himmel schmückte wieder die Erde; er mischte Blumen von vielerlei Farben ins irdische Grün. Zum Frühlingsbeginn war es in Florenz üblich, Frauen und Männer des Stadtteils zum Fest einzuladen. Die Väter pflegten ihre Kinder mitzubringen; Jungen und Mädchen spielten miteinander. Auch die achtjährige Beatrice war dabei, heiter, gefällig, gut erzogen. Sie war ernster und bescheidener als es sonst Achtjährige sind; man hielt sie für einen kleinen Engel. Und der junge Dante nahm ihr Bild in seinem Herzen so eindrücklich auf, daß er sich nie mehr von ihm trennte. Boccaccio faßt zusammen: Dante war von da an ein leidenschaftlicher Diener Amors.

Nach dieser Schilderung des Frühlingsfestes im Hause Portinari beginnt Boccaccio, über die Gründe einer solchen Liebe nachzudenken: War es der besondere Einfluß des Himmels, also eine günstige astrologische Konstellation? War es eine ähnliche Konstitution oder die übereinstimmende Lebensart? War es die Festtagsstimmung, schließlich öffnen der Wohllaut der Musik, die allgemeine Heiterkeit und die Qualität der Speisen und Weine auch die Herzen reifer Personen; sie lassen sich leichter von dem gewinnen, was ihnen gefällt.[4]

Beide Berichte, der Dantes wie der Boccaccios, sind in poetischer Prosa geschrieben. Beide sind keine Protokolle, sondern Dichtungen. Bei Dante kommt mit dem Erscheinen des Mädchens der Gott der Liebe, der stärker ist als der von ihm Ergriffene: *Ecce deus fortior me* (1, 5). Er ist erschreckend und läßt Gefahren ahnen. Beatrice ist Tochter Gottes, wie eine Göttin. Über ihr Aussehen sagt Dante wenig; immerhin erfahren wir etwas über ihre Kleidung: Diese war von vornehmster Farbe, dunkelrot (*sanguigno*); sie trug einen Gürtel und Schmuck, wie er zu ihrem zarten Alter paßte (1, 4). Dieses Bild ist nicht konventionell, aber doch im hohen Maß rhetorisch; Dante weiß, daß er selbst es war, der den Liebesgott ermächtigt hat, und vermerkt, der Liebesgott habe über ihn die Macht ausgeübt, die ihm seine Vorstellungskraft verliehen habe, *la vertù che li dava la mia imaginazione* (1, 8). Der Gott Amor verdankt seine bestimmende Kraft (auch?) der Dichtung. Er wirkt, aber er ist keine selbständige Wirklichkeit; er ist, wie Guido Cavalcanti sagte, keine ›Substanz‹. Dantes Analyse der verschiedenen Stufen der Lebensgeister gehört in den Umkreis der naturphilosophischen Studien Guidos. Sie machen das Beatrice-Bild nicht realistischer; sie untersuchen das Eindringen ihres Bildes in das Herz des Verliebten.

4 Giovanni Boccaccio, Tratatello in laude di Dante §§ 30–34, ed. Giorgio Padoan, in: Giovanni Boccaccio, Tutte le opere, ed. Vittore Branca, Band 3, Mailand 1974, S. 444–445.

Boccaccio leitet seine Erzählung ein mit der lyrischen Feier des Frühjahrs: »In den Tagen, da die Süße des Himmels die Erde wieder mit ihrem Schmuck überzieht, so daß sie lacht in der Vielfalt der Blumen, die sie unter das Grün mischt, da war es in unserer Stadt Brauch ...« (§ 30, Padoan S. 444). Hier bilden das wiederkehrende Leben in der Natur und der florentinische Brauch der Frühjahrsfeste den Rahmen für das Auftreten Beatrices. Sie tritt jugendlich bescheiden auf, aber ernst und vornehm (*gentilesca*). Schön war sie, zart im Gesicht und wohlgestaltet. Boccaccio spinnt die Beschreibung ihres Aussehens etwas näher aus, um die Veränderung im Herzen des jungen Dante verständlich zu machen, beginnt aber dann eine allgemeine Überlegung über den Grund der Liebe. Er glaubt nicht, deren Entstehung erklären zu können; er nennt nur verschiedene Möglichkeiten der Erklärung: astrologisch oder aus der individuellen Konstitution (*complessioni*) oder aus gemeinsamer Lebensart (*costumi*) oder aus der Festtagsstimmung, die mit Musik, Speisen und Wein auch ältere Menschen aufgeschlossener macht. Er läßt diese Fragen offen und hebt nur noch hervor, daß die Flammen der Liebe mit dem Heranwachsen Dantes immer lebhafter wurden (§ 35, Padoan S. 445). Ein bedeutender Dante-Forscher fand, Boccaccio banalisiere den Vorgang. Das trifft in einem gewissen Grad zu: Er wiederholt nicht die antikisierenden und philosophischen Metaphern der Göttlichkeit; er analysiert nicht mehr wie Dante den Anteil der eigenen poetischen Imagination an der Ermächtigung Amors; er zählt mögliche Erklärungen für die Entstehung der Liebe auf, während Dante die naturphilosophisch-medizinischen Theoreme nur gebraucht hatte, um seine Reaktionen zu beschreiben. Aber Boccaccio entscheidet sich nicht für eine der möglichen Liebesursachen; er sagt nicht etwa, die gehobene Feststimmung, Gebäck und Wein hätten Dante verliebt gemacht, was tatsächlich eine Banalisierung gewesen wäre. Er setzt das neue Leben des jungen Dante in den Zusammenhang der allgemeinen Frühjahrsbelebung. Man könnte von Naturalisierung sprechen, hätte er nicht zugleich die alte Gewohnheit der florentinischen Frühlingsfeste erwähnt. Dante betreibt seine Privatliturgie der Beatrice-Verehrung ohne erkenntnistheoretische Bedenken; Boccaccio zieht die außerordentliche Begegnung ins Natürliche herüber, erwähnt verschiedene Zurechtlegungen, entscheidet sich aber für keine. Er ist skeptischer, stellt das Außergewöhnliche nicht in Frage, kennt aber nicht wie Dante nur eine Art, die Liebe des Neunjährigen zu stilisieren, sondern mehrere. Beide beleuchten den Vorgang im Haus Portinari mit den konzeptuellen und poetischen Deutungsmustern, die sie in ihrer je verschiedenen Gesamtsituation entwerfen konnten. Liebe als Passion kann nicht ohne Naturbasis verstanden werden; der erste Schritt Dantes zu ihrem theoretischen Verständnis erfolgt wie bei Cavalcante im Sinn der aristotelischen Naturphilosophie.[5] Die Beatrice beider Poeten ist eine dichterische Fiktion, die gleichwohl wahr ist.

5 Thomas von Aquino, Sth 1–2, 22, 2 ad 3: *In definitione motuum appetitivae partis materialiter ponitur aliqua naturalis transmutatio organi; sicut dicitur, quod ira est ›accensio sanguinis circa cor‹*. Zur Geschichte der Theorie der *passiones animae* vgl. Dominik Perler, Transformationen der Gefühle. Philosophische Emotionstheorien 1270–1670, Frankfurt/M. 2011; zu Thomas von Aquino, der Emotionen als sinnliche Regung begreift, bes. S. 43–102.

2. *Beatrices Tod und Verklärung*

Als sie achtzehn Jahre alt war, sah Dante sie wieder. Danach, erzählt er, habe er einen Traum gehabt: Amor sei ihm erschienen als sein Herr, furchterregend und groß; er habe die schlafende Beatrice im Arm getragen, nackt, nur mit leichtem Tuch bedeckt, dann habe Amor ihr sein Herz zu essen gegeben (Vita nova, I, 14–15). Ein Vorgang von mythologischer Größe und märchenhaft-archaischem Geschmack – Amor als Person, als mächtiger Herrscher, das Herz, das verschlungen wird. Das wirft neue Fragen auf, zunächst nach dem genauen literarischen Charakter der *Vita nova*: Ist sie eine Psycho-Biographie, ein Roman der Liebe? Jedenfalls ist sie eine Sammlung von einigen Gedichten Dantes mit autobiographischen Erklärungen.

Er findet sich liebeskrank; damit andere dies nicht auf Beatrice beziehen, fingiert er die Liebe zu einer anderen Frau, einer sog. *donna schermo*. Der frühe Tod einer jungen Frau aus dem Kreis von Beatrices Freundinnen bewegt ihn, an sie mit zwei Sonetten zu erinnern. Als die *donna schermo* die Stadt verläßt, fingiert er eine andere Liebe. Vielleicht waren diese Liebesgeschichten weniger fingiert, als die *Vita nova* glauben machen will. Beatrice erfährt von ihnen, nimmt sie nicht als Fiktion, sondern als die erotische Flatterhaftigkeit Dantes und verweigert bei einem Zusammentreffen den Gruß. Es folgen melancholische Gedichte, bis er sich entschließt, eine Canzone zum Preis Beatrices zu schreiben: *Donne ch'avete intelletto d'amore. Frauen, die ihr euch auf Liebe versteht.*

Der Tod von Beatrices Vater vertieft weiter die dunkleren Töne der *Vita nova*; Dante träumt, Beatrice sei gestorben; er fährt zunächst fort mit Preisgedichten auf sie, er erkrankt und hört schließlich von ihrem Tod. Er dichtet Trauerverse, aber nicht lange danach sieht ihn eine junge Frau – Dante nennt sie auch *vornehme Dame, donna gentile,* wie später die Philosophie, mit der sie nicht zu verwechseln ist – voller Mitleid von ihrem Fenster aus in Trauer; er dichtet für sie vier Sonette. Die Untröstlichkeit war von begrenzter Dauer, und die *Vita nova* ist wohl auch geschrieben, um seinen Ruf in der Stadt wiederherzustellen. Zuletzt sieht er Beatrice im Himmel.

Am Ende des Buches steht Dantes wuchtige Erklärung, er werde jetzt schweigen von dieser Frau, die im Himmel in Gottes seliger Anschauung lebe, bis er so von ihr reden könne, wie noch nie von einer Frau gesprochen worden ist (31,2). Damit kündigt er das schriftstellerische Projekt einer maximalen Überhöhung an, einer noch nie dagewesenen Mythologisierung, einer poetischen Verklärung, die an Vergottung grenzt, kurz: er kündigt die *Commedia* an. Beatrice ist zunächst eine normale, freilich besonders schöne Frau; sie ärgert sich über Dante, der, um seine Liebe geheimzuhalten, einer anderen Frau den Hof macht, wie es höfischer Sitte entsprach; sie trauert beim Tod ihres Vaters; sie stirbt jung im Jahr 1290. Dante versetzt sie in den Himmel, und rückschauend fällt auf: Schon ihr Name war symbolisch: die Beseligende. Sie gab ihm *Neues Leben, Vita nova.*

Schon in der *Vita nova* spricht Dante von Beatrice in quasi-religiöser Diktion: Ihr kommt die Symbolzahl 9 zu. Sie war fast neun, als sie sich kennenlernten; sie starb im neunten Jahrzehnt des Jahrhunderts, so geht es fort, nicht ohne zu erwähnen, daß drei mal drei die Neun ergibt, und daß Drei die Zahl der Dreieinigkeit sei (19, 1–7). Eine solche Stelle gibt ein begrenztes Anrecht, nach symbolischen Zahlverhältnissen zu suchen – in der *Commedia* mit ihren 3 mal 33 Canti.

Auffallend der Bericht über ihren Tod: Dante ist erkrankt, neun Tage lang. Er denkt, ohne daß er etwas von ihrer Erkrankung wüßte, über die Gebrechlichkeit der zarten Frau nach, verliert sich im Weinen, gerät in Fieber und Wahnideen: In seiner Verwirrung sieht er zerzauste Frauen, die ihm den eigenen Tod ankündigen oder ihm sagen: Du bist tot. Die Sonne verfinstert sich; die Sterne verlieren ihren Glanz, sind verhüllt wie von Tränen. Vögel fallen tot vom Himmel. Es ist die Karfreitagsszenerie beim Tod Christi. Bald besucht ihn ein Freund und fragt, ob er denn nicht wisse, daß seine *donna* gestorben sei (14, 1–16). Das kosmische Trauerspiel wird zur Himmelfahrt: Dante sieht eine große Zahl von Engeln, die etwas von strahlendstem Weiß gen Himmel tragen; sie singen *Osanna in excelsis*, den Gesang, mit dem Jesus beim Einzug in Jerusalem begrüßt worden ist. Beatrice – eine Art Erlöser? Auch bei ihrem Auftritt im irdischen Paradies erschallt der Zuruf, der Jesus galt: *Benedictus qui venis* (Purg. 30, 19). Ist das die Herrlichkeit, *gloria*, weshalb Dante sie *gloriosa donna de la mia mente* genannt hat? Ist sie eine Inkarnation Jesu? Sie redet mit seinen Abschiedsworten und bezieht sie auf sich: Eine kleine Weile, und ihr seht mich nicht mehr, usw. (Purg. 33, 10).

Mancher frühe Dante-Kommentator machte die skandalöse Heiligsprechung und Christusförmigkeit einer unbekannten florentinischen Frau dadurch plausibel, daß er sagte, Dante meine keine normale Frau, sondern Beatrice sei das Symbol der Theologie. Mancher Autor des 20. Jahrhunderts sprach das nach. Sie beriefen sich darauf, daß Beatrice alles weiß, was Dante im Paradies zu erfragen wünscht.

Das war im 14. Jahrhundert eine kluge Verteidigungsstrategie eines umstrittenen Textes, aber diese apologetische Auslegungsart braucht heute niemand mehr. Keineswegs gibt sie die Garantie einer ›objektiven‹ Interpretation; sie ist eine Auslegungsrichtung unter anderen, gebunden an ihre historische

Ausgangssituation, in der es eine defensive Empfehlung war, Dante dem religiösen Common sense jener Jahrzehnte anzunähern. Dantes Erklärung, er werde die verstorbene junge Frau so hoch stilisieren, wie noch nie eine Frau verklärt worden ist, spricht eine andere Sprache. Beatrice ist keine Theologin. Schon gar nicht ist sie *die* Theologie. Im Himmel wimmelt es von größten Theologen; dort sprechen die Apostel, und die großen Theologen Thomas und Bonaventura halten lange Reden. Beatrice hat teil am Allwissen Gottes – wie alle, die im Himmel sind. Gott enthält in sich die Gründe aller Weltdinge, und wer Gott sieht, sieht alles, auch das, was mit ›Theologie‹ nichts zu tun hat. Die ›Theologie‹ ist keine Frau, und schon gar keine verheiratete junge Florentinerin, die erkrankt, ihren Vater verliert und selbst früh stirbt. Vergil vertröstet Dante zuweilen, er werde von ihr bessere Erklärungen erhalten als von ihm (Purg. 6, 44–46 und 15, 76–78). Das bezieht sich auf die Gottesschau jedes Seligen; das ist nicht ›Theologie‹, sondern Teilhabe der Seligen am Wissen Gottes. Beatrice ist eine lebendige weibliche Person. Sie behält ihre von Dante erdichtete Identität von ihrer irdischen Gestalt bis zur Verklärten, zur Himmelsbewohnerin in obersten Rängen. Das hatte er angekündigt. Sie ist kein Symbol, sei's für die Theologie, sei's für den Glauben, die Gnade oder die Offenbarung. Wenn Beatrice einmal sagt, ihr Urteil sei *infallibile, unfehlbar* (Par. 7, 19), so bezieht sich das darauf, dass sie in Gott alles Wahre sieht. Daher hält sie sich auch für zuständig, Philosophen zu korrigieren oder zu interpretieren: Im *Purgatorio* hielt sie strenges Gericht über die Flatterhaftigkeit Dantes nach ihrem Tod; aber im *Paradiso* ist sie die liebe Führerin, die ihn freundlich belehrt. Sie legt Platons Lehre von der Rückkehr zu den Sternen aus (Par. 4, 22–64); sie weist Ansichten Gregors des Großen über die Engelordnungen zurück (Par. 28,

133–135); sie korrigiert Hieronymus über die Erschaffung der Engel (Par. 29, 37ff.). Sie bestreitet Lehren des Thomas von Aquino über das Gedächtnis von Engeln (Par. 28, 133–135, vgl. 29, 76–83). Sie lehrt Theologisches wie die Hierarchien der Engel, Philosophisches wie den Unterschied zwischen bedingtem und unbedingtem Wollen. Sie weiß Kosmologisches wie die Mondflecken und die physische Anziehungskraft des Himmels; sie erklärt das *primum mobile* und die Entstehung der Zeit; sie weiß zukünftige Einzelheiten; sie teilt Dantes Verehrung für Kaiser Heinrich VII. und den Haß auf Papst Bonifaz VIII.; sie schöpft bei all dem aus der Fülle ihrer Gottesschau im Himmel. Sie ist die beseligte, in den Himmel aufgenommene Geliebte Dantes. Sie stellt ihre Überlegenheit übertrieben heraus, das, könnte ein Spötter sagen, habe sie wohl mit der Theologie gemeinsam. Sie redet schulmeisterlich, hart wie ein Richter, eindringend, arrogant wie ein junger Schriftsteller, penetrant wie ein Beichtvater. Dante formuliert ihre pädagogische Übermacht schonungslos: Sie tritt auf wie ein Admiral, der seine Schiffe inspiziert (Purg. 30, 58). Als Dante – wieder einmal – weint, diesmal weil Vergil gegangen ist und nicht mit in den Himmel darf, da herrscht sie ihn an: Dante, weine jetzt nicht, du hast andere Gründe zu weinen (Purg. 30, 55–56)! Sie blickt ihn an wie eine Mutter ihr im Fieberwahn fabulierendes Kind. Sie verspricht schließlich den Retter und beauftragt, wie vor ihr Cacciaguida, Dante mit dem Schreiben der *Commedia.* Zuletzt nimmt sie ihren hohen Thron ein, neben Rachel. Sie versinkt in der Liebe zu Gott. Die Schönheit ihrer Augen leitet ihn beim Aufstieg zum Paradies; zuletzt sieht er in ihnen den Gottpunkt.

Dante blickt verehrungsvoll zu ihr auf. Er redet sie mit *Ihr* an; erst am Ende seines Weges sagt er wieder *Du* zu ihr (Par. 31, 78–90). Die Engel rügen ihn, wenn er sie zu starr (zu sinnlich direkt?) anschaut (Purg. 32, 9). Aber das geschieht vor dem letzten Aufstieg, der Dante dazu führt, ihre Liebe zu verstehen.

Vom neunten Lebensjahr an hat sie ihn geprägt: Vom irdischen, frustrierten Liebhaber bis zum Himmelsbesuch und zur Gottesschau, vom stilnovistischen Lyriker zum religiös-politischen Reformer. Von ›Allegorie‹ möchte ich dabei nicht reden; eher ist die irdisch-schöne Frau im Sinn von Erich Auerbach als physisch-reale Person die figura der Himmelsmacht.

3. Von Beatrice zur Philosophie

Dante stilisiert im *Convivio* die Zeit nach Beatrices Tod anders als in der Frühschrift. Sein Geist, erzählt er jetzt, sei *verwitwet* gewesen, aber dann habe sich eine andere *donna gentile*, eine neue vornehme Dame, seiner bemächtigt: die Philosophie. Er habe geschwankt zwischen der Erinnerung an die Verstorbene und der Öffnung für diese neue Liebe, der Kampf habe einige Zeit gedauert, aber zuletzt habe Philosophie von ihm Besitz ergriffen.[6] Das Lichtwesen Beatrice und der Schmerz über ihren

6 Dante, Convivio 2, 2, 1. In: Dante, Das Gastmahl, Zweites Buch, übersetzt und kommentiert von Thomas Ricklin, S. 12–15, in: Dante, Philosophische Werke, ed. Ruedi Imbach, Band 4, 2, Hamburg 1996. – Für das Convivio ist unentbehrlich der Kommentar von Cesare Vasoli, in: Dante Alighieri, Opere minori 1 parte 2, Milano – Napoli 1988, zur Stelle: S. 120–123, und die Diskussion der Zeitangaben S. XV; dann die kommentierte Ausgabe von Ruedi Imbach (Hg.), Dante, Philosophische Werke Band 4, 1–4, Hamburg 1996 ff. – Eine gute, handliche Ausgabe ist die von Giorgio Inglese, Dante Alighieri, Convivio, Mailand 1993. Dort zur Entstehungszeit S. 5: wohl zwischen März 1306 und November 1308.

Zum Verständnis des Convivio vgl. Antonio Gagliardi, La tragedia intellettuale di Dante. Il Convivio, Catanzaro 1994; Peter Dronke,

Tod haben ihn zur Philosophie geführt. Wenige Seiten später spricht Dante vom inneren Zusammenhang zwischen dem Sterben Beatrices und seinem Eifer für die Philosophie: Eigentlich wolle er in diesem Buch, dem *Convivio*, nicht von Beatrice sprechen, aber wenn die selige Beatrice lebt und er sie wiedersehen soll, muß die Seele unsterblich sein (Conv. 2, 8, 7–9). In erregtem Ton polemisiert Dante gegen das Leugnen der Seelenunsterblichkeit: Von allen Dummdreistigkeiten sei die epikureische Bestreitung der Unsterblichkeit die dümmste, niedrigste und schädlichste. Alle Philosophen und alle Religionen stimmten darin überein, daß im Menschen etwas Unvergängliches sei, nämlich der Geist. Wäre dies nicht so, dann wäre der Mensch unvollkommener als alle anderen Tiere. Wir haben auch, fährt Dante fort, zum Beweis für die Unsterblichkeit die häufige Erfahrung der Träume; sie wären unmöglich, gäbe es in uns nicht Unsterbliches. Dante zeigt sich an dieser Frage leidenschaftlich interessiert. Daß Beatrice selig ist und wirklich lebt, ist eine der philosophischen Voraussetzungen auch der *Commedia*.

Dante schildert sein Verhältnis zur Philosophie als eine veränderte, erweiterte Liebesbeziehung: Als er Beatrice verloren hatte, war er gänzlich ohne Trost (2, 12, 2–5).

Nach einiger Zeit allerdings besann sich mein Verstand, der mit sich zu Rate ging, um zu genesen … und ich machte mich daran, jenes wenig bekannte Buch des Boethius zu lesen, worin er, eingekerkert

Dante's Second Love. The Originality and the Contexts of the Convivio, Leeds 1997; John A. Scott, Understanding Dante, Notre Dame 2004, S. 107–142; Heinz Willi Wittschier, Dantes Convivio. Einführung und Handbuch, Frankfurt/M. 2009.

und davongejagt, sich selbst getröstet hatte ... Und wie es vorzukommen pflegt, daß ein Mensch Silber suchen geht und ohne Absicht Gold findet, das ihm eine verborgene Ursache verschafft, vielleicht gar ein göttlicher Beschluß, ... so fand ich nicht nur ein Mittel gegen meine Tränen, sondern Worte von Autoren, Wissenschaften und Büchern, die, als ich sie näher bedachte, mich zu der richtigen Erkenntnis führten, daß die Philosophie, die ja die Herrin dieser Autoren, Wissenschaften und Bücher war, eine Sache von höchstem Wert sei.

Dante dachte an Beatrice, als er die Unsterblichkeit der Seele verteidigte (2, 8, 16):

Und so glaube und behaupte ich und bin dessen sicher, nach diesem Leben zu einem besseren Leben hinüberzugehen, wo diese verherrlichte Frau (quella gloriosa donna) lebt.

4. Wer war Beatrice?

Die mittelalterliche Liebeslyrik und Marienverehrung haben die Frau zu Notre Dame erhöht; Dante hat sie weiter gesteigert zum Bild seiner Beatrice. Diese Frau führt den Mann, korrigiert ihn, umhütet ihn liebevoll, aber stramm. Völlig unbescheiden, ungeniert, weist er ihr den oberen Himmelsplatz zu; er wartet kein kirchliches Verfahren zur Heiligsprechung ab. Das macht er alles ganz allein, kraft der Poesie und göttlicher Eingebung. Sein individueller Urteilsspruch fällt aus allen zeitgenössischen Rahmen. Wer das Dantes Allegorisieren nennt, nimmt ihm die geschichtliche Besonderheit. Die geschichtliche Bedeutung Beatrices für die europäische Auffassung der Frau ist kaum zu überschätzen. Manches bleibt rätselhaft, so sehr, daß man sich nicht zu fragen getraut, warum Dante sie nicht geheiratet hat. Sie gehört auf die Seite von Liebe, Glück, Einsicht und Gott, nicht auf die Seite von Ehe und Familie. Ich fasse mein Bild von ihr in vier Punkten zusammen:

Erstens: Dantes Beatrice ist eine hochindividuelle Figur, wie sie bei keinem anderen Zeitgenossen vorkommt. Dantes Auffassung der Frau und der Liebe war kein allgemein-mittelalterliches Konzept. Andere Dichter, auch sie mittelalterliche Autoren, haben es, wie ich im nächsten Kapitel zeigen möchte, entweder abwandelnd und korrigierend weitergeführt wie Boccaccio, oder sie haben es abgelehnt und verspottet wie Cecco Angiolieri. Die Realität der mittelalterlichen Literatur Italiens ist diese Vielgestaltigkeit, nicht die Dominanz der singulären Ansicht Dantes, der in religiöser Diktion Säkularisierung betreibt.

Zweitens: Dante nennt Beatrice *gloriosa donna della mia mente*, die in Herrlichkeit aufgenommene, in den Himmel versetzte Dame meines Herzens. Er hat sie verklärt, fast zur Göttin erhoben. In der *Commedia* erwähnt er so wenige Tatsachen über sie, daß man zu zweifeln beginnt, ob man die Angaben aus der *Vita nova* auf die *Commedia* übertragen darf. Er erwähnt zum Beispiel nicht, ob sie Kinder hatte oder wo sie begraben liegt. Daher entstand die Neigung der Kommentatoren, sie zum Symbol zu machen. Man sagte, sie sei der Glaube oder die Theologie, wie Vergil die natürliche Vernunft sei. Dies halte ich für ausgeschlossen. Sie weiß alles; sie glaubt nicht; sie sieht alle Dinge in ihrem Grund.

Drittens: Beatrice ist eine erdichtete Person. Sie regt an, über Gedichtetes nachzudenken. Sie ist eine Figur in Dantes Geist. Dante liebt sie, und dazu muß er sie als lebendig, als wirklich darstellen. Es ist sehr poetisch, wenn die Dichtung sagt: Ich bin nicht erdichtet. Dichtung ist die Kunst, in den Glauben zu versetzen, ihre Geschehnisse und ihre Personen seien real. Ist denn der Löwe im ersten canto wirklicher als Beatrice? Allerdings ist Beatrice wirklicher gedacht als jener Löwe: Sie weint und lacht, sie schaut hin und sieht weg, sie wird krank und stirbt. Bloße Allegorien tun das alles nicht, wohl aber Figuren der Dichtung. Und nehmen wir einmal an, es würden Taufeinträge und Eheabkommen von Bice Portinari gefunden, dann wären das keine Belege für die Existenz der Person, die Vergil in der Hölle aufgesucht hat. Muß es die Laura Petrarcas ›wirklich‹ gegeben haben? Vermutlich hat es sie nie gegeben; Petrarca hat wohl nie den Gipfel des Mont Ventoux bestiegen, obwohl oder weil Petrarca den Aufstieg so genau beschreibt. Von Fausts Gretchen haben wir die Gerichtsakten. Sie belegen den schmalen Anhalt, den Dichtung an der sozialen, an der faktischen Welt besitzt, aber zugleich lassen sie erkennen, wie weit die Dichtung darüber hinausgeht. Dichtung ist Fiktion: sie braucht so viele empirisch-faktische Merkmale, wie nötig sind, um real zu erscheinen. Die kann sie aus der Erfahrung aufnehmen, meist erfindet sie auch diese. Alles sieht der Realität so schön ähnlich. Das ist die Kunst. Ich will sagen: Beatrice regt an, Dichtung als Dichtung zu lesen, also dem Bedürfnis zu widerstehen, etwas davon in der sog. Wirklichkeit nachzuweisen. Kunst hat das mit Religion gemeinsam: Wenn eine fromme Legende Wunder berichtet, dann stört es nicht, es gehört vielmehr dazu, daß ihr Verfasser vorausschickt, er sage nur Dinge, die er selbst gesehen hat. Religion ist Dichtung, die abstreiten muß, Dichtung zu sein. Wahrscheinlich sind unsere Alltagsgewissheiten und unsere großen Überzeugungen ähnlich-mythische Gebilde. Fachwissenschaften und Administrationen filtern aus ihnen heraus, was dann

›empirisch gegeben‹ heißt. Ich sage: ›Ich bin in Basel‹. Ich sehe Basel nicht, ich sehe wenige Häuser und zwei Straßen. Das Telefonbuch ist meist empirisch korrekt, überprüfbar genau. Es ist korrekt, das heißt: man hat ihm alle Poesie ausgetrieben. Beatrice wird getötet, wenn wir ihr die Poesie austreiben. Nehmen wir sie als die gedichtete ›verherrlichte Herrin‹ des Herzens Dantes, als *gloriosa donna della mente di Dante*.

Viertens: Es ist kaum von Interesse zu wissen, wie Dante als geschichtliche Person zu Frauen stand. Was zählt, ist seine Dichtung. Aber auch in ihr kommen verschiedene Namen von Frauen vor; Beatrice wirft ihm im *Purgatorio* canto 30, 126 vor, sich mit anderen abgegeben zu haben; sie spricht abschätzig von einem *kleinen Mädchen*. Die streng ›monarchische‹ Linie, die in der *Commedia* zu Beatrice führt, stand im Kontrast zum Leben, auch gemäß der *Commedia*. Beatrice mußte eingreifen, um die eindeutige und ausschließliche Beziehung zu ihr durch die aufwendige Jenseitsreise erst herzustellen. Sie tadelt ihn ungewöhnlich heftig, und wenn wir Boccaccio glauben können, war Dante liebestoll bis ins Alter.[7] Wie dem auch sei, auch im erotischen Beziehungsbogen der *Commedia* steht Beatrice nicht ganz allein. Dabei denke ich nicht an das enthusiastische Lob, das Dante durch Vergil seiner Mutter spenden läßt (Inf. 8, 45), während er seinen Vater, den Geldverleiher und Immobilienmakler, und seine eigene Frau Gemma nie erwähnt. Wohl aber ist an Matelda zu erinnern, an die zunächst namenlose, schöne junge Frau im 28. canto des *Purgatorio*. Dante läßt keinen Zweifel aufkommen an ihrem auch erotischen Reiz. Sie ist nicht nur intelligent und fast allwissend, auch in Sachen der Naturerklä-

7 Giovanni Boccaccio, Decameron. Introduzione alla Giornata 4 n. 33, ed. Vittore Branca, S. 467.

rung; sie hat nicht nur die Aufgabe, Dante durch den Lethefluß zu ziehen; sie zieht als tanzende und singende Schönheit den Wanderer Dante so an, daß der Verfasser an die Liebesgeschichte von Hero und Leander erinnert. Sie gehört zur Glückseligkeit des verlorenen Paradieses; sie ist eine neue Eva; sie steht neben Beatrice als irdische Glückseligkeit; sie ist als gelungenes Geschöpf glücklich in sich selbst, und man hat von ihr gesagt, sie sei Weg zum himmlischen Paradies oder verkörpere die christliche Nächstenliebe. Ich beneide den älteren Dantologen, der sich die Caritas als liebreizende, tanzende, singende und blumenpflückene junge Frau vorzustellen vermag, finde aber, Dante schildere sie als vollendeten Menschen, der sündenlos in völliger Entsprechung zur Natur lebt. Sie gehorcht den Anweisungen Beatrices, aber sie bildet durch Heiterkeit, Natürlichkeit und Körperlichkeit auch einen Kontrast zu ihr. Dante hat sie mit solcher Leichtigkeit und Freundlichkeit ausgezeichnet, als wolle er sagen, daß der Mensch oder vielmehr der Mann mit einer Frau wie Beatrice, deren Hoheit, Strenge und Grundsätzlichkeit einschüchtert, allein nicht glücklich werden kann.

II. FRAUEN

Dieses Kapitel braucht eine eigenwillige Form. Es geht von Beatrice weg und belegt mit poetischen Texten der Zeit, daß andere literarische Frauen ganz anders lebten und dachten als Beatrice. Dantes Glorifizierungswille hat Beatrice zu einsamer Höhe erhoben. Ich sehe mich nach ihren Zeitgenossinnen um und finde Bice in ihrem historischen Raum nicht allein. Nur repräsentiert sie nicht d i e ›mittelalterliche‹ Konzeption der Frau. Es gab damals ganz andere Auffassungen der Welt und der Frau in der italienischen Dichtung der Zeit. Dies möchte ich belegen mit vergnüglichen Gedichten von Cecco Angiolieri und einigen Frauengeschichten Boccaccios. Sie zeigen Größe, Grenze und Originalität von Dantes Erfindung seiner Geliebten, deren physische Existenz für ihn nur den Ausgangspunkt bot.

1. *Anti-Beatrice bei Cecco Angiolieri*

Der Dichter Cecco Angiolieri aus einer vornehmen Familie von Siena (ca. 1260 bis ca. 1312) ist heute in Deutschland kaum bekannt; er kommt im *Großen Brockhaus* nicht vor. Aber seine Dichtung steht in so bewußtem Kontrast zu der Dantes, besonders was die Rolle der Frau angeht, daß sie neues Licht wirft auf Beatrice und die *Commedia.* Cecco Angiolieri bezieht sich in einigen Sonetten ausdrücklich auf Dante.[8] Die Frau seiner Ge-

8 Belege bei Mario Marti, in: ED 1, S. 276b. – Cecco Angiolieri, Sonette, ed. Menotti Stanghellini, Monteriggioni (Siena) 2003. Ältere Ausgaben:

dichte ist die Karikatur Beatrices. Ceccos Weltauffassung und seine Sprache stellen sich gegen Dante: Wo Dante ernst ist und feierlich, schreibt Cecco ironisch und anti-idealistisch. Gegen Dantes Beatrice-Verherrlichung und Jenseitsblick setzt er deftig aufs irdische Vergnügen, auf Sex, Wein, Glücksspiel und Geld. Er schreibt sinnenfreudige Gedichte in der Manier der lateinischen Studentenpoesie. Er haßt die Armut und verspottet den allzu hohen Ton. Allem, was edel, erhaben und moralistisch klingt, setzt er Melancholie und Skepsis entgegen. Seine Freundin heißt Becchina; er läßt sie alles sagen, und er sagt ihr alles, was die hohe höfische und theologisierte Liebeslyrik als künstlich und unwahr erscheinen läßt. Hier als Proben Ceccos poetische Klagegedichte über seine Anti-Beatrice. Es wirkt noch der antike Liebesgott. Aber er wird verflucht. Er bringt nur Ärger.

Ch'ella non cura s'i' ho gioi' e pene
Men ch'una paglia che le va tra' piei.
Mal gradi n'abbi Amor, ch' a le' mi diène![9]

Rime, ed. Gigi Cavalli, Milano 1959 (mit sprachlichen Erläuterungen); Rime, ed. Raffaela Castagnola, Mailand 1995. Über ihn Mario Marti, in: ED 1, S. 276–277; Guglielmo Gorni, Lettera, Nome, Numero. L'ordine delle cose in Dante, Bologna 1990, S. 130–131; Gabriele Frasca in: Patrick Boyde – Vittorio Russo (Hg.), Dante e la scienza, Ravenna 1995, S. 243–263.

Cecco kritisiert das letzte Sonett der Vita nova: *Oltre la spera che* mit seinem Sonett Nr. 136: *più larga gira*; Cecco Angiolieri, Il Canzoniere, ed. Carlo Steiner, Turin 1921, S. 142–144. Auch mit Nr. 137, ed. Carlo Steiner S. 144–145.

9 Cecco Angiolieri, Rime VII: *la mia malinconia è tanta e tale*, in: Rime, ed. Raffaela Castagnola, Mailand 1995; Text auch bei Giulio Ferroni, Storia e testi della letteratura italiana, Band 1, S. 296.

Ob ich Freude habe oder Leid, das kümmert sie
weniger als ein Strohhalm unter ihren Füßen.
Dieser verdammte Amor! Er hat mich ihr ausgeliefert.

Cecco ist fremdgegangen und will wieder ihre Gunst. Das ergibt folgende Unterhaltung, ein Sonett:

»Becchin'amor.« – »Che vuo', falso tradito?«
»Che mi perdoni.« – »Tu non ne se'degno.«
»Merzé, per Dio!« – »Tu vien' molto gecchito.«
»E verrò sempre.« – »Che sarammi pegno?«

»Becchina, Liebchen!« – »Was willst du falscher Betrüger?«
»Daß du mir verzeihst.« – »Das bist du nicht wert.«
»Verzeih mir, Gott zuliebe.« – »Du kommst ziemlich zahm daher.«
»So will ich immer kommen.« – »Was gibt es dafür als Pfand?«

»La buona fé.« – »Tu ne se' mal fornito.«
»No inver' di te.« – »Non calmar, ch'i' ne vegno!«
»In che fallai?« – »Tu sa' ch'i l'abbo udito.«
»Dimmel, amor.« – »Va, che ti veng' un segno!«

»Treu und Glauben.« – »Daran haperts bei dir.«
»Aber nicht zu dir.« – »Schmeichle nicht! Sonst komm ich dir!«
»Was hab' ich denn falsch gemacht?« – »Du weißt: Ich hab davon gehört.«
»Sags mir, Liebe.« – »Geh! Sonst gibts einen Schlag.«

»Vuo' pur ch'i' muoia?« – »Anzi mi par mill'anni.«
»Tu non di' bene.« – »Tu m'insegnerai.«
»Ed io morrò.« – »Omè, che tu m'inganni!«

»Willst du denn, daß ich sterbe?« – »Ich kanns gar nicht abwarten.«
»Du sprichst nicht gut!« – »Das hast du mir beigebracht.«
»Und ich sterbe.« – »Ach, was du mir vorgaukelst!«

»Die tel perdoni.« – »E ché, non te ne vai?«
»Or potess' io!« – »Tègnoti per li panni?«
»Tu tieni 'l cuore.« – »E terrò co' tuo guai.«

»Gott verzeih's dir!« – »Und warum verschwindest du nicht?«
»Ach, könnte ich das!« – »Halt' ich dich denn am Rock fest?«
»Nein, am Herz.« – »Und das halt ich fest. Damit es dir schlecht geht!«[10]

Ein Liebesdialog ohne Happy-End. Liebe will nicht immer das Gute. Die vulgäre Wortwahl in der feierlichen Form des Sonetts wirkt entsakralisierend und ironisch. Kritik, die vor nichts haltmacht, nicht einmal vor Mutter und Vater, das ist Ceccos Anti-Dante-Welt. Wie Dante redet er von sich, gibt sich in der Rolle des unendlich Enttäuschten, der an gar nichts mehr glaubt, der alles zerstören will, aber sich am Ende mit Weibern vergnügt und den eigenen ernst-nihilistischen Ton dementiert:

S'i' fosse foco, ardere' il mondo;
S'i' fosse vento, lo tempestarei;
S'i' fosse acqua, i'l'annegherei;
S'i' fosse Dio, mandereil en profundo;

10 Bei Giulio Ferroni, Storia e testi della letteratura italiana, Band 1, S. 297; Rime LXXXII, ed. Raffaela Castagnola, S. 79.

Wäre ich Feuer, ich würde die Welt verbrennen.
Wäre ich Sturm, ich würde sie verwüsten.
Wäre ich Wasser, ich würde sie ertränken.
Wäre ich Gott, ich würfe sie in den Abgrund.

S'i fosse papa, allor serei giocondo,
ché tutti' cristiani embrigarei;
s'i' foss' imperator, sa' che farei?
A tutti tagliarei lo capo a tondo.

Wäre ich Papst, dann lebte ich vergnügt,
denn ich machte allen Christen das Leben schwer.
Wäre ich Kaiser, weiß du, was ich täte?
Alle um mich herum machte ich einen Kopf kürzer.

S'i' fosse morte, andarei a mi' padre;
S'i' fosse vita, fuggirei da lui;
Similmente faria da mi' madre.

Wäre ich der Tod, ich ginge zu meinem Vater.
Wäre ich das Leben, ich würde ihn fliehen.
Mit meiner Mutter machte ich dasselbe.

S'i'fosse Cecco, com' i'sono e fui,
torrei le donne giovani e leggiadre:
le zoppe e vecchie lasserei altrui.

Wäre ich Cecco, was ich ja bin und auch war,
ich nähme mir die Frauen, die jung sind und reizend.
Die wackligen Alten laß ich den andern.[11]

11 Giulio Ferroni, Band 1, S. 300.

Mit Ceccos Liebesglück ist es nicht weit her. Sein Leben und seine Lyrik haben keinen festen Boden: Alles schwankt. Cecco stellt die Frau dem Mann selbständig gegenüber, eher überlegen, aber sie repräsentiert nicht die göttliche Ordnung. Sie ist so schlecht wie der Mann, nur auf etwas charmantere Weise. Für die geschichtliche Erkenntnis Beatrices ist wesentlich, daß diese ›realistische‹ oder auch ›naturalistische‹, jedenfalls ironische Position um 1300 belegbar ist. Becco verlangt von Gott kein anderes Paradies; er will nur – wie er in ironischer Rhetorik sagt – den Boden küssen, auf den sie den Fuß setzt.[12] Nicht die Alleinherrschaft Dantes ist das für die Toscana zu Beginn des Jahrhunderts Charakteristische, sondern daß Cecco neben Dante zu Wort kam, übrigens neben anderen Dante-Gegnern.

2. *Ein Autor ist Amor entkommen*

Boccaccios Hauptwerk entstand vierzig Jahre später. Das Bild der Frau im *Decameron* ist weitgestreut, geschichtlich und geographisch; es ist nach Charakterlagen vielfältig; es berührt alle sozialen und ethischen Höhen- und Tiefenlagen. Es zeigt Boccaccios Dante-Nähe in der *unvermeidlichen Dante-Ferne*.

Liebeslyrik hatte sich soeben verstehen gelernt als Nachsprechen dessen, was Amor in der Seele des Dichters vorsagte. Wenige Jahrzehnte später stellte Boccaccio sein *Decameron* als das Buch eines von der Liebesleidenschaft Befreiten vor. Er ist den Tyrannen jetzt los; jetzt schreibt er fürsorglich ein Buch für Liebende, vor allem für liebende Frauen. Er schildert erst einmal

12 Sonett V: *I'ho si poco grazia' in Bechina*, Rime XXXVIII, ed. Raffaela Castagnola, S. 57.

das reale, das eingeengte Leben von Frauen, auch der mittleren und oberen Schicht. Sie leben in Florenz um 1350 unter der Aufsicht ihrer Männer, Väter, Brüder und außerdem der talibanartig alles überwachenden Bettelmönche. Sie dürfen nicht allein aus dem Haus gehen; sie heiraten nicht, sie werden verheiratet. Auch Beatrice sah man auf der Straße nie allein; aber ihre Freiheitsbeschränkung war für Dante kein Thema; Boccaccio stellt die Einsperrung der Frauen an den Anfang und erklärt seine Dichtung als Trost, Ablenkung und Horizonterweiterung für die immer eingeengten, liebenden Frauen. Die Vielfalt von Frauenschicksalen soll ihren Mangel an selbständiger Welterfahrung ein wenig ersetzen.

Boccaccio vergöttert die Frauen nicht, er schafft ihnen Erleichterung durch abwechselnde Unterhaltung. Er metaphysiziert nicht, er diversifiziert. Es gab in der *Commedia* nicht nur *eine* Frau, seltsam steht Matelda neben Beatrice, Dante ist von ihr erotisch bewegt, aber aufs Ganze gesehen, sieht er nur Beatrice, und er tadelt sich selbst, daß er der reinen Strenge dieser ausschließlichen Beziehung nicht immer nachgefolgt ist.

Schon in der Zielsetzung nimmt das *Decameron* Bezug auf die Frauen (Proemio 2–12), aber anders als Dante. In dessen Prolog, also in *Inferno* 1, gesteht der Verfasser, sich durch Unachtsamkeit und Schuld in eine höchst gefährliche Lage gebracht zu haben; nur durch die Intervention des von Beatrice gesandten Vergil sei er auf ungewöhnliche Weise, nämlich durch die Jenseitsreise, gerettet worden. Boccaccio erzählt, Liebe habe ihn immer angetrieben, aber so heftig, so maßlos, daß sie ihm hätte den Tod bringen können, nicht durch die Verweigerung der Geliebten, sondern durch das eigene innere Unmaß. Boccaccio spricht von seinem wirklich drohenden Tod, Dante *vergleicht* seine Krise mit dem Tod, der nur wenig bitterer wäre

(I, 7). Boccaccio fährt fort: In dieser Situation hätten Freunde durch gute Reden ihn gerettet. Und da er Hilfe gefunden habe, denke er dankbar an solche Unterhaltungen zurück und möchte anderen Trost bringen in der Lebensgefahr der Liebe. Mit der Zeit habe der Sturm der Liebe, der ihn an keiner vernünftigen Grenze haltmachen ließ, sich gelegt; Amor habe ihn aus seinen Fängen entlassen; er könne jetzt an das Leiden anderer denken. Sie will er aufmunternd trösten, und diesen Trost hätten Frauen nötiger als Männer. Dann beschreibt er die Lage der Frauen (Dec., Proemio 10–14):

10 *Denn sie halten die Flammen der Liebe aus Furcht und Scham im Innern zurück, daß aber heimliche Liebe mehr Gewalt hat als offene, das wissen alle, die sie erfahren haben. Mehr noch: Die Frauen sind eingeengt durch Pläne, Wünsche und Befehle ihrer Väter, Mütter, Brüder und Ehemänner. Die meiste Zeit verbringen sie eingeschlossen im engen Kreis ihrer Zimmer. Sie sitzen wie untätig herum; sie wälzen, freiwillig oder unfreiwillig, die verschiedensten Gedanken hin und her, die nicht immer heiter sein können.*

11 *Überfällt sie dabei die Melancholie, genährt von feurigem Verlangen, dann setzt sie sich oft in ihrem Geist als schweres Leiden fest, wenn nicht neue Gedanken sie vertreiben. Hinzu kommt, daß Frauen weniger ertragen können als Männer. Sind Männer verliebt, so geschieht ihnen das nicht, wie die Erfahrung deutlich zeigt.*

12 *Denn werden Männer von einer Art Melancholie oder Schwermut berührt, so finden sie viele Wege, sie zu mindern und zu überwinden. Männer können, wenn sie wollen, in der Stadt herumlaufen, viele Dinge sehen und hören. Sie können Vögeln nachstellen oder auf die Jagd gehen, fischen, reiten, um Geld spielen oder ihre Geschäfte betreiben. Alle diese Tätigkeiten können den Geist, ganz oder teilweise, so fesseln, daß sie uns ablenken von lästigen Gedan-*

ken, wenigstens für eine Weile. Danach kommt dann schon, so oder so, irgendein Trost, oder die Qual läßt von selbst nach.

13 *Fortuna geizt immer dort mit ihrer Hilfe, wo ohnehin weniger Kraft ist. Das können wir besonders bei den zarten Frauen sehen. Um diesen Fehler der Fortuna etwas auszugleichen, will ich hundert »Novellen« erzählen – nennt sie meinetwegen auch »Fabeln« oder »Parabeln« oder »Geschichten« – als Hilfe und Zuflucht für Frauen, aber nur für jene, die lieben, den anderen genüge Nadel, Spindel und Haspel. Die Novellen wurden an zehn Tagen von einer ehrbaren Gruppe aus sieben Frauen und drei jungen Männern erzählt, die in der Zeit der Pest und des Sterbens, die wir soeben überstanden haben, zusammengekommen waren. Ich füge einige Lieder hinzu, die diese Frauen zu ihrem Vergnügen gesungen haben.*

14 *Die Novellen handeln von lustvollen und von traurigen Liebesgeschichten und von anderen zufälligen Begebenheiten, die teils im Altertum, teils in neueren Zeiten spielen. Liebende Frauen, die sie lesen, können sich vergnügen an den unterhaltenden Dingen, die darin vorkommen. Auch nützlichen Rat können sie hier finden, indem sie erkennen, was zu vermeiden und was zu erstreben ist. Und wenn sie Vergnügen und Nutzen gefunden haben, dann ist, glaube ich, auch ihr Kummer vergangen.*

Dante ging es um die Rettung seiner selbst, Italiens und der ganzen Welt; Boccaccio, nun dem prasselnden erotischen Gewitter entronnen, schreibt für Frauen, die aus Liebe melancholisch werden. Todesnähe am Anfang – das ist bei beiden. Statt metaphysischer und politischer Intervention bringt Boccaccio belehrenden Weltstoff für Frauen. Er schreibt nachdenkliche, oft, nicht immer vergnügliche Unterhaltungen aus zehnfacher Perspektive, die ständig wechselt. Bei Dante standen Himmel, Fegefeuer und Hölle offen zu seiner Rettung; Boccaccio sieht sich jetzt frei vom zerstörerischen Amor und ersetzt himmlische Interventionen, die auch nur erdichtet waren, durch Dichtung. Er schickt sieben Frauen, drei junge Männer in eine Villa am Stadtrand von Florenz zur Zeit der Pest; er erfindet 14 Tage utopischen Außenaufenthalts, von dem alle wissen, wie kurz er sein wird. Ähnlich wie in der *Commedia* ist der Zeitrahmen eng gespannt. Das *Decameron* gibt außer in der Einleitung und im Vorwort zum vierten Tag keine Ich-Erzählung, sondern Perspektivismus. Die zehnfach gebrochene Welterfahrung teilt sich auf in viele weitere Sichtweisen und Situationen. Amor ist nicht etwa machtlos geworden; er tritt vielförmig, übermächtig und bedrohlich auf. Schließlich war er auch bei Dante ein grober und rauher Geselle, ängstigend und nachdenklich machend. Amor wird nicht nur und nicht primär mit ›Glück‹ assoziiert. Wie mit anderen großen Weltmächten – Wissen, Zufall, Familie – müssen Frauen lernen, mit ihm umzugehen, damit er nicht schadet (Vita nova, 4, 1–7).

Man hat im Blick auf Boccaccios *Proemio* von ›Feminismus‹ gesprochen. Doch ist genauer hinzusehen: Dante hat seine Geliebte höher gestellt als je vor ihm ein Dichter seine Frau. Boccaccio zeigt Mitleid, will aufmuntern und trösten. Er fordert für Frauen keine sozial-politische Emanzipation, kein Wahlrecht, kein eigenes Konto; er betreibt literarische Emanzipation, die ins Leben einschneidet. Jetzt hat er Abstand und Durchblick; er will, daß Frauen einen freieren Blick bekommen. Er will sie nicht von sich selbst ablenken durch Erzählstoff aus fremden Leben. Die hundert Geschichten lehren sie, selbst zu beurteilen, was ihnen nutzt und was ihnen schadet.

Boccaccios Dichtung steht im Kampf mit Fortuna, von Anfang an, und sie soll den Frauen helfen, ihren Kampf mit Fortuna besser zu bestehen. Fortuna ist roh; sie schlägt mit Vorliebe auf die weniger Widerstandsfähigen ein, und das sind die Frauen. Boccaccios Erzählungen gehen an gegen diese Sünde der Fortuna, *il peccato della Fortuna*, daß sie die Schwachen besonders hart trifft.

3. *Die Frau in der ›Commedia‹ und im ›Decameron‹*

Es ist ein Werbegag, bestimmte Lesergruppen verbal auszuschließen und sie damit anzulocken, nach dem Motto, ein Film sei für Jugendliche unter 18 Jahren nicht geeignet. Natürlich wollten Männer ein Buch lesen, das nur für Frauen geschrieben worden ist. Sie haben es getan, besonders die reichen Kaufleute von Florenz, die ihre Welt darin konkreter wiederfanden als in der *Commedia*. Das *Decameron* war sofort ein großer Erfolg, ohne daß Boccaccio dadurch reich geworden wäre; er blieb arm bis zum Schluß.

Boccaccio erklärt ausdrücklich, es sei ihm gleichgültig, ob man von Novellen spreche oder von *favole* oder *parabole* oder *istorie* (Proemio 13). Er wäre nie auf die Idee gekommen, seine Leser mit einer Theorie der literarischen Gattungen zu beschäftigen; das war eine deutsche Wissenschaftsmarotte der siebziger und achtziger Jahre. Er schreibt für Frauen, die lieben, nicht für alle. Und sie sollen ihr Vergnügen haben, aber den § 14, der dies ankündigt, muß man genau lesen. Denn er redet nicht *nur* von Vergnügen, sondern sie sollen Freude haben und nützlichen Rat finden, *parimente diletto … e utile consiglio*. Boccaccio präzisiert dann, worin der Nutzen besteht. Es ist kein Nutzen in der Außenwelt, sondern sie können sich im Leben orientieren lernen; sie können, wenn sie wollen, erkennen, was zu fliehen und was zu erstreben ist. Diese Formel – was zu fliehen, was zu erstreben ist – ist eine klassische, antik-mittelalterliche Formel für philosophische Ethik und Politik; sie findet sich in philosophischen Texten immer wieder, von Cicero bis Thomas von Aquino. Boccaccio erkannte sie zweifellos als solche. Wer diese Formel aus dem philosophischen Sprachgebrauch nicht erkennt, hört nur etwas von Vergnügen und glaubt ein Argument zu haben, Boccaccios Unterhaltungskunst gegen die E-Kunst Dantes absetzen zu können. Aber Boccaccio bietet den Frauen Vergnügen und gleichermaßen, *parimente*, eine anschauliche Moralphilosophie für Laien. Er gibt eine neue Formel für das alte poetische Programm des *prodesse et delectare*. Literaturwissenschaftler konnten das verkennen oder übersehen, weil ein Hintergrundkonzept am Werk war, das ihrer Kinderstube entstammte; in ihm galten Vernunft und Ethik als Gegensatz zum Vergnügen. Aber bei Dante und Boccaccio geht es wie bei Aristoteles in der Ethik um Glück.

Hundert Geschichten laden die Frauen ein, über ihre wahren Interessen nachzudenken. Sie können aufmerksam werden auf ihre gesellschaftliche Position. Denn sie sind nicht wie Beatrice die vergöttlichte Frau, die in ewiger Freude lebt und vollkommen über die Welt orientiert ist; Boccaccio beschreibt die reale gesellschaftliche Lage der Frauen und damit auch die der Männer. Er zeigt mehr soziologisches Interesse, aber er *beschreibt* nicht wertneutral die soziale Realität zwischen Feudalherren, Klerikerinteressen und Kommunen. Er verdammt sie wie Dante. Er schreibt nicht affirmativ die Poesie der *mercanti*, sondern ihre schonungslose Analyse im Licht absoluter ethisch-politischer Konzepte, was das Wort ›Realismus‹ eher verzeichnet als charakterisiert.

Boccaccio weitet den Blick auf alle sozialen Schichten. Dante sagte selbst, er spreche nur von den Großen. Im *Decameron* gibt es Könige und Markgrafen, aber auch Bäcker, Bankiers und ihre Frauen. Boccaccio erzählt keine individuelle Erlösungsgeschichte, er zeigt Klassenunterschiede, ihre Gewohnheiten im Sprechen und Leben. Er studiert wie Dante die reale Gesellschaft des 14. Jahrhunderts, ohne theologische Überhöhung. Wie Dante zeigt er auch antike *exempla*, nicht allzu oft; sie zeigen nicht mehr die Konkordanz von antiker und christlicher Ethik; sie vermehren die Buntheit der Effekte und zeigen bleibende Schwächen der menschlichen Natur.

Boccaccio will mit seinem *Decameron* die bedrückte Lage der Frau erleichtern. Er nimmt sie nicht als jenseitige Herrin, die wie ein Admiral die irdischen Schiffe inspiziert, sondern als irdische, sinnlich-vernünftige Person, die in der gesellschaftlichen Krise, die er beschreibt, wissen sollte, was ihr wirklich nutzt und was ihr schadet. Er geht deswegen quasi-soziologisch, aber nicht wertfrei auf ihre Verhältnisse ein, bei Fürsten, Städtern und Bauern. Er sieht sie unter dem Druck der Familien; er beschreibt ihre Ausnutzung durch den herrschsüchtigen Klerus, der sie sexuell ausbeutet. Boccaccio stellt die Frau nicht mehr in ein theologisches Schema; seine Weltbetrachtung ist laikal. Eva spielt keine Rolle mehr. Er verspricht keinen jenseitigen Trost, er analysiert das Bedürfnis danach als Priesterbetrug und als Reflex realer Not.

Das *Decameron* bringt, wie beschrieben, hundert Novellen in Entsprechung zu Dantes hundert canti, zeigt aber keine Dreigliederung in aufsteigender Linie, sondern die bunte Vielfalt von Lebenssituationen. Kein Aufstieg eines einzelnen Subjekts der Handlung, sondern hundert Protagonisten. Deren Geschick belehrt, führt aber nicht zu einem gemeinsamen Gesamtergebnis oder Ziel, außer dem, daß jede Frau ihre Situation durchdenken und finden muß, was ihr wirklich nützt oder schadet.

Zwischen den Geschichten bricht die Linie immer ab. Vermutlich hatte Boccaccio schon lange solche Erzählungen gesammelt und hat sie 1349 bis 1351 unter dem Eindruck der Pest in den jetzigen Rahmen gesetzt: Die Pest machte die längst wirkende Auflösung der Familien und Städte unleugbar. Die Zerstörung war vorher da. Das bewies die *Commedia*. Die Frage war: Wie sollen wir nach der Pest mit dieser Kenntnis gemeinsam weiterleben? Boccaccio setzt nicht mehr auf einen Herrscher als Retter. Er verkündet keinen *veltro*, keinen DVX. Er erwartet keinen Kaiser mehr; er glaubt nicht, man könne das Papsttum reformieren. Dadurch verkrümeln sich ihm die Lebenslagen, daher braucht er hundert unverbundene Szenen; er sieht keine Führung von oben. Er gibt seiner Novellensammlung eine flexible, eine offen bleibende Gliederung.

Die Buntheit des Stoffs sticht ab gegenüber Dante. Einige der zehn Tage stellt Boccaccio unter ein übergeordnetes Thema: Tag 2 und 3 Fortuna, 4 und 5 Amor, 6, 7 und 8 Einfallsreichtum, *ingegno*. Man braucht diese Aufzählung nur zu nennen, um zu sehen, daß Boccaccio nicht nur unterhalten wollte; seine Poesie zeigt wie die Dantes die Grundsituationen menschlichen Lebens, die großen Mächte, mit denen Menschen es zu tun haben. Aber Boccaccio läßt zwei themenfreie Tage, die endgültig klarstellen: Er kennt keinen einfachen Ausgangspunkt aller Handlungen. Handlungen führen bei ihm nicht zu einem übergeordneten, einheitlichen, jenseitigen Endziel. Als wäre die genannte Zusammenstellung – Amor, Fortuna, *ingegno* – schon zuviel an Einheit und Ordnung, hat Dioneo, der als Erzähler eine Sonderrolle spielt, noch das Privileg, innerhalb aller Tage am Schluß eine Novelle mit freiem Thema zu wählen. Das ist geplante, eingebaute Störung einfacher Linien. Lebenschaos drängt zwischen die einzelnen Tage und in sie; es kommt zum Aufstand der ungebändigten Vielheit, Sieg des Nicht-Identischen im Zeichen einer Frau. Wie Beatrice am Anfang und Ende der *Commedia* steht, so steht Griselda am Ende, aber in einer von hundert Situationen. Kann man noch sagen: als deren höchste? Hierarchien werden im *Decameron* weitgehend abgebaut: Zwischen Fürst und Untertan, Vater und Tochter, Richter und Angeklagtem. Das Hierarchiemodell des Dionysius ist unkenntlich geworden – im *Decameron*, sonst kennt der gelehrte Boccaccio natürlich das Buch des Dionysius über die himmlischen Hierarchien.[13]

Im *Decameron* kommen alle Arten von Männern und Frauen vor, auch solche, die im Zorn frauenfeindlich, frauenverachtend reden, besonders in der Novelle 8, 7. Boccaccios spätere Schrift *Corbaccio* stellt dieses Problem in dringlicher Form, auch einige Stellen in den historisch-moralistischen lateinischen Schriften der späten Zeit. Gab es im Denken und Gestalten Boccaccios eine Wende? Ist er im Alter zurückgegangen zur traditionellen Misogynie? Ich lasse dieses Problem hier offen. Zum *Corbaccio* nur soviel: *Corbaccio* heißt ein Unglücksrabe, ein unzufrieden-unglücklicher Typ. Da braucht man sich nicht zu wundern, wenn er in der Tonart der traditionellen Frauenverachtung redet.

Der zehnte Tag des *Decameron* ist keine Apotheose einer Frau im Paradies, aber er ist herausgehoben; er exemplifiziert die aristotelische Tugend der *megalopsychia*, die Aristoteles in der *Nikomachischen Ethik* nicht nur beschreibt, sondern verherrlicht, bei der aber weder er noch einer seiner Kommentatoren an

13 Er zitiert es in den Esposizioni sopra la Comedia di Dante 1, esp. litt. n. 102, ed. Giorgio Padoan, S. 41.

ein einfaches Bauernmädchen wie Griselda gedacht hätte. Boccaccio kannte die *Nikomachische Ethik* gut, wie der Codex A 204 inf. der Biblioteca Ambrosiana beweist: Er war so sehr an ihr interessiert, daß er sich mit eigener Hand die ganze umfangreiche Erklärung des Thomas von Aquino dazu abschrieb.[14] Die Griselda der letzten Novelle erweist sich als großgesinnt, ihrem fürstlichen Gemahl überlegen, insofern endet auch das *Decameron* mit der Krönung einer Frau. Es ist eine Rangerhöhung nach Kriterien der antiken Philosophie, nicht im Himmel, sondern im Speisesaal des Schlosses von Sanluzzo. Griselda ist ausgezeichnet mit dem höchsten Wert der Philosophen. Boccaccio versetzt die Unstudierte in den Himmel der antiken Ethik: Das arme Bauernmädchen übt die Tugend der Fürsten, die Dante an Farinata bewundert hatte. Wer sagt, ihre Tugend passe nicht ins *Decameron,* vergißt, daß Großgesinntheit (*megalopsychia*) der Höhepunkt der Ethik des Aristoteles war.

4. *Dantes Beatrice, Boccaccios Elisabetta*

Im *Decameron* 4, 5 erzählt Filomena diese Geschichte:

4 *Es lebten in Messina drei Brüder. Die jungen Männer waren Kaufleute, und sie hatten von ihrem Vater, der aus San Gimignano stammte, ein ziemlich großes Vermögen geerbt. Sie hatten eine Schwester namens Lisabetta, eine sehr schöne und anmutige Frau, die sie nur aus irgendeinem zufälligen Grund noch nicht verheiratet hatten.*

14 Firenze, Biblioteca Laurenziana, Mostra di Manoscritti, Documenti e Edizioni Band 1, Certaldo 1975, Nr. 112 S. 139–140.

5 Außerdem hatten die drei Brüder in einem ihrer Lagerhäuser einen jungen Mann aus Pisa namens Lorenzo, der alle ihre Geschäfte leitete und durchführte. Da er ziemlich gut aussah und freundlich im Umgang war, hatte er schon öfter die Blicke Lisabettas auf sich gezogen, doch mit einem Male begann er ihr außerordentlich gut zu gefallen. Lorenzo bemerkte das, ließ nach und nach seine anderen Liebschaften fallen und richtete fortan seinen Sinn nur auf sie. Sie fanden aneinander gleichermaßen Gefallen, und so kam es, daß sie recht bald miteinander trieben, was beiden am meisten Spaß machte, stets darauf bedacht, nicht entdeckt zu werden.

6 Das ging so eine Weile. Sie hatten eine angenehme Zeit und viel Vergnügen miteinander, immer im geheimen, bis eines Nachts der älteste der drei Brüder sah, wie Lisabetta, ohne ihn zu bemerken, in das Zimmer schlich, in dem Lorenzo schlief. Diese Beobachtung mißfiel ihm sehr, aber da er ein gescheiter junger Mann war, wollte er, immer auf die Familienehre bedacht, kein Aufhebens machen oder irgend etwas sagen, sondern verbrachte die Zeit bis zum Tagesanbruch damit, die Sache nach allen Seiten hin zu überlegen.

7 Am nächsten Morgen erzählte er seinen Brüdern, was er in der vergangenen Nacht beobachtet hatte. Sie beratschlagten lange. Schließlich beschloß er mit ihnen, die Sache totzuschweigen, um ihrem guten Ruf und dem der Schwester nicht zu schaden. Sie wollten so tun, als habe er nichts gesehen und gehört, bis der Zeitpunkt käme, zu dem sie diese Schande ohne Schaden für die Firma aus der Welt schaffen könnten.

8 Sie hielten sich an die Verabredung: Sie scherzten und lachten mit Lorenzo, wie sie es gewohnt waren, bis sie eines Tages unter dem Vorwand, mit ihm zum Vergnügen einen Ausflug aufs Land zu machen, Lorenzo mitnahmen. Als sie an einen sehr einsamen und abgelegenen Ort kamen, nutzten sie die Gelegenheit und töteten den völlig arglosen Lorenzo, ohne daß jemand etwas bemerkte.

9 *Nach Messina zurückgekehrt, erklärten sie, sie hätten ihn auf Geschäftsreise geschickt. Dies klang glaubhaft, denn das hatten sie vorher schon oft getan.*

10 *Da Lorenzo nicht zurückkam, litt Lisabetta unter seiner langen Abwesenheit. Immer wieder befragte sie die Brüder eindringlich nach ihm. Als sie sich einmal besonders leidenschaftlich nach ihm erkundigte, da erwiderte ihr einer der Brüder: »Was soll denn das heißen? Was geht dich Lorenzo an, daß du so oft nach ihm fragst? Wenn du in Zukunft weiter nach ihm fragst, dann kriegst du von uns die Antwort, die du verdienst.«*

11 *Von da an stellte die junge Frau keine Fragen mehr. Sie litt still und trauerte; sie hatte Angst, ohne genau zu wissen, wovor. In der Nacht aber rief sie sehnsüchtig seinen Namen und flehte ihn an, zurückzukommen. Immer wieder klagte sie unter vielen Tränen über sein langes Ausbleiben. Nichts freute sie mehr; ihr Leben bestand nur noch aus Warten auf ihn.*

12 *Eines Abends, nachdem sie viel geweint hatte, weil Lorenzo nicht zurückkam, war sie unter Tränen eingeschlafen. Da geschah es in der Nacht, daß ihr Lorenzo im Traum erschien, totenbleich und zerschunden, die Kleider zerfranst und zerfetzt, und ihr war, als sagte er:*

13 *»O Lisabetta, du rufst ständig nach mir und trauerst, weil ich so lange wegbleibe. Mit deinen Tränen klagst du mich heftig an. Aber du mußt wissen: Ich kann nicht mehr zurückkommen, denn deine Brüder haben mich an dem Tag, als wir uns das letzte Mal gesehen haben, umgebracht.« Er beschrieb ihr die Stelle, wo sie ihn verscharrt hatten. Er bat sie, ihn doch nicht länger zu rufen und auf ihn zu warten. Dann verschwand er.*

14 *Die junge Frau wachte auf und fing bitterlich an zu weinen, denn sie glaubte dem Traumgesicht. Als sie dann am Morgen aufstand, nahm sie sich vor, an die bezeichnete Stelle zu gehen und*

nachzusehen, ob es so sei, wie sie es im Traum gesehen hatte. Ihren Brüdern wagte sie nicht, irgend etwas von dem Traum zu sagen.

15 *Aber sie erhielt von ihnen die Erlaubnis, einen Spaziergang außerhalb des Stadtgebietes zu machen, freilich in Begleitung einer alten Dienerin, die in alle ihre Geheimnisse eingeweiht war. Sobald sie nur konnte, ging sie zu der Stelle. Sie schob die dürren Blätter beiseite, die dort lagen, und begann zu graben, wo das Erdreich weniger hart war. Sie hatte kaum damit begonnen, da fand sie die Leiche ihres armen Liebhabers. Sie war noch in keiner Weise verwest oder zersetzt. So erkannte sie, daß ihr Traum offensichtlich wahr war.*

16 *Da erfaßte sie ein Schmerz, wie noch keine Frau ihn je erlitten hat. Sie erkannte, daß dies nicht der Ort war zu weinen. Am liebsten hätte sie den ganzen Körper mitgenommen, um ihn angemessen zu beerdigen. Aber weil sie sah, daß das nicht möglich war, schnitt sie mit einem Messer, so gut sie konnte, den Kopf vom Rumpf ab, schlug ihn in ein Handtuch ein, übergab ihn der Dienerin, warf unbeobachtet Erde über den Rumpf und brach nach Hause auf.*

17 *Dort schloß sie sich mit dem Kopf in ihr Zimmer ein, beugte sich über ihn und weinte lang und bitter. Sie weinte so sehr, daß ihre Tränen ihn über und über benetzten. Dabei bedeckte sie ihn mit Küssen, überall. Dann nahm sie einen großen schönen Topf, einen von denen, in die man Majoran oder Basilikum pflanzt, und legte den Kopf hinein, in ein feines Tuch gewickelt. Sie bedeckte ihn mit Erde, setzte einige Pflänzchen von schönstem salernitanischem Basilikum hinein und begoß ihn nur mit Rosenwasser, mit einer Essenz aus Orangenblüten oder mit ihren Tränen.*

18 *Sie nahm die Gewohnheit an, ständig neben diesem Topf zu sitzen und ihn voller Sehnsucht anzuschauen, barg er doch in sich ihren Lorenzo. Wenn sie ihn lange angeschaut hatte, dann beugte sie sich*

über ihn und begann zu weinen, lange, lange, bis das Basilikum ganz benetzt war mit ihren Tränen …

23 *Die junge Frau aber hörte nicht auf zu weinen und nach ihrem Basilikumtopf zu verlangen. Sie weinte sich zu Tode, und so fand ihre unglückliche Liebe ein Ende. Aber nach einiger Zeit erfuhren viele Menschen von dem Vorfall. Und einer von ihnen komponierte das Lied, das man bis zum heutigen Tag singt:*

> *Wer war es,*
> *wer war nur der Schuft,*
> *der mir den Topf mit Kräutern stahl,*
> *und so weiter.*

Boccaccios Elisabetta ist die äußerste Gegengestalt zu Beatrice: Die Frau nicht als Himmelsherrin, sondern eine Liebende, schwach, gedemütigt, in den Wahnsinn getrieben. Die Kaufmannswelt ist der Liebe nicht günstig; Boccaccios Variation über ein Volkslied hat nichts Beruhigendes. Wer sagt, Boccaccio erzähle nur zum Vergnügen, hat diese Novelle nicht beachtet. Diese Frau hat das *Inferno* auf Erden. Kein Engel tröstet; kein Gericht gibt ihr recht. Die drei Brüder verlassen Messina und treiben ihr Geschäft anderswo weiter. In der äußeren Welt siegt der Geschäftsgeist. Der Schmerz dieser Frau lebt nur in dem melancholischen Lied. Diese *mercanti* planen kaltblütig, sind um den Ruf der Firma und die Heiratsfähigkeit der Schwester besorgt. Über deren Hochzeit entscheiden sie; wenn es nicht in ihrem Sinn läuft, verüben sie einen ›Ehrenmord‹. Sie täuschen Fortdauer der Freundschaft mit Lorenzo vor und bringen ihn um.

Diese Novelle ist auch nur eine von hundert, eine Teilaufnahme, gedichtet mit so viel Faktenfülle, wie nötig ist, um die Kaufmannswelt zu durchschauen und Anteil zu geben am Schicksal einer liebenden Frau. Sie betritt Neuland gegenüber der *Commedia:* poetisch, sozial, ethisch.[15]

Die Novelle von Elisabetta zeigt die Frau als Opfer. Sie stirbt dem ermordeten Geliebten nach. Sie erklärt nichts mehr – in einem Buch, in dem sonst toskanisch-viel geredet wird. Sie tritt im Wahnsinn ab. Sie verläßt stumm eine Welt, deren Schändlichkeit wir jetzt wissen, begeht sie doch noch Verbrechen, indem sie schweigt wie Elisabettas hinterlistige Brüder. Dies muß in Erinnerung halten, wer Dante und Boccaccio in Beziehung setzt. Das verändert konventionelle Bilder.

Aber nicht das Bild der leidenden Liebenden ist der Hauptakzent, den das *Decameron* dem Nachdenken über Frauen hinzugefügt hat. Noch hervorstechender ist das Interesse Boccaccios an der unüberwindlichen Selbständigkeit, die Frauen gerade in Not und Erniedrigung beweisen. Sie verwandeln ihre Niederlage in Sieg. Männer, die herrschen wollen, degradieren sie zum Objekt ihrer Regeln und ihrer Beschlüsse; aber sie behaupten sich und beweisen die Schwäche der scheinbar Starken. Sie zeigen der Welt, was ein Subjekt ist. Sie vollbringen, was Dante im vierten canto des *Paradiso* von Konstanze verlangt, was diese aber nicht gekonnt hat. Das *Decameron* hat gegenüber Dante nicht nur den sozialen Umkreis der Poesie erweitert, es hat nicht nur eine neue Diktion für neue Schichten erfunden; es führt eine außerordentliche intellektuell-mentale Vertiefung des Ich-

15 Die Novelle ist vielfach interpretiert worden. Bibliographische Übersicht in der Einleitung zur Ausgabe von Vittore Branca S. XCVIII. Vgl. besonders Giovanni Getto, Vita di forme e forme di vita nel Decameron, Turin 1972, S. 95–139; Michelangelo Picone, La quarta giornata, in: Introduzione al Decameron, Florenz 2004, bes. S. 132–135.

bewußtseins vor und spricht sie ausgerechnet Frauen zu. Elisabetta verstummt in ihrem Wahn, aber es gibt eine Reihe von Geschichten, in denen die Frauen *reden*: Madonna Filippa aus Prato zeigt sich unerschrocken vor Gericht, bekennt sich dazu, mit einem Mann, mit dem sie nicht verheiratet ist, geschlafen zu haben. Sie erreicht die Abschaffung des grausamen Strafgesetzes für Ehebrecherinnen (Dec. 6, 6).

Diese Rückständigkeit ist nur in Prato möglich, dachte und denkt heute noch jeder Florentiner. Solch urtümlich-rohe Gesetze haben wir hier am Arno nicht.

Sehen wir zunächst auf die Rolle der Männer: Rinaldo erwischt seine Frau beim Ehebruch. Er will sie umbringen, verlangt dann aber von den Gesetzen der Stadt, was ihm verboten ist. Er hat eine seltsam-archaische Auffassung von der Rechtsordnung. Er fragt nicht, warum seine Frau einen Liebhaber braucht; seine sexuellen Kapazitäten sind so beschränkt wie seine intellektuellen. Auffallend übereifrig bestätigt er: Sie hat ihm alles gegeben, was er brauchte. Filippa dreht die Situation um; die angeklagte Ehefrau blamiert den Ankläger. Sie redet nicht mit ihm, sondern läßt ihn durch den Podestà befragen. Auch das eine Umkehrung. Sie ist die Herrin der Situation, gerade indem sie nicht auf die Schlaumeier hört, die ihr geraten haben, nicht zum Termin zu kommen, und indem sie verächtlich die Einladung des Podestà ignoriert, sich durch eine Lüge zu retten. Wenn alles nicht so lustig wäre, könnte man sagen, das klinge fast nach Schiller, die Frau als transzendentales moralisches Subjekt, die es für gleichgültig erklärt, was ihr die Außenwelt antut. Ihre Liebe, gerade auch die körperliche, das ist sie selbst, und sie steht zu sich. Dieses Selbstverhältnis war, wenn ich nichts übersehe, in der *Commedia* kein Thema. Wenn es bei Beatrice vorhanden war, wurde es durch nichts in Frage gestellt.

Sie tritt erst auf, als alle Versuchungen und Abhängigkeiten schon vorbei waren. Die Frauen im D*ecameron*, jedenfalls einige leitende Figuren, müssen das erst erringen. Das können sie nur, weil sie todbereit sind. Billiger ist ihre Emanzipation nicht zu haben. Sie bestehen in der sozialen, in der sinnlichen Welt, weil sie sich und ihre Liebe von ihr intellektuell abgetrennt haben.

5. *Das Recht der Frau auf geschlechtliche Liebe*

Es lag Sprengkraft in diesem Selbstbewußtsein, in dieser Selbststilisierung der Frau zum freien Menschen. Das zeigt die Rede der Ghismonda, bevor sie sich den Tod gibt, ein Opfer der Liebe wie Dantes Francesca. Ghismonda war die Tochter des Fürsten von Salerno. Ihr Vater hat sie mit einem seiner Diener, Guiskard, im Bett angetroffen. Hier ihre Rede vor ihm aus *Decameron* 4, 1:

30 *Ghismonda entnahm den Worten ihres Vaters, daß ihre heimliche Liebe entdeckt und daß Guiskard gefangen war. Sie fühlte unendlichen Schmerz, und sie war nahe daran, ihn, wie Frauen es oft machen, mit Schreien und Tränen zu zeigen. Aber ihr stolzer Sinn besiegte sofort diese niedrige Anwandlung. Mit bewundernswerter Kraft verschloß sie ihr Gesicht, und ohne einen Gedanken daran zu verschwenden, für ihr Leben zu betteln, beschloß sie, ihrem Leben ein Ende zu setzen; sie war überzeugt, Guiskard sei schon tot.*
31 *Dann ergriff sie das Wort, nicht wie eine Frau, die der Schmerz überwältigt, oder wie eine, die man bei einem Vergehen ertappt hat, nein, sie sprach selbstbewußt und ohne auf die Folgen zu blicken. Mit tränenlosem, offenem Gesicht, in gar keiner Weise unsicher, sagte sie zum Vater: »Tankred, ich bin entschlossen, weder zu leug-*

nen noch zu betteln. Leugnen würde mir nicht helfen; vom Betteln will ich nicht, daß es mir hilft. Außerdem habe ich nicht die mindeste Absicht, deine sanfte Natur oder deine Liebe zu mir in Anspruch zu nehmen und dich mir günstig zu stimmen. Vielmehr will ich dir die Wahrheit sagen. Ich werde zuerst meinen Ruf verteidigen, und zwar mit Gründen, die schlicht wahr sind. Danach werde ich handeln, mit äußerster Kraft, wie es der Größe meines Geistes entspricht.

32 *Es ist wahr, daß ich Guiskard geliebt habe. Ich liebe ihn noch, und ich werde ihn lieben, solange ich lebe, was nicht mehr lange sein wird, und wenn es nach dem Tod überhaupt noch Liebe gibt, dann werde ich nie aufhören, ihn zu lieben. Ich habe das getan, nicht so sehr aus weiblicher Schwäche als wegen seines überragenden Wertes; schließlich war auch Euer Eifer, mich wieder zu verheiraten, ziemlich gering.*

33 *Tankred, es müßte dir doch klar sein, daß du, der du doch auch aus Fleisch und Blut bist, eine Tochter gezeugt hast, die nicht aus Stein oder Eisen ist, sondern auch aus Fleisch und Blut. Wenn du jetzt auch ein alter Mann bist, so solltest du dich doch daran erinnert haben, ja du solltest dich jetzt noch daran erinnern, was die Gesetze der Jugend sind und mit welcher Wucht sie wirken. Wenn du auch ein Mann bist, der seine besten Jahre mit Militärübungen verbracht hat, so solltest du trotzdem wissen, welche Wirkung Müßiggang und Wohlstand auf Alte wie auf Junge ausüben.*

34 *Ich bin also, da du mich gezeugt hast, aus Fleisch und Blut, und außerdem bin ich noch jung, habe ich doch noch nicht lange gelebt. Das sind zwei gute Gründe, warum ich voll bin von sinnlichem Verlangen. Dadurch, daß ich schon verheiratet gewesen bin, hat dieses Begehren ungeheuer zugenommen; schließlich habe ich erfahren, welche Lust es bringt, es zu befriedigen.*

35 *Das waren Gewalten, denen ich nicht widerstehen konnte, und ich als Frau, als junge Frau, habe beschlossen, ihnen dorthin zu fol-*

gen, wohin sie mich zogen. Deshalb habe ich mich verliebt. Gewiß, ich war entschlossen zu tun, wozu diese Sünde, die unsere Natur ist, mich trieb, aber ebenso habe ich alle meine Kraft darangesetzt, daß, soweit als möglich, weder dir noch mir Schande daraus erwachsen sollte.

36 *Dazu hatten Amor in seinem Mitleid und eine wohlgesinnte Fortuna einen verborgenen Weg gefunden und mir gezeigt; auf ihm kam ich an das Ziel meiner Wünsche. Niemand hat etwas bemerkt. Gleichgültig, wer es dir gezeigt hat, gleichgültig, von wem du es erfahren hast: Ich leugne überhaupt nichts.*

37 *Ich habe Guiskard nicht aus Zufall, wie viele Frauen es tun, zum Liebhaber genommen, nein, ich habe ihn mit wohlüberlegtem Beschluß allen anderen Männern vorgezogen; ich habe mir einen eigenen klugen Plan ausgedacht, wie ich ihn zu mir kommen ließ; und es war weise Beständigkeit, von ihm wie von mir, daß ich mein leidenschaftliches Begehren so anhaltend und mit Genuß befriedigen konnte.*

38 *Du wirfst mir vor, die Sünde der Liebenden begangen zu haben, aber wenn ich mich nicht täusche, wirfst du mir mit größerer Schärfe vor, daß ich mich mit einem Mann niederen Standes zusammengetan habe. Du wärst mir weniger böse, wenn ich dazu einen Mann von Adel gewählt hätte. Aber damit folgst du einem vulgären Vorurteil, nicht der Wahrheit. Du begreifst offenbar nicht, daß du dann ja nicht meinen Fehler, sondern den der Fortuna tadelst; sie erhöht oft Nichts-Würdige und läßt die Würdigsten fallen.*

39 *Aber lassen wir das jetzt, wirf nur einmal einen Blick auf den Ursprung der Dinge. Dann siehst du: Wir sind alle Fleisch aus einem einzigen Fleisch, und ein einziger Schöpfer hat alle Seelen mit gleichen Kräften, mit gleichen Fähigkeiten und mit gleicher Tugend erschaffen.*

40 *Gleich kamen wir auf die Welt, gleich kommen wir auch jetzt noch zur Welt. Das erste, was Unterschiede zwischen uns schuf, war die Tugend. Wer mehr davon hatte und mehr danach handelte, den nannte man ›adlig‹, im Unterschied zu dem Rest, der nicht adlig war. Später kam die entgegengesetzte Gewohnheit auf; sie hat dieses Gesetz nur verdunkelt, nicht aufgehoben. Weder aus der Natur noch aus den menschlichen Sitten ist es verschwunden. Deshalb ist in Wirklichkeit jeder, der tugendhaft handelt, von Adel. Nennt man ihn anders, dann liegt der Fehler nicht bei dem, der so falsch benannt wird, sondern bei dem, der ihn falsch bezeichnet.*

41 *Sieh dir die Männer unter deinen Edelleuten näher an, prüfe ihr Leben, ihre Sitten und ihr Benehmen, und dann vergleiche sie mit Guiskard. Wenn du ohne Leidenschaft urteilst, dann wirst du urteilen, daß er der Vornehmste ist. Alle deine Adligen sind dagegen nur Tölpel. Was die Tugend und den Wert Guiskards angeht, so habe ich mich dabei nicht auf das Urteil anderer Leute verlassen; ich habe einzig auf deine Worte und auf meine Augen gebaut.*

42 *Warst du es nicht selbst, der ihn am meisten gelobt hat, und zwar unter allen Hinsichten, unter denen ein guter Mann Lob verdient? Darin hattest du völlig recht, denn wenn meine Augen mich nicht getäuscht haben, dann habe ich selbst gesehen, daß er das Vortreffliche, das du an ihm gelobt hast, auch tatsächlich vollbracht hat, wunderbarer noch, als deine Worte es ausdrücken konnten. Bin ich dabei getäuscht worden, dann ganz allein von dir.*

43 *Wirst du also weiterhin behaupten, ich hätte mich mit einem Mann niederer Herkunft zusammengetan? Dann behauptest du die Unwahrheit. Würdest du behaupten, ich habe mich mit einem armen Mann eingelassen, dann könnte ich dir recht geben, aber dann müßtest du dich schämen, daß du einen so ausgezeichneten Diener, einen so tüchtigen Mann, so schäbig belohnt hast. Armut schließt Adel nicht aus; sie ist unvereinbar nur mit Besitz. Viele Könige und*

viele große Fürsten sind früher einmal arm gewesen, und viele Feldarbeiter und Schafshirten waren früher einmal steinreich. Das gilt nicht nur für früher, sondern auch für heute.

44 *Das letzte Problem, das du aufgeworfen hast, nämlich was du mit mir anfangen wirst, das kannst du schlicht vergessen. Wenn du die Absicht hast, in deinem hohen Alter grausam gegen mich zu sein, was du als junger Mann nie warst, dann rase nur grausam gegen mich, die ich der Hauptgrund bin für diese Sünde, wenn es denn überhaupt eine Sünde ist. Ich bin nicht bereit, dich irgendwie anzuflehen. Daher kannst du sicher sein, wenn du mit mir nicht das gleiche machst, was du mit Guiskard getan hast oder tun wirst, so werden meine eigenen Hände es tun.*

45 *Jetzt weg mit dir, mach daß du fortkommst, weg zu den Frauen! Dort kannst du deine Tränen vergießen. Wenn du aber glaubst, wir hätten es verdient, dann entscheide dich für die Grausamkeit, nur töte uns beide mit einem einzigen Schlag.«*

Der Fürst nimmt die Todesankündigung nicht ernst, beschließt, die Tochter zu schonen; er läßt Guiskard umbringen und schickt Guiskards Herz in einer goldenen Schale seiner Tochter. Sie weiß sofort, worum es sich handelt, übergießt das Herz, wie zur Bestattung, mit ihren Tränen, und bereitet das Gift vor, sich zu töten. Über religiöse Bedenken fällt kein Wort. Sie will ihre Seele mit seiner verbinden. Das Jenseits nennt sie eine ihr unbekannte Gegend. Sie ist aber überzeugt, daß die Seele Guiskards sie erwartet.

Sie nimmt das Gift, zelebriert ihre Selbsttötung, zeremoniell. Die Dienerinnen unterrichten Tankred, er kommt und beginnt heftig zu weinen.

60 Aber die vornehme junge Frau sagte ihm: »Tankred, hebe dir diese Tränen auf für ein Geschick, das weniger herbeigesehnt worden ist als meines. Hebe sie für einen anderen auf, ich will sie nicht. Wie kann man beweinen, was man selbst gewollt hat? Außer bei dir hat das noch nie jemand gesehen.«

Sie bittet darum, mit Guiskard begraben zu werden. Das wird ihr gewährt.

Boccaccio sieht Ghismonda nicht in der souveränen Position Beatrices, sondern im Verhältnis zu ihrem Vater, der denkt, die Tochter gehöre ihm. Boccaccio denkt das Liebespaar antikisierend im Konflikt zwischen den beiden Weltmächten Fortuna und Amor, ausgetragen an einem kleinen Diener am Hof. Boccaccio verfolgt nicht die innere Entwicklung Guiskards; ihn interessiert die Frau in ihrem Verhältnis zum Vater. Der läßt Guiskard gefangennehmen, sucht Ghismonda in ihren Gemächern auf und wirft ihr zweierlei vor: unverheiratet mit einem Mann geschlafen zu haben, und dann auch noch mit einem Mann niederster Rangstufe. Auf beide Punkte geht sie argumentierend ein.

Das Herz in goldener Schale und die Bestattung durch Tränen stellen diese Novelle in die Nähe des volkstümlichen Stils der Elisabetta-Geschichte, aber Ghismonda hebt den Konflikt auf eine theoretische Ebene. In ihrer Rede argumentiert sie scholastisch wie Beatrice, beweisend und widerlegend. Sie kehrt die Verhältnisse um – zwischen Vater und Tochter, Souverän und Abhängiger, zwischen Täter und Opfer. Sie redet den Fürst mit Vornamen an, was sich nicht gehörte; sie, die Frau, belehrt den Vater. Sie verteidigt ihr Recht auf Jugend und auf geschlechtliche Liebe; sie beruft sich auf die Natur, der zu widerstehen sinnlos ist, der zu folgen keine Sünde sein kann. Sie spricht von einer *naturgemäßen Sünde*, einem *natural peccato* (§ 35). Wenn sie der Natur entspricht, ist sie gerechtfertigt. Beide weinen, aber sie *beherrscht* ihr Weinen, *er* zerfließt. Auf den doppelten Vorwurf antwortet sie ausführlich mit einem doppelten Argument:

Erstens: Sie ist jung, ist aus Fleisch und Blut, kennt aus ihrer kurzen Ehe den Genuß der Sexualität, zu der die Natur selbst treibt. Sie verteidigt ihre Liebe, ihre körperliche Liebe; sie weist es zurück, sie entstamme ihrer weiblichen Schwäche, *feminile fragilità* (§ 32), nein, sie hat nachgedacht, die Hofleute kritisch besehen und frei gewählt. Sie hat beschlossen, sich zu verlieben, sie ist nicht zufällig, *per accidente*, an Guiskard geraten (§ 37). Sie bekennt sich zu ihrem Recht auf sexuelle Selbstbestimmung, *concupiscibile desiderio* (§ 34).

Zweitens: Tankred habe den konventionellen, den falschen Begriff von Adel. Adel bemesse sich in Wahrheit nach *virtù*, Tüchtigkeit und Tugend, nicht nach sozialem Rang und Reichtum. Adel ist mit Armut vereinbar. Tankred teilt die populären Vorstellungen von der Armut, aber sie unterliege der Fortuna und sage nichts über den Wert des Menschen. Macht und Reichtum sind zufällig, sind fortunabedingt; sie zählen nicht gegenüber dem wahren Adel, der *virtù*. Das sind Dantes Ideen, vor allem aus dem *Convivio*.

Ghismondas Suizid bleibt außerhalb der Diskussion. Seine Rechtfertigung bedarf keiner Worte – so wenig wie bei Cato in Dantes *Purgatorio*. Die Todesbereitschaft gibt ihr wie der Filippa die Unabhängigkeit; sie bettelt nicht um Nachsicht. Sie schließt mit ihrem Leben selbständig ab. Sie spricht frei und stolz, der Vater weinerlich und aus Selbstmitleid. Sie vertauscht die Rollen – von Oben und Unten, von Subjekt und Objekt der Handlung –, indem sie Wahrheit, Natur und Eigenwillen gegen Konvention, Macht und Reichtum stellt. Ghismonda verbindet in ihrer explizit theoretischen Position den Naturalismus körperlicher Liebe mit dem Selbstbewußtsein des hochgemuten Sinns, des *animo altiero*, der von wunderbarer Kraft, *meravigliosa forza*, sei und sich durchsetze gegenüber Zwang und Gefühlsschwäche (§ 30). Der Naturalismus in Ghismondas Rede stammt nicht von Dante, sondern aus antiken Quellen und Texten des 12. Jahrhunderts, die Boccaccio gründlich kannte; aber die Konzepte von Willensfreiheit, von Adel, von Reichtum und Armut sind die Dantes. Aber das ideengeschichtliche Ereignis ist: Eine Frau eignet sich das von der Philosophie ermöglichte Selbstbewußtsein eines Weisen an. Ghismonda löst Weisheit, die weibliche Vokabel, ab von der bisherigen De-facto-Identifizierung mit Männlichkeit, und das war nicht möglich ohne das Vorbild der Beatrice. Doch war von deren körperlicher Liebe oder von ihrer freien Wahl des Geliebten nie die Rede. Insofern stehen wir vor einem neuen Stadium. Nicht nur kommen im *Decameron* die *sozialen* Probleme der Liebe an, Vater-Tochter, Dienstherr-Diener, nicht nur ruiniert sich jetzt ein fürstlicher Vater, weil er seine Tochter als etwas ansieht, was ihm gehört; vor allem spricht sich ein weibliches Selbstbewußtsein aus, das sich hochtheoretisch auf Natur und Geist, auf *animo* und besonnene Wahl stützt. Boccaccio steht Dante und der Philosophie viel zu nahe, um nur zum Vergnügen zu erzählen; er scheut nicht begrifflichen Aufwand und abstrakte Rhetorik, um ein neues weibliches Selbstbewußtsein irdischer Frauen auszusprechen, in einer geschichtlichen Situation, die sich von der Dantes weit entfernt hat, mit einer neuen philosophischen Reflexion, die die metaphysischen Konzepte von *animo* und *intelletto*, die bei

Dante führend waren, mit Naturalismus, also mit Anerkennung der Gesetze der Biosphäre und der Jugend verbindet.

6. Figuren der Frauenemanzipation

Im *Decameron* gibt es eine aufsteigende Reihe von Frauenfiguren: Elisabetta, Ghismonda und Filippa. Sie kommen von Beatrice her und bilden zugleich einen Kontrast zu ihr. Sie zeigen, wie die intellektuelle Entwicklung in Florenz nach Dantes Tod weitergegangen ist. Diese Linie führt zuletzt zu Griselda; sie ist nicht zufällig die Protagonistin der letzten Novelle des *Decameron*. Zu dieser letzten Novelle mache ich nur wenige Bemerkungen.[16]

Das *Decameron* erklärt sich im *Proemio* 14 als anschauliche, vergnüglich vorgetragene Moralphilosophie, besonders für Frauen. Der zehnte Tag steht unter der Leitidee der aristotelischen Tugend der hohen Gesinnung, der *magnificenzia*. Um sie historisch einzuordnen, muß man wissen: Großgesinntheit und Weisheit sind ebenso wie Standhaftigkeit (*constantia*), aber auch wie Geduld und Demut (*patientia* und *humilitas*) bereits antik-philosophische Tugenden; sie sind keine spezifisch christlichen Werte. Boccaccio nennt Griselda *weise*, *savia* (§ 38), von geduldigem Geist, *paziente animo* (§ 36). Immer wieder kommen die Leitbegriffe: *animo – constantia* und *humilitas*, auch *pazienzia* (§ 58 und 61) und *humilitas* (§ 33). Boccaccio kannte diese

16 Sie sind begründet in Kurt Flasch, Vernunft und Vergnügen. Liebesgeschichten aus dem Decameron, München 2002. Vgl. auch Michelangelo Picone – Margherita Mesirca (Hg.), Introduzione al Decameron, Florenz 2004.

Tugenden antiker Philosophen nachweislich aus Senecas Texten. Er stellt eine arme Frau als deren Typus vor uns, gegen den Fürsten abgesetzt, der von Zweifeln geplagt, sich in seelischer Unreife handfeste Beweise verschaffen will, wofür es sie nicht gibt, nämlich daß er geliebt wird. Griselda erträgt das mit stoischem Gleichmut; ihr Selbstverständnis formuliert Boccaccio mit Hilfe von stoischen Texten. Sie spricht wie Seneca, auch wenn volkstümliche Bilder wie Kleiderwechsel und fingierter Tod von Kindern nicht fehlen.

Griselda spricht nicht wie die Gottesmutter. Sie betet nicht zu Maria. Sie ist in größter Not, verzichtet auf alles, selbst auf die Kinder, aber kein Gebet kommt über ihre Lippen, so wenig wie Elisabetta oder Ghismonda. Die christliche Religion ist in all diesen extremen Lagen abwesend; sie hat keine Lebensbedeutung mehr – für Frauen in größter Not. Die Frau hat gelernt, sich der Fortuna entgegenzusetzen; ein Bauernmädchen beweist wahren Adel. Sie tritt auf: identisch mit sich, ohne den Gesichtsausdruck zu verändern, *senza mutar viso* (§ 28 und 31), selbst nach der Wegnahme ihres Kindes. Sie bleibt wie der stoische Weise flexibel in allem, was der Fortuna unterliegt. Der Markgraf Gualtieri, von tierischer Stumpfheit, *matta bestialità* (§ 39), erweist sich trotz seiner Macht so schwach wie der Mann der Filippa oder wie Fürst Tankred. Die Frau steht für geistige Konzentration, für Geist, *animo*, und Wahrheit, aber auch für Armut. Alle genannten Frauen werden bedrängt und bedroht von willkürlich handelnden Männern. Sie halten ihr individuelles Lebensgesetz durch. Dies ist möglich. Das beweisen die Novellen, deren naturalistische Elemente von Dante abweichen, die aber seinen Freiheitsbegriff, sein Adelskonzept und seine Fürstenkritik fortsetzen. Die Schlußnovelle beweist doch, wie Dioneo sagt: Es gibt Fürsten, die würdiger wären,

Schweine zu hüten, als Herrschaft auszuüben über Menschen (§ 68).

Boccaccios Herrscherkritik klingt so hart wie die Dantes. Seine Frauen – nicht alle, aber die erwähnten: Ghismonda, Philippa, Griselda – haben von Beatrices Souveränität profitiert und sind zugleich ins soziale Leben versetzt. Philippa und Ghismonda bestehen sogar auf dem Recht sexueller Selbstbestimmung. Davon war bei Dante nicht die Rede. Rhetorisch lehrhaft sind auch sie, wie Beatrice es war. Sie sind ihre realen Erben. Aber in der irdischen Welt.

III. SPRACHE

1. Die italienische Verspätung

Die italienische Literatur beginnt im europäischen Rahmen mit auffallender Verspätung. Es gab Dichtung und wissenschaftliche Prosa längst in der deutschen, der englischen und französischen Sprache: Die Anfänge der italienischen Literatur liegen später, im 12. Jahrhundert. Sie gewinnen mit dem *Sonnengesang* des heiligen Franz und mit dem *Novellino* eine gewisse Bedeutung, aber damit sind wir schon im 13. Jahrhundert, und erreichen nicht die literarische Höhe von Chrétien de Troyes, Gottfried von Straßburg, des Nibelungenlieds und Wolframs, von den frühen Autoren wie dem englischen König Alfred und dem Mönch Notker von Sankt Gallen zu schweigen.

Die italienische Verspätung in ihrer geschichtlichen Eigenart zu erklären hat Ernst Robert Curtius versucht. Frank-Rutger Hausmann hat das Bild der ältesten italienischen Literatur erweitert, indem er ein Rätsel aus Verona (*Indovinello veronese*, um 800, der älteste volkssprachliche italienische Text) und eine Inschrift aus San Clemente in Rom (kurz vor 1100) untersuchte. Aber es handelt sich um wenige Zeilen, und der große Zeitabstand zwischen diesen Dokumenten legt nahe, daß die volkssprachliche verschriftlichte Produktion karg war. Die normative, die ›richtige‹ Sprache war das Lateinische; es war die Sprache Roms und die Sprache der Klassiker. Italien zerfiel vor 1200 in kleine politische Einheiten und ökonomische Kleinzonen mit ihren Dialekten; die Zersplitterung war stärker als im Heiligen Römischen Reich, dessen Herrscher früher den Wert volkssprachlicher Heldengedichte und Heiligenlegenden für die Konsolidierung ihrer Macht erfaßten als die im Entstehen begriffenen italienischen Kommunen. In Italien waren es am ehesten Bischöfe und einige mächtige Abteien, die an volkssprachlicher Literatur interessiert waren, zumal seit dem 12. Jahrhundert die Kirche ihre religiöse Erziehung dem wachsenden Laienpublikum zuwenden mußte, wenn sie es nicht an die zahlreicher werdenden häretischen Gruppen verlieren wollte. Sie mußte Beichtformeln in der Muttersprache anbieten. Richter mußten Wendungen für Zeugenbefragungen bereithalten. Die Ablösung feudaler Gewohnheiten durch privatrechtliche Verträge drängte ebenfalls zum Gebrauch des Italienischen. Durch diese Prozesse begann die Volkssprache sich seit dem 10. Jahrhundert in einem langsamen Prozeß zu verschriftlichen. Seit der Mitte des 12. Jahrhunderts fand die Dichtung der Troubadoure auch in Italien Freunde; die lateinische, die okzitanische (provenzalische) und französische Literatur boten Vorbilder für die ersten italienischen Dichtungen. Die italienische Dichtung begann also nicht, wie man oft noch liest, mit dem Sonnengesang des San Francesco.[17]

Dies sind willkommene Verfeinerungen, aber das Gesamtbild bleibt: Vor 1200 kann sich die italienische Literatur nicht mit den großen Werken der englischen, der französischen und der deutschen Dichtung messen. Dafür suchte Curtius die Gründe:

17 Ausgezeichnete Quellensammlung, die mit dem Sonnengesang (um 1224) beginnt und bis Petrarca und Boccaccio führt: Gianfranco Contini, Letteratura italiana delle origini, zuerst Florenz 1970, mehrere Nachdrucke. – Neuer Forschungsstand und gute Literaturangaben dazu bei Maria Luisa Meneghetti, Le origini delle letterature medievali romanze, Bari 1997; Frank-Rutger Hausmann, Die Anfänge der italienischen Literatur aus der Praxis der Religion und des Rechts, Heidelberg 2006.

Am Anfang stand die karolingische Bildungsreform. Sie war keine deutsche Erfindung. Curtius erklärte ihren Erfolg damit, daß der galloromanische Geschmack an künstlicher Rede zusammentraf mit der soliden Disziplin der englischen Schulung (S. 392). Vielleicht war diese Erklärung zu feuilletonistisch und zu sehr noch an der alten Völkerpsychologie orientiert; Tatsache ist, daß Karls und Alkuins Reform auf dem Boden des heutigen Frankreich noch im 9. Jahrhundert so Bedeutendes hervorbrachte wie das denkerische Werk des Johannes Eriugena. Aber länger konnte die Blüte sich nicht halten, so wenig wie der unter den Ottonen erreichte kulturelle Vorsprung nördlich der Alpen. Um so wichtiger wurde der Neuanfang im 12. Jahrhundert. Curtius sah eine Zeitenwende der Dichtungsgeschichte um 1170. Um diese Zeit, zeigte er, erfolge auf dem Boden des heutigen Frankreich ein Rückgriff zunächst auf die lateinische Literatur, auf Vergil und Ovid, aber auch auf die gesamte spätlateinische Kultur zwischen Statius und Boethius. Dies erkläre den epochalen Neubeginn in der 2. Hälfte des 12. Jahrhunderts und den Vorsprung, den Frankreich vor Italien und Deutschland jetzt gewann. Eine lateinische Renaissance war die Vorbedingung der nationalen Literaturen. »Das Latein hat dem Französischen die Zunge gelöst.« »Die lateinische Bildung und Dichtung geht voraus, die französische folgt« (S. 387).

Italien hatte *vor* 1200 eine hohe Jurisprudenz, hatte Medizin und Briefkultur, aber es hatte kein organisiertes Studium der lateinischen Autores. Dieses mußte sich erst vom Westen her auswirken, bevor sich das Volgare als Literatursprache neben dem Lateinischen etablierte. Dann erst konnte Italien in Volgare dichten. Dann aber nahm es mit Dante, Petrarca und Boccaccio die erste Stelle in Europa ein, während in Frankreich im Lauf des 13. Jahrhunderts die aristotelisierende, arabisierende Wissenschaft dominierte und eine Entzweiung bewirkte zwischen ›Grammatik‹ und Wissenschaft, zwischen Poesie und Philosophie.

Um die Bedeutung der lateinischen Texte des Mittelalters für die neuere Dichtung nur an einem einzigen Beispiel zu illustrieren: der Reim ist die große Schöpfung des lateinischen Mittelalters (S. 393). Die Antike kannte ihn nicht. Die nationalen Literaturen entnahmen ihn den lateinischen Mustern.

Curtius hat bei seinen ausgedehnten Lektüren eine grundlegende Entdeckung gemacht: Er fand in der neueren Literatur eine Reihe von Wendungen, Bildern, Motiven – er nannte sie Topoi –, die antiken Ursprungs waren, denen er aber eine lange Vermittlungsreihe nachweisen konnte. Neuere Historiker der Nationalliteraturen hätten diese Schlüsselworte und wiederkehrenden Bilder unbeachtet gelassen oder der Schöpferkraft eines Autors als Original zugeschrieben. Die neueren Literaturwissenschaften – Anglistik, Germanistik, Italianistik, Hispanistik etc. –, fand er, seien Produkte des nationalen Zeitalters; sie versagten bei makrohistorischer Betrachtung. Sie hätten Goethes Konzeption der »Weltliteratur« verlassen. Curtius stellte seinem Werk folgende Sätze Goethes voran:

»Vielleicht überzeugt man sich bald, daß es keine patriotische Kunst und patriotische Wissenschaft gebe. Beide gehören, wie alles Gute, der ganzen Welt an, und können nur durch allgemeine freie Wechselwirkung aller zugleich Lebenden, in steter Rücksicht auf das, was uns vom Vergangenen übrig und bekannt ist, gefördert werden.«[18]

18 Johann Wolfgang Goethe, Weimarische Kunstfreunde. Preisaufgaben, Flüchtige Übersicht über die Kunst in Deutschland (1801), Münchner Ausgabe Band 6, 2, München 1988, S. 434–435.

Diese Sätze Goethes sind 1801 geschrieben, als sich in Deutschland unter der Wucht napoleonischer Übergriffe ein neues Nationalbewußtsein bildete. Es erfaßte bald auch Dichtung und Literaturwissenschaft und bestimmte gegen Ende des Jahrhunderts das Bild der Geschichte fast allein. Goethes Wunsch, das Verlangen nach »patriotischer Wissenschaft« werde bald wieder verschwinden, ging nicht in Erfüllung, sondern Literatur- und Geschichtswissenschaften definierten sich zunehmend national. Ihnen ging es um die Geschichte der Völker und der »Nationalliteraturen«. Goethe hatte die freie Wechselwirkung aller Lebenden und *zugleich* die stete Aufmerksamkeit auf die Geschichte gewünscht; er hatte angedeutet, daß es zu Traditionsverlusten gekommen war. Einen solchen Traditionsverlust entdeckte Curtius beim Studium der neuen und neuesten Literatur: Die national konzipierte Literaturwissenschaft hatte das lateinische Mittelalter ignoriert oder minimiert. Das Wort ›Mittelalter‹ darf hier nicht täuschen: Es geht um die Bildungswelt von der lateinischen Spätantike bis ins 18. Jahrhundert, von Lukan und Statius bis Diderot und Goethe. Vom Denk- und Bildervorrat dieser langen Zeit haben die neueren Literaturen gezehrt, aber die national verengte Literaturwissenschaft war in aller Regel nicht vorbereitet, dies wahrzunehmen. Diese Blindheit beseitigte Curtius mit einer Fülle von Einzelbelegen. Curtius wollte nicht mutmaßen und nicht interpretieren, sondern belegen. Er bewies mit gesicherten philologischen Fakten. Er wollte zur Evidenz, zur realen Anschauung führen. Sein Buch gab eine »neue Anschauung vom inneren Zusammenhang der europäischen Literatur« (S. 385), und er hob hervor, er verstehe unter »Anschauung« nicht Intuition, nicht Hineinfühlen oder die Assoziationskunst der ›Geisteswissenschaften‹, sondern harte Philologie. Und er sah in Dante die entscheidende Erneuerung des poetischen Reichtums der römischen Antike. Deren Einverwandlung in eine nationale Sprache durch Dante habe die neueren Nationalliteraturen ermöglicht. Er wollte damit auch das Vorurteil bekämpfen, die Deutschen besäßen aufgrund ursprünglicher Verwandtschaft mit den Griechen einen »Sonderweg« in die Antike, an Rom vorbei.

2. *Drei Spracherneuerer um 1300*

Im Lauf des 13. Jahrhunderts traten Latein und Volgare in ein neues Verhältnis. Die von Frank-Rutger Hausmann beschriebenen Wandlungen kamen jetzt in Italien zum Durchbruch: Das Anwachsen der Städte, die Diskussionen der kommunalen Politik, das Selbstbewußtsein und die rechtlichen Ansprüche von Kaufleuten, Bankiers und Handwerkern, eine neue Sensibilität für eigene, individuelle Gefühle, vor allem der Liebe drängten zu einer Neubewertung des Volgare. Die von den Dichtern besungenen Geliebten verstanden kein Latein. Wollten Liebeslyriker verstanden werden, mußten sie im italienischen Dialekt schreiben. Die eigene, die ›natürliche‹ Sprache drängte vor in bisher dem Lateinischen zugeeignete Felder: des Gerichtswesens, der Religion, der Theologie, der Philosophie und der Wissenschaften. Dieser Prozeß lief in mehreren Sprachgebieten fast gleichzeitig: Raimundus Lullus († 1316) bewirkte ihn fürs Katalanische wie Meister Eckhart († 1328) fürs Deutsche, Dante († 1321) fürs Italienische. Ihre Voraussetzungen waren verschieden, aber gemeinsam forderten sie: Sie wollten dem Stadtpublikum, das vernünftige Erklärungen verlangte, die Wahrheit des Christentums zeigen. Das Volgare, das sie vorfanden, war nicht dazu ausreichend, aber die es sprachen, drängten, weil sie sich ausdrücken und die Bildungswelt aneignen wollten. So wuchs ihr ausgreifender Impuls. Ein Laienpublikum mit neuen Ansprüchen und aus aufsteigenden sozialen Schichten war entstanden, das kaum Lateinisch sprach. Die genannten Autoren griffen die Volkssprache auf und schufen sie um. Dadurch haben sie eine neue Sprache für große Themen erschlossen.

Das Werk der drei Sprachgenies war 1320 abgeschlossen. Fortan standen Autoren vor der Alternative, ob sie in Lateinisch schrieben oder in Volgare. Für Norditalien und Florenz ist immer auch ans Französische und Okzitanische zu denken: Brunetto Latini schrieb seinen *Tresor* in Französisch. Französisch galt als geschmeidiger und als passender für die schöne Literatur. Dante schreibt sowohl in Lateinisch wie in Italienisch: *Vita nova, Convivio* und *Commedia* in Volgare, *De vulgari eloquentia, Monarchia* und die späte *Quaestio de aqua et terra* in Lateinisch. Petrarca war bis zu seiner Rückkehr aus der Provence nach Italien ein lateinischer Autor und hat für die nächsten Jahrhunderte das Volgare zurückgedrängt, in der Prosa großer Themen, nicht im Alltag. Seine Lyrik schrieb er in Volgare; Boccaccio war bis zum Abschluß des *Decameron* ein italienischer Autor, bewegte sich dann immer mehr in der Richtung Petrarcas, verfaßte aber seine Dante-Erklärung, die *Esposizioni sopra la Comedia*, in Volgare. Die endgültige Ablösung des Lateinischen für Poesie und Wissenschaft erfolgt erst im 18. Jahrhundert; noch Kant und Hegel schrieben lateinische Bücher.

3. *Nur der Mensch spricht*

Die Veränderung des Lesepublikums und das Anwachsen des Volgare in Quantität und Qualität hat Dante gründlicher und ausführlicher als Lull und Eckhart durchdacht; seine Rolle beim Entstehen eines neuen Sprachbewußtseins ist unvergleichlich wichtiger. Niemand hat wie er das Nachdenken über Eigenart und Stellung des Volgare gefördert. Dante kam mehrfach auf das Problem der Sprache zurück, mit zunehmender Anerkennung des Volgare: Zuerst im 1. Buch des *Convivio,* dann in den Anfangskapiteln von *De vulgari eloquentia*, zuletzt in *Paradiso* (26, 124–138).[19]

Was Dante anfaßte, machte er originell. Das unterlief ihm nicht, das wollte er so. Er wischte zunächst die scholastischen Diskussionen über die Sprache der Engel vom Tisch: Die Engel

19 Dante, De vulgari eloquentia. Über die Beredsamkeit in der Volkssprache, übersetzt von Francis Cheneval, Teil 1, in: Dante, Philosophische Werke Band 3, ed. Ruedi Imbach, Hamburg 2007; vollständige Ausgabe von Vincenzo Mengaldo, in: Dante, Opere minori, Band 2, Mailand–Neapel 1979. – Dazu: Arno Borst, Der Turmbau zu Babel. Geschichte der Meinungen über Ursprung und Vielfalt der Sprachen und Völker, vier Bände, Stuttgart 1957–1966; Erich Auerbach, Literatursprache und Publikum in der lateinischen Spätantike und im Mittelalter, Bern 1958; Cecil Grayson, Cinque saggi su Dante, Bologna 1973, S. 1–31; Pier Vincenzo Mengaldo, Linguistica e retorica in Dante, Pisa 1978; Alain de Libera – Irène Rosier-Catach, La pensée linguistique médiévale, in: Sylvain Auroux (Hg.), Histoire des idées linguistiques, Teil 2, Lüttich 1992, S. 115–186; Sten Ebbesen (Hg.), Sprachtheorien in Spätantike und Mittelalter, Tübingen 1995; Jürgen Trabant, Europäisches Sprachdenken. Von Platon bis Wittgenstein, München 2006; Ruedi Imbach, Appunti di uno storico della filosofia sul De Vulgari Eloquentia, in: Letture Classensi 38 (2008), S. 41–62.

haben keine Sprache, sie brauchen sie nicht; sie sind einander vollkommen durchsichtig. Ob man dann noch lieber ein Engel als ein nie ganz offenliegender Mensch wäre, ist eine andere Frage, jedenfalls faßte Dante die Sprache als spezifisch menschlich: Nur der Mensch spricht. Die Tiere brauchen keine Sprache, in ihnen überwiege die spezifische Natur, also das Arthafte das Individuum so sehr, daß sie über ihre Mitwesen das Wichtigste aus sich selbst erfassen können. Der Mensch ist als Individuum nur in seiner Species vollkommen. Er steigert seine individuelle Form nur, wenn er sich verallgemeinert; er ist wesenhaft sozial; die Sprache realisiert diesen wesenhaften Sozialbezug. Die Vernunft ist das Vermögen des Allgemeinen in einem Einzelnen. Gleichzeitig sind die Individuen auch in ihrer Vernunft untereinander verschieden. Ihre Unterscheidungsgabe ist verschieden stark; sie urteilen verschieden, und jeder zieht jeweils etwas anderes vor. Es ist, als bilde jeder von ihnen eine eigene Art, *ut fere quilibet sua propria specie videatur gaudere* (De vulgari eloquentia 3, 1–3). Dadurch hat fast jeder jedem etwas zu sagen, worauf der andere allein nicht hat kommen können. Die Sprache realisiert zugleich Individualität und Art; beide *sind* Kommunikation. Daher ist Sprache ein hoher Wert. Sie ist die wesentliche Auszeichnung des Menschen. Gott selbst hat dem Menschen die Sprache gegeben, doch durch den Hochmut der Erbauer des Turms von Babel ist die Einheit der Sprachen zersplittert.

Bewahrt das Hebräische die ursprüngliche Sprache Adams? In *De vulgari eloquentia* bejahte Dante diese Frage, in *Paradiso* 26, 114–138 verneint er sie. Die Sprache beruht auf Verabredung, die menschliche Vernunft ist wandelbar. Dantes Bewußtsein von der Wandelbarkeit aller menschlichen Dinge hat zugenommen; er korrigiert sich selbst und legt diese Selbstkritik Adam in den Mund, den er im Paradies trifft. Adam sagt:

Die Sprache, die ich benutzte, war schon ganz erloschen, bevor Nimrods Leute das Werk begannen, das sie nicht vollenden konnten. Nichts, was Vernunft je hervorbrachte, hat für immer gedauert, denn das Verlangen der Menschen ändert sich mit dem Lauf der Sterne. Es gehört zur Natur, daß der Mensch spricht, aber ob so oder so, das überläßt die Natur euch, wie es euch gefällt … Dieser Wandel mußte sein, denn die Gewohnheiten der Sterblichen sind wie Laub am Zweig, das kommt und geht.

Fortuna regiert die Geschichte, sie gibt einmal diesem, dann jenem Volk die Vorherrschaft, Macht und Reichtum. Keine Sprache bleibt identisch: Kämen heute die Bewohner der alten Stadt Pavia zurück, sie würden glauben, ein fremdes Volk halte ihre Stadt besetzt, so wenig würden sie ihre damalige Sprache wiedererkennen.

4. Lateinisch oder italienisch

Hat Latein oder Volgare den Vorrang? In dieser Frage gibt es bei Dante eine Entwicklung von *Convivio* Buch 1 zu den Anfangskapiteln von *De vulgari eloquentia:* Auch das Lateinische ist von Menschen geschaffen und insofern wandelbar. Aber Menschen haben ihm früh ein Regelsystem gegeben; es *ist grammatica* und hat den Vorzug der Stabilität und der verbindlichen Allgemeinheit vor dem Volgare. Es hat den größeren, subtileren Wortschatz; es unterscheidet genauer und dient insofern mehr der Mitteilung von Wissen.[20] Es beruht auf einer Wissenschaft, *ars*,

20 Conv. 1, 5, 8–12; 1, 7, 14–15. Ich folge Bruno Nardi, Dante e la cultura medievale, Bari 1942: La lingua, S. 148–175, besonders S. 163.

die eingeführt wurde, um den Wandel einzugrenzen, während das Volgare im Gebrauch besteht und sich mit ihm verändert. Das war Dantes Position in *Convivio* Buch I. Dann, in *De vulgari eloquentia,* heißt es vom Volgare, es folge der Natur, nicht nur der Gewohnheit. Jeder versteht sein Volgare, jeder gebraucht es, alle können es. Jetzt überwiegt in Dantes Sprachbetrachtung das Bewußtsein, die Muttersprache sei das Ursprünglichere. Das Volgare werde ständig im Alltag gebraucht, besonders in der Stadt, vor allem in der kommunalen Politik. Es drückt spontan Gefühle aus, die Liebeslyrik lebt von ihm; die Frömmigkeit des Einzelnen spricht sich in ihm aus. Es steht immer am Anfang: Das Lateinische erlernen wir nur in der Muttersprache.

Der Vorzug des Lateinischen besteht fort. Die Frage des Vorrangs entscheidet sich verschieden je nach dem gewählten Gesichtspunkt. Ich möchte das Ausmaß der Lehrentwicklung in Dantes Sprachansicht nicht übertreiben. Seine beiden Traktate, beide unvollendet, liegen nur ein, zwei Jahre auseinander, beide entstanden wohl zwischen 1303 und 1305/1306.

Dantes Interesse war, das Volgare aus der Zone des Verächtlichen zu reißen. Es ist spontaner, direkter und unentbehrlich für alle. Schon im *Convivio* steht das Lob des Volgare. Dante sagt von ihm: Ohne es wäre ich weder entstanden, denn es hat meine Eltern miteinander verbunden, noch hätte ich mich ohne es bilden können. Es hat mir den Zugang zum Wissen ermöglicht, es war mein größter Wohltäter (*grandissimo benefattore,* Conv. I, 13, 2–5). Die Instabilität der Volkssprache läßt sich vermindern, indem man sie einbindet in Zahlverhältnisse, also in Rhythmen und Reime. Die Volkssprache ist enger mit mir verbunden als das erlernte Latein. Womit ich am meisten verbunden bin, dessen engster Freund bin ich. Die Volkssprache braucht, wer Wissen ins Volk bringen will. Das Lateinische ist eine Sonne, die nur wenigen leuchtet, das Volgare bringt allen Licht. Dante beendet das erste Buch mit folgender feierlicher Erklärung über die Volkssprache (Conv. 1, 13, 12):

Questo sarà luce nova, sole nuovo, lo quale surgerà là dove l'usato tramonterà, e darà luce a coloro che sono in tenebre e in oscuritade per lo usato sole che a loro non luce.

> *Diese wird das neue Licht sein, die neue Sonne. Sie wird dort aufgehen, wo das bisher Gewohnte untergehen wird. Es wird denen Licht geben, die in Finsternis und Dunkelheit sitzen wegen der bisherigen Sonne, die ihnen nicht leuchtet.*

In *De vulgari eloquentia* untersucht Dante die Volkssprache genauer. Er beschreibt ihre Vielfalt und sieht die Notwendigkeit, sie zu vereinheitlichen über die vielen Dialekte hinaus. Er faßt die Idee einer gehobenen, gereinigten Volkssprache, eines *volgare illustre.* Alle italienischen Dialekte haben etwas von ihm, mit keinem ist es identisch (1, 16, 1). Die Florentiner bilden sich zwar ein, ein solches zu haben, aber sie sind verrückt, nur wenige Autoren nähern sich der gesuchten Form. Dichter könnten es entwickeln: Sie müßten feierlich-großartige Vokabeln *(grandiosa vocabula)* nutzen, die kindlichen weibischen und bäuerlichen Wörter ausscheiden. Nur vornehmste Vokabeln kommen in Frage, *vocabula nobilissima.* Die Lehrer eines neuen Italienisch müssen den Wortschatz kritisch durchgehen und die Syntax regeln. Von ihrer Norm her wären alle einzelnen Dialekte zu bewerten (1, 16, 6). Diese neue italienische Sprache würde sich dem Lateinischen nähern: Sie würde geregelt und dadurch allgemein. Ein solches höheres Volgare sah Dante im Entstehen

(1, 18, 19). Er hat diesen Vorgang bewußtgemacht und dadurch zur Nationbildung Italiens beigetragen.

5. *Dantes Sprache in der ›Commedia‹*

5.1 Dantes Ausgangsfrage lautete: Sollte er lateinisch oder florentinisch schreiben? Es gibt alte Nachrichten, er habe die *Commedia* in lateinischer Sprache begonnen und sich dann fürs Italienische entschieden. Wir haben keine lateinische *Commedia,* sondern nur die in Volgare. Warum wohl?

Sie ist ein persönlicher Bericht, sie spricht über seine Gefühle, Eindrücke des Schreckens, der Zerknirschung, der Hoffnung, der Freude im Licht. Er sagt von der ersten Zeile an erstaunlich oft ›ich‹. ›Ich‹ ist der Wanderer, auch der Autor spricht als ›Ich‹ den Leser an. Nach dem, was er im *Convivio* über das Volgare gesagt hat, paßt zu dieser persönlichen Situation die Sprache, die am engsten mit ihm verbunden ist.

Auch der Zweck der *Commedia* verlangte das Volgare. Sie ruft auf zur Besinnung, sie diagnostiziert die ethisch-politische Lage; sie ist persönlicher Aufschrei und ethisch-politischer Aufruf. Beides sollten möglichst viele verstehen können. Also mußte Dante die Bedenken, ob die Volkssprache zum hohen Jenseitsthema passe, produktiv überwinden. Er mußte dafür eine eigene Sprache erfinden. Das war eine historisch einmalige Situation, für die es kein traditionelles Muster gab, auch wenn sie ohne die Hilfe der antiken Epik, vor allem Vergils und Ovids, nicht zu bestehen war.

5.2 Dante stellte sich die Aufgabe, Unsichtbares sichtbar zu machen. Er mußte eine Sprache erfinden für eine fiktive Vision.

Er stilisierte einen Reisebericht über Gegenden, in denen noch niemand war, und das nicht mehr für wundersüchtige Mönche. Er mußte drei Bereiche plausibel machen, die unterschiedlicher kaum sein konnten und denen er zuerst, weit über alles Tradierte hinaus, eine Architektur, einen geographisch-kosmologischen Aufbau geben mußte. Er sicherte die Einheitlichkeit des Gesamtwerks durch die Identität des Wanderers Dante und seine Sprache, aber auch durch die dogmatisch vorgegebene Dreiteilung in *Inferno*, *Purgatorio* und *Paradiso*. Diesen drei Bereichen baute er parallele Strukturen von Kreisen ein – Kreise im Höllentrichter, Rampen auf dem Berg, Sternsphären im Himmel. Darin ordnete er die große Vielfalt seiner Weltbesichtigung und die vielen Personen. Er schuf rigide Ordnung und gab damit der Phantastik Raum. Er nutzte die Fiktion aus, als erster nach Aeneas und Paulus im Jenseits gewesen zu sein, um seiner Imagination freien Lauf zu lassen. Er schuf eine Art Traumerzählung: Er steigt ab in die Tiefe, er quält sich auf der antipodischen Seite den Berg hinauf; er wird in den Himmel erhoben; überall besichtigt er die Situation von Seelen Verstorbener. Er verwickelt sie in sinnliche Aktion, in Rede und Gegenrede. Sie stehen auf, sie begrüßen ihn. Er läßt sie ziemlich leibhafte Schatten sein; sie lachen und weinen, gehen auf ihn zu und empfinden Schmerz. Der Schatten des Vergil bringt es fertig, den lebendigen Leib Dantes ein Stück weit zu tragen. Szenen der Marter, des Aufstiegs und der Ekstase zeichnet Dante direkt, sinnlich, ›realistisch‹. Es ist der ›Realismus‹ von Traumbildern. Nur so wird plausibel, daß der Erzähler wirklich dort war und Wirkliches gesehen hat. Das ist so einzigartig nicht, wie es zunächst scheinen mag; es ist die ›normale‹ Situation von Dichtung. Niemand war bei der Belagerung von Troja dabei, niemand saß an Fausts Schreibtisch in dessen Arbeitszimmer: In der Hinsicht der Simulation von Realität ist Dantes Jenseitspoesie Dichtung wie jede andere auch. Sie ist Fiktion, die abstreitet, Fiktion zu sein.

Die Sprache, in der die Traumreise berichtet wird, entspricht dem Unterschied der drei Reiche und der Mannigfaltigkeit der Szenen in diesen Reichen.[21] Wie sie reden und wie mit ihnen geredet wird, kann nicht uniform sein. Wir lernen in der *Commedia* etwa 600 Personen kennen. Sie gehören verschiedenen Ständen und Städten an. Die Sprache der *Commedia* stellt Härte und Weichheit, deftige Anschauung und philosophische Axiome dicht nebeneinander. Insofern kann die Sprache der *Commedia* nicht die edle Volkssprache (*volgare illustre*) sein, die Dante in *De vulgari eloquentia* forderte. Dieses sollte die Vielheit der italienischen Dialekte vereinigen, also die Aufgabe übernehmen, die bisher das Lateinische erfüllt hatte. Seine einheitliche Stilhöhe als *volgare illustre* schloß vulgäre Ausdrücke aus, aber Dante gebraucht solche in der *Commedia*. Es sollte die Dialekte überwinden, aber Dante selbst setzt sie in der *Commedia* dort ein, wo sie passen, also wenn ein Lucchese lucchesisch spricht. Ein Mensch aus Bologna sagt *sipa* statt *si* (Inf. 18, 21). Der sprachliche Einfluß der sizilianischen Dichter macht sich bemerkbar, wenn es *lo giorrno* statt *il giorno* heißt (Inf. 2, 1). Ähnlich wirkt die Sprache der provenzalischen Troubadoure ein.

21 Zur Sprache der Commedia vgl. Ernesto Giacomo Parodi, La rima e i vocabuli in rima nella Divina Commedia, in: ders., Lingua e letteratura, ed. Gianfranco Folena, Venedig 1957, S. 203–284; Bruno Migliorini, Storia della lingua italiana, Mailand 1987/2007, S. 167–180; Pier Vincenzo Mengaldo, in: ED 3, s.v. ›lingua‹, S. 655–666. Viel zu lernen ist aus John A. Scott, Understanding Dante, Notre Dame 2004; Albert Russel Ascoli, Dante and the Making of a Modern Author, Cambridge 2007.

Da die *Commedia* nicht nur Traum ist und Vision, sondern auch Lehrgedicht und private Beatrice-Liturgie, mischt Dante in der *Commedia* Latinismen dazwischen. Personen von hohem Rang wie Kaiser Justinian brauchen mehr Latinismen als andere (Par. 6). Im *Paradiso* verstärken die Latinismen die Durchsichtigkeit und Klarheit. Sie markieren Unterschiede und Würde. Dante sagt für unser Wort ›Spiegel‹ *spechio*, zuweilen auch *speglio*, aber Engel als Spiegel des göttlichen Lichts nennt er feierlich lateinisch *speculi* (Par. 29, 144). Insgesamt kommen in der *Commedia* etwa 500 Latinismen vor. Passagen aus der lateinischen Kirchensprache geben *Purgatorio* und *Paradiso* die liturgieartige Feierlichkeit. Bei theoretischen Themen greift Dante aufs Latein der Scholastiker zurück und fragt zum Beispiel: *Si est dare primum motum esse.* Was man nicht ohne Umständlichkeit übersetzen kann als: *Ob man voraussetzen darf, es gebe unter allen Veränderungen eine erste* (Par. 13, 100).

Dante ringt als erster mit einem neuen, großen Thema; er gibt einen individuellen Reisebericht aus dem Jenseits aus persönlicher Sicht. Dazu passen neue Wortbildungen; zum *volgare illustre* gehören sie nicht. In der *Commedia* hat man an die hundert Neologismen gezählt; im *Purgatorio* fällt das Wort *dismalare* (Purg. 13, 3) für: sich vom Bösen befreien; im *Paradiso* kommt das Wort *imparadisare* vor für: ins Paradies einführen (Par. 28, 3).

Dante wählt Vokabular und Stilhöhe jeweils neu; dabei kann er sich nicht an seine Regeln für das *volgare illustre* halten. Jetzt braucht er Vielfalt: Ein Gauner aus der korrupten Stadtverwaltung von Lucca redet anders als sein Ahne Cacciaguida, der aber auch mitten im *Paradiso* sagen kann: Sie sollen sich kratzen, wo es sie juckt. Im *Inferno* fallen Wörter wie *cul*, *Arsch*, und *trulla*, *Furz* (Inf. 21, 139 und 28, 24). Auch die Heiligen im Paradies verschmähen nicht, wenn sie kirchenkritisch losdonnern, derbe Wendungen. Beatrice nennt die korrupten Kleriker kurz und kräftig: *porci, Schweine* (Par. 29, 124). Erst unter dem Einfluß Petrarcas und der Renaissanceästhetik galt so etwas als unfein.

Also alles in allem: Dante spricht florentinisch, allerdings ein individuell weitergebildetes, ein situationsbezogen abgewandeltes Florentinisch, eine *lingua fiorentina dantesca*. Er nimmt aus anderen Regionen Vokabeln auf, vorab solche, die in der stilnovistischen Literatur schon vorkamen; er mischt französische Wörter ein und bildet ein neues Florentinisch. Petrarca und Boccaccio haben es aufgenommen. Dadurch wurde es die Grundlage des Italienischen.

5.3 Reich entwickelt sind in der *Commedia* die Metaphern, die Vergleiche und die poetischen Assoziationen. Sie machen das Jenseits Dantes irdisch, zugänglich, sinnlich. Sie verbinden die drei Weltbereiche untereinander und mit der irdischen Natur. Der Vergleich kann ganz kurz sein, so wenn etwas verschwindet wie der Schnee in der Sonne (Par. 33, 64). Italien heißt *verwitwet*, weil der Kaiser sich nicht um es kümmert (Purg. 6, 113). Die Dunkelheit der Hölle beschreibt Dante als den Ort, wo *die Sonne schweigt* (Inf. 1, 60) oder *wo jedes Licht stumm ist* (Inf. 5, 28). Anspielungen bringen mittelalterliche Standardbilder wie Wald und Stadt, Licht und Schatten, Burg und Buch. Der Vergleich wächst sich zu einer kleinen Szene aus, wenn Seelen sich durch einen Durchgang zwängen wie eine Schafherde ihr Gehege verläßt (Purg. 3, 79–87). Der Vergleich stammt oft, wie bei der Schafherde, aus der Landwirtschaft. Der Aufstieg im *Purgatorio* wird manchmal so eng, heißt es, wie wenn die Weinbauern die Wingertwege verrammeln (Purg. 4, 19–24). Aber zu agrarisch dürfen wir uns Dantes Welt nicht denken; auch technische, handwerkliche und kommerzielle Vorgänge gestaltet er vergleichend zu Metaphern: Der alte Schneider, der beim Einfädeln die Augen zukneift (Inf. 15, 20–21), oder die sportlichen Kampfspiele in Verona (Inf. 15, 121–123). Ein mächtiges Bild der Hölle bietet im *Inferno* 21, 7–15 das Arsenal von Venedig.

Szenen des sozialen Lebens spielen ins Jenseits hinein: Die Seelen drängen sich an den Wanderer heran wie die Freunde und Bekannten an jemanden, der in der Lotterie gewonnen hat (Purg. 6, 1–12). Die Funktion solcher Vergleiche macht folgendes Beispiel deutlich: Die Seelen am Fuß des Läuterungsberges hören das Liebeslied des Sängers Casella und vergessen ihre Aufstiegspflicht, Cato donnert sie an, und sie erheben sich wie Tauben, die bisher ruhig am Boden Körner aufgepickt haben, aber aufgescheucht wurden durch einen plötzlichen Knall (Purg. 2, 124–133). Der Vorgang verliert übernatürliche Fremdheit; wir können uns vorstellen, wie ein Taubenschwarm plötzlich hochfliegt. Das kann man in der Stadt erleben, in Venedig besonders, aber die agrarischen Metaphern ziehen die jenseitigen Vorgänge ins Anschauliche, Nahe. Tiervergleiche zeigen Verwandtschaften. Von den Verdammten im Pechsee (Inf. 17) heißt es: Sie wehren sich wie im Sommer die Hunde bald mit der Schnauze, bald mit der Pfote, wenn Flöhe, Mücken oder Bremsen sie gestochen haben.

Oder in derselben tristen Umgebung sieht jemand aus wie einer, der den Mund verzerrt und die Zunge herausstreckt wie ein Ochse, der sich die Nase leckt (Inf. 17, 74–75).

5.4 Die Sprache der *Commedia* kann und will ihre Herkunft von der antiken Epik nicht verleugnen, von Vergil vor allem, auch von Ovid, Lukan und Statius. Dante erklärt (Inf. 1, 85–87), er verdanke seinen Stil dem Werk Vergils; er bezieht sich im *Inferno* ausdrücklich auf Ovids *Metamorphosen* und verspricht radikalere Umwandlungen. Er löst die Vorstellung substantiellen Personseins auf und übertrifft in der Hölle die Radikalität von Kafkas *Verwandlung*. Die Kommentare verzeichnen ständig Anklänge an die römische Dichtung. Sie bieten großen Nutzen, *wenn* der Leser auch den abwandelnden Gebrauch mitbedenkt, den Dante von Vorlagen macht. Dantes Gedicht geht auf dem Teppich der antiken Sprache, aber er geht seinen eigenen Weg. Diese Integration des Erbes der antiken Dichtung, ihrer Mythologie und ihrer Metaphern, ihrer Phraseologie, war nach Ernst Robert Curtius die Stiftungstat Dantes, mit der er die moderne europäische Literatur ermöglicht habe. Dadurch bilde er die Spange zwischen Antike, lateinischem Mittelalter und den Nationalliteraturen.

5.5 Dante verstand Dichtung als Rhetorik und Musik. Der rhythmisch gegliederte Klang ist entscheidend. Ihn zu erzeugen, gibt es mehrere Mittel: Lautmalerei, Wiederholung, besonders die Wiederholung des Vokals wie der hellen e und i in

Trivia ride tra le ninfe eterne (Par. 23, 26)

oder des dunklen o in

O Tosco che per la città del foco (Inf. 10, 22),

das die beiden folgenden Verse verstärkend am Ende wiederholen.

Das wichtigste Mittel ist der Reim. Die *Commedia* ist gereimt. Die antike Dichtung kannte keinen Reim, die lateinische Lyrik des Mittelalters hat ihn entwickelt, die entstehenden volkssprachlichen Dichtungen haben ihn übernommen; Dante gab ihm mit den von ihm erfundenen Terzinen seine eigene Form. Sie reimen nach dem Schema aba bcb cdc usw.

Die drei Zeilen erinnern an die Würde der Zahl Drei. Sie bilden zugleich je eine in sich schließende Einheit dreier Verse und ein gleichförmiges Band über das große Gedicht von über 14 000 Versen hin und sind einer der Gründe, warum es trotz der Vielfalt seiner Personen und Szenen einheitlich wirkt.

Wer Dante liest, und sei's in Übersetzung, muß einmal über die sprachlichen Möglichkeiten des Reims nachdenken. Am besten, er übt es gleich, wie Helena in Goethes *Faust II*. Die Griechin kennt den Reim nicht, aber sie hört den anderen Ton, in dem die Worte einander freundlich sind. Ein Wort gesellt sich zum anderen, es zu liebkosen. Faust übt es mit Helena (Faust II. Innerer Burghof, Verse 9365 bis 9384):

Helena *Vielfache Wunder seh' ich, hör' ich an,*
Erstaunen trifft mich, fragen möcht' ich viel.
Doch wünscht' ich Unterricht, warum die Rede
Des Manns mir seltsam klang, seltsam und freundlich.
Ein Ton scheint sich dem andern zu bequemen,
Und hat ein Wort zum Ohre sich gesellt,
Ein andres kommt, dem ersten liebzukosen.
Faust *Gefällt dir schon die Sprechart unsrer Völker*
O so gewiß entzückt auch der Gesang,
Befriedigt Ohr und Sinn im tiefsten Grunde.
Doch ist am sichersten wir übens gleich,
Die Wechselrede lockt es, ruft's hervor.
Helena *So sage denn, wie sprech' ich auch so schön?*
Faust *Das ist gar leicht, es muß vom Herzen gehen.*
Und wenn die Brust von Sehnsucht überfließt,
Man sieht sich um und fragt –

Helena – *Wer mitgenießt.*
Faust *Nun schaut der Geist nicht vorwärts nicht zurück,*
Die Gegenwart allein –
Helena – *ist unser Glück.*
Faust *Schatz ist sie, Hochgewinn, Besitz und Pfand;*
Bestätigung, wer gibt sie?
Helena – *meine Hand.*

Goethe zelebriert das Zusammenkommen von Antike und neuer Welt; Dante vollzieht es de facto in seiner reimenden Dichtung. Er verbindet elfsilbige Versrhythmen und Reim, bleibt aber in der Syntax meist einfach und überschaubar. Freilich erfolgen Wortwahl und Wortstellung manchmal schon des Reimes willen; seltene und neugebildete Vokabeln finden sich häufiger als Reimwort am Versende. Doch sind seine Verse durchweg von klassischer Reinheit. Aber Dante hatte auch Schwierigkeiten beim Reimen. Daß die meisten seiner Verse ungezwungen klingen, war nicht allein das Werk eines poetischen Genies; seine Muttersprache gab ihm damals dazu zwei unschätzbare Voraussetzungen. Ihre Substantive haben volltönende Vokale am Ende: Auf ›casa‹ reimen kann fast jeder, auf ›Haus‹ reimt sich höchstens Maus und Klaus und aus. Das ältere Deutsch hatte einmal volltönende Vokale am Wortende, aber sie sind abgeschliffen, oft ersetzt durch ein unbetontes e. Ein zweiter Umstand kam hinzu: Das damalige Italienische konnte Worte verkürzen. Sprachwissenschaftler sprechen von Elliptik, also vom Weglassen eines Wortendes, das aus dem Zusammenhang ergänzt werden kann. Italienische Grammatiken nennen das *elisione* oder *ellissi*, also die Unterdrückung eines Vokals, und bringen als einfaches Beispiel: Aus *una ora* wird: *un'ora*. Dante hat dafür viele, weitergehende Beispiele:

›Sie waren‹, das heißt im heutigen Italienisch: *furono*. Aber Dante standen dafür eine Reihe von Formen zur Verfügung: Er konnte schreiben: *fuor fuoron fuorono*.

Er konnte zwei Vokale zu einer Silbe zusammenfassen; so nahm er *Dio* als eine Silbe, andererseits konnte er einen Diphthong in zwei Silben zerlegen. Dadurch hatte er für die Einhaltung der Elfsilbigkeit und für den Reim drei ungekünstelte Ausgangsmöglichkeiten, die ihm ein freieres Spiel erlaubten, als wir mit unserem ›waren‹ haben. Hinzu kommt die Möglichkeit der Enklise: Ein schwachbetontes Wort lehnt sich ans Vorhergehende an und verliert dabei Laute, wie soeben bei meinem Wort ›ans‹ statt ›an das‹. Dies erlaubte Dante – mehr als im neueren Italienisch, auch als im Deutschen – Verkürzungen, Silbeneinsparungen, umgangssprachliche Knappheit und sentenzenhafte Strenge. Sprachwissenschaftler beschreiben die Phänomene der Vokalauslassung (Elliptik) und der Wortanlehnung (Enklise) genauer, als ich es hier tue; ich habe mich auf das Nötigste beschränkt.

5.6 Dantes Syntax ist geschult an den klassischen römischen Schriftstellern. Sie begnügt sich nicht mit der Aneinanderreihung einfacher Sätze, sondern baut komplizierte Satzgebilde mit mehrfachen Unterordnungen. Es gibt Sätze, die über drei, sogar vier Terzinen hinweglaufen, z. B. der Anfang von *Purgatorio* 30, 1–12. Eine Prosaübersetzung kann daher nicht das Ziel haben, für jede Terzine je einen Satz zu bilden. Es war nicht nur antiken Vorbildern zu danken, daß Dante die parataktische Satzreihung oft verläßt; dies forderte sein eigenes Konzept logischer Strukturen; er wollte zeigen, welche Folgerungen er aus welchen Prämissen zog. Je lehrhafter die Teile der *Commedia* werden, um so häufiger kommen diese großen Satzgebilde vor;

ihre Zahl nimmt zu vom *Inferno* zum *Paradiso*. Die Terzine fällt zunehmend weniger mit dem Satz zusammen. Aber auch daraus macht Dante einen poetischen Effekt, indem er auffällige Alliterationen über die einzelne Terzine hinaus vorkommen läßt; sie machen den größeren Bogen fürs Gehör fühlbar. Das gelingt Dante zum Beispiel auch dadurch, daß er die Rede Cacciaguidas über vier Terzinen hin mit einem pathetischen Non beginnen läßt (Par. 15, 100–111), wenn er aufzählt, welche Mängel das alte Florenz nicht hatte. Hämmernde Wortwiederholung am Versanfang bringt die Überschrift über dem Höllentor mit dem dreifachen (Inf. 3, 1–3):

Durch mich geht man ...

Im canto der Francesca kehrt das Wort ›Amor‹ dreimal am Anfang einer Terzine wieder und hält so die sieben Verse *Inferno* 5, 100–106 zusammen.

Der Abschied von Vergil erhält Gefühlsintensität durch dreifache Nennung des Namens (Purg. 30, 49–51):

Ma Virgilio n'avea lasciati scemi
Di sé, Virgilio dolcissimo patre,
Virgilio a cui per mia salute d(i)e'mi.

> *Aber Vergil hatte uns verlassen, Vergil, mein liebster Vater, Vergil, dem ich mich für mein Heil ergab.*

Die trostlose Gegend der Selbstmörder beschreibt der 13. canto des *Inferno* mit dreimal einsetzendem *Non* am Anfang der ersten drei Terzinen (Inf. 13 1–8). Dies ist der terzinenübergreifende Effekt der sog. Anaphora.

Ähnliche Wirkung im Gebet Bernhards zu Maria (Par. 33, 19–20):

In te misericordia, in te pietate,
in te magnificienza, in te s'aduna.

Dante kennt noch raffiniertere Möglichkeiten, mehrere Terzinen fürs Gehör aneinander zu binden, z. B. durch die Wiederkehr auffallender, betonter Reimwörter wie *nacque … acque … piacque* (Inf. 26, 137, 139, 141). Noch kunstvoller oder auch gesuchter ist das Akrostichon, bei dem die Anfangsbuchstaben mehrerer Zeilen ein Wort oder einen Spruch ergeben, z. B. im *Paradiso* 19, 115–141.

5.7 Uns Heutige überrascht, daß Dante sein Buch ›Komödie‹ genannt hat, denn es ist klar, daß er kein lustiges Theaterstück geschrieben hat. Das Wort ›Komödie‹ hatte bei ihm eine andere Bedeutung. Die Form ›Tragödie‹ verpflichtete zu feierlichem Stil; er nahm sich aber verbale Freiheiten heraus, die als unpassend zum hohen Ton der ›Tragödie‹ gefunden wurden. Er mischt die Sprachebenen, stellt hohe Latinismen neben derbe Ausdrücke, Vergil-Anspielungen neben lokale Dialekte. Das war die verhaltene Sprache, der *sermo humilis*, der seit Erich Auerbach berühmt wurde: Alle sollten Dantes Buch verstehen. Die einfache Ausdrucksweise, neben hochspekulativen Passagen stehend, war an der Sprache der Bibel orientiert, die er für die Literatur der Fischer hielt. Dante benutzt die Vulgata; er zitiert vor allem die Psalmen, das Hohe Lied, Jesaias und Jeremias, die Evangelien, die Paulusbriefe und die Apokalypse. Wörter, die er in *De vulgari eloquentia* 1, 13, 2 noch von der hohen Literatur fernhalten wollte, gebraucht er jetzt. In *Inferno* 28, 27 fällt das Wort *merda, Scheiße.* Machiavelli fand das schmutzig; aber auch schon Zeitgenossen beklagten diesen Gassenjargon.

Er hatte noch andere Gründe außer seinem Sprachstil, sein Buch ›Komödie‹ zu nennen. Deren klassische Definition, die der *Brief an Cangrande* anführt (10, 28), sagte, daß sie vom Elend zum Glück führt. Sie beginnt mit Unglück und endet mit Seligkeit. Ihr Anfang ist hart, ihr Ausgang gut. Dies, zusammen mit der Freiheit der Wortwahl und Themen liegt zugrunde, wenn Dante keine ›Tragödie‹ hat schreiben wollen. Ganz zufrieden war er mit dem Wort ›Komödie‹ nicht. Er gebrauchte diesen Titel, um nicht den hohen Anspruch des Vergil zu erheben, z.B. *Inferno* 21, 2. Dessen *Aeneis* nannte er eine *hohe Tragödie* (Inf. 20, 113). Aber er wußte, daß sein Werk nicht ein bloßes Exemplar einer Literaturgattung war. Er gab ihm einen Namen außerhalb anerkannter Kategorien. Er nannte es *heiliges Poem* (Par. 23, 62).

IV. PHILOSOPHIE

1. Der Weg zur Philosophie

Es ist keine neue Mode, von Dante zu behaupten, er sei Philosoph gewesen. Der Florentiner Chronist Giovanni Villani nannte ihn im Rückblick den größten Dichter und Philosophen, den vollendeten Rhetoriker, *somma poeta e filosafo, e retorico perfetto.*[22] Er selbst hat sich so genannt. Mancher Dante-Darsteller, der dies aussprach, fügte eilig hinzu, Dante sei kein systematischer Philosoph wie Spinoza oder Kant gewesen. Das ist nicht ganz falsch, verdeckt aber, daß Dante kein Dilettant war, sondern streng argumentierender Philosoph; er hat einen Gesamtbegriff der Welt und des menschlichen Lebens entwickelt. Er war kein Universitätsangestellter, aber diese Außenseiterrolle teilt er mit Boccaccio und Petrarca, mit Raimundus Lullus und Nicolaus Cusanus, mit Leone Battista Alberti und Machiavelli. Er hat sich angeeignet, was in den Hochschulen von Bologna und Paris in der vor-nominalistischen Zeit zu lernen war, und ging dann über alle Schulen hinaus. Das beweist die *Commedia*; das zeigen auch die sieben Bände der philosophischen Schriften, die seit 1993 zweisprachig bei Meiner in Hamburg unter der Leitung von Ruedi Imbach erschienen sind, besonders der *Brief an Cangrande*, das *Convivio,* aber auch *De vulgari eloquentia* und die *Quaestio de aqua et terra.* Die naturphilosophische *Quaestio* gehört in die letzte Lebenszeit Dantes; ebenso

22 Giovanni Villani, Cronica 9, 136, Scelta ed. Giovanni Aqualecchia, Turin 1979, S. 117.

seine Sozial- und Reichsphilosophie in der *Monarchia*, deren Abfassungszeit lange umstritten war, aber in den letzten Jahren weiter nach hinten, gegen 1317, verschoben worden ist. Um diese Zeit dürfte auch seine *Monarchia* entstanden sein. Dies sind fachlich argumentierende, philosophische Texte. Ihre Themen und Thesen haben die *Commedia* mitgestaltet.

In einigen Passagen der *Commedia* redet Beatrice, wie es heißt, beweisend und widerlegend (Par. 3, 3), also in scholastischer Manier. Hätte Dante nur die *Monarchia* und die *Quaestio* geschrieben, käme er in unseren Philosophiegeschichten vor. Jetzt aber glauben viele zu wissen, Dante sei Dichter gewesen und gehöre in die Hände der Literaturwissenschaftler. Aber nicht, ob Dante Philosoph war, ist zu bezweifeln, sondern unsere Trennungen von Philosophie und Dichtung. Boccaccios Dante-Biographie gibt dazu den einen Hinweis, Dante habe sich gern zurückgezogen, um einsam über philosophische Fragen nachzudenken. Boccaccio nennt Themen dieser Grübeleien. Es sind allesamt philosophische, und sie betreffen, wie Boccaccio formuliert, die Bewegungsursachen der Sterne und des Lebens der Tiere und überhaupt die Gründe der Dinge.[23] Augustinische oder pseudo-dionysische Themen fehlen ganz. Seine Fragen würden wir heute der Astronomie und der Biologie zuweisen, aber im Einflußbereich der Philosophen Aristoteles, Averroes und Albert waren sie alltäglich.

Dante begann zu philosophieren, um über sich selbst Klarheit zu gewinnen. Beatrice ist 1290 gestorben, in seinem 25. Le-

23 Giovanni Boccaccio, Tratatello in laude di Dante, Erste Fassung 351, ed. Giorgio Padoan, S. 449: Dante wollte herausfinden, *quale spirito muove il cielo, onde venga la vita degli animali che sono in terra, quali sieno le cagioni delle cose.*

bensjahr. Danach, relativ spät also, warf er sich auf die Philosophie. Dabei entdeckte er, wie er selbst erzählt, wichtige Einsichten über das Universum und den Menschen. Er fand Bücher, die Trost stiften – Ciceros Trostschrift für Laelius, dessen Freund Scipio gestorben war, und die *Consolatio* des Boethius, die man zur Vorbereitung auf Dante auch heute noch lesen sollte. Diese Entdeckungen brachten ihm nicht nur Wissensstoff, nicht nur Meinungen, sondern Durchblick durchs Universum. Sie veränderten sein Selbstverständnis; sie verwiesen ihn auf die Beweger der Sterne und auf das Leben der Tiere; sie verschafften seiner Politikkritik einen verläßlichen Boden. So entstanden seine Ethik und seine Metaphysik, aber auch seine naturphilosophischen Interessen, denen er bis an sein Lebensende nachging. ›Philosophie‹ begann für ihn mit der aristotelisch geprägten Wissenschaft dieses Namens mit ihren Texten und Kommentaren (Averroes, Albert), aber sie beschränkte sich nicht darauf. Sie war Erfassung der Weisheit, die das Weltganze ordnet. Sie war ihm Richtschnur des privaten, des ökonomischen und politischen Lebens; sie half ihm, sein Exil auf den Begriff zu bringen. Ebenso war sie Naturkunde, Theorie des Lebendigen und der Sternbewegungen. Dante folgte so wenig wie Lull oder Eckhart dem engeren Fachbegriff von Philosophie, der sich als Logikunterricht und Aristoteles-Kommentierung herausgebildet hatte. Er ignorierte diese Entwicklung nicht, sondern bezog sie frei in seine Weltorientierung ein. Er wollte die Philosophie als Weltdurchblick und Lebensleitung; er suchte Weisheit. Weisheit war bei Gott, sie war Gott selbst, denn in Gott gibt es keine Zusammensetzung zwischen ihm, seinem Wissen, seinem Willen oder Tun. Die Philosophie, die dies beweist, ist nicht *eine* der vielen Wissenschaften, sondern das Durchdenken ihrer Resultate. Sie ist der denkende Bezug auf Wahrheit und Seligkeit. Sie ist zugleich strenge Argumentation nach allgemeinmenschlichen Prinzipien und denkende Verbindung mit dem Grund der Welt. Sie sucht Teilhabe an seinem Wissen. Sie beglückt, sie ist das Glück, das der menschliche Intellekt von Natur aus sucht.

Dante philosophiert und dichtet in der ersten Person. Er spricht von sich selbst. Er erzählt, wie sein Interesse an der Philosophie erwacht ist: Es ging ihm wie jemandem, der Silber sucht und Gold findet. Er suchte Trost und entdeckte, daß die Philosophie von höchstem Wert ist, *somma cosa* (Conv. 1, 12, 5).[24] Er begreift sie als seine edle Herrin, *donna gentile*, liebenswürdig und nachsichtig. Sie war ihm zugleich die Stellvertreterin Beatrices auf Erden.

24 Convivio 2, 2, Band 4, 2 der Philosophischen Werke, ed. Ruedi Imbach – Thomas Ricklin, S. 13–14; ed. Inglese S. 87. Convivio 2,12, ed. Imbach–Ricklin S. 65–69; ed. Inglese S. 120–122.

In der Vita nova nach der neuen Zählung von Gorni c. 24, 1–2, S. 196–197, ed. Carrai S. 152 und Gorni c. 26, S. 204–212, ed. Carrai S. 156 beschreibt Dante sein Verhalten nach dem Tod Beatrices ganz anders: Er sucht und findet Trost bei einer Frau, die ihm vom Fenster aus liebevoll zuschaut. Wie diese Berichte zu vereinbaren wären, war Gegenstand ingeniöser Theorien von Biographen. Vgl. Eugenio Garin, Storia della filosofia italiana, Band 1, Turin ²1966, S. 188–189. – Es gibt Textprobleme mit Dantes Vita nova. Dazu mit neuen Gesichtspunkten: Guglielmo Gorni, Una Vita nova per Cavalcanti, in: ders., Guido Cavalcanti. Dante e il suo ›primo amico‹, Florenz 2009, S. 11–29.

Ich zitiere hier ausnahmsweise drei Ausgaben von Vita nova und Convivio nebeneinander, um auf die italienisch-deutsche Ausgabe der Philosophischen Schriften Dantes, Hamburg 1993 ff., und um auf Gornis wohlbegründete neue Kapiteleinteilung der Vita nova hinzuweisen.

2. Die ›Commedia‹ als Philosophie

Der Verfasser der *Commedia* brauchte die Philosophie. Sie wurde deren wesentliches Element; der 13. Brief erklärt, die *Commedia* sei selbst Philosophie, praktische Philosophie. Sie bewirkt Umbruch des Selbstverständnisses; sie leitet an zur Reform des privaten und des öffentlichen Lebens; sie ist keine abstrakte Begriffsbastelei. Sie ist *auch* Theorie des Wissens, aber vor allem ist sie wie bei Platon, Aristoteles, Plotin und Augustin der Weg zum Glück, zur *beatitudo*. Sie ist Phänomenologie des sittlichen und unsittlichen Lebens, Kritik der Gesellschaft und Philosophie der Elemente in der Natur: Feuer, Wasser, Luft und Erde.

Der Dichter der *Commedia* brauchte die Philosophie, auch um es irgend plausibel zu machen, daß er von einer Himmelsreise kommt. Es mußten bestimmte Voraussetzungen zutreffen, wenn es wahr sein sollte, daß er Gott, die Engel, das Universum als Ganzes gesehen hat. In Florenz gab es tausendfach Zweifler, Epikureer wie der Philosoph Guido Cavalcanti und andere. Dante wollte zeigen, daß sein Erkenntnisgang auf Wahrheit beruhte, daß er wirklich das Ziel aller Dinge, die Struktur der Welt, das wahre Glück und das richtige Leben erfaßt hat. Seine Einsichten haben ihn verändert; die Leser der *Commedia* sollen wissen, daß auch sie sich ändern sollen. Und sie sollen wissen, warum und in welcher Richtung. Der Weg ist hart, führt durch individuelle und politische Höllen und Reinigungen. Er bringt Menschen dazu, den Besitzindividualismus und die Wolfsgier abzulegen – im individuellen Leben, in der Kirche, in der Stadt. Es geht nicht um Glauben; die meisten Einwohner von Florenz hatten keine Einwände gegen das Glaubensbekenntnis; sie lebten falsch. Sie verstanden die Welt und sich selbst nicht richtig. Sie blickten auf die führenden Schichten in Kirche und Stadt; sie sahen, daß es diesen nur um Macht und Geld ging, und ahmten sie nach. Sie sahen nicht: Die sichtbaren Dinge sind im Urgeist erhalten und von ihm gehalten, das Weltsystem ruht und bewegt sich im Empyreum, das keine äußerste Schale ist, wie viele Theologen dachten, sondern Intellekt und Liebe, Liebe zum wahren Gut. Es ist keine räumlich vorstellbare ›Wohnstätte der Geister‹, sondern Geist. Der Kosmos schwebt in einem Meer aus intellektuellem Licht, voll von Liebe: *Luce intellettual, piena d'amore* (Par. 30, 40).

Menschen sind Geist, nicht nur Naturwesen mit dem biologischen Drang zur Selbsterhaltung und Selbsterweiterung, sie verhalten sich aber so. Dantes Philosophie *lehrt* nicht nur diese Umwandlung; sie *ist* diese Umkehr im Medium des Intellekts und der Poesie, nicht des Gefühls oder des Glaubens.

3. *Die Philosophie – Königin über alles*

Dante erzählt, er habe nach dem Tod Beatrices sich dorthin gewandt, wo man die Philosophie beweist, nämlich zu den Hochschulen der religiösen Orden und den Diskussionen der Philosophen, *le scuole de li religiosi a le disputazioni de li filosofanti* (Conv. 2, 12). Unter den *scuole de li religiosi* dürfen wir die großen Florentiner Ordensstudienhäuser S. Maria Novella und S. Croce verstehen; die Diskussionen der Philosophen lernte er an der Universität von Bologna und wahrscheinlich auch in Paris kennen. Sein Philosophiestudium war eine Art Bekehrung: Er begeisterte sich so sehr für die Philosophie, daß sie im Lauf von 30 Monaten des Studiums alle anderen Gedanken in ihm verdrängte, auch die Trauer über Beatrices Tod und die jugendliche Art, Liebesgedichte zu schreiben, die er mit Liebeslyrikern wie Guido Cavalcanti und in deren Gesellschaft betrieben hatte. Er schreibt jetzt für eine andere *donna*, für die Weisheit. Sie sei die Tochter Gottes und Königin von allem, *figlia di Dio, regina di tutto, nobilissima e bellissima Filosofia* (Conv. 2, 12, 9).

Diese Prädikate der Philosophie sind hoch: Tochter Gottes, Königin von allem, die Vornehmste und Edelste, sie ist das naturentsprechende, durch den menschlichen Geist zu erreichende Glück. Im *Convivio* ist vom jenseitigen Leben der Seele, von Gnade und Erlösung nicht die Rede, erst in der *Commedia*. Es liegt in der Natur der Geistseele, sich erkennend dem Urgrund zu nähern und darin das Glück zu finden; dieses Streben kann, da es naturgemäß ist, nicht umsonst sein. *Natura nihil facit frustra* (Conv. 3, 15, 6–10). Dies ist aristotelische Lehre.

4. Grundlegung durch Aristoteles

Die Philosophie Dantes ist heute gut erforscht.[25] Die ältere Ansicht, der Aristotelismus Dantes sei thomistisch, ist widerlegt. Eher ist an Albert den Großen zu denken als an Thomas, der

25 Wichtig sind folgende Arbeiten zur Philosophie Dantes, zunächst von Bruno Nardi:
Dal Convivio alla Commedia, Rom 1960;
Saggi e note di filosofia dantesca, Mailand und Neapel 1966;
Saggi di filosofia dantesca, Florenz ^{2}1967;
Etienne Gilson, Dante e la philosophie, Paris ^{3}1972. Vgl. auch Martin Grabmann, Die italienische Thomistenschule des XIII. und beginnenden XIV. Jahrhunderts, in: Mittelalterliches Geistesleben, Band 1, München 1926, S. 332–392, bes. S. 361–369 über Remigio de' Girolami, den Schüler des heiligen Thomas und Lehrer Dantes. Unentbehrlich ist der Convivio-Kommentar von Cesare Vasoli, Dante, Opere minori 1, 2, Mai-

gleichwohl für Dante wichtig war, vor allem mit seinem Kommentar zur *Nikomachischen Ethik* des Aristoteles, den Dante studierte und den Boccaccio sich mit eigener Hand abschrieb. Aber auch Albert dominiert nicht das Feld. Fundamental bleibt Aristoteles; er heißt *maestro di color che sanno* (Inf. 4, 131). Nur die Bibel, Vergil und Ovid werden in der *Commedia* häufiger genannt. Die Lastereinteilung in *Inferno* 11 erfolgt nach der *Nikomachischen Ethik*, besonders 7, 7; die Lehre von der Entstehung des Embryos in *Purgatorio* 25 folgt der Schrift *De partibus animalium*. Die wichtigen Schriften des Aristoteles *De anima*, die *Physik* und die *Metaphysik* waren ohne Kommentar kaum verständlich, und die Kommentartradition hatte längst, schon in der Antike, dann bei den Arabern, platonische und neuplatonische Konzepte mit Aristoteles verbunden. So finden wir bei Dante die Lehre des platonischen *Timaios*, daß Gott, weil er gut ist, sich neidlos mitteilt. Dies paßte zur Ansicht des Aristoteles, daß Gott den Menschen den Wissensbesitz nicht neidet (Metaphysik 1, 2).

Die *Commedia* setzt das platonisch-neuplatonische Motiv des Aufstiegs zum Guten fort, das Augustin die Unruhe des Herzens genannt hatte, bis es ruhe in Gott. Dante kannte die *Bekenntnisse*, die *Gottesstadt* (*De civitate Dei*) und das Werk *Über die Dreieinigkeit* gut. Er nahm von Augustin die Lehre von Gott

land und Neapel 1988; und Ruedi Imbach und Mitarbeitern, 7 Bände, Hamburg 1993 ff.; Ruedi Imbach, Dante, la philosophie et les laïcs, Paris 1996; Lorenzo Minio-Paluello, Luoghi cruciali in Dante. Ultimi saggi, Spoleto 1993; Zygmunt Baránski, Dante e i segni. Saggi per una storia intellettuale di Dante Alighieri, Neapel 2000; Giorgio Inglese, L'Intelletto e l'amore, Mailand 2000; Gennaro Sasso, Dante: L'imperatore e Aristotele, Rom 2002. Vgl. ED 1, S. 372–377; Cesare Vasoli, Bruno Nardi e il ›restauro‹ della filosofia di Dante, in: LF 1, S. 57–73.

als dem Guten in allem Guten (*bonum omnis boni*), die Analyse der drei Funktionen des menschlichen Geistes (*mens*) als Erinnern, Einsehen und Lieben. Er entwickelte Augustins Metaphysik der Liebe in seinem Sinn weiter; er hat ihm auch in mehr als einer Hinsicht widersprochen. Dionysius Areopagita lehrte die negative Theologie und war zuständig für Engelordnungen; Dante brauchte ihn für die Ausschmückung der astronomisch vorgegebenen Gliederung des *Paradiso*; darüber hinaus reichte der Einfluß des Dionysius auf Dante wohl nicht.[26] Der gesellschaftliche, politische und intellektuelle Umkreis, in dem Dante stand, war von dem des östlichen Mönchs um 500 zu verschieden. Für ihn war Aristoteles der Meister aller Wissenden; den Averroes als *den* Aristoteles-Erklärer setzte er zu den großen Denkern im Castello nobile der Hölle; die *Monarchia* 1, 3, besonders 1, 3, 9, setzt ein mit der averroistischen Intellekttheorie. Thomas von Aquino läßt Dante etwas sagen, was er de facto nicht gesagt hat, was er aber hätte sagen sollen, nämlich das Lob Sigers von Brabant. Dantes Bonaventura lobt dessen Gegenspieler Joachim von Fiore: Nirgendwo strenge Schulbindung, kein Thomismus. Fundamental bleibt Aristoteles. Warum war er so wichtig? Dazu einige knappe Hinweise:

4.1 *Ding und Eigenschaft*

›Substanz‹ (*substantia*) ist ein Schlüsselwort bei Aristoteles und im mittelalterlichen Aristotelismus, auch bei Dante. Sie ist wirklich, weil sie wirkt. Wirkzentren sind der Grundbestand der Welt. Sie entfalten sich, zeigen sich, haben ihr Ziel in sich. Sie sind Entelechie, wirken auf Ziele hin und sind in sich ihr Ziel; sie

26 Dazu Marta Cristiani, in: ED 2, S. 460–462; Diego Sbacchi, La presenza di Dionigi Areopagita nel ›Paradiso‹ di Dante, Florenz 2006.

sind als Lebewesen spontan dynamisch; als Intellekt erkennen sie sich selbst durch Welterkenntnis. Als Intellekt sind sie nicht isoliert, sondern leben im gemeinsamen Wahren. Darin liegt ihr Glück. Das ist Eudaimonie.

Das Wort *substantia* gibt das griechische *usia* einseitig wieder. *Ousia* ist das Substantiv, das aus dem griechischen weiblichen Partizip Präsens, *usa*, von *einai*, ›Sein‹ abgeleitet ist. Was wir ›Substanz‹ nennen, sollte nach Aristoteles das von Parmenides verfehlte Problem lösen, was das Sein ist. Und die aristotelische Lehre sagt: Es gibt nicht nur das eine Sein, sondern es gibt viele *usiai*, also viele Fälle von ›Sein‹, also zahlreiche dynamische Seinsinstanzen.[27]

Die *usia*-Lehre hatte auch eine einfachere Seite: Sie benannte die erste Kategorie, das bleibende Seiende, im Unterschied zur Eigenschaft. Dabei konnte man sich einen Baum vorstellen, der als das Zugrundeliegende bleibt, wenn die Blätter wechseln. Dies war Schulstoff im ganzen Mittelalter, weil die *Kategorienschrift* des Aristoteles, von Boethius übersetzt, immer zugänglich war.

Die Unterscheidung von Substanz und Akzidens begünstigte eine bestimmte Auffassung des Satzes der europäischen Spra-

27 Zur Bedeutung von *usia*, *substantia* bei Aristoteles: Kategorien 5, 2 a – 4 b, in: Aristoteles, Philosophische Schriften, Band 1, Hamburg 1995, S. 3–10; Aristoteles, Metaphysik 6–8, Philosophische Schriften, Band 5, S. 124–180. – Das Verhältnis der beiden Haupttexte zueinander und zu Metaphysik 12 ist vielfach erörtert worden. Vgl. Michael Frede – Günter Patzig, Aristoteles, Metaphysik Z. Text, Übersetzung und Kommentar, 2 Bände, München 1988; Christoph Rapp (Hg.), Aristoteles, Metaphysik. Die Substanzbücher, Berlin 1996; Michael V. Wedin, Aristotle's Theory of Substance, Oxford 2000; Wolfgang Detel, Aristoteles, Metaphysik, Bücher 7 und 8, Frankfurt/M. 2009.

chen. Sie erzeugte die grammatischen Begriffe Subjekt und Prädikat. Das Subjekt schien die Substanz zu bezeichnen, das Prädikat die Eigenschaft. Diese Konzeption verdeckte den verbalen Charakter des Satzes. Der verbale Charakter wird verkannt, wenn man mit Thomas von Aquino lehrt, der Satz:

›Sokrates sitzt‹,

sei gleichbedeutend mit dem Satz:

Sokrates ist sitzend (ist ein Sitzender).[28]

4.2 *Stoff und Form*

Körperdinge sind bei Aristoteles die Einheit von Materie und Forma. Gestaltet sind sie durch ihre Forma; sie ist der reale Sinngehalt oder der Begriff (*logos*) der Wesen; sie gibt Sein und Erkennbarkeit. Ein *logos* in den Dingen – das ist die realisierte Idee. Dieser Restplatonismus machte die aristotelische Ontologie anschlußfähig an neuplatonische und idealistische Philosophien. Die ›Substantia‹ war diesen Ansichten zufolge das Produkt eines Ausflusses aus dem Einen. Sie war eine Verknotung des universalen Strömens. Daher war sie auch umformbar; das erklärt Dantes Liebe zu Metamorphosen, mit denen er Ovid zu übertreffen dachte. Sein Konzept von ›Substanz‹ war nicht starr. Aber es sicherte die Rationalität der Welt, denn sie war selbst ein Logos oder enthielt ihn doch in sich. Daher Dantes Erkenntniszuversicht. Er hielt sie für naturhaft vorgegeben; sie folgte aus der Entsprechung zwischen Logosnatur der Substanzen und Allbezug des menschlichen Intellekts, ohne den auch

28 Thomas von Aquino, In Metaphysicam 5, 9 n. 893, ed. M.-R. Cathala, Turin 1935, S. 286: *Nihil enim differt dicere, homo convalescens est, et homo convalescit, et sic de aliis.* Dazu Kurt Flasch, Die Metaphysik des Einen bei Nikolaus von Kues, Leiden 1973, S. 40–45.

kein Satz einer göttlichen Offenbarung für uns verständlich wäre. Diese Beziehung selbständig zu entwickeln, war für Dante der Sinn des menschlichen Lebens. Das galt, da in der Menschennatur vorgegeben, für alle Menschen. Daraus folgerte er die Aufgabe der Bildung der Laien: »Alle Menschen wollen *von Natur aus* wissen.« Unerforschlich ist nicht Gott, wohl aber einzelne göttliche Willensbeschlüsse. Die Zuversicht ist nicht grenzenlos, aber manche Dantologen übersehen oder leugnen sie unter dem Einfluß halb-existenzialistischer Theologen.

Die Dinge sind Substanzen. Sie sind Selbststand und Widerschein. Als Spiegelungen göttlichen Lichts sind sie von betonter Dichte, Eigenständigkeit und Dynamik. Sie können als Abbild des Urgeistes sagen: Ich bin. Ich bin substantiell. Ich subsistiere (Par. 29, 15).

Nach Aristoteles sind die Körperdinge die Einheit von Stoff und Form. Weder das Wort ›Materie‹ noch das Wort ›Form‹ ist mit unserem Terminus gleichbedeutend: Materia bezeichnete das Unbestimmte, Zugrundeliegende, Formlose, das von der Forma geprägt wird. Die Forma gibt dem Ding das Sein und die Erkennbarkeit. Forma ist der realisierte Sinngehalt. Sie ist der Begriff (*logos*) des Wesens. Es ist demnach ein *logos* in den Dingen, also reale gedankliche Bestimmtheit. Aristoteles sagt oft *eidos* (Gestalt, Art) für *morphe, forma*. Die realisierte Idee Platons, könnte man sagen. Das ist Restplatonismus.[29] Er sichert dem aristotelischen Denken die Anschlußfähigkeit an neuplatonische und idealistische Philosophien.

29 Vgl. dazu die in Anm. 25 zitierte Literatur. Dazu Dae-Ho Cho, Ousia und eidos in der Metaphysik und Biologie des Aristoteles, Stuttgart 2003.

4.3 *Intellekt*

Für Dante waren von Aristoteles vor allem folgende Texte grundlegend: *Nikomachische Ethik,* besonders deren Bücher 1, 1–2 und 10, die *Metaphysik,* besonders Buch 1 und 12, speziell 12, 7. Besonders folgenreich war Aristoteles, *De anima* 3, 4 und 5, mit den Kommentaren Alberts und mit dessen *De intellectu et intelligibili.* Alberts Vorlage war der Kommentar des Averroes: Hier ist von Geist (*nous*), nicht von Seele die Rede, von *animus* oder vielmehr *intellectus*, nicht von *anima*. Der Intellekt ist das Haben des Allgemeinen, des Bleibenden, des Notwendigen. Er ist unvermischt, ›getrennt‹, hat keine bestimmte Natur, damit er alles sein kann. Er hat mit nichts etwas gemein (3, 4, 429 b 23–24); er ist die bestimmte Negation von allem. Er kehrt zu sich zurück, *sé in sé rigira* (Purg, 25, 75). Er wird Wissen des Wissens. Er ist anders als das Seelenleben, das individuell und schwankend ist. Er ist auch individuell, aber als Einsicht ist er die Sachen selbst und ist bei anderen, die auch Intellekt sind. Er ist das Göttliche; seine Tätigkeit ist sein Wesen, und Tätigkeit ist Glückseligkeit. Diese wird ihm nicht von außen umgeworfen wie ein Mantel.

Der Begriff des Intellekts bei Aristoteles erlaubte es Dante wie Eckhart, die philosophisch-franziskanische Lehre von der Armut zu vertiefen.[30] Dante (wie Eckhart) nimmt die sokratische, die stoische Armutslehre auf, führt sie fort mit der aristotelischen Lehre, daß der Geist nichts ist von allem. Und die wiederum verbindet er mit der franziskanischen Tradition der

30 Die Geschichte des Intellektbegriffs von Aristoteles über Averroes und Albert habe ich beschrieben in: Kurt Flasch, Meister Eckhart. Die Geburt der ›Deutschen Mystik‹ aus dem Geist der arabischen Philosophie, S. 46–122.

Habgierkritik, mit Joachims Zukunftsinteresse und Prophetismus.

4.4 *Formen der Erkenntnis*

Auch Platon begann den Aufstieg zur Idee des Guten mit der sinnlichen Erkenntnis. Aristoteles hob den Bezug auf Wahrnehmung schärfer hervor und fand folgende Stufen der Erkenntnis: Einzelwahrnehmung – Bündelung von Wahrnehmungen – Phantasiebild, *imaginatio* – Allgemeinerkenntnis am Einzelnen, *ratio particularis* – Einsicht in die allgemeine Bestimmung.

Bei dieser Stufenfolge unterschied Dante – wie fast die gesamte ältere Philosophie – zwischen bildhaftem Vorstellen (*fantasia, imaginatio*) einerseits und der Begriffsbestimmung eines Einzeldings (*ratio particularis*) andererseits und der darüberhinausgehenden allgemeinen und notwendigen Erkenntnis der universalen Bestimmtheit, die in der wahren Definition zum Ausdruck kommt. Auch die außerordentliche Bedeutung der Definition im Begriff des Wissens bei Aristoteles stammt von Platon.

4.5 *Kosmos, Intellekt, Gott. Natur, ›von Natur aus‹*

Aristotelisch sind im Werk Dantes nicht nur einzelne Lehrpunkte, sondern die enge Verbindung von Kosmos, Formenmetaphysik, Intellektlehre und Gottesbegriff.[31] Der Kosmos ist gestuft, von der einheitlichen Leitung des ersten Bewegers geeint; die einzelnen Sternschalen oder die Sterne werden von Geistern bewegt und in ihrer Ordnung gehalten. Wir sind Intellekt,

31 Dazu Aristoteles, Metaphysik 12, Philosophische Schriften 5, S. 247–266. Vgl. Michael Frede (Hg.), Aristotle's Metaphysics Lamda. Symposion Aristotelicum, zuerst Oxford 1996, Reprint 2007.

zuweilen, Gott ist immer Intellekt, aber wir kennen ihn, und wir sehen den Kosmos als sein Feld.

Diese aristotelischen Grundbestände hat Dante als seine persönliche Einsicht entwickelt. Immer auch als politische Philosophie. Er läßt Karl Martell die aristotelische Lehre vom Menschen darlegen, der von Natur aus ein politisches, ein auf die Polis bezogenes, ein soziales Wesen sei (Par. 8, 96 – 146). Dante mahnt, auch individuelle Naturbedingungen, Anlagen der Menschen und ihre verschiedenen Begabungen zu achten. Das ist aristotelisch inspiriert, aber Dante verbindet aristotelische Anregungen und deren arabisch-astronomisch-medizinische Vertiefungen mit platonisierender Ideenlehre, mit neoplatonisierender Logosphilosophie, mit augustinischen Elementen der Willenstheorie und der Liebe.

Natur, *natura*, *physis* hat bei Aristoteles mehrere Nuancen.[32] Physis kommt von ›Wachsen‹; es ist das, woraus etwas wächst, sich entwickelt, wird und vergeht. Physis ist noch nicht wie in der Stoa die streng teleologisch geordnete Allmutter Natur. Sie ist Wachstumsgrund und Wachstumsgesetz. Was ›von Natur‹ (*physei*) ist, läßt sich nicht umgehen, ist mächtig und vernünftig. Aristoteles hat aber die Einzelformen ethischen Verhaltens in der *Nikomachischen Ethik* nicht damit begründet, daß sie der Natur entsprächen. Er beschreibt sie mehr phänomenologisch. Die Ableitung ethischer Inhalte aus der Natura gehört erst einer späteren Zeit, besonders der stoischen Schule an, wird aber von Dante beansprucht, zum Beispiel als Regel für die Politik (Par. 8, 143).

32 Vgl. Fritz-Peter Hager, Artikel ›Natur (Antike)‹ im Historischen Wörterbuch der Philosophie, Band 6, Basel 1984, S. 185–197 und ED 4, S. 14–17.

4.6 *Die philosophische Gottheit bei Aristoteles*

Dies alles kommt zusammen in seinem Konzept von Gott, der neidlos gut ist, den Menschen das Wissen nicht neidet (Metaphysik 1, 2), der alles bewegt als das Geliebte (Metaphysik 12, 7). Gott ist das Allgemeinste. Nichts ist außerhalb seiner. Gott ist erste *usia*, er ist Intellekt (*nous*) und Ziel aller Bewegung, unendlicher Lichtpunkt. In ihm ist alles. Was in der Welt gut, aber unvollkommen ist, das ist er in vollendeter Form. Hinzu kommt bei Dante das neuplatonische Motiv: Er ist das Gute alles Guten, *bonum omnis boni*. Er ist das Eine, das Vieles entläßt. In ihm sind wir als Intellekt immer schon, indem wir Allgemeines denken, die Grenzen unserer Individualität überwinden, indem wir bei anderen sind: Das ist Liebe. Aber die Menschen leben verkehrt; sie neiden einander partikuläre Güter und geraten darüber in Streit (Purg. 15, 43–57).

Doch geht Dante über das philosophische Konzept des höchsten Gutes hinaus und schreibt seinem Gott anthropomorphe Eigenschaften zu. Der Gott Dantes sanktioniert ethisch-politische Zustände. Er übt Rache aus.[33] Sein Eifer für die Gerechtigkeit hat für immer die Hölle eingerichtet. Allerdings urteilt er weitherziger als Kirchenleute (Purg, 3, 103–145).

4.7 *Intellekt und Glück. Zwei Formen der beatitudo*

Für Dante ist wesentlich die Lehre des Aristoteles im ersten und zehnten Buch der *Nikomachischen Ethik* von der Zuordnung allen menschlichen Handelns auf Glück (*eudaimonia*). Ebenso wichtig sind die Kapitel *De anima* 4 und 3, 5 in der Auslegung Alberts und des Averroes: Der Intellekt hat mit nichts etwas gemein. Er ist anders als alle Naturdinge, anders auch als der

33 Über die Rache (*vendetta*) Gottes vgl. Inf. 16, 16–18; Inf. 24, 119–120.

Mensch, sofern er Naturwesen ist. Er ist die wesenhafte Tätigkeit, sich alles gegenüberzustellen. Er ist anders als alles, um alles in sich zu haben. Er geht nicht auf im Individuum. Er findet die Glückseligkeit in sich, weil er im göttlichen Intellekt ist. Er überwindet die Vorstellung räumlicher Getrenntheit.

Dante modifiziert diese Position in zweifacher Weise: Die von unserem Geist immer gesuchte Wahrheit ist die Totalität der Ideen im Geist Gottes. Dante füllt wie Augustin und Bonaventura vor ihm den Begriff des Ersten Grundes auf mit der Theorie des Logos als der Einheit aller Ideen. Das ist kein purer Aristotelismus mehr, sondern christliche Plotin-Rezeption.

Zweitens arbeitet Dante heraus: Diese Sehnsucht modifiziert sich nach dem Status dessen, der diese Sehnsucht hat und ihr folgt. Im irdischen Leben ist sie unvollkommen. Gesättigt wird der Geist nur, wenn die Gnade hinzukommt (Purg. 21, 1–3). Gnade heißt hier: Neidlose Mitteilung. Menschenfreundlichkeit Gottes, nicht willkürliche Auswahl einzelner aus der Sündenmasse. Die volle Glückseligkeit ist nur im Himmel zu erreichen, für Getaufte und Erwählte, aber die natürliche Weisheit ist wirkliche Seligkeit und Gottesnähe. Daher kennt Dante ein zweifaches Glück. Daher dichtet er in der *Commedia* ein irdisches und ein himmlisches Paradies.

5. *Glauben und Wissen*

Die Doppelung der Seligkeit des menschlichen Geistes in eine naturhafte und eine gnadenabhängige führt zu der Frage, wie Glauben und Wissen sich zueinander verhalten. Sie erzeugt komplizierte, sehr ›scholastische‹ Debatten. Ich gehe ihnen nicht zu weit nach; ich mache dazu nur zwei Bemerkungen:

Dante ist, aristotelisch, überzeugt, daß jede menschliche Vernunft Gott aus seinen Werken erkennen kann. Er denkt vernunftfreudig, spricht aber auch die einschränkenden Formeln Platons und Aristoteles' nach: Die göttliche Liebe überragt unseren Intellekt wie Sonnenlicht das menschliche Auge. Diese Metapher der Erblindung der Vernunft ist aristotelisch. Die negative Theologie insgesamt entstammt der Philosophie: Neuplatoniker haben sie im Anschluß an Platons Dialog *Parmenides* entwickelt. Platon erprobt dort, was herauskommt, wenn wir die Struktur unserer Sätze auflösen und ein einzelnes Element derselben isolieren: Dann ist gar nichts mehr zu erkennen. Unser Geist ist nicht für die Betrachtung gänzlich für sich bestehender, insofern isolierter ewiger Wesen, also Gottes und der ersten Materie, geeignet (Conv. 3, 15, 6). Das heißt nicht: Gott sei unerkennbar; unser Geist kann sich nur nicht dabei ausruhen. Die Vernunft erreicht die Wahrheit, und damit erfüllt sich naturhaft der Schöpfungsplan, der an dieser wichtigen Stelle nicht vereitelt werden kann. Die menschliche Vernunft ist dazu bestimmt, naturhaft beseligt zu werden durch Erkenntnis des Grundes der Welt. Die göttliche Herrlichkeit strahlt in der ganzen Welt wider, hier mehr, dort weniger (Par. 1, 1–3). Aber Gott und die erste, die formlos konzipierte, Materie erkennen wir nur durch Weglassen dessen, was wir in der Welt kennen, also nur durch Negation.

Zweitens: Dante lehrt die Notwendigkeit des Glaubens für die jenseitige Beseligung.[34] Vergil erklärt, er wisse nur das, was die Vernunft auf der Erde erkenne, Beatrice werde ihn belehren, was Sache des Glaubens ist (Purg. 18, 46–48). Diese methodische Zweiteilung bedeutet nicht, Beatrice sei Symbol für den

34 Belege: ED 2, S. 820–822.

Glauben oder die Theologie: Jeder Selige, der aus der Anschauung Gottes zu uns käme, könnte uns nicht nur die Theologie und den Glauben, sondern alles erklären, weil er in seinem göttlichen Grund *alles* unmittelbar intellektuell erfaßt. So redet Beatrice denn auch.

Dante arbeitet *ungelöste* Probleme der Glaubenslehre heraus. Er zeigt Wunden, die sie ihm schlägt. Er bezeichnet sie genau. Er lobt den Zweifel (Par. 4, 124–132). Die Defizite sollen den Gläubigen bewußt bleiben. Nicht selten setzt Dante, nachdem er die Demutsformeln über die Schwäche menschlicher Erkenntnis nachgesprochen hat, später noch einmal neu an, die dunklen Seiten Gottes plausibel zu machen, z.B. findet er zunächst keine Theorie der Seelen als Schatten und hält sie für unerklärbar (Purg. 3, 16–45), gibt sie später aber doch (Purg. 25, 36–108). Gott ist Vernunft und vernünftig erreichbar, seine Einzeldekrete bleiben verborgen. Besonders unbegreiflich findet Dante die Ausschließung der nicht-getauften Gerechten vom Himmel. Dante betont das Unrechtmäßige daran so scharf, daß die Unbegreiflichkeit des göttlichen Beschlusses fast als dessen Mangel erscheint. Der humane und weise Vergil bleibt für immer vom Paradies ausgeschlossen, dies erzeugt einen Schmerz, den Dante dem Leser bis zum Ende nicht abnimmt. Er akzeptiert den Mangel an Rationalität und Gerechtigkeit der Erbsünden- und Gnadentheorie, läßt ihn aber bis zum Ende als Kontrast erscheinen zur Überzeugung von der Weisheit als der Tochter Gottes, die weiß, daß Gott ein Gott der vernünftigen und guten Ordnung ist.

6. Über Aristoteles hinaus

Dante läßt sich vom Apostel Petrus bestätigen, daß er rechtgläubig ist (Par. 24). Gegen den Apostelfürsten konnte kein Christ etwas sagen. Dante hat diese höchste Bezeugung seiner Orthodoxie erfunden, weil er sie brauchte. Nicht weil er Ketzer gewesen wäre, wohl aber, weil er sich an einigen Lehrpunkten, vor allem des späten Augustin, rieb und weil er erbarmungslos die Kirche kritisierte. Es genügt nicht zu sagen, Dante habe die ganze Kirchenlehre anerkannt. Das ist richtig, aber ebenso deutlich ist sein Leiden an ihr. Freimütig entscheidet er selbständig über Ausnahmen von der strengen Gnadenordnung, er versetzt Heinrich VII. in den Himmel. Daß er Trajan ins Paradies aufnimmt, war wenig spektakulär, denn der hatte die Bestätigung durch Papst Gregor den Großen, wohl aber war es die neue Begründung, die Dante dafür gibt: Ein wenig bekannter Heide kommt in seinen Himmel, nur weil Vergil ihn ›gerecht‹ nennt; Vergil selbst allerdings nicht, was den Schmerz über den Verlust unvergeßbar macht. Daß Vergil nicht gerettet wird, hat man ›Tragik‹ mitten in der Komödie genannt. Sein ewiges Unglück zwingt die selige Beatrice, in die Hölle zu kommen und dort Tränen zu vergießen; Dante erinnert mit auffallender Bewegtheit daran. ›Tragik‹ war in Deutschland, nachdem der verlorene Weltkrieg den bürgerlichen Optimismus widerlegt hatte, eine Modekategorie der zwanziger und dreißiger Jahre des 20. Jahrhunderts; vielleicht spräche man besser von einem Skandal der göttlichen Heilsordnung: Gerechte, die vom Christentum nichts gehört haben, enden in der Hölle: Ist das gerecht? Dante nimmt das nicht klaglos hin; er hat schon die Verurteilung Francescas mit Bewußtlosigkeit quittiert.

Dante wollte nicht vorhandene Standpunkte wiederholen,

weder den der Kirchenlehre noch den des Aristoteles oder des Thomismus. Er hielt es für seine Pflicht, originell zu sein. Er geht, sagt er selbst, einen Weg, den vor ihm noch keiner gegangen ist. Zu Beginn der *Monarchia* (1, 1, 2–6), erklärt er: Ein Intellektueller, der nichts Neues und nichts Nützliches vorbringt, hat seinen Beruf verfehlt.

Er treibt mit Namensnennungen und Zitaten Ideenpolitik und zeigt an, daß er außerhalb der Schulen steht. Er nimmt die Ideenlehre Platons und die Logostheorie Augustins an; er hat für Platons Seelenlehre – die Rückkehr der Seelen in ihre Sternenheimat – eine Entschuldigung bereit, die Platon vor der Kritik von Aristotelikern bewahrt; im Paradies, dem ›himmlischen Athen‹, herrscht die Konkordanz aller Philosophenschulen, einschließlich wohl der Epikureer: *in uno volere concordevolemente concorrono* (Conv. 3, 14, 15). Vom Himmel aus gesehen, lösen sich die Widersprüche der Philosophen auf.

Dante geht über die Schule der Peripatetiker hinaus; er spricht als Prophet wie mancher radikale Franziskaner, hält allerdings Abstand von Ubertino da Casale, der ihm wohl zu radikal vorkam (Par. 12, 124–125).[35] Dante zitiert im *Convivio* mehrmals Albert von Köln, seinen Kommentar zur Meteorolo-

35 Die wichtigsten Schriften radikaler Franziskaner:

Petrus Johannis Olivi, Lectura super Apocalipsim von 1295/97, ed. Warren Lewis, 2 Bände, Tübingen 1972. Seit 1999 erscheint in Grottaferrata die Collectio Oliviana, bisher 8 Bände. Petrus Johannis Olivi, Opera exegetica, ed. Alain Bourreau, CCSL 233, Turnhout 2010; Ubertino da Casale, Arbor vitae crucifixae Jesu, Venedig 1485, Nachdruck Turin 1961. Dazu Raoul Manselli, Dante e Roma, Florenz 1965, S. 115–135 und ED 5, S. 782–783; Ludwig Hödl, in: LTHK ^{3}1993, Sp. 1045–1047; Ulrich Horst, Evangelische Armut und päpstliches Lehramt, Stuttgart 1996; Roberto Lambertini, La povertà pensata: evoluzione storica della definizione minoritica de Bonaventura ad Ockham, Modena 2000.

gie, seine Schrift über die Elemente und *De intellectu et intelligibili*. Von ihm nimmt er die methodische Selbständigkeit der Philosophie, die bei Albert verbunden ist mit der Kritik an den Latini insgesamt. Dantes Theorie der Sprache und der Sprachen geht, wie gezeigt, über Aristoteles' *De interpretatione* hinaus.

Und doch bleibt die Präsenz des Aristoteles stark. Beatrice zitiert das 12. Buch der *Metaphysik*: *An der Ersten Substanz hängt der Himmel und der ganze Kosmos* (Par. 28, 41–42). Die Auslegung des Averroes fügte das Weltschalensystem hinzu und die Intelligenzen als Sternschalenbeweger. Dante zitiert mehrfach *De anima* Buch 3, auch hier mit der Auslegung des Averroes, den die *Commedia* (Inf. 4, 144) rühmt für den großen Kommentar. Thomas von Aquino hatte zu Beginn seiner Lehre Averroes und Dionysius Areopagita in einem Atem zitiert (In 1, Sent. 2, 1, 3 arg. 2 und 3); in seiner letzten Phase hat er von Averroes gesagt, er sei nicht der Erklärer, sondern der Verderber der aristotelischen Philosophie. Aus dem dritten Buch *Über die Seele*, ausgelegt durch Averroes und Albert den Großen, besonders aus dessen Schrift *De intellectu et intelligibili*, gewann Dante den charakteristischen Begriff des Intellekts: Der Reichtum des *intellectus possibilis* erschöpft sich nicht in einem Individuum, sondern realisiert seine Möglichkeit in der Menschheit als einem Ganzen. Diese aristotelisch-averroistische Theorie machte Dante zur Grundlage seiner Philosophie des Imperium (Mon. 1, 3; bes. 3, 9). Dantes Grundbegriffe, sein terminologisches Instrumentarium, sind die der peripatetischen Schule: Substanz und Akzidens, Materie und Forma, Seele und Intellekt. Aber sein intellektueller Blick geht über diese aristotelischen Elemente hinaus.

Die *Commedia* ist konzipiert als ethisch-politische Philosophie, zum Handeln bestimmt, nicht zur Betrachtung. Aristoteles hatte der *theoria* den Vorrang vor der Praxis eingeräumt. Für ihn war die Metaphysik die ›erste Philosophie‹. Nicht so für den Dichter der *Commedia*, jedenfalls nicht in jeder Hinsicht. Für uns, auf dieser Erde, wo das Haus Italien brennt, ist neues Handeln das Erste. Für die Seligen im Paradies behält Aristoteles recht, der vom Handeln gesagt hat, es sei gut, aber Theorie sei besser (Conv. 4, 17, 9). Hier unten braucht es Liebe, klare Zielsetzung und Aktion. Das Ziel ist der Friede, auf der Erde, jetzt hier in Italien, wo er fehlt, später in der Kontemplation im Paradies. Augustin hatte die antike Philosophie dahin zusammengefaßt, Philosophie sei Wissen vom Glück, *scientia de beatitudine.* Dies nimmt Dante genau: Die Philosophie zeigt die naturgemäße Glückseligkeit und bestimmt die Grundlinien der Politik, der Glaube gibt die Zielsetzung auf die ewige Seligkeit. Dichtung zielt mit ihren Fiktionen auf Ethik und Politik, auf Erneuerung des Lebens. Diese Überzeugung teilt der Verfasser des *Decameron* mit Dante. In der Philosophie der Poesie ging Boccaccio mit Petrarca in Dantes Richtung weiter, vor allem in den Büchern 14 und 15 seiner *Genealogie der heidnischen Gottheiten, Genealogia deorum gentilium* schrieb er eine Verteidigung der Wahrheit der Poesie, übrigens gegen Thomas von Aquino und fast alle Scholastiker.[36]

36 Thomas von Aquino, Sth 1, 1, 9 arg. 1: *Procedere autem per similitudines varias et repraesentationes est proprium poeticae, quae est infima inter omnes doctrinas.*

7. *›Gott‹*

Wie fast alle Philosophen zwischen Heraklit und dem späten Schelling hat Dante über Gott nachgedacht, auch wenn er sagt, das Thema seiner *Commedia* sei der Mensch. Er hat immer neue Umschreibungen für das Wort ›Gott‹ gesucht. Ich stelle einige davon vor.

Wenn der Jenseitswanderer ans Ziel seiner Reise kommt, wenn er Gott sieht, nicht mit dem körperlichen Auge, sondern mit dem Geist, dann fragt sich wohl jeder Leser: Was sieht er da? Er ist überrascht: Keine der volkstümlichen Vorstellungen kommt am Ende des *Paradiso* vor. Gott – das ist ein Punkt von unendlicher Lichtfülle, umkreist von Lichtpunkten in größter Geschwindigkeit, von den Chören der Engel (Par. 28, 13–45). Das war Entmythologisierung um 1300, allerdings zugunsten der aristotelisch-averroistischen kosmologisch-geometrischen Mythologie. Die Kosmologie tritt ein: Alle Weltsphären ahmen durch rasch kreisende, ständige Bewegung den ruhenden Gottpunkt nach; sie verharren in ihrer Bewegung und schaffen dadurch allen Naturprozessen eine bleibende, verläßliche Basis. Allerdings hat schon ein Zeitgenosse Dantes bemerkt, er könne nicht einsehen, wieso diese rasende Kreisbewegung Ausdruck der Liebe zu Gott sein solle; wenn ein Mensch aus Liebe zu seiner Stadt ständig um sie herumrennte, würde man ihn doch für verrückt halten. Gott ist bei Dante, wie bei Aristoteles, der erste Beweger; er bewegt auf die Weise der Zielursache, wie das Geliebte, sagte Aristoteles im 12. Buch der *Metaphysik*. Gott ist, neoplatonisierend, die konzentrierte Fülle der idealen Normen aller Dinge; die Sternschalen drehen sich, um diese Normen sinnlich zu verwirklichen. Intelligenzen sehen das göttliche Musterbuch; sie halten die Sternschalen in geordneter Bewegung und verschaffen den Ideen äußere Wirklichkeit. Das ist die Liebe, die den Himmel bewegt und alle Sterne. Das ist ein kosmologisches Konzept von Theologie und von Liebe. Beides ist spätestens seit der Romantik kulturell ausgemustert.

Doch setzt Dante Gegengewichte zu der engen Verbindung seiner philosophischen Theologie mit der Kosmologie: Zunächst einmal durch seine Ansicht von der Ortslosigkeit Gottes. Sein Gott kennt weder ein Wo noch ein Wann, wie Beatrice im 29. canto des *Paradiso* erklärt. Gott ist überall und nirgends. Das kommt kosmologisch zum Ausdruck: Die Erde und alle Weltschalen sind umfangen vom ort- und zeitlosen Empyreum. Zweitens dadurch, daß sein Gott sich durch Erschaffen einen Abglanz schafft, der von sich sagen kann: Ich existiere; ich bin ein Wesen; ich habe eine gewisse Stabilität.

Die Geistwesen erschafft er direkt; sie sind ihm ähnlich, und sie finden ihn in sich vor. In ihrer Erkenntnis und Liebe schließt sich der Weltkreis: Sie kommen in sich selbst zu sich zurück, und Gott kommt in ihrer Erkenntnis zu sich zurück. Dies sind unräumliche Vorgänge. Man kann sagen, bei Dante sei das Empyreum das naturgemäße Ziel jedes geistigen Wesens, aber Dante hat dem Empyreum die Anschaulichkeit, die es früher besaß, genommen.

Dantes Gott ist ein geometrischer Punkt, unendliches Licht, das sich über das Weltall differenziert verteilt, Ziel der Weltschalen und Grund ihrer Bewegung, aber er ist auch Weisheit, die alles geordnet hat, und er ist Gerechtigkeit, die freie Taten der Menschen belohnt oder bestraft. Eine weltgeschichtliche Abrechnung, eine Weltgerichtsszene am Jüngsten Tag kennt die *Commedia* nicht. Die Verteilung der Sünder auf die Höllensphären hat Gott dem Minos überlassen, der jeden Sünder durch seine Schwanzbewegung gerecht plaziert. Er arbeitet im Auftrag Gottes und vollzieht dessen Willen. Die Strafen in der Hölle und im Fegefeuer nennt Dante eine Rache, *vendetta*, Gottes. Gott hat, wie am Höllentor geschrieben steht, das *Inferno* mit als erstes eingerichtet. Er ist Lichtpunkt und Ideen-Inbegriff, aber er hat sich auch auf die Menschengeschichte eingelassen – mit Vertreibung aus dem Paradies, mit der Freude an der Hinrichtung seines Sohnes, mit der Annahme dieser Wiedergutmachung der Sünde Adams. Kosmologie und Erlösungstheorie (Soteriologie) bilden zwei Aussagenreihen, die nebeneinander herlaufen. Im letzten canto sieht Dante Gott als drei gleichförmige Ringe von verschiedener Farbe, die Trinität; im mittleren Ring erscheint das Gesicht eines Menschen; Gott ist Fleisch geworden. Diese Bilder haben manchen Leser enttäuscht: Der Gott der Liebe und der Menschennähe schien ihnen in den buntgemalten geometrischen Figuren nicht recht vorzukommen. Es konnte die Meinung aufkommen, Dante habe die *Commedia* vorzeitig abgebrochen, und die wahre Gottesbegegnung hätte noch kommen sollen. Das zeigt nur, daß moderne Christen andere Konzepte von Gott haben und vielleicht auch vergessen, daß Gott die Menschenbestrafung den Teufeln und die Menschenzuwendung Maria, Lucia und anderen weiblichen Heiligen überläßt, so sehr, daß sie unabänderliche Dekrete abändern können. Gott schweigt in der *Commedia*. Auch Maria kommt nicht zu Wort.

Gott ist streng und hat die Hölle nicht umsonst eingerichtet. Er rächt die Untaten, aber Dante gefällt es, daß er weitherziger ist als die Kirchenleute (Purg. 3, 103–145). Dante wendet sich dagegen, Gottes Zorn für den eigenen zu instrumentalisieren – aber, offen gesagt, das hat er selbst im Übermaß getan. Nur Krethi und Plethi sollen das nicht dürfen. *Er* darf das. Seine Sendung ist abgesegnet, und er war in Himmel und Hölle.

Gott ist der Erschaffer der Welt. Aber wie hat er die Welt erschaffen? Die neuplatonischen Texte, die Dante kennen konnte – der *Liber de causis* und in diesem Fall besonders Avicenna –, lehrten eine *vermittelte* Erschaffung: Gott erschafft den ersten Geist, und der löst eine Kaskade der erschaffenden Geistwesen aus. Die höhere Stufe begründet die nächst niedere und erweist die Großzügigkeit Gottes, mächtige Zweitursachen zu begründen, die den Rest erledigen, der ohnehin nur der geringste Teil des Universums ist. Diese Lehre hatte der Bischof von Paris 1277 verboten, aber Albert hat sie gelehrt, vor allem in seiner großen Schrift *De causis et processu universitatis a prima causa* (Opera omnia 17, 2, Münster 1993).[37]

Dante beschreibt die Erschaffung der Welt als *unmittelbare* Erschaffung der Geistwesen und *vermittelte* Erschaffung der irdischen Dinge auf dem Weg über die Geistwesen und die von ihnen bewegten Sterne.

Diese Theorie Dantes ist eines der Argumente dafür, daß Dante kein Thomist war. Außer Aristoteles war der Einfluß des Neuplatonismus, Avicennas, des Averroes und Alberts für ihn bestimmend.

8. Das Universum

Das Universum Dantes ist hierarchisch aufgebaut: Das zeigte schon das Zitat aus *Paradiso* 7, 67–72: Direkt erschaffen sind die Intelligenzen, die Sterne und die Menschenseelen. Sie bilden

37 Teilausgabe mit Übersetzung von Buch 1: Albertus Magnus, Buch über die Ursachen und den Hervorgang von allem aus der ersten Ursache, Philosophische Bibliothek 580, Hamburg 2006.

die in sich gestufte immaterielle Welt. Diese erzeugt die körperliche Welt unter der Mondsphäre, die sublunarische Welt, in deren Mitte die Erde liegt. Diese ist ptolemäisch gedacht. Ihre eine Hälfte, jene jenseits der Säulen des Herkules, ist vom Weltmeer bedeckt, nur der Läuterungsberg ragt dort hervor.

Die Welt insgesamt ist gut geordnet, wie Beatrice erläutert (Par. 10, 1–5):

Das erste, das unaussprechliche Gute blickte auf seinen Sohn mit der Liebe, die beide ewig hauchen, und schuf alles, was im Geist und im Raum kreist, mit solcher Ordnung, daß niemand dies sehen kann, ohne sich seiner zu freuen.

Aber die Welt ist abgestuft, und wir leben auf der untersten Etage. Von ihr darf man nicht zuviel an Harmonie erwarten. Hier kann es nicht nur Erfreuliches geben; hier spielt der Zufall eine Rolle. Nicht zufällig, sondern mit Notwendigkeit.

Die Natur schaut auf die Ideen, aber sie ist ein Künstler, dessen Hand zittert. In ihr ist der Fortuna Herrschaftsgewalt eingeräumt. Providentia und Fortuna waren zwei gegenläufige Instanzen der stoischen Philosophie; Boethius hat der Fortuna Macht zugestanden und sie damit im theistischen Denken zugelassen. Albert und Thomas kennen und anerkennen sie. Papst Gregor hatte sie ausgeschlossen. Dante legt auf ihre Herrschaft einen besonderen Akzent: Sie verteilt Macht und Reichtum auf die Völker. Sie beherrscht den unübersehbaren Geschichtslauf (Inf. 7, 70 ff.), den für die Menschen erträglicher zu machen Aufgabe des Imperiums ist. Alle kosmologischen Überlegungen Dantes zielen auf die Verwirklichung des Guten, und dabei besagt die Lektion der Fortuna: Sieh, wie töricht die Menschen sind, wenn sie nach Reichtum streben. Nichts ist zufälliger als er. Die Kritik am Besitzindividualismus gibt der Figur der Fortuna eine unerwartet große Rolle. Die Sterne zeigen, was Vernunft und Ordnung ist. Sie prägen das irdische Leben; sie schaffen Dispositionen fürs Gute wie fürs Böse, ohne den freien Willen aufzuheben. Sie verteilen den Seinsvorrat des Universums; sie schaffen Vielfalt, aber hier unten überlagern sich ihre einander widerstrebenden Kräfte.

9. *Der Mensch*

Der Mensch spielt im Universum eine bevorzugte Rolle. Er ist das Ziel der kreisenden Sternenschalen. Die Menschwerdung Gottes hat die menschliche Natur insgesamt geadelt; sie hat sie mit Gott verbunden. Aber schon von Natur aus hat der Mensch eine hohe Stellung. Er ist Intellekt, fast wie die Intelligenzen. Von diesen unterscheidet er sich dadurch, daß er seine Möglichkeiten noch nicht realisiert hat und daß er sie als Einzelwesen nicht realisieren kann. Die Art seines Intellekts, nicht nur sein biologisches Mängelwesen, bestimmt ihn zur Gemeinschaft. Die Intelligenzen sind ganz das, was sie sind. Sie sind in sich vollendete Gestalten als ständige Aktion. Ihr Erkennen ist ihre Substanz (Mon. 1, 3, 7). Diese Theorie der Intelligenzen als substantieller Erkenntnis ist averroistisch, albertistisch; Thomisten haben sie bekämpft, denn nur Gott sei reiner Akt. Der Mensch muß in der Menschheit seine Aktualität erst hervorbringen. Und dazu muß er sich ethisch, politisch selbst bestimmen. Dazu muß er freien Willen haben, der sich gegenüber der Macht der Sterne durchsetzt und den die göttliche Vorsehung respektiert, also nicht zwingt. Dante sah in der Willensfreiheit die höchste Auszeichnung des Menschen (Par. 5, 19–22). Er dachte, die Willensfreiheit könne dem Menschen niemand nehmen, weder ein allmächtiger Gott noch äußerer Zwang. Radikale Willensfreiheit setzt Bereitschaft zu Tod und Leiden voraus: Cato als Vorbild. Damit der Mensch sich frei entfalten kann, muß Frieden herrschen, und zwar auf der ganzen Erde, dazu braucht es die Universalherrschaft, deswegen ist das Imperium ethisch geboten. Dieser Menschheitszweck ist unabhängig von kirchlichen Sanktionen und Zielsetzungen; er entspringt der Vernunft selbst. Dies festzuhalten und zu erklären ist die politische Aufgabe der Philosophie. Das heutige Elend der Welt kommt daher, daß die Politik philosophielos getrieben wird. Die einfachen Menschen sehen, daß die Führungsfiguren nichts im Sinn haben als Macht und Reichtum; das Volk ahmt sie nach und glaubt ihren Reden nicht, wenn sie das Gemeinwohl oder den Himmel preisen. Die intellektuellen Güter werden größer, wenn sie verteilt werden, Macht und Geld dagegen dulden keine Mitbesitzer. Daher wird alles falsch, sagt Dante (Purg. 15, 40–125). Und im Sinne Dantes ruft Boccaccio aus (Dec. 7, 4, 31): »Nieder mit dem Geld! Es lebe die Liebe!« Philosophie und Dichtung lehren bei beiden, was zu erstreben und was zu vermeiden ist.

V. POLITIK

1. Vor der ›Commedia‹: ›Convivio‹

Dantes frühe Schrift, die *Vita nova* mit ihren Liebesgedichten, geschrieben etwa 1293/1294, enthielt schon philosophische, aber noch keine politischen Motive. Die philosophischen Themen ergaben sich allein schon aus dem Umgang Dantes mit seinem ersten Freund, mit Guido Cavalcanti, dem Dante die Schrift gewidmet hat und der als unabhängiger Philosoph in dem Ruf stand, Epikureer oder Averroist zu sein, also nicht an die Unsterblichkeit der Seele zu glauben, vielleicht auch Atheist zu sein. Aber die *Vita nova* sprach von Liebe und Kosmologie, noch nicht über Politisches. Das ändert sich in Dantes *Convivio*, geschrieben im Exil, wohl zwischen 1304 und etwa 1308.[38] Er beginnt in diesen Jahren, wohl 1304 oder wenig später, das große Werk des *Convivio*, einer überdimensionalen Einführung in die Philosophie; er schrieb es italienisch, in Volgare, wie die Volkssprache heißt. Auf dieses umfangreiche Werk muß ich öfter noch zurückkommen und sage hier nur zusammenfassend:

38 Außer den Kommentaren von Cesare Vasoli, Dante, Opere minori 1, 2, Neapel – Mailand 1988; und Ruedi Imbach mit Mitarbeitern, Hamburg 1996ff.; vgl. Bruno Nardi, Dal Convivio alla Commedia, Rom 1960; Maria Corti, La felicità mentale, Turin 1983; Peter Dronke, Dante's Second Love. The Originality and the Contexts of the Convivio, Leeds 1997; Giorgio Inglese, L'intelletto a l'amore, Rom 2000, S. 57–78; Robert Hollander, Dante. A Life in Works, New Haven 2001, S. 45–90; Heinz Willi Wittschier, Dantes Convivio. Einführung und Handbuch, Frankfurt/M. 2009.

Dante verteidigt den Wert der italienischen Sprache auch für hohe Themen.

Er zeigt Vernunftvertrauen, auch bezüglich der Offenbarung, nennt aber auch Grenzen von deren rationaler Erfaßbarkeit.

Er entdeckt die Idee des fortdauernden Reichs, also des Imperium Romanum.[39]

Wohl etwas später, fast gleichzeitig, beginnt er seine lateinische Sprachabhandlung: *De vulgari eloquentia.* Beide Bücher schließt er nicht ab, sondern beginnt um 1306, eher 1308, mit dem *Inferno,* das um 1310 vollendet und 1314 publiziert wird.

Im *Convivio* macht Dante die Ergebnisse der Philosophie dem nicht-lateinlesenden Publikum zugänglich. Er serviert sie für alle. Wenige Jahre nach seiner Vertreibung konzipierte er diese erste große volkssprachliche Einführung in die Philosophie. Er nannte das Werk *Convivio, Gastmahl*, wahrscheinlich nicht in Anlehnung an Platons gleichnamiges Kunstwerk, sondern in Anspielung auf das Gastmahl, das freigiebige Fürsten zu geben pflegten. Er, der Arme, der Emigrant, gibt sich fürstlich-großzügig und lädt *alle* ein an den Tisch der Philosophie. Er zitiert Aristoteles, der seine *Metaphysik* mit dem Satz begonnen hatte: »Alle Menschen verlangen von Natur aus nach Wissen.« Dante legte in diesem berühmten Satz den Ton auf das Wort ›alle‹, er wollte die *wirkliche* Universalität des Wissensanspruchs: Nicht nur die Studierten, nicht nur Universitätsleute und Kleriker,

39 Unentbehrlich ist die vierbändige italienisch-deutsche Ausgabe mit reicher Kommentierung im Rahmen der Philosophischen Bibliothek, unter Leitung von Ruedi Imbach, Hamburg 1996ff. Weitere bibliographische Angaben unten S. 239, Anm. 51.

sondern Hofleute und Kaufmänner, Laien und Frauen sollten mit Hilfe der Philosophie ein neues Selbstbewußtsein fassen. Sie sollten im Sinne der antiken Philosophie ihr Leben selbst gestalten; sie sollten die Bestimmung des Menschen zum Glück selbständig realisieren. Deswegen schrieb er italienisch, nicht mehr lateinisch. Er sprach zu Nichtstudierten von Philosophie, aber nicht rein ›objektiv‹, wie die Universitätsgelehrten, sondern er sprach dabei von sich selbst, von seinem doppelten Unglück und von seiner Bekehrung – weg von der Liebeslyrik, hin zur Philosophie. Im ersten Buch behandelte er die neue Erfahrung des Aufstiegs der Volkssprache und des Rückgangs des Lateinischen. Im vierten Buch diskutierte er, worin der Adel bestehe. Diese Frage war in Florenz von besonderer Aktualität: Die Kommune hatte in den sog. *Ordinamenti di giustizia* beschlossen, Adlige könnten sich nur dann an der Stadtpolitik beteiligen, wenn sie sich einer der Zünfte einschreiben. Dante ließ sich bei den Ärzten und Apothekern eintragen. Die kaiserlich garantierten Adelsprivilegien waren außer Kraft gesetzt. Die Vorstellung vom Adel als einer besseren Sorte von Menschen nannte Dante den schlimmsten Irrtum der Welt, *pessima confusione del mondo* (Conv. 4, 1, 7).

Im *Convivio* gab er seiner Darstellung der Wahrheit und damit seiner Ethik und Gesellschaftskritik eine eigenwillige Form: Er kommentierte seine eigenen früheren Gedichte. Kommentare zu verfassen, das war eine anerkannte literarische Form; aber *sich selbst* zu kommentieren, das war neu und anmaßend.[40] Dante hatte zwar Philosophie studiert, aber er war kein Professor; er hatte kein Amt; er war keine Autorität; er mußte

40 Bruno Sandkühler, Die frühen Dantekommentare und ihr Verhältnis zur mittelalterlichen Kommentartradition, München 1967.

sich an Höfen und in Städten sein Publikum erst schaffen. Deshalb entwarf er das Riesenprojekt seines *Convivio*: Das einleitende Buch erklärt seinen Plan und wirbt für das Ungewöhnliche seiner Schriftstellerei, die übrigen Bücher kommentieren jeweils ein eigenes früheres Liebesgedicht Dantes. Insgesamt sollten es 14 Bücher werden: eine subjektiv gewendete und individuell anwendbare Enzyklopädie des philosophischen Wissens. Astronomie und Ethik, Physik, Metaphysik und Politik fließen in ihr zusammen. Das Projekt blieb unvollendet. Es war zu groß und zu originell; es war wohl auch für eine Einführung zu kompliziert; Dante brach es ab.

Warum ließ er es unfertig liegen? Hatte er begriffen, daß ein Buch für Laien sich noch viel weiter von den scholastischen Kommentarformen entfernen mußte? Mußte er es für Frauen und Laien nicht noch ›subjektiver‹, freier und anschaulicher schreiben? Vermutlich entschloß er sich deswegen zur *Göttlichen Komödie.*

Mit dem *Convivio* versprach der Emigrant, auch Laien und Frauen die Philosophie zugänglich zu machen. Denen, *die im Finstern sitzen*, soll ein Licht aufgehen (Conv. 1, 13, 12). Er mischt autobiographische Elemente ein; er schlägt einen persönlichen Ton an. Er schreibt keine gewöhnliche Enzyklopädie, sondern gibt eine auch persönliche Rechenschaft und Selbstverteidigung. Er verteidigt seinen Gebrauch des Italienischen. Manches klingt, als wolle er sich gegen den Vorwurf wehren, er sei Beatrice nach ihrem Tod untreu geworden (1, 2, 15–16). Das war so gut wie sicher der Fall. Er will klarstellen, wer die *donna gentile*, die *vornehme Dame*, war, der er sich zugewandt hatte und von der am Ende der *Vita nova* die Rede war. Es sei die Dame Philosophie, die er in überschwenglichen Reden preist, in der Tonart, in der er das Lob Beatrices singt. Er erzählt, daß er mit der theoretischen Frage, ob Gott die erste, die formlose Materie intendiert habe, nicht weitergekommen sei (4, 1, 8), und da habe er sich ethischen Fragen zugewandt. Vor allem der Frage, was ›vornehm‹, ›edel‹ oder ›adlig‹ sei. Hierüber fand er die Ansicht fast aller falsch; hier herrsche schreckliche Verwirrung (4, 1, 7).

Damit betritt Dante das gesellschaftlich-politische Feld. Aber er tut es als Philosoph. Für das intellektuelle Profil Dantes ist bezeichnend: Zwei seiner ausdrücklich philosophisch-politischen Bücher, nämlich das *Convivio* und die *Monarchia*, also seine beiden philosophischen Hauptwerke, beginnen mit dem aristotelischen Grundsatz, der Mensch verlange von Natur aus nach Wissen. Das steht im *Convivio* 1, 1, 1 und in der *Monarchia* 1, 3–4, auch im *Purgatorio* 21, 1–3. Dante nennt damit die Grundlage oder das Prinzip sowohl seiner theoretischen wie der politischen Philosophie: Das Wissenwollen ist unsere Natur; es beruht nicht auf dem willkürlichen Beschluß Einzelner, ein intellektuelles Leben zu führen. Wissen ist die äußerste Vollkommenheit unserer Seele, ist unser letztes Glück, *la nostra ultima felicitade*. Aber, fährt Dante im *Convivio* fort, wir sehen, daß viele Menschen dieses Ziel nicht erreichen. Was hindert viele Menschen daran, ihre eigentliche Natur zu verwirklichen? Die Ursachen seien verschieden: teils sei es körperlicher Mangel, wie z. B. Blindheit, teils ein seelischer, wenn z. B. die Seele so verkehrt ist, daß sie sich auf die falschen Freuden wirft und die Erkenntnis für so gering hält, daß sie nicht danach verlangt.

Es gibt auch Gründe, die mehr von außen kommen: Viele Menschen müssen sich um ihre Familie und ihre Stadt kümmern; ihnen fehlt zum Studium die Muße. Andere Menschen wohnen so fern von den Stätten gelehrter Studien und finden niemanden, der ihre Erkenntnisanstrengung fördert. Andere Menschen sind zu träge. Sie sind zu tadeln, aber mit den von

Notwendigkeit Bedrängten muß man Mitleid haben. Dante will etwas für sie tun. *O, wie glücklich sind die Wenigen, die an dem Tisch sitzen, wo man das Brot der Engel ißt! Und wie unglücklich die, die von derselben Nahrung leben wie die Tiere!* Und deswegen bietet er sein ›Gastmahl‹ (*Convivio*) an. Es ist für Laien und Frauen bestimmt, um ihnen das *Brot der Engel* anzubieten, worunter Dante hier nicht – wie es zeitgenössischem Sprachgebrauch entspräche – die Eucharistie, sondern die Philosophie versteht. Die ›Philosophie‹, das bedeutete bei Dante, wie beschrieben, zwar nicht ausschließlich, aber doch vor allem: Aristoteles, kommentiert von Averroes, Albert und Thomas. Besonderes Interesse galt der *Nikomachischen Ethik* des Aristoteles. Denn entgegen der korrekt-aristotelischen Schulphilosophie erklärt Dante die praktische Philosophie, also Ethik und Politik, in dem Sinne zur ›Ersten Philosophie‹, daß nur Menschen mit guten ethischen Dispositionen höhere Einsichten schätzen und erstreben. Außerdem fordert das Elend Italiens Handeln, nicht Kontemplation. Zu Dantes Aufwertung der philosophischen Ethik paßt, daß er unter den philosophischen Schriftstellern Cicero, Seneca und Boethius besonders häufig zitiert.

Die Frage, was edel oder adlig sei, führt zur Theorie der Politik und des Kaisertums. Sie füllen das vierte Buch des *Convivio*. Dante fragt, worin wahrer Adel (*nobilitade*) bestehe, und setzt den Begriff der ›wahren‹ Vornehmheit ab gegen feudale und populäre Vorstellungen vom Adel als Blutadel mit altererbtem Besitz. Er zitiert dazu die Definition, die Kaiser Friedrich II. vom Adel gegeben haben soll: Adel sei *Alter Reichtum und schöne Sitten. Antica richezza e belli costumi* (Conv. 4, 3, 6). Diese Definition setzte den Adel ab gegen den Neureichtum der Kaufleute; sie verband ›Adel‹ mit ererbtem Grundbesitz und höfisch-korrektem Benehmen. Dante kritisiert lange diese falsche Ansicht (4, 3–15), um dann zu sagen, was wirkliche Vornehmheit sei (4, 16–29). ›Edel‹ ist die gut disponierte Seele. Adel muß in der intellektuellen Natur des Menschen selbst liegen; er kommt nicht von außen. Er ist das Glück, das der Seele eigen ist, wenn sie richtig lebt. Die Untersuchung endet damit, daß sie erörtert, wie sich diese Glückseligkeit in den vier Lebensabschnitten verschieden darstellt.

Aber zuvor nutzt Dante die Tatsache, daß die falsche Definition des Adels von Kaiser Friedrich II. stammte, zu der Frage aus, ob es einem Kaiser überhaupt zukomme, solche Definitionen festzusetzen. Und wie soll sich verhalten, wer eine andere Definition für besser hält? Dante kämpft sonst dafür, dem Kaiser zu gehorchen, aber müssen wir ihm in theoretischen Fragen Gehorsam leisten? Was ist die Aufgabe eines Kaisers? Dante erörtert diese Frage der politischen Philosophie in den Kapiteln 4 und 5 des vierten Buchs und trägt seine These vor, die Menschheit als ganze brauche einen einzigen Kaiser, einen Weltmonarchen. Nur er könne den Frieden sichern. Das Wort ›Monarch‹ hat bei Dante universalen Charakter; ein bloß nationaler oder regionaler Herrscher ist in Dantes Sinn kein Monarch. Bei ihm ist Monarch nur, wer als Herr über alles für sich selbst nichts erstrebt und den Weltfrieden sichert. Dante denkt ihn als uneigennützigen Schiedsrichter aller Konflikte. Der Weltkaiser gibt die Gesetze, und alle einzelnen Gesetze und politischen Regeln erhalten von ihm die Autorität.

In der geschichtlichen Welt von 1300 gab es ein solches Kaisertum nicht. Damit seine Kaiseridee nicht bloße Abstraktion blieb, mußte Dante zumindest zwei Schritte tun. Er mußte sie erstens geographisch verorten, und zwar nach Rom. Die friedenstiftende Weltregierung gehört nach Rom. Dante hat inzwischen das Römische Imperium als providentielle Idee entdeckt, wahrscheinlich bei der Lektüre Vergils. Gott hat das Römische Reich als Friedensreich gewollt. Er wollte das Kaisertum des Augustus als die beste Vorbereitung für die Menschwerdung Gottes. Zweitens mußte Dante das Römische Imperium gegen die Herabsetzung verteidigen, die es in einigen Texten Augustins erfuhr und die Aegidius Romanus 1301/1302 als Zuarbeit für Bonifaz VIII. erneuert hatte.[41] Augustin behauptete, das Römische Reich verdiene nicht einmal den Titel ›civitas‹, denn diesem ›Staat‹ habe die Gerechtigkeit gefehlt, die nach Cicero Bedingung jeder *civitas* sei. Und die Gerechtigkeit habe Rom gefehlt, weil in ihm nicht der wahre Gott verehrt worden sei. Das Römische Reich beruhte nicht auf dem wahren Kult des einzig wahren Gottes. Dante setzt Augustins ethischer Entleerung des Imperiums dessen Friedensaufgabe entgegen. Vor allem braucht das zerrissene Italien einen starken Kaiser; er soll als Reiter das wilde Pferd Italia bändigen. Das Elend Italiens, die eigene Erfahrung der *misera Italia* (4, 9, 10), ist der konkrete Ausgangspunkt der politischen Theorie Dantes.

Aristoteles hatte ihn belehrt, der Mensch sei *von Natur aus* ein polisbezogenes, ein politisches Wesen, (4, 4, 5–6). Der Mensch könne sein Ziel nicht allein organisieren. Er brauche eine funktionierende, gegliederte Gemeinschaft. Diese ist nicht nur Mittel zum Zweck, sondern sie hat, da in der Natur begründet, ihr eigenes Recht. Im vierten Buch des *Convivio* kommen zusammen: Die Verteidigung des naturhaften, also auch göttlichen Charakters des Gemeinwesens, die Theorie der Universalmonarchie, deren Bindung an Rom, deren göttliche Bestim-

41 Aegidius Romanus, De ecclesiastica potestate, ed. Richard Scholz, Weimar 1929.

mung, wie sie die *Aeneis* des Vergil beschreibt. Nach Dantes geschichtstheoretischem Entwurf wollte Gott das Friedensreich des Augustus, weil er das Christentum wollte; daher will er, daß Kaiser und aristotelische Philosophie zusammenstimmen. Dies läßt sich aus Vergil entnehmen, aber, klagt Dante, das wurde über 1000 Jahre lang nicht gehört (Inf. 1, 63).

Der Kaiser braucht die Philosophie. Konkret: er braucht Aristoteles. Dabei ist in erster Linie an die *Ethik* des Aristoteles zu denken. Aristoteles, der *Meister der Vernunft* (4,6, 8), hat die praktische Philosophie vollendet (4, 6, 16). Er ist die höchste intellektuelle Autorität, wie der Kaiser die höchste politische ist. Beide gehören zusammen, nicht als Philosophenkönigtum, sondern indem die Ethik des Aristoteles dem Kaiser erklärt, was das richtige Leben ist, zu dem er die Menschen führen soll. Dantes ›Staat‹ ist ein ›ethischer Staat‹.

Dante hat das vierte Buch des *Convivio,* also seinen ersten politischen Traktat, besonders hervorgehoben. Für uns ist er so etwas wie die Einleitung Dantes zum ersten Teil der *Commedia.* Mit Buch 4 brach er das Werk ab und ging zur *Commedia* über. Jetzt hatte er wichtige Elemente des *Inferno* zusammen: Die Rettungsbedürftigkeit Italiens, die auf Rom konzentrierte Kaiseridee, die Führung durch Vergil, die Verbindung der Kaiserfunktion mit der Philosophie, vor allem mit Aristoteles, Cicero, Seneca, Boethius. Nicht als baue die *Commedia* nur aus, was in *Convivio* 4 erreicht war. Sie trieb weiter vor, zum Beispiel in der Frage des Glücks. Sie kritisierte auch die Position von *Convivio* 4; sie ließ sie hinter sich.

Auch von seinen früheren Werken setzte Dante das vierte Buch deutlich ab, indem er eingangs erklärte, jetzt sei nicht mehr der *süße Ton* von Liebesgedichten gefragt, sondern ernste und subtile Argumentation. Das vierte Buch nimmt eine Sonderstellung ein; es ist auch deutlich umfangreicher als die drei ersten. Die politiktheoretische Position Dantes in *Convivio* 4 ist neu, aber die theoretische Position Dantes, also seine Metaphysik des vierten Buchs, sollte man nicht zu scharf absetzen vom dritten Buch und seinem Lob der Philosophie, vor allem in 3, 8. Ich sehe in dieser Hinsicht keinen auffälligen Wandel zwischen *Convivio* 3, 15 und 4, 22.[42] An beiden Stellen zieht Dante Folgerungen aus seinem Grundsatz, der Mensch verlange von Natur aus nach Wissen. Er zieht unterschiedliche Folgerungen. Dabei geht es um Grundlinien seiner Philosophie. Teilweise steht die theoretische Position Dantes in der *Commedia* in Frage. Daher gehe ich auf diese Texte ein wenig näher ein:

Im ersten dieser Texte (3, 15, 6–10) erklärt Dante: Was das naturhafte Verlangen konkret, also im einzelnen Menschen, zu wissen anstrebt, hängt von dem Menschen ab, der erstrebt. Man darf dabei nicht nur an die Gegenstände denken, die zu wissen Menschen verlangen. Sondern individuelle Fassungskraft, Zustände und Interessen geben individuelle Grenzen vor. Es gibt auch objektive Schranken: Gott und die ewigen Dinge, auch die erste Materie überragen unsere Fassungskraft. Nicht, als könnten wir uns ihrer Erkenntnis gar nicht nähern. Dante bestreitet nicht die philosophische Erkennbarkeit Gottes und der ersten Materie. Negierend können wir etwas über sie sagen, *negando* (4, 15, 6). Wir erfassen diese schwierigen Inhalte aus dem, was sie bewirken, nicht in dem, was sie an sich sind. Naturhaftes Verlangen kann nicht umsonst sein, sonst wäre die Welt nicht

42 Ergiebige Diskussionen über eine andere Hinsicht des Wandels, nämlich *effacement of poetry per se in favor of philosophical truth* bei Albert Russel Ascoli, Dante and the Making of a Modern Author, Cambridge 2008, S. 115 n. 76: *It has been argued that book 4 represents a new phase of Dante's thought … something radical has happened.*

vernünftig geordnet. Aber das ›naturhafte Verlangen‹ zum Wissen stößt an Grenzen sowohl durch die Besonderheit einiger Inhalte (Gott, *prima materia*) als auch durch individuelle Bedingungen. Das naturhafte Wissensbegehren ist nicht in allen Personen dasselbe und muß sich bei bestimmten Inhalten mit negativem Vorgehen begnügen. Dante sagt nicht, wir sollten unsere Erkenntnis auf Sichtbares beschränken. Er sagt, auch begrenzte Erkenntnis könne das naturhafte Glück des Menschen sein. Ihm fehle nichts an Vollkommenheit, wenn wir ›Vollkommenheit‹ nach seiner menschlichen Natur und seinen individuellen Bedingungen bemessen (4, 15, 8).

Das 22. Kapitel des vierten Buches erklärt, was die *wahre Ansicht des Aristoteles und der Peripatetiker* über unser endgültiges Glück ist. Glück sei das Zur-Ruhe-Kommen an unserem Ziel (4, 22, 4). Es geht um Philosophie, nicht um Theologie, wenn auch hier die Philosophie *unserem Glauben hilft*, wie es schon 3, 8, 20 hieß. Zuvor hatte Dante die Lehre Epikurs erwähnt, aber sie trage hier nichts zur Sache bei. Die peripatetische Lehre sei: Die menschliche Natur ist vielfältig; der Mensch verändert durch freie Selbstgestaltung das, was für ihn das naturhaft Erstrebte ist. Mit fortschreitender Entwicklung treten immer mehr Unterschiede hervor. Was wir am meisten lieben und was uns am meisten freut, das ist unsere Seligkeit (4, 22, 9). Menschen machen von ihrer Seele einen je verschiedenen Gebrauch. Sie setzen ihr Ziele und verändern sie dadurch. Wählen sie das ethisch-praktische Leben, üben sie sich in den klassischen Tugenden der Klugheit, Maßhaltung, Tapferkeit und Gerechtigkeit. Wählen sie das theoretische Leben, zielen sie nicht auf äußeres Wirken ab, sondern auf die Betrachtung der Werke Gottes und der Natur, *considerare l'opere di Dio e de la natura* (4, 22, 11). Dann ist das Ziel die philosophische Erkenntnis der

Werke Gottes, nicht Gottes, wie er in sich selbst ist, sondern wie er in der Natur und mit der Natur wirkt. Und das ist unsere höchste Bestimmung hier auf der Erde, *nostra beatitudine e nostra felicitade* (4, 22, 11). In beiden Lebensformen geht es um Glück, um das unvollkommene Glück im aktiven Leben gemäß den ethischen Tugenden und im kontemplativen Leben um das quasi-perfekte Glück gemäß den intellektuellen Tugenden. Und beide Formen menschlicher Tätigkeit sind Wege, und zwar sehr direkte Wege, zu jener höchsten Seligkeit, die es auf Erden nicht gibt (4, 22, 18).

Unser naturhaftes Wissensverlangen ist gestaltbar. Wir formen es im aktiven wie im kontemplativen Leben. Beides sind menschliche Operationen. Sie haben in sich Zielcharakter und sind gleichwohl Wege zur vollkommensten, zur jenseitigen Seligkeit.

2. *Politisches in der ›Commedia‹. Überblick*

Die *Commedia* ist von der ersten Zeile an bis zum Schluß ein politisches Buch.[43] Da ich darauf ständig hingewiesen habe – möglichst ohne darüber den theoretischen, den philosophisch-theologischen und vor allem den poetischen Charakter der Dichtung zu verdecken –, wiederhole ich das hier nicht, sondern beschränke mich darauf, die wichtigen Stellen zu verzeichnen und ihren Inhalt stichwortartig zu nennen. Die folgenden Zeilen haben nur den Charakter einer Studienhilfe. Sie widerlegen wie nebenbei die Tendenz, die *Commedia* zu entpolitisieren.

43 Joan M. Ferrante, The Political Vision of the Divine Comedy, Princeton 1984; John A. Scott, Dante's Political Purgatorio, Philadelphia 1996.

INFERNO

1 Die Lebenskrise Dantes ist auch die Krise Italiens. Alles menschliche Leben wird bedroht durch drei Tiere, Allegorien der Gier in dreifacher Form. Aber Vergil tritt als Retter auf (1, 61). Er beschreibt die Maßlosigkeit des Habenwollens: die Wölfin hat nach dem Fressen mehr Hunger als vorher. Er sagt Rettung für Italien voraus (1, 101). Der Jagdhund kommt, *veltro verrà.*

4 Erste Unterredung über die Gründe der Dekadenz von Florenz.

7 Hier wird Habgier bestraft. Die Macht der Fortuna im öffentlichen wie im Privatleben. Menschen sind gegen sie ohnmächtig. Sie verteilt unvorsehbar Macht und Reichtum über die Völker. Sie wechselt die mächtigen Familien aus (7, 61–97).

10 Der Politiker und Heerführer Farinata bespricht die Bürgerkriege in Florenz. Ihm ist die politische Lage von Florenz wichtiger als seine Leiden im glühenden Steinsarg.

11 Vergil erklärt die Kriterien der Bestrafung, auch die der politischen Verbrechen nach der *Nikomachischen Ethik* des Aristoteles.

12, 22–129 Die Rolle des Neids im politischen Leben. Das Beispiel des Petrus de Vinea, des Kanzlers Friedrichs II.

26, 1–12 Dante kritisiert Florenz und sagt der Stadt Unglück voraus.

32, 124–33, 84 Ugolino zeigt, wie Menschen einander auffressen. Er, der ewig bestrafte Verräter, bewahrt seine Rolle als Vater.

34 In der tiefsten Hölle die großen Verräter an Jesus und Caesar: Judas und Brutus.

PURGATORIO

1 und 2 *virtus* und Freiheit: Der Heide und Selbstmörder Cato hat die Aufsicht im Purgatorio. Er ist das Bild römischer Rechtlichkeit und anerkannter heidnischer Tugend. Vergil stellt ihm Dante vor als einen, der Freiheit sucht: *libertà va cercando* (2, 71).

6, 58–114 Der Mantovaner Sordello. Kritik am Unfrieden Italiens. Appell an den Kaiser, Italien zu befrieden.

7 Im *Tal der Fürsten*. Kritik an der Politik in Europa.

11 Drei hochmütige alte Bekannte: Ein Adliger, ein Künstler, ein Politiker.

14, 1–66 Geographisch-politische Heimatkunde: Der ethisch-politische Verfall im Arnotal.

15, 40–81 Das wahre Gute und der irdische Streit um partikulare Güter.

16, 52–114 Der freie Wille, der Einfluß der Sterne. Der Grund der irdischen Unordnung liegt in der Korruption der politischen Führung. Das Gesetz als Zügel notwendig. *Es braucht einen König, der wenigstens von weitem auf die wahre Stadt blickt.*

17, 88–139 Das Wesen der Liebe. Die Struktur des *Purgatorio*.

18, 13–75 Theorie der Liebe und des freien Willens.

27, 20–142 Vergil verläßt Dante. Er verleiht ihm Krone und Mitra, spricht ihn frei von jeder Autorität (27, 142).

32 Kritik an der Korruption der Kirche: Der Wagen der Kirche von Christus verlassen, vom Monster okkupiert.

33 Beatrice sagt Rettung voraus. Sie prophezeit einen DVX (27, 43).

PARADISO

1 Gott ist sichtbar in der Welt. In allem, mehr oder weniger. Daher die Teleologie des Universums. – Dante erklärt seine Theologie. Sie ist nicht die Suche nach Verfehlungen, sondern das poetisch-philosophische Übersteigen des Moralismus. Sie ist Poesie, die ihre Objektivität gewinnt, indem sie die Präsenz des Ersten Guten überall, auch in den verworfensten Untätern der Politik, zeigt.

5, 1–25, bes. 19–24 Willensfreiheit als höchste menschliche Auszeichnung. Freiheit ist möglich durch Todesbereitschaft, selbst bei äußerem Zwang.

6 Die historische und bleibende politische Bedeutung des Römischen Reichs. Justinian erklärt die römische Rechtsidee und Geschichte.

8 Der Freund Carlo Martello (Napoli) erörtert die Sozialität der menschlichen Natur und den Einfluß der Sterne.

9, 11–66 Cunizza im Venushimmel. Sie hatte viele Männer und bereut nichts. Sie ist die Schwester eines Tyrannen der östlichen Poebene und beschreibt das dortige Elend. Der Kaiser fehlt.

9, 112–142 Die Prostituierte Rahab im Himmel. Verfluchung von Florenz. Geldgier des Klerus.

13 Thomas von Aquino erklärt die Weisheit Salomos als die eines Regenten im Unterschied zum Wissen Adams und Christi. Politik bildet eine eigene Sphäre, auch der Einsicht.

15, 97 Dante trifft seinen Ahnherrn Cacciaguida. Dieser beschreibt das maßhaltende alte Florenz: *Fiorenza dentro della cerchia antiqua.* Er schildert den Verfall durch Habgier und Geldwirtschaft.

17 Cacciaguida sagt Dantes Schicksal voraus, das bleibende

Exil. Er bestärkt ihn, die *Commedia* zu schreiben und den Verfall schonungslos auszusprechen.

19 und 20 Die als Adler geformte Gruppe der Seligen verdammt ungerechte Herrscher. Einzelne gute heidnische Herrscher werden gerettet. Zum Beispiel Trajan.

22 Der Kosmonautenblick zeigt die Kleinheit der umstrittenen irdischen Güter, also die Unvernünftigkeit der Kriege.

25, 1–13 Dantes Hoffnung, mit dem sacro poema nach Florenz zurückzukehren.

27, 1–135 Petrus kritisiert Päpste.

33 Finale Dante im Empyreum, sieht den Gottespunkt, muß aber zurück, um die *Commedia* zu schreiben.

Diese schematische Übersicht zeigt, wie politische Philosophie seine Dichtung durchdringt. Sie macht plausibel, daß er seine *Commedia* als Werk der praktischen Philosophie bezeichnen konnte. Diese Zuordnung nimmt er am ausdrücklichsten in seinem 13. Brief vor. Dessen Authentizität ist umstritten. Deswegen und wegen seiner Bedeutung für den Zusammenfall von Philosophie, Poesie und Politik gehe ich jetzt auf dieses Dokument näher ein.

3. *Der Brief an Cangrande von Verona*

Cangrande, der Herr von Verona, war Vikar des Kaisers. Dante lebte von 1312 bis 1318 an seinem Hof. Er hat dort 1314 mit dem *Paradiso* begonnen. Er schickte die ersten canti an den Freund und erklärte bei dieser Gelegenheit die Intention der *Commedia* und insbesondere des *Paradiso.* Er zählt die *Commedia* zur Philosophie, und zwar zur praktischen Philosophie, zur Ethik-Politik. Sie führt zur *actio*, nicht zur *contemplatio*. Der Brief dürfte 1315 geschrieben sein, eventuell ein paar Jahre später. Er legt die *Commedia* aus im Hinblick auf den Vorrang der praktischen Philosophie vor Metaphysik und Kosmologie. Die werden deswegen nicht unwichtig, sondern behalten einen Primat anderer Ordnung. Der Bericht von der Jenseitsreise Dantes ist eine ›wahre Lüge‹; er ist die auf Verbesserung des irdischen Lebens angelegte Analyse der irdischen Welt. Ihr Buchstabe sagt etwas anderes. Er redet vom Schicksal der Seelen im Jenseits nach dem Tod. Aber er intendiert etwas anderes (*allo*), nämlich die Praxis ethisch-politischer Neuordnung. Um das verständlich zu machen, erörtert Dante die Unterscheidung von Literalsinn und Allegorie. Es gibt die wörtliche Auslegung eines Textes, und es gibt den dreifachen allegorischen Sinn, der das andere (*allo*) aufdeckt, das gemeint ist. Dante zeigt sich wenig an Einzelformen der Allegorie interessiert. Die Hauptsache ist ihm: Die allegorische Rede sagt etwas anderes, als was sie meint.[44] Sie sagt Hölle, Reinigungsberg und Himmel, aber sie meint Politik. Ich habe mich auf diese ausführliche Selbstauslegung Dantes im Vorausgehenden mehrfach gestützt, möchte aber nicht verschweigen, daß große Dante-Forscher diesen Brief für teilweise oder ganz unecht halten. Dann verlöre er nicht jeden Wert; er bliebe ein Dokument früher politischer Dante-Deutung, aber damit fiele eine wichtige, nicht die einzige Stütze der politischen Interpretation der *Commedia* weg. Ich selbst neige nach langen Diskussionen dazu, ihn vollständig für das Werk Dantes zu hal-

44 Zur Theorie der Allegorie vgl. Conv. 2, 1, 4. Ich sehe keinen unauflösbaren Widerspruch zwischen der Theorie der Allegorie hier und im Brief an Cangrande. – Generell zur Allegorie: Jean Pépin, in: ED 1, S. 151–165; ders., Dante et la tradition de l'allégorie, Montreal 1970; Otfried Lieberknecht, Allegorese und Philologie, Stuttgart 1999.

ten, aber jemand könnte einwenden, diese Ansicht sei nur die Folge meiner Herkunft aus der Schule der großen florentinischen Dante-Forscher: Francesco Mazzoni, Eugenio Garin und Cesare Vasoli. Daher möchte ich auf die Frage etwas näher argumentierend eingehen.[45]

Der Brief an Cangrande hat eine auffällige Form: Er ist der längste von allen Dante-Briefen und zeigt eine ungewöhnliche Gliederung:

Die §§ 1–13 sind in kunstvoller Briefform nach dem mittelalterlichen Regelsystem, dem sog. *cursus* verfaßt,

die §§ 14–90 ohne die gehobene Briefform, ohne *cursus*, sind ein Einleitungsschreiben im eher akademischen Stil.

Die inhaltliche Gliederung sieht so aus:

§§ 1–4: Widmung an Cangrande. Dante kommentiert den Brief.

§§ 5–16: erklären die *Commedia* nach Gegenstand (*subiectum*), Form, Titel, Autor, Zweck. Sie heben hervor, die *Commedia* sei ein Werk der *praktischen* Philosophie.

Die §§ 17–33 erklären das *Paradiso*.[46]

45 Franceso Mazzoni, L'Epistola a Cangrande, in: Rendiconti della Accademia Nazionale dei Lincei. Classe di scienze morali, storiche e filologiche, ser. 8, 10 (1955), S. 157–198. Dazu: Bruno Nardi, Il punto sull'Epistola, Florenz 1960; ders., Saggi e note di critica dantesca, Mailand–Neapel 1966, S. 268–305; Robert Hollander, Dante's Epistle to Cangrande, Ann Arbor 1993; Albert Russell Ascoli, Access to Authority: Dante in the Epistle to Cangrande, in: Zygmunt Baránski (Hg.), Seminario dantesco internazionale, Florenz 1997, S. 309–352.

46 Dante, Philosophische Werke, ed. Ruedi Imbach – Thomas Ricklin, Band 1, Hamburg 1993. Dort insbesondere §§ 23–25 S. 10; §§ 27–30 S. 12; §§ 31–34 S. 12–14; §§ 38–40 S. 16.

Der Brief hebt hervor: Das Werk ist vielsinnig. Man muß bei ihm wörtliche Bedeutung, den Literalsinn, unterscheiden von Allegorie. ›Allegorie‹ heißt: Es wird etwas anderes gesagt, als gemeint ist. Allegorie ist *sensus moralis*, also der ethisch-politische Sinn (§ 20).

Das heißt für die *Commedia:*

Ihr wörtlicher Sinn ist die Jenseitsszenerie. Sie handelt, wörtlich genommen, vom Zustand der Seelen nach dem Tod. Aber was damit gemeint ist, ist die Lebensordnung des Menschen, die er mit seinem freien Willen erreicht oder verfehlt, wodurch er Strafe und Lohn verdient.[47] Die *Commedia* handelt nicht von der Person Dantes allein. Das Subjekt der *Commedia* ist *der* Mensch, jeder Mensch, ganz allgemein. Der Mensch, sofern er frei ist.

Dante nimmt hier ›allegorisch‹ für ›ethisch‹, im Sinn der *Nikomachischen Ethik*. Die angezielte Realität ist das irdische Leben. Es soll verbessert werden.[48] Das Ziel der *Commedia* ist ethisch-praktisch: Sie leitet an, die Menschen in diesem Leben (*in hac vita*) aus dem Zustand des Elends heraus zur Glückseligkeit zu führen.

Dante erklärt sodann, warum sein Werk *comedia* heißt: Er nennt dafür § 28; §§ 30–31 zwei Gründe. Zunächst sei es ihr Inhalt: Sie habe einen traurigen Anfang, aber ein glückliches Ende. Zweitens sei es ihr schlichter Sprachstil. Sie ist

47 Dante, 13. Brief: § 24 S. 10: *sensus literalis* ist: *status animarum post mortem.*

§ 25 S. 10 und § 34 S. 14: allegorischer Sinn ist: *homo prout merendo et demerendo per arbitrii libertatem iustitiae praemiando et puniendo obnoxius est.*

48 § 40 S. 16: Ziel ist *removere viventes in hac vita de statu miserie et perducere ad statum felicitatis … Ad opus inventum est totum et pars.*

nicht in lateinischer Sprache geschrieben. Sie tritt in ihrer Diktion zurückhaltend und demütig auf, *remisse et humiliter* (§§ 30–31).

Speziell zum *Paradiso* geht Dante auf folgende Punkte ein:

1. Er erklärt die Anrufung des heidnischen Gottes, die *invocatio* Apollos am Anfang (Par. 1, 13–33): Sie sei Dank für die Gabe der Poesie, deren Sprechweise dem gewöhnlichen Reden der Menschen entgegengesetzt sei, *contra communem modum hominum* (§ 47). Sie ist Gabe höherer Geistwesen, der *substantiae superiores*. Dante deutet die antiken Götter als Intelligenzen im Sinn der arabischen Philosophie.
2. Dante verteidigt seine Sätze über das Versagen der Erinnerung an das im Himmel Gesehene, auch durch Verweis auf mystische Texte: § 51; §§ 77–84.
3. Grundlegend für die Konzeption sei die abgestufte Anwesenheit Gottes. Gottes Licht strahlt in allem, mehr oder weniger, denn alles Sein fließt aus dem Einen. Dafür verweist Dante auf das zweite Buch der *Metaphysik* des Aristoteles und auf den *Liber de causis:* §§ 53–57. Er will beweisen, daß alles aus dem Intellekt Gottes stammt: §§ 58–62. Auch im *Inferno* ist ER: § 62.
4. Dante bestätigt seine Erklärung des Empyreum. Es ist kein materieller Weltmantel, sondern geistige Glut, also Liebe (§ 68): *non quod in eo sit ignis vel ardor materialis, sed spiritualis, quod est amor sanctus et caritas.*

Der Brief weist Ungleichmäßigkeiten auf. Er besteht aus drei verschiedenen Teilen. Hat Dante oder hat ein anderer etwas angehängt? Dies hat Zweifel an der Echtheit genährt. Francesco Mazzoni und andere haben die Echtheit plausibel gemacht, auch Thomas Ricklin. Heute gilt er weithin als echt. Seit 2003 steht fest, daß er bereits in der ersten Hälfte des 14. Jahrhunderts zitiert worden ist.[49] Damit könnte die Echtheitsdebatte entschieden sein. Dann ist der Brief das wichtigste Dokument der Selbstinterpretation Dantes: Es gehe nicht um Kontemplation, sondern um Aktion zur Rettung der Menschheit. Vom individuellen Zustand Dantes ist nicht die Rede, auch nicht vom Elend Italiens. Im vorliegenden Buch habe ich den 13. Brief mit einer gewissen Vorsicht benutzt, nie als einzige Begründung einer Interpretation, sondern nur zur weiteren Stütze einer durch andere Texte bewiesenen Auslegung. Ich wollte damit laufende Diskussionen respektieren.

4. Dantes ›Monarchia‹

Die Datierung ist bei jedem Text wichtig, aber hier hat sie außergewöhnliche inhaltliche Folgen. Bruno Nardi war überzeugt, die *Monarchia* sei 1306 geschrieben, nach dem Abbruch des *Convivio*. Er betrachtete sie als den Höhepunkt von Dantes philosophischer Orientierung; sie stehe noch eng bei Aristoteles–Averroes–Albert. Diese Nähe zur antiken und arabischen professionellen Philosophie habe Dante aber ab etwa 1307 verlassen zugunsten mehr theologischer Themen und Ansichten. Nardi betonte den Kontrast zwischen der profanen

49 Vgl. Luca Azzetta, Le chiose alle ›Commedia‹ di Andrea Lancia, ›l'Epistola a Cangrande‹ e altre questioni dantesche, in: L'Alighieri 44, n.s. 21 (2003), S. 5–76; Robert Hollander, Due recenti contributi al dibattito sull' autenticità dell' Epistola a Cangrande, in: Letteratura italiana antica 10 (2009), S. 541–552.

politischen Philosophie der *Monarchia* und der theologisierenden *Commedia*.[50]

Neuere Forscher datieren nun aber die *Monarchia* um 10 Jahre später, etwa auf 1317. Dann hätte Dante ihretwegen die Arbeit am *Paradiso* unterbrochen. Dann bliebe er bis zuletzt strenger Aristoteliker. Dann bestimmte er bis zuletzt die Rolle des Reichs und sein Verhältnis zur Papstkirche nach philosophisch-rationalen Prinzipien. Dann intervenierte Dante auch *nach* dem Tod Heinrichs VII. († 1313) für eine philosophisch beratene Weltmonarchie.

Ein weiterer Vorschlag datiert auf 1312. Dann wäre das Buch wohl geschrieben zur Unterstützung der Italienfahrt von Kaiser Heinrich VII. Dann verteidigt er den Kaiser gegen Kritik, was er zu Beginn des zweiten Buchs tatsächlich tut.

Wer die *Monarchia* auf etwa 1317 datiert, begründet das damit, daß Dante in der *Monarchia* zurückverweist auf canto 5 des *Paradiso*. Wer früh datiert – sei's 1306/07, sei's 1311/12 –, muß Dantes Rückverweis in *Monarchia* 1, 12, 6 für einen späteren Zusatz im Text erklären. Die Manuskripte bestätigen diese Hypothese nicht. Da das *Paradiso* nicht vor 1314 begonnen ist, datiert heute die Mehrheit der Dante-Forscher die *Monarchia* auf die Zeit um 1317. Das hat Folgen für die Ansicht vom Entwicklungsgang Dantes. Dann ist die *Commedia* nicht die ›theologische‹ Überwindung des moralphilosophischen und politisch-praktischen Ansatzes. Die *Monarchia* erhält dadurch erhöhtes Interesse. Sie ist keine von ihrem Erbauer verlassene Ruine, sondern zusammen mit dem *Paradiso* Dantes letztes Wort zur Theorie der Politik. Sie ist ein lateinisch geschriebenes Werk mit ho-

50 Der Titel: ›Monarchia‹ ist jetzt zu zitieren ohne ›De‹, der Text nach der Ausgabe von Prue Shaw, Florenz 2009.

hem argumentativen Anspruch; sie betont mehrfach, politische Theoreme seien nicht aufzuklauben, sondern aus Axiomen zu gewinnen (Mon. 1, 2, 2–15). Das gelte auch für seine Intervention im politischen Kampf zwischen Kaiser und Papst. Dante greift die Kirchenrechtler scharf an, die dem Papst *plena potestas*, Vollmacht auch in zeitlichen Dingen, zuschreiben, aber von Philosophie und selbst von Theologie nichts verstehen. Er zeigt sich nicht zögernd, wie manchmal im *Convivio*, sondern selbstbewußt, mit sorgfältiger, formaler Argumentation; er wagt es, Petrus Lombardus anzugreifen (Mon. 3, 7, 6).

Die *Monarchia* ist Dantes philosophisches Hauptwerk. Sie argumentiert für die Notwendigkeit eines Weltmonarchen; sie entwirft ein neues Verhältnis von Kaiser und Papst. Sie begründet ihre Thesen philosophisch, teilweise auch historisch, nicht wie die meisten zeitgenössischen Traktate kirchenrechtlich. Sie behandelt in

Buch 1: Ein Weltmonarch ist notwendig für das Beste der Welt. Philosophische Grundlage.

Buch 2: Die Weltautorität gehört rechtens dem Römischen Volk. Historische Betrachtung.

Buch 3: Die Kaiserliche Autorität stammt von Gott, bekommt ihre Legitimität nicht vom Papst. Die Macht des Papstes ist geistlich, nicht politisch in zeitlichen Dingen. Dante interveniert gegen päpstliche Weltmachtkonzepte.

Dante aktualisiert aristotelische Motive. Für das Hauptproblem der Zeit, die Störung des Friedens Italiens durch päpstliche Machtansprüche, fand er bei Aristoteles oder seinem Kommentator nichts. Wohl aber fand er die These, daß der Mensch *von Natur aus* ein Polis-Wesen ist. Wenn dies *von Natur aus* so ist, dann hat weltliche Politik eine eigene Würde, Selbständigkeit,

Gottgewolltheit. Das Interesse Dantes geht über jeden stadtpolitischen Rahmen hinaus, umfaßt nicht nur ganz Italien, sondern die politische Verfassung der Welt. Die Menschheit, nicht nur der einzelne Mensch und seine Stadt, ist politisch. Sie hat als ganze ein politisches Natur-Recht.

Dante setzt mit Aristoteles ein, aber nicht direkt mit dem ersten Buch der *Politik* des Aristoteles, wo es heißt, der Mensch sei von Natur aus Polis-Wesen. Das braucht Dante zwar auch, er bringt aber diese Art der Grundlegung politischer Wissenschaft mit einem Nebenargument in Gefahr, indem er Macht und Herrschaft *auch* auf die Sünde zurückführt und ihr die Aufgabe zuschreibt, die wilden Begierden zu zähmen, das unruhige, aufsässige Pferd zu reiten. Aber Dante geht über diese Betrachtungsweise weit hinaus, schwenkt auf seine Hauptlinie ein und nimmt seinen *philosophischen* Ausgangspunkt aus dem dritten Buch des Aristoteles *De anima*, Kapitel 4 und 5. Seine Grundlegung der Politik argumentiert aus der Natur des Menschen, genauer: aus der Eigenart des Intellekts. Dante fundiert seine Politiktheorie in erster Linie intellekttheoretisch. Er entnimmt der philosophischen Seelenlehre des Aristoteles den Begriff des ›möglichen‹ Intellekts. Dieser ist potentiell; er hat seine Möglichkeit, alle Dinge zu werden, noch nicht voll realisiert. Aber es ist seine Natur, dies zu tun. Seine Dynamik übersteigt die einzelnen Individuen. Der mögliche Intellekt kann sich nur dann *immer* verwirklichen, wenn er es in verschiedenen Individuen immer wieder tut. Er ist seiner Natur nach ein Menschheitsunternehmen. Um sich selbst zu realisieren, braucht er Ruhe und fordert er die produktive Selbstverwirklichung der einzelnen. Die Menschheit braucht Frieden, um den möglichen Intellekt wirken zu lassen, zuerst als Erkenntnis, dann in Anwendung auf die Praxis. Daher geht es Dante nicht wie bei Aristoteles um eine Stadt oder ein Land, sondern um das umfassende Imperium, *unicus principatus et super omnes in tempore vel in hiis et super hiis que tempore mensurantur* (Mon. 1, 2, 3–5).[51] Diese Weltherrschaft betrifft alles Zeitliche, aber auch nur das Zeitliche, nicht das Ewige.

Damit hat Dante (Mon. 1, 3) die Grundlage seiner Politik gesichert: Politik entstammt der Natur, welche die Kunst Gottes ist, vor allem der Natur des Intellekts. Sie verlangt verbindlich eine gesamtmenschliche Tätigkeit, und diese ist ohne Frieden nicht möglich. Daher braucht es einen Weltkaiser, der nichts für sich sucht, weil er schon alles beherrscht und daher souverän Frieden sichern kann.

Dante entwickelt hier keine neue Intellekttheorie; jetzt ist seine Theorie auf das Handeln, nicht auf Kontemplation hingeordnet: *ad operationem ordinatur* (1, 2, 24). Sie zeigt: Ein Weltkaiser ist nötig; die Natur des Menschen fordert ihn; er gehört nach Rom, und seine Autorität ist direkt von Gott.

Dantes *Monarchia* ist, wenn um 1317 verfaßt, ein rückblickender Kommentar zum Projekt der *Commedia*. In beiden Texten dient Dantes Denken der Berichtigung des Lebens. Ziel ist das Wirken der gesamten Menschheit. Globale Politik ist nötig,

51 Dazu: Gustavo Vinay, Interpretazione della ›Monarchia‹ di Dante, Florenz 1962; Cesare Vasoli, Filosofia e politica in Dante fra Convivio e Monarchia, in: Letture Classensi 9–10 (1982), S. 11–37; Ruedi Imbach – Christoph Flüeler, Dante Alighieri, Monarchia, Studienausgabe, Stuttgart 1989; Francis Cheneval, Die Rezeption der Monarchia Dantes bis zur Editio Princeps im Jahre 1559: Metamorphosen eines philosophischen Werks, München 1995; Richard Kay, Dantes ›Monarchia‹, Toronto 1998; Robert Hollander, Dante. A Life in Works, New Haven 2001, S. 148–167; Ruedi Imbach, ›Mirabile incrementum‹. A proposito della nuova edizione della MONARCHIA di Prue Shaw, in: Studi Danteschi 75 (2010), S. 25–36.

wenn umfassend Friede sein soll, und Friede soll sein, weil die menschliche Natur *eine* ist und ihr gemeinsamer Intellekt nichts anderes ist als die Tendenz zu fortwährender Realisierung.

Dante beschreibt seinen Aufstieg zum himmlischen Paradies mit den einfachen Worten: *Ich kam aus Florenz zu gerechten Menschen.* In Florenz herrscht die Gier, cupiditas, und das Habenwollen steht im schärfsten Gegensatz zur Gerechtigkeit (I, II, 40–43). Das Recht schafft Einheit, die Gier mißachtet die Einheit und zerfließt ins Viele. Diesen Gegensatz zu beseitigen, ist das Ziel der Weltmonarchie. Das ist die praktisch-politische Botschaft der *Commedia*. Dabei hebt Dante hervor, die Einheit der Weltmonarchie greife nicht störend ein in die Rechte der kleineren Gemeinwesen. Er versteht die Einheit nicht als Super-Organisation, sondern als gewußte und gewollte Eintracht. Der Weltkaiser ist der Diener aller. Die Menschen sind nicht für ihn da, sondern er für die Menschen. Seine Aufgabe ist die Begünstigung von Freiheit, denn Menschen sind Selbstzweck. Vielleicht hat Dante den Weltmonarchen zu sehr idealisiert. In ihm sei keine oder fast keine Gier. Dante dachte noch optimistisch über Machtzusammenballungen.

Die *Monarchia* ist, wenn um 1317 geschrieben, nicht das Dokument eines von Dante selbst überholten früheren Entwicklungsstadiums. Sie erklärt den für die theologischen Implikationen der *Commedia* und für die Theorie der Politik entscheidenden Punkt: Der Mensch hat ein doppeltes Wesensziel, und das sagt Dante im Rückblick auf den Anfang seines *Paradiso:* Das größte Geschenk, das Gott dem Menschen gemacht hat, ist seine Freiheit. Durch sie bewirken wir unser Leben: Hier, auf der Erde, sollen wir glücklich werden als *Menschen,* woanders (*alibi*) sollen wir glücklich werden als *Götter* (Mon. I, II, 22–26). Jede Natur hat ein äußerstes Ziel, eine letzte Bestimmung ihres Tuns;

der Mensch als körperlich-geistiges Wesen hat zwei äußerste Ziele, *duo ultima* (3, 16). Daher, schreibt Dante, gibt es in der *Commedia* ein irdisches und ein himmlisches Paradies.

Dantes Lob der Freiheit ist in der *Commedia* wie in der *Monarchia* verbunden mit der Hochschätzung Catos, der Rechtfertigung des Römischen Imperiums als Rechtsmacht und mit der Liebe zu Vergil, *divinus noster poeta Virgilius* (2, 3, 17). Die *Aeneis* braucht Dante, um gegen Augustins Kritik an Rom und überhaupt an Großreichen, die nichts seien als große Räuberbanden, *magna latrocinia* (De civitate Dei 4, 4), die Legitimität der Weltherrschaft zeigen zu können: Rom hatte eine von Gottes Vorsehung bestimmte Friedensaufgabe, und der Römische Kaiser hat sie heute noch. Sie liegt begründet in der Intellektnatur des Menschen, sie erhält ihr Anrecht nicht von der Kirche, nicht vom Papst. Die Beschränkung der Rolle des Papstes auf seine geistliche Vaterrolle haben *Monarchia* und *Commedia* gemeinsam. Im Kampf gegen das Allegorisieren papalistischer Schriftsteller fordert Dante das Einhalten methodischer Grenzen: Das Allegorisieren ist nur dort angebracht, wo der Autor, um dessen Auslegung es gehen soll, selbst den allegorischen Charakter einer Passage ausspricht. Dante warnt die Papalisten vor der Überschätzung der ›Tradition‹: Es gab christliches Leben und Denken vor ihrer ›Tradition‹.

Dante bemüht sich ausführlich um die Anerkennung des Römischen Imperiums. Er führt einen harten Kampf gegen Augustins Verurteilung, die sich darauf berief, daß das Alte Rom die falschen Götter, also Dämonen, verehrt und sich mit Gewalt ausgebreitet hat. Er erzählt, daß auch er anfangs Rom als Gewaltstaat angesehen und erst mit der Zeit die Rechts- und Friedensmission Roms begriffen habe (Mon. 2, 1). Dante nennt hier nicht Augustins' Namen. Aber das war lesenden Zeitgenossen klar: Dante kämpfte gegen Augustins am Götterkult orientierte Verwerfung der Imperien und forderte, die Natur der Dinge zum Maßstab zu machen und den Gegensatz von Recht und Gier im Blick auf die Vernunftbestimmung des Menschen vernünftig zu regulieren. Gottes Wille ist das Recht; das Recht ist in Gott (2, 5).

5. Dantes Gegner. Guido Vernani als Kritiker der politischen Philosophie Dantes

Das Jahr 1329 ist in der europäischen Geschichte des Denkens ein markantes Datum: Am 27. März 1329 verurteilte Papst Johannes XXII. Meister Eckhart. Im selben Jahr ließ der Legat dieses Papstes in Bologna Dantes *Monarchia* öffentlich verbrennen, und im selben Jahr schrieb der Dominikaner Guido Vernani aus Rimini seine Streitschrift gegen Dantes politische Philosophie. Vernani verwirft nicht nur Dantes politisch falsche Ansichten; er greift das Denken Dantes als Ganzes an. Er bringt den Augustinismus mit dessen pessimistischer Mißachtung menschlicher Gestaltungsmöglichkeiten und der Abwertung der Weltherrschaft Roms gegen den Denker der Weltmonarchie in Stellung. Es gebe nur einen einzigen Monarchen, der die guten Qualitäten habe, die Dante ihm abverlange; dies sei allein Jesus Christus und der Papst als sein irdischer Vertreter: *Monarchia igitur mundi est summus pontifex christianorum.*[52] Was Dante dagegen vorgebracht habe, sei falsch und verächtlich.

52 Guido Vernani, De reprobatione Monarchiae, ed. Nevio Matteini, Padua 1958. Ich zitiere nach den drei Teilen dieser Schrift, dann nach Seite und Zeile bei Matteini, hier 1, S. 90, 27.

Vernani spricht abfällig: Die Theorien dieses Menschen sind eine Schande, *ille homo turpiter erravit* (1, S. 96, 19). Dieser Mann hat massenweise geirrt, *iste homo copiosissime erravit* (2, S. 108, 11). Dante hat das Christentum auf den Kopf gestellt. Christen kennen, so Vernani, nur *ein* einziges Lebensziel, Dante hingegen kennt zwei *ultima*. Das irdische Leben bringt gar kein Glück, keine *beatitudo*, sondern nur Kampf; die jenseitige Seligkeit ist das einzige Ziel der gesamten Menschheit (1, S. 94, 20–22; bes. 3, S. 117, 14–17). Dante verkenne das Elend dieses irdischen Lebens (1, S. 96, 6–13). Er lege seiner politischen Theorie den Irrtum des Averroes zugrunde, daß der mögliche Intellekt nur ein einziger sei für alle Menschen. Das sei ein schrecklicher Irrtum, *pessimus error* (1, S. 97, 10–15).

Vernani schreibt Dante die These zu, der mögliche Intellekt sei eine einzige, getrennt exstierende Substanz, *substantia separata* (1, S. 97, 22). Nun hatte Dante zwar nicht gelehrt, es gebe nur einen einzigen, selbständig existierenden möglichen Intellekt. Er hatte das Problem seiner Einzigkeit nicht näher erörtert. Er hatte die Nonchalance Alberts praktiziert und es verschmäht, die korrekten Formeln gegen den ›Averroismus‹ zu wiederholen. Das war schon schlimm genug. Aber welche Art Wirklichkeit sollte Dantes ›möglicher Intellekt‹ haben, wenn er für die gesamte Menschheit *immer* tätig ist und so seine Möglichkeit in Wirklichkeit verwandelt? Dann mußte er den Tod einzelner Mitglieder der Menschheit überdauern. Es mußte ein mächtiger Menschheitsgeist sein, über den Dante nichts Näheres sagte. Thomistisch korrekt war das nicht, ebensowenig wie Dantes Theorie, daß reine Geistwesen, also geschaffene Intelligenzen, eine substantiale Einheit von Wirken und Wesen seien. Kein geschaffenes Wesen war für Thomisten mit seinem Wirken identisch (1, S. 96, 26–97, 5).

Dantes Theorie des Intellekts, von Albert inspiriert, ließ ihm fast göttliche Stärke; kraft ihrer können wir auf der Erde als *Menschen* glücklich werden und im Jenseits wie *Götter*. In Vernanis düstere Weltsicht paßte das nicht: Er sah in der Weltgeschichte – mit Augustin – Gewalt und menschliche Ohnmacht; in der altrömischen Zivilisation nur Dämonenkult und vollendete Lasterhaftigkeit. Das alte Rom war die Stadt Satans, *civitas dyaboli* (2, S. 101, 5–23). Die Tugenden der Heiden waren nichts als Laster; ihre Helden waren allein bewegt vom irdischen Ruhm: *mundana gloria* (2, S. 104, 28–105, 12). Außerdem verehrte der heidnische Römer nicht nur Dämonen als seine Götter; er war auch noch durch und durch wollüstig, *luxuriosissimus* (2, S. 106, 33).

Dante hat den Monarchen idealisiert. Er hat die heidnischen Römer ein *heiliges, ein frommes, ein ruhmreiches Volk* genannt, *populus sanctus, pius et gloriosus* (Mon. 2, 5, 22); er glaubte, Gott habe das römische Volk durch Wunder geehrt und geschützt. Vernani fand diese Hochschätzung lächerlich; von den kapitolinischen Gänsen, die Dante als Gottes Romwunder verbuchte, sprach er mit dem Hohn eines Aufklärers (2, S. 102, 13–104, 4).

Vernani mißfiel auch Dantes Verehrung der Sterne. Dante hatte gesagt, der Mensch sei ein Kind der Sterne (Mon. 1, 9). Vom Menschengeschlecht zu sagen, es sei Sohn des Sternenhimmels, sei töricht und ignorant; die Sterne können nur den Körper, nicht die Seele hervorbringen. Zwar gebe der Himmel den Tieren auch Seelen, aber diese Seelen vergehen mit den Leibern der Tiere, daher könnte man den Sternenhimmel eher den Vater der Hunde und der Schweine nennen. Aber auch das sei falsch, denn Vaterschaft setze Gemeinsamkeit der Art voraus (1, S. 100, 8–23).

Vernani sieht die Welt und die Geschichte nüchtern; nur gegen den Erlöser und seinen irdischen Vertreter wendet er keine

Skepsis. Einzig ihre Macht bedarf keiner Einschränkung. Der Papst hat das Recht, kaiserliche Gesetze aufzuheben (3, S. 112, 10–18). Die altrömische Religion war Götzendienst und Aberglaube. Die irdische Zeit ist Durchgang zur einzigen, zur jenseitigen Seligkeit unter der Führung der Kirche. Daher sei auch Dantes Idee einer armen Kirche falsch. Zwar sage Jesus, was Dante richtig zitiere, die Apostel sollen weder Gold noch Silber besitzen; sie sollen kein Geld mit sich führen (Matth. 10, 9), aber damit sei nur gemeint, sie sollten nicht um zeitlicher Vorteile willen predigen. Ist ihre Gesinnung in dieser Hinsicht rein, dann *soll* die Kirche sogar Vermögen ansammeln; die heiligsten Kirchenlehrer wie Augustinus, Ambrosius und Gregor hätten den Landbesitz der Kirche in Anspruch genommen und vermehrt (3, S. 114, 21–23).

Vernanis Text ist für Leser Dantes kostbar. Denn er demonstriert, wie Dante kirchlich korrekt hätte denken sollen. Es geht um Politik, konkret um Papstmonarchie, aber nicht nur. Dantes Naturoptimismus störte, mit dem er das Rombild Augustins hinter sich ließ. Unerträglich war seine Lehre vom doppelten Lebensziel. Die Idee zweifacher Glückseligkeit, die in der *Commedia* als Doppelung von irdischem und himmlischem Paradies vorkam, war ein Zugeständnis an die averroistische Irrlehre und offener Widerspruch zu Thomas von Aquino, dem soeben, 1323, heiliggesprochenen Kirchenlehrer.

6. Andere Kritiker Dantes

Vernani war nicht der einzige Kritiker Dantes. Dantes Werk ist so groß, daß es seine Gegner fast vergessen macht. Aber in der geschichtlichen Realität war Dante umstritten. Es gab recht verschiedene Formen, sich von ihm zu distanzieren. Dantes erster Freund, Guido Cavalcanti, hatte eine andere Auffassung von Liebe. Er sah Liebe als Antrieb der sensitiven Seele und als Gegensatz zum Intellekt. Liebe bedrohe als gefährliche Macht das Beste im Menschen und gefährde sein Leben. Die große Canzone *Donna mi prega* ist unmittelbar neben Dante das Monument einer entgegengesetzten Auffassung von Liebe. Hier ist Liebe nicht Aufstieg zum Paradies.[53]

Von den ironischen Bemerkungen des Cecco Angiolieri († 1313) über Dantes Idealisierung der Frauen war oben die Rede; eine umfassendere Kritik an Dantes Hauptwerk legte Cecco d'Ascoli, eigentlich Francesco Stabili (1257–1327) vor. Er war Professor in Bologna, arbeitete als Astronom, Astrologe und Naturphilosoph. Berühmt wurde er durch seinen Kommentar zur *Sphaera* des Johannes de Sacrobosco. Die Inquisition hat ihn 1327 hingerichtet. Seine Texte bieten Schwierigkeiten, aber so viel ist klar, daß er den Verfasser der *Commedia* für einen Phantasten hielt, der, statt die Natur der Dinge zu studieren, sich mit unnützen Histörchen beschäftigt. Cecco schrieb selbst Gedichte; darunter auch Spottverse gegen Dante. In höhnischer Überlegenheit stellt er ein philosophisches Problem auf und endet mit der Bemerkung: Mal sehen, ob Dante es lösen kann.[54] Er spielt auf Dantes Vergöttlichung der Beatrice an: Wer Frauen Intellekt zuschreibt, der läuft in Ravenna herum und sucht Maria.[55] Cecco setzt seine eigene Dichtung als naturphi-

53 Gute Textform bei Giorgio Inglese, L'intelletto e l'amore, S. 53–55.

54 Die Ausgabe der Acerba (*aetas*) von Marco Albertazzi, Lavia 2002, macht das Studium Ceccos nicht leichter; sie hat noch nicht einmal eine Seitenzählung. Ich zitiere nach Buch, Kapitel und Zeile. Hier Buch 3, Kapitel 1, Verse 67–72.

55 Cecco d'Ascoli, Acerba, Buch 4, 9, 113–114.

losophisch ernsthaft gegen Dantes windige Erzählungen ab. Er dichtet:

Qui non si canta al modo delle rane,
qui non si canta al modo del poeta,
chi finge, imaginando, cose vane:
ma qui resplende e luce omne natura
che a qui intende fa la mente lieta;
qui non si sogna per la selva oscura.

> *Hier quakt man nicht wie die Frösche. Hier singt man nicht wie der Poet, dessen Phantasie nichtige Dinge ausdenkt. Hier strahlt und leuchtet ganz die Natur, die den Geist heiter macht, der sich ihr widmet. Hier träumt man nicht vom dunklen Wald.*[56]

Das geht strophenweise so weiter mit Anspielungen auf die *Commedia*: *Hier sehe ich weder Paolo noch Francesca*. Schließlich ist Dante dem Cecco nicht fromm genug: Um in den Himmel zu kommen, braucht es nicht die glorifizierte Beatrice; der einfache christliche Glaube genüge.[57]

Es gab raffinierte Wege, sich von Dante zu distanzieren. Es würde hier zu weit gehen, die verbalen Kunststücke vorzuführen, die Francesco Petrarca in dieser Hinsicht vollbracht hat. Dante besaß inzwischen viele Verehrer; Petrarca konnte sich

56 Was die Frösche hier zu tun haben, erklärt Paola Vechi Galli, Le rane dei poeti: una nota per Cecco d'Ascoli, in: FeL, Band 2, Rom 2010, S. 51–62. Über Cecco informiert Alessandra Beccarisi, Cecco d'Ascoli filosofo, in: Antonio Rigon (Hg.), Cecco d'Ascoli: cultura, scienza e politica nell' Italia del Trecento, Rom 2007, S. 135–151.

57 Cecco d'Ascoli, Acerba, Buch 5, 13, 126.

von ihm nicht brüsk absetzen Er lobte ihn, aber er teilte nicht Dantes Überzeugungen. Er setzte ihn herab, indem er ihn einreihte in die zahlreiche Schar von Verfassern von Liebesliedern. Dantes Philosophie war ihm zu aristotelisch, zu nahe bei den Scholastikern und Averroes. Petrarca hat die heillose politische Lage Italiens wie Dante kritisiert, aber dessen Auffassung von Liebe war ihm zu metaphysisch. Freilich hätte Petrarca ohne Dante seine Liebesgedichte nicht schreiben können, mit denen er sich nach seiner Rückkehr nach Italien mehr und mehr beschäftigte. Daß Dante sein Hauptwerk in Volgare abgefaßt hatte, das wollte Petrarca nicht einleuchten; er tat gerne so, als kenne er es nicht.[58]

58 Die wichtigsten Texte Petrarcas über Dante: Canzoniere Nr. 70 und 287, besonders Vers 10; Trionfi 4, 20, 38; Familiares 21, 15 und Seniles 5, 2. Zur Interpretation: Zygmunt Baránski – Theodore J. Cachey jr., Petrarch and Dante. Anti-Dantism, Metaphysics, Tradition, Notre Dame, Indiana 2009.

VI. DANTES AGON

Dantes Poesie war nicht friedliche Besinnlichkeit, sondern argumentierender Kampf. Die bisherigen Kapitel haben dies jeweils aus der Perspektive eines Faches beschrieben: philosophie- oder ökonomiegeschichtlich, reichs- oder sprachgeschichtlich, kirchen- oder theologiegeschichtlich. Die Trennungen waren nicht radikal durchführbar. Dantes Lebenskampf hatte viele Felder, war aber insofern einfach, als er Aristoteles-Rezeption und Franziskanismus nutzte für die Verteidigung der Reichssouveränität und der Selbständigkeit natürlicher Lebenswerte und weltlicher Wissenschaft. Sein einheitliches Thema befand sich in dramatischer Bewegung, verlief nicht strikt teleologisch, aber bezog sich seit 1300 immer auf die päpstliche Weltherrschaftspolitik: Diese suchte die Städte und Frankreich gegen den Kaiser aufzustellen und erkannte mit großer Konsequenz sowohl weltliche Gewalt wie philosophisches Denken nur an, wenn sie untertänig blieben. Dagegen stellte sich Dante. Dies war sein Schicksal; dies ergab seinen Agon.

1. Anfänge

Dante wandte sich um 1290 der Philosophie zu. Damals war die intellektuelle Situation des lateinischen Westens schon recht kompliziert. Er konnte nicht vom Nullpunkt anfangen; er mußte sich auseinandersetzen mit dem, was er als politische Großwetterlage – einschließlich der Kirchenpolitik – und Theorie vorfand. Er antwortete philosophierend-poetisch auf die Gesamtsituation seiner Jahrzehnte. Um sie zu beschreiben, hole ich etwas weiter aus. Ich möchte Dante nicht monumentalisieren, sondern historisieren, und ich verstehe unter ›Historisieren‹ nicht das Vorbringen von Geschichtszahlen, sondern das Aufdecken nach- *und* fortwirkender Kräfte *in* dem Komplex *Commedia–Monarchia,* die gemeinsam ein historisches Bollwerk, aber auch ein Ferment für die Zukunft bilden.[59] Denn im Laufe des 13. Jahrhunderts brachte die Papstpolitik divergierende realgeschichtliche, kirchenpolitische und philosophiegeschichtliche Mächte zusammen. Im Blick auf diese Zusammenführung entwickelte Dante seine poetische, philosophische und politische Position. Dante haßte Bonifaz VIII. Aber sein Konflikt mit ihm war von großer objektiver Natur. Er war Dantes Schicksal. Um es von kleinen Interessengegensätzen zu unterscheiden, spreche ich von Dantes Agon. Da standen nicht nur Dantes zwei Bücher gegen viele andere Schriften; da stritten weltgeschichtliche Tendenzen gegeneinander:

- die alte Reichsidee gegen die neue Rechtskonstruktion und ökonomische Produktivität der Kommunen und ihres Handels;
- die Idee der päpstlichen Weltherrschaft gegen die neuerwachte Selbständigkeit von Politik und Wissenschaft;
- die Gehorsamsforderung der kirchlichen Autorität gegen die Erfahrung der *Natur* der Dinge und des Wissens.[60]

59 Vom 14. bis zum 16. Jahrhundert verliefen die Wirkungslinien von Commedia und Monarchia getrennt, versteht sich.

60 Zur Begründung dieses verkürzten Überblicks sind immer noch nützlich: Albert Hauck, Kirchengeschichte Deutschlands, besonders Band 4, Leipzig [5]1925; ders., Deutschland und die päpstliche Weltherrschaft, Leipzig 1910. Vgl. auch Bruno Nardi, Saggi e note di critica dantesca, Mailand–Neapel 1966, S. 3–109. Zur philosophiehistorischen Argu-

– Dante spricht im Bewußtsein historischer Dringlichkeit. Er sah Italien und die Menschheit aufs äußerste bedroht – durch die päpstliche Machtpolitik, die Konstantins Schenkung ermöglicht hat, und durch die Habgier der neuen Ökonomie. Ich versuche nun, Dantes theologisch-politische Situation in kleinen Schritten zu entwickeln.

Ob das Christentum philosophielos zur Welt kam, will ich hier nicht entscheiden; jedenfalls enthalten christliche Texte, die um 120 nach Chr. vorlagen, einige philosophische Grundbegriffe. Dazu gehören Konzepte wie ›Vorsehung‹ (*pronoia*) und ›Gewissen‹ bei Paulus (*syneidesis*, 1 Kor. 10, 25), das weder in der hebräischen Bibel noch in den Evangelien ein Äquivalent hat, auch ›Logos‹ zu Beginn des Johannesevangeliums. Frühe Christen versetzten antik-philosophische Ideen in *ihren* kulturellen und sozialen Kontext. Hellenistische Grundbegriffe wie Logos oder Pronoia gehörten jetzt einer neuen Gruppe und ihrer anderen Ethik an; sie waren mitgeprägt durch die Erwartung des nahen Weltendes. Dieses trat so schnell nicht ein; gebildete und reiche Christen des 2. Jahrhunderts entwickelten andere intellektuelle Bedürfnisse als die Fischer vom See Genezareth. Sie suchten das umfassende Verständnis des Geglaubten; sie mußten und wollten es ›rechtfertigen‹ vor sich selbst und missionarisch vor anderen. Das war in der hellenistisch ge-

mentation vgl. Kurt Flasch, Dietrich von Freiberg. Philosophie, Theologie, Naturforschung um 1300, Frankfurt/M. 1998; ders., Das philosophische Denken im Mittelalter, Stuttgart ²2000; ders., Meister Eckhart. Die Geburt der ›Deutschen Mystik‹ aus dem Geist der arabischen Philosophie, München 2006; ders., Kampfplätze der Philosophie. Große Kontroversen von Augustin bis Voltaire, Frankfurt/M. 2008; ders., Meister Eckhart. Philosoph des Christentums, München ²2010.

prägten Kultur des Mittelmeerraums ohne die weitverbreitete Popularphilosophie nicht möglich. Jetzt waren Fragen zu beantworten wie:

Was hieß es, ›erlöst‹ zu sein? Welche Rolle sollten antike Bildung, Literatur und Philosophie für die Christengemeinden der dritten, der vierten Generation spielen? Waren sie als Teufelszeug zu verwerfen oder zu assimilieren? Die antike Dichtung war verbunden mit der griechisch-römischen Götterwelt, also mit dem Kult, den Christen unbedingt zu vermeiden hatten. Darauf gab es widersprechende Antworten. Das kulturelle Gedächtnis Europas bewahrt die philosophierenden Bildungsfreunde unter den Christen – wie Clemens von Alexandrien und Origenes – sorgfältiger auf als die Gegner der Philosophie, dabei hatte doch schon der im Namen des Paulus geschriebene *Kolosserbrief* (2, 8) davor gewarnt, sich durch die Philosophie verführen zu lassen: *Videte ne quis vos decipiat per philosophiam.* Die Rede, die in der *Apostelgeschichte* 17 Paulus zugeschrieben wird, zeigt andererseits den Versuch der Anknüpfung an die Antike.

Philosophische Wanderredner bildeten eine ernsthafte Konkurrenz zu christlichen Missionaren, die sich nicht selten bemühten, es diesen in Gewandung und Auftreten gleichzutun. Wenn ein Christ wie Origenes daranging, eine Gesamtdarstellung des christlichen Glaubens zu liefern, mußte er Konzepte der umlaufenden Popularphilosophie aufgreifen; in ihr mischten sich platonisierende, aristotelische und stoische Elemente. Einen gewissen Vorrang unter ihnen erlangte Platonisches. Denn Christen deuteten Platon als Monotheisten. Sie verstanden seine Ideenlehre als Wissen von einem anderen Leben, als Weg zum Glück der Seele durch Einsicht und Askese und als Projekt jenseitsorientierten ethischen Handelns.

Die endgültige Form dieser Verbindung von Platonismus, schularistotelischen Resten, oft nur in der Terminologie, und christlichem Glauben schien in den Werken Augustins *vor* 397 vorzuliegen; die platonisierende Philosophie galt ihm als Weg zur Glückseligkeit und zu Gott; sie bot die richtige Ethik. Nur durch ihre Lehre von der Einheit des Weltgrunds gelang Augustin der Abschied von der Christengruppe der Manichäer, der er neun Jahre lang angehört hatte, und von ihrer Annahme zweier Prinzipien. Aber im Nachdenken über Paulus, vor allem über dessen *Brief an die Römer*, zerstörte der Bischof Augustin diese Voraussetzungen, auch wenn er gelegentlich auf Teile von ihnen zurückgriff. Seine späte Gnadenlehre ging ab etwa 400 von der Schwäche der menschlichen Vernunft aus und von der Ohnmacht des nicht-begnadeten Willens; die Tugenden der Heiden, hieß es jetzt, seien nichts als glänzende Laster. Selbst das Römische Imperium verdiene nicht das Wort *civitas*, *Gemeinwesen* (nicht: Staat), da es auf Unrecht beruhe, nämlich auf der Verehrung falscher Götter. Augustin sah in den heidnischen Göttern nicht Produkte der Volksphantasie, sondern real existierende Dämonen. Ungetaufte gehören der Satanswelt an; sie kommen nicht in den Himmel. Daher der Schmerz Dantes, daß Vergil zurückmuß in die Hölle. Aber keineswegs werden Augustin zufolge alle Getauften gerettet; Gottes Gnadenwahl ist unvorhersehbar. Er bestimmt ohne erkennbare Kriterien zur ewigen Freude oder zum Untergang.

Augustins Gesamtwerk wirkte ambivalent. Ihm konnte man sowohl die christliche Kritik an heidnischer Philosophie entnehmen als auch deren Unentbehrlichkeit. Es gab eine Reihe philosophischer Motive, auf die auch der späte Augustin nicht verzichtet hatte: Da war der Ich-Stil, mit dem Augustin über Gott sprach. Die *Confessiones* schilderten seine psychologischen

Zustände und die persönliche Entwicklung. Die Biographie bekam philosophische und religiöse Bedeutung.

Augustin hörte nicht auf, Gott als das Gute in allem Guten zu denken. Er leitete zu der Überlegung an: Du siehst ein gutgebautes Haus und ein gutes Essen. Beide sind gut. Jetzt nimm in Gedanken ›Haus‹ und ›Speise‹ weg, denke nur: Gut. Dann siehst du Gott:

Bonum hoc et bonum illud. Tolle hoc et illud, et vide ipsum bonum si potes; ita deum videbis, non alio bono bonum, sed bonum omnis boni.[61]

Augustin erwartete immer noch viel von diesem philosophischen Experiment, das den christlichen Glauben nicht argumentativ voraussetzte, sondern der platonisierenden Tradition entsprungen war: Wer die Entgrenzung des Guten vollzieht, sieht Gott. *Ita deum videbis.*

Ein weiteres philosophisches Thema des späten Augustin wirkte fort, auch bei Dante: seine Analyse des Geistes, *mens*. Er habe drei Funktionen, Erinnern, Einsehen, Lieben. Dabei zielte Augustin darauf ab, daß diese Tätigkeiten sich durchdringen. Sie sind eins:

Ich liebe es, zu erkennen. Nur dann erkenne ich, wenn ich einsehen will. Ich weiß, daß ich mich erinnere. Nur dann erinnere ich mich.

Die Universitätsphilosophie sowohl des Mittelalters wie der Neuzeit sprach von drei Seelenvermögen. Die Konzeption Augustins ging in die entgegengesetzte Richtung: Die drei Funk-

61 Augustinus, De Trinitate 8, 3, ed. W. J. Mountain, CCSL 50, Turnhout 1968, S. 272, 15–18.

tionen sind eine einzige Tätigkeit, ein einziges Leben, ein einziges Wesen.[62]

Diese drei Themen – die Wichtigkeit des Ich, die Allgegenwart des ›Guten selbst‹ und die Analyse des menschlichen Geistes – blieben wirkende Fermente im Denken Dantes. Sie ermöglichten Dante eine Theorie intellektuellen Fühlens und Liebens.

Die anderen lateinischen Kirchenväter – Ambrosius, Hieronymus und der Papst Gregor I. – haben an diesem Bild eines inkohärent gemachten Neuplatonismus wenig geändert: Ambrosius trieb Kirchenpolitik und rezipierte viel von Origenes; Hieronymus legte sprachkundiger als andere die Bibel aus und stritt mit wem er nur konnte; Gregor der Große dachte an die Autorität des römischen Bischofs, beschrieb kundig das jenseitige Schicksal der menschlichen Seele, integrierte monastische Lebenskonzepte und die Engellehre des östlichen Mönchs Dionysius Areopagita, der sich als der Übermittler der Geheimlehren des Apostels Paulus ausgab. Dieser Dionysius war abhängig von dem Neuplatoniker Proklos, fingierte aber, der Vertraute des Apostels zu sein. Auch er stärkte die neoplatonisierende Auslegung des Christlichen. Auf ihn konnte sich Johannes Eriugena stützen, der in der zweiten Hälfte des 9. Jahrhunderts am Hof Karls des Kahlen eine erste Gesamtdeutung der Wirklichkeit im Sinn christlicher Philosophie vorlegte. Er näherte sich zu-

62 Augustinus, De Trinitate, 10, 11, 18, CCSL 50, S. 333, 29–32: *Haec igitur tria, memoria, intellegentia, voluntas, quoniam non sunt tres vitae sed una vita, nec tres mentes sed una mens, consequenter utique nec tres substantiae sunt sed una substantia*. Weitere Belegstellen und Erörterung des philosophischen Gehalts bei Kurt Flasch, Dietrich von Freiberg, S. 246–248.

sehends der christlichen Spekulation des Ostens. Dies war möglich als späte Folge der karolingischen Bildungsreform.

2. *Boethius*

Auch die flüchtigste Skizze der christlichen Ideenentwicklung der ersten neun Jahrhunderte fordert einen Blick auf Boethius.[63] Er stammte aus höchstem römischen Adel; er hatte – anders als Augustin – eine hervorragende philosophische Ausbildung genossen; er hat die logischen Schriften des Aristoteles übersetzt und kommentiert. Staatliche Gewalteinwirkung hinderte ihn, das Gesamtwerk des Aristoteles zu übertragen; Theoderich ließ ihn im Kerker in Pavia erdrosseln. Daher fehlten die realphilosophischen Schriften des Aristoteles dem Westen bis weit ins 12. Jahrhundert, um nur Beispiele zu nennen: die Metaphysik und die Seelenlehre, die Ethik, die Physik und die Biologie. Boethius hatte in den letzten Lebensmonaten im Kerker ein Buch geschrieben, in dem er über sein Schicksal, über Gott und den Weltlauf nachgedacht hat: *Trost der Philosophie.* In dieser Lebenslage schrieb er nicht als Aristoteliker, Logiker, Mathematiker oder Naturforscher, sondern er wollte sein Schicksal

63 Über Boethius: Kurt Flasch, Das philosophische Denken im Mittelalter, Stuttgart ²2000, S. 54–85. Ausführliche Literaturangaben ebda., S. 673–67. – Maßgebende Ausgabe der Consolatio philosophiae von Ludwig Bieler, CCSL 94, Turnhout 1957. Deutsche Übersetzung von Ernst Gegenschatz und Olog Gigon, zuletzt München ²2006, mit Nachwort von Kurt Flasch. – Vgl. Pierre Courcelles, La Consolation de Philosophie dans la tradition littéraire, Paris 1967. Zu Dante und Boethius vgl. Francesco Tatea, ED 1, S. 654–658; zur literarischen Form: Peter Dronke, Verse with Prose from Petronius to Dante, Cambridge 1994.

verstehen, ähnlich wie der vom doppelten Unglück, dem Tod Beatrices und der Verbannung, gezeichnete Dante. Philosophisch kohärent, vermied er jeden Anklang an christliche Trostgründe. Er unterhielt sich mit der Dame Philosophie und erhielt von ihr Belehrungen über den Kosmos und die göttliche Güte, über den Menschen und sein geistiges Glück. Auch dabei traten neuplatonische und stoische Gedanken zusammen. Wichtig war die intellektuelle Atmosphäre dieses Textes aus der Todeszelle: Philosophie zeigte sich stark als Lebensmacht im Angesicht des Todes. Mit seinem Wechsel von Prosa und Poesie war das Buch bei Dante auch ästhetisch wirkungsvoll, besonders für die *Vita nova* und das *Convivio.*

Boethius vereinte in der *Consolatio* Philosophie und Poesie. Insofern bot er Dante ein einzigartiges Muster. Von Boethius hatte er das Bild der Philosophie als einer vornehmen Frau. Durch Boethius existierte Fortuna als wirkliche Macht im christlichen Denken. Er hatte die Willensfreiheit gegen allen Determinismus verteidigt. Ich greife aus diesem wichtigen Buch einige Themen heraus, die Dante neu aufleben ließ:[64]

Das zweite Buch endet mit folgenden Zeilen:

O felix hominum genus,
Si vestros animos amor,
Quo coelum regitur, regat.

> *Liebe beherrscht die Bewegung der Sterne. Herrschte diese Liebe bei uns, wäre die Menschheit glücklich.*

64 Aus der Consolatio besonders wichtig für Dante die Hymnen 3, 9, auch 3, 5 und 4, 8. Verweise auf Boethius sind häufig, z. B. Conv. 1, 2, 13 und 2, 12, 6, auch 4, 13, 12; Par. 10, 124–129.

Die richtige Liebe sichert die Glückseligkeit. Aber auf der Erde herrscht Fortuna. Ihrer Willkür können wir nur ausweichen durch stoische Gelassenheit. Die Sonne des guten Grundes der Welt leuchtet immer, aber sie wird uns durch Wolken verdeckt. Wir müssen die Gesamtordnung der Welt gut finden und uns durch anerzogene Unerschütterlichkeit vor Schicksalsschlägen wappnen (Consolatio I, 7):

Nubibus atris
Condita nullum
Fundere possunt
Sidera lumen.

In meiner Gebrauchsübersetzung:

> *Hinter schwarzen Wolken versteckt,*
> *können Sterne ihr Licht nicht verbreiten.*

In der poetischen Übertragung von Konrad Weiß:

> *Wenn hinter Wolken finster sie hausen,*
> *schicken ihr Licht die Sterne vergebens.*[65]

Was folgt daraus für die eigene Lebensführung? Entsagen. Das Gedicht endet mit folgenden Zeilen:

65 Konrad Weiß, Die Gedichte aus der Tröstung der Philosophie des Boethius, Frankfurt/M. 1955, S. 21.

Tu quoque, si vis
Lumine claro
Cernere verum,
Tramite recto
Carpere callem;
Gaudia pelle,
Pelle timorem
Spemque fugato
Nec dolor adsit.
Nubila mens est
Vinctaque frenis,
Haec ubi regnant.

Auch du, wenn du im hellen Licht
die Wahrheit fassen willst,
vertreibe die Freuden, vertreibe die Furcht.
Verjage die Hoffnung, dulde kein Schmerzgefühl.
Wo dies alles herrscht, bleibt trübe der Geist,
liegt er besiegt in Fesseln.

Dieses stoische Konzept der Affektunterdrückung hat durch Boethius im Mittelalter Zustimmung gefunden; es war weder Eckhart noch Dante fremd.

Wichtige Elemente der Weltansicht Dantes enthielt der Hymnus des Boethius an die weltgestaltende Gottheit *O qui perpetua.* Er zeichnet den Weltgrundriß des platonischen *Timaios* nach: den ideenhaften Ursprung aller Dinge; den zahlenhaft geordneten Charakter der Geschöpfe; die neidlose Güte des göttlichen Ursprungs (Consolatio 3, 9).

O qui perpetua mundum ratione gubernas,
Terrarum caelique sator, qui tempus ab aevo
Ire iubes stabilisque manens das cunctis moveri,
Quem non externae pepulerunt fingere causae
Materiae fluitantis opus, verum insita summi
Forma boni livore carens, tu cuncta superno
Ducis ab exemplo; pulchrum pulcherrimus ipse
Mundum mente gerens simili in imagine formans …

In der Übersetzung von Ernst Gegenschatz und Olof Gigon:

> *Der du lenkest die Welt nach dauernden festen Gesetzen,*
> *Schöpfer des Himmels, der Erden, der du von Ewigkeit ausgehen*
> *Hießest die Zeit, selbst nimmer bewegt, bewegend das Weltall!*
> *Keine äußere Macht trieb dich, aus wogenden Massen*
> *Deine Schöpfung zu formen; in dir nur trägst du des höchsten*
> *Guten Gestalt, bist frei von Mißgunst. Das All vom Urbild*
> *Leitest du her; die herrliche, Herrlichster selber,*
> *trägst du im Geiste, die Welt, und formst sie zu ähnlichem Bilde …*

Der göttliche Geist (*mens*) bewegt alles, bleibt selbst unbewegt. Er ordnet nach dauernden Gesetzen den Weltlauf. Auch der Mensch ist Geist (*mens*), und sein Geist nimmt die Wahrheit nicht von außen auf, sondern gestaltet sie nach eigenem inneren Gesetz. Boethius wendet sich gegen die außenorientierte Erkenntnislehre der Stoiker; ihre Abbildtheorie des Erkennens hält den Menschengeist für eine ungeschriebene Tafel, der von außen die Inhalte eingeschrieben werden. Sie kann nicht begreiflich machen, daß der menschliche Geist nach *allem* greift und daß er seine Inhalte *nach eigenen Regeln* aufteilt und wieder zusammenfaßt. Daß er über alles urteilt, indem er sich dabei auf sich selbst bezieht (Consolatio 5, 4):

Unde haec sic animis viget
Cernens omnia notio?
Quae vis singula perspicit
Aut quae cognita dividit?
Quae divisa recolligit
Alternumque legens iter
Nunc summis caput inserit,
Nunc decedit in infima,
Tum sese referens sibi
Veris falsa redarguit?

> *Woher dann dieser Sinn, der selbst*
> *lebt im Geiste und alles sieht?*
> *Wie geschieht jene Macht, die prüft*
> *einzeln und die erkennt und teilt?*
> *Teile baut sie zum Ganzen aus,*
> *sucht den einen, den anderen Weg,*
> *hebt ihr Haupt bald zum Himmel hoch,*
> *weicht bald nieder zum tiefsten Grund,*
> *um zuletzt zu sich selbst gebracht*
> *auszuzählen, was wahr, was falsch.*[66]

Das hieß: Wäre der Mensch nur ein Teil der Natur, würde seine intellektuelle Produktivität unbegreiflich.

66 Übersetzung von Konrad Weiß, S. 105.

3. *Das frühe Mittelalter*

Boethius galt wegen seiner Hinrichtung als christlicher Märtyrer. Dies gab seiner Hochschätzung selbständiger Philosophie zusätzliche Legitimation für die Folgezeit, besonders in dem durch Karl den Großen zur Kulturarbeit verpflichteten Klosterleben. Boethius ermöglichte seit der Reorganisation der Bildung im 9. Jahrhundert konkrete philosophische Lebensorientierung und kohärenten Logikunterricht. Dieser beruhte zwar auf beschränkter Textbasis, der sog. *Logica vetus.* Aber er brachte im kirchlichen wie im politischen Leben zur Geltung, es gebe offenbarungsunabhängige, allgemeine, genau zu bezeichnende und von Führungspersonen zu erlernende Voraussetzungen menschlichen Wissens und Handelns. Kloster- und Kathedralschulen verfuhren nach diesem Programm; sie verbreiteten vom 9. bis zum Ende des 11. Jahrhunderts eine spezifische Rationalität. Diese erreichte gesamtgeschichtliche Bedeutung; sie berührte den Alltag und die Politik, wie der Historiker Johannes Fried zeigen konnte.[67] Freilich gab es daneben immer auch monastisch-eifernden Bildungshaß und die Warnung vorm Hochmut des Wissens. Im 11. Jahrhundert schrieb Petrus Damiani das Lob der *heiligen Einfachheit, sancta simplicitas.*

Bis etwa 1100 folgte die vorherrschende Gesamtdeutung des Lebens den lateinischen Kirchenschriftstellern. Das Verständnis des Christentums und der Kirche beruhte politisch-gesellschaftlich auf der Macht Karls des Großen und seiner Nachfolger, besonders Ottos des Großen, der die Bischöfe zu Reichsfürsten gemacht hatte. Intellektuell orientierte es sich

67 Johannes Fried, Das Mittelalter. Geschichte und Kultur, München ^{3}2009.

eher an Ambrosius und Augustinus als an Boethius. Durchweg war es schon damit überfordert. Für Medizin und Rechtswissenschaft, für eine mehr als symbolistische Naturbetrachtung war darin kaum Platz. Allerdings zeigten gegen 1100 einzelne Denker wie Berengar von Tours († 1088) und Anselm von Canterbury († 1109), was aus der boethianischen Logik und Anregungen des frühen Augustin für eine neue Auffassung des Lebens, des Menschen und der christlichen Lehre zu entwickeln war. Berengar und Anselm waren aus der intellektuellen Entwicklung der westlichen Welt nicht mehr wegzudenken; durch sie wurde das 12. Jahrhundert zur ›Achsenzeit‹.

4. Die Achsenzeit: Das 12. Jahrhundert

Das 12. Jahrhundert brachte einen allgemeinen Lebensaufbruch. Die Bevölkerung nahm zu; Städtegründungen und Rodungen veränderten die Landschaft. Wer sein Kind in die Schule schicken wollte, mußte es nicht aufs Land in ein Kloster verbringen; die Städte gründeten Hospitäler und Schulen. Der Fernhandel nahm zu; er lieferte jetzt nicht mehr nur seltene Luxusgüter wie Salz, Pfeffer und Gewürze, sondern Waren des täglichen Bedarfs. Die Kirche organisierte die konsequente Durchdringung des flachen Landes; sie setzte die Pfarreistruktur durch. In den Städten wuchs die Bedeutung der Predigt.

Dies war der Kontext für neue Denkentwürfe und neue Einstellungen, für bisher unbekannte Texte und neue Institutionen. Boethius, auch Seneca und Cicero wurden jetzt mehr gelesen als zuvor. Berengar-Debatte und Investiturstreit hatten die Geister aufgewühlt. Es entstanden Dauerdiskussionen auf den Gebieten der Jurisprudenz und Medizin, der Philosophie,

Theologie und des Naturwissens. Die Neugier nahm zu. Ein neues Selbstbewußtsein der Lesenden und Lehrenden sprach sich aus; das städtische Bürgertum organisierte sich und stellte unerhörte Fragen an Stadtherren und Lehrautoritäten. Eine stürmische Entwicklung setzte ein; die Neuerer wurden mutiger und einflußreicher, die Konservativen mißtrauischer und defensiver, konnten aber nur durch Neuerungen ihre Macht erhalten. Die Meinungsvielfalt nahm zu. Überall gab es nun Ketzer oder was dafür gehalten wurde. Die westliche Gesellschaft zeitigte neue Spannungen und neues Entwicklungstempo. Städtische Gruppierungen, Fernkaufleute und Händler, bald auch Handwerker, äußerten neues Selbstvertrauen in Religions- und Rechtsfragen. Die Gewohnheit des Gottesurteils wurde durch geordnete Rechtspflege ersetzt. Der Eintritt in ein Kloster wurde zunehmend als Ergebnis individueller Bekehrung verstanden und der familiären Anweisung wenigstens formell entzogen.

In philosophischer Hinsicht brachte das Jahrhundert grundlegende Umwälzungen. Sie hatten gewiß auch ihre Vorgänger, aber so richtig begannen sie mit Peter Abaelard († 1136). Er wies auf die ungelösten Probleme der logischen Schriften des Boethius hin und machte Vorschläge, wie sie zu lösen seien. Dies betraf vor allem die Frage nach dem Realitätsgehalt allgemeiner Bestimmungen, die sog. Universaliendiskussion. Einschneidender waren seine ethischen Reflexionen. Sie verlagerten das Interesse von der objektiven Wertordnung auf die subjektive Seite des Handelnden, also auf seine Absicht. Für die Folgezeit am wirksamsten wurde seine Entdeckung, daß die Texte der christlichen Religion Widersprüche enthielten. In seinem Werk: *Ja und Nein, Sic et non*, listete er solche Widersprüche sorgfältig auf und formulierte Regeln, sie zu überwinden. So trug er bei zur Entstehung der scholastischen Theologie, also zu Versuchen der kohärenten Gesamtdarstellung des christlichen Denkens.

Den nächsten wichtigen Schritt in diese Richtung unternahm Petrus Lombardus, gestorben 1160 als Bischof von Paris. Sein Hauptwerk, das sog. *Sentenzenbuch*, stellte Zitate der lateinischen Kirchenväter harmonisierend zusammen. Ihre einheitliche Wahrheit sollte daraus hervorgehen. Die von Abaelard begonnene Arbeit schien – ohne dessen Aufsässigkeiten – erledigt. Die Zusammenstellung des Petrus Lombardus avancierte zum wichtigsten theologischen Lehrbuch bis ins hohe 16. Jahrhundert.

Der Lombarde, Bischof von Paris und Bauherr von Notre-Dame, hatte die Traditionsmasse des westlichen Christentums nach dem Grundriß des Glaubensbekenntnisses von Nicea so zusammengefaßt, daß sein Buch sofort ein Erfolg wurde. Es entsprach den späteren universitätspolitischen Forderungen der Päpste Innozenz III., Gregor IX. und Innozenz IV.: Die Philosophie sollte zugelassen, aber klein gehalten werden; die Magd sollte nicht über ihrer Herrin, der Theologie, stehen.[68] Die Päpste zwischen 1200 und 1330 trieben aktive Universitätspolitik. Sie haben die Universität gefördert; sie haben sie bis in die Kleinigkeiten befehligt und kontrolliert. Für Dante wurde

68 Das wurde besonders dringlich im 13. Jahrhundert, deutlich im Schreiben Gregors IX. vom 7. Juli 1228, Chartularium Universitatis Parisiensis, ed. Heinrich Denifle – Emile Chatelain, Band 1, Paris 1899, abgekürzt: CUP, Nr. 59, bes. S. 114–115. Zunehmende päpstliche theologische Kontrolle der Universität Paris belegen die Schreiben Gregors vom 13. April 1231, CUP 1, Nr. 79 S. 137–139, und vom 20. und 23. April 1231, CUP 1, Nr. 86 und 87 S. 143–144, ebenso die vielen Schreiben Innozenz' IV., CUP 1, S. 173–269.

entscheidend: Sie haben in gleicher Häufigkeit und gleicher Härte, auch mit ähnlichen Metaphern, die Herrschaft der Päpste über weltliche Herrscher wie die der Theologie über die Wissenschaften gefordert. Genau dieser Zusammenhang war das historisch Charakteristische und bestimmte die Welt Dantes: Die Päpste haben die Selbständigkeit weltlicher Herrschaft ebenso untersagt wie die Selbständigkeit weltlicher Wissenschaft. Dies konnten sie nur durchhalten, wenn sie der Philosophie einen begrenzten Raum zugestanden. Diese Grenze war immer umstritten.

Ich bin über die Grenze des 12. Jahrhunderts hinausgegangen, kehre aber noch einmal zu ihm zurück: Wer in der Zeit *vor* Petrus Lombardus erfahren wollte, was Christen glauben, bekam die altkirchlichen Glaubensbekenntnisse und deren Erklärungen zu lesen, aber wenn er es genauer und vollständiger wissen wollte, geriet er ins Unübersichtliche. Diesem Zustand setzte der Lombarde ein Ende. Er erfüllte die Vernunftforderung nach Widerspruchslosigkeit, nach Einheit und Klarheit an den divergierenden Materialien der christlichen Überlieferung. Sein Ziel war die Konkordanz der widersprechenden Stellen.

Fast zur gleichen Zeit arbeitete in Bologna Gratian an der Vereinheitlichung der vorhandenen Rechtsvorschriften. Das war ein Vorgang, den man nicht abschieben darf ins Spezialgebiet des Kirchenrechts. Gratian hat mehr getan, als nur die Grundlage des gesamten Kirchenrechts zu legen. Sein Buch, das *Decretum*, regelte zum ersten Mal eine Vielzahl auch profaner Lebensverhältnisse. Es definierte zum Beispiel, was ein Vertrag oder was eine Ehe ist. Es rationalisierte, was bisher unklar oder nur lokal geregelt war, für die ganze westliche Christenheit. Es brachte den gesellschaftlichen Status quo in eine juristische Form, nicht durch rein abstrakte juristische Systematik, sondern indem es die älteren Rechtsvorschriften zusammenstellte und harmonisierend interpretierte. Sein Ziel war die Herstellung gelehrter Konkordanz der vielfach widersprüchlichen bisherigen Rechtsgrundlagen. Auch hier wirkte das neue Bedürfnis nach umfassender Regelung, übrigens auch ethischer Normen, die einheitlich, vernünftig, d.h. vor allem widerspruchsfrei sein sollten.

Wer fortan die christliche Wahrheit definieren und den Alltag in ihrem Sinn beherrschen wollte, brauchte den Lombarden und das *Decretum*. Sie haben die Grundlage gelegt für viele Institutionen und Gewohnheiten, die es im früheren Mittelalter nicht gab. Die Papstkirche des 13. Jahrhunderts, die sich als die Vertretung der Weltherrschaft Gottes verstand, hatte jetzt ausgearbeitete Grundgesetze.

Das System des Kirchenrechts war seit dem 12. Jahrhundert überwiegend papalistisch. Deutsche Kaiser, die ihre Rechte gegenüber den Weltmachtplänen der Päpste behaupten mußten, hatten zunächst nur die Traditionen karolingisch-ottonischer Rechtsverhältnisse auf ihrer Seite. Aber auch sie fanden Hilfe in Bologna, denn dort wurde auch das alte Römische Recht gelehrt, das dem Kaiser eine unabhängige große Macht zusprach, wie sie in der römischen Antike als selbstverständlich galt.

Das *Sentenzenwerk* und Gratians *Decretum* waren Einheitssetzungen der menschlichen Vernunft, die dem Bedürfnis des Jahrhunderts entgegenkamen, aber sie hatten ihre Grenzen. Sie systematisierten, was im lateinischen Westen an kirchlichen Regeln und Stoffen vorhanden war. Der Lombarde vereinfachte das Denken Augustins und Gregors vorsichtig und kirchenkonform; er interessierte sich so gut wie nicht für andere Bedürfnisse, die sich jetzt ebenfalls anmeldeten – Krankheiten oder

Stadtgründungen, Architektur oder ein Wissen über Tiere; es fehlte eine Biologie, die über deren symbolische Bedeutung hinausgegangen wäre. Dies alles aber brauchte die geschichtliche Dynamik dieses Jahrhunderts. Ihm fehlte noch mehr, nämlich die Chemie und die Optik, Literatur zu Ackerbau und Werkzeugherstellung. Auf diesen Gebieten hatte die islamische Welt einen großen Vorsprung. Er konnte in Spanien und Süditalien nicht verborgen bleiben, Kreuzzügler brachten Proben mit. Westliche Intellektuelle, zuerst in Salerno und Chartres, in Toledo, bald auch in Bologna und Montpellier arbeiteten daran, die Grenzen der rhetorischen, oft abstrakt-verbalen augustinisch-kirchlichen Schulkultur zu sprengen.

Sie hauchten der Philosophie und dem Naturwissen, die bei Petrus Lombardus so gut wie nicht vorkamen, neues Leben ein. Die Natur war neu zu sehen; sie blieb nicht länger nur das Bild ethisch-religiöser Vorstellungen. Mit leichter Vergröberung kann man sagen: Der Westen hat zwischen 1130 und 1230 ein Jahrhundert lang daran gearbeitet, sich die Errungenschaften der höheren griechisch-arabischen und auch der jüdischen Zivilisation zuerst einmal stofflich anzueignen. In der Folgezeit hat er sie weiterentwickelt, bis er ökonomisch, militärisch und technisch die sich geographisch immer mehr erweiternde Welt beherrschte. Dazu übernahm er zunächst die arabischen Zahlzeichen, mit denen Händler leichter rechnen konnten; dann arbeitete er die gesamte Textmasse der griechisch-arabischen Wissenschaften durch. Jetzt verband er Philosophie mit Erfahrungswissen, mit Tierkunde, Optik, Chemie und Medizin; er erarbeitete sich Aristoteles und seine arabischen Kommentoren. Das waren vor allem Ibn Sina (Avicenna, † 1037) und Ibn Rushd (Averroes, † 1198).

5. *›Aristotelisch‹ versus ›peripatetisch‹*

Reinen Aristotelismus gab es nie, weder in der Antike noch im Mittelalter. ›Reinen Aristotelismus‹ könnte man das nennen, was Gräzisten und Philosophen des 19. Jahrhunderts als die Lehre des Aristoteles rekonstruiert haben. Im Vergleich dazu kam die Philosophie des Aristoteles in der Geschichte immer nur vermischt vor, versetzt mit platonischen, neuplatonischen und stoischen Lehren, abgerichtet zu theologischen oder theologiekritischen Zwecken. Neuere Forscher haben sich daher angewöhnt, statt von ›Aristotelismus‹ von ›Peripatismus‹ zu sprechen, um an die ständige Umformung des aristotelischen Erbes zu erinnern. Schon allein die beiden wichtigsten Peripatetiker der Araber, die für den lateinischen Westen außerordentlich große Bedeutung hatten, nämlich Avicenna und Averroes, boten zwei recht verschiedene Varianten der Aristoteles-Lektüre an.

Was beide gemeinsam hatten und wodurch sie sich von den Aristotelikern unter den christlichen Theologen unterschieden: Sie waren beide bedeutende Mediziner. Dies war einer der Gründe, warum sie bald im Westen großes Interesse fanden: Sie lösten die bisherige Klostermedizin, auch die Weisheit der heiligen Hildegard, schnell ab. Avicenna wurde schon im 12. Jahrhundert in Toledo übersetzt (Dominicus Gundissalinus; Johannes Hispanus). Sein Handbuch der Medizin (*Canon* genannt) wurde noch im 16. Jahrhundert gedruckt und geschätzt. Die arabischen Aristoteliker befriedigten das Bedürfnis des Westens nach Naturkunde; sie brachten Physik und Seelenlehre, Biologie und Kosmologie mit. Avicenna arbeitete ein umfassendes System aus und versetzte die Naturbetrachtung des Aristoteles in einen eher neuplatonischen Rahmen, der die Philosophie des einen notwendigen Wesens verband mit Islam und Medizin.

Averroes, der erst gegen 1230 dem Westen bekannt wurde, schuf ebenso eine umfassende Weltansicht, bewährte sich aber vor allem als Kommentator der aristotelischen Schriften. Griechisch konnte er nicht, aber er war so tief in die Gedanken des Aristoteles eingedrungen, daß sein Kommentar für Jahrhunderte unentbehrlich blieb. Er kritisierte Avicenna; dieser habe Philosophie mit frommer Rhetorik vermischt und dadurch den Begriff der Philosophie verdorben. Nicht, als habe Averroes den Islam verworfen; er hielt ihn für die Erziehung und politische Formierung der Massen für unentbehrlich, aber ihm zufolge sprechen die Religionen eine andere Sprache als die Wissenschaft. Er dachte die Notwendigkeit der drei großen Religionen pragmatisch, gesellschaftlich, politisch. Die Wissenschaft gehe von notwendigen Vernunftregeln aus: für die Erziehung und Leitung des Volkes genüge die Rhetorik. Diesen Unterschied habe Avicenna verkannt. Ohne die Rolle der Religionen mißachten zu wollen, beschnitt Averroes ihre theoretischen Ansprüche. Das hatte einschneidende Folgen – für den Begriff Gottes und die Einschätzung von Offenbarung, für den Lehrsatz von der Erschaffung, für das Konzept der Seele und der Seligkeit. Aber auch wer die Trennung von philosophischer Wissenschaft und predigerhafter Rhetorik ablehnte, kam um Averroes nicht herum; er brauchte dessen Kommentar. Dies hat im Westen den Begriff von Philosophie, von Forschung und das Selbstverständnis von Gelehrten verändert. Seit dem 13. Jahrhundert gab es die Universität mit einer Fakultät, die noch immer die der *artes* hieß, die aber das Lehrprogramm der alten Bücher über die sieben freien Künste austauschte gegen die Arbeit am Text des Aristoteles anhand des Averroes.

Es entwickelte sich ein professionelles Selbstverständnis der sog. ›Artisten‹. Die Theologen wollten nicht, daß die artes-Lehrer auf das Terrain der Theologie übergriffen. Das trug dazu bei, daß sie die Selbständigkeit der Philosophie gegen Glauben und Theologie scharf herausstellen konnten. Sie kamen zu anderen Ergebnissen als die Theologen, zum Beispiel bei der Frage nach der Unsterblichkeit der Seele, aber sie konnten ihre Argumente vortragen, wenn sie nur versicherten, die Philosophie führe zwar zu anderen Ergebnissen, aber sie persönlich folgten gehorsam dem Glauben der Kirche; sie beschränkten sich in ihrer wissenschaftlichen Arbeit nur aufs Gebiet der Philosophie.

Das war ein kluger Schachzug. Er hielt Inquisitoren fern. Aber damit vermieden sie nicht alle Konflikte. Denn Theologen wandten ein, Christen könnten nicht auf der Selbständigkeit einer Methode beharren, die den Glauben zwar bestehen lasse, aber de facto ignoriere. Die Bibel mache nun einmal Aussagen über Weltanfang, Seele und wahres Glück. Ein Wissensfeld, das sich in einer gläubigen Lebenswelt als extraterritorial erklärte, gefährdete die Einheitlichkeit einer Zivilisation und den allumfassenden Welterklärungsanspruch der Theologie. Eine gewisse Selbständigkeit der Philosophie war seit dem 13. Jahrhundert nicht mehr zu versagen, etwa für die Naturphilosophie, die Medizin und die Logik. Aber Aristoteles hatte Grundlagen des Islams wie des Christentums angerührt, indem er die Ewigkeit der Welt lehrte oder vom menschlichen Intellekt behauptete, er schaffe seine Glückseligkeit selbst und sie könne ihm nicht von außen gegeben werden. Daher brachen im 13. Jahrhundert immer wieder Streitigkeiten aus wegen der Selbständigkeit profanen Wissens. Wer wie Dante um 1290 eine argumentierende Lebensorientierung suchte, stand vor einer Mehrzahl von Lösungsvorschlägen dieser Konflikte.

6. Aristoteles bei Christen – Albertus Magnus

Ich unterscheide grob vier wichtige philosophische Richtungen, zwischen denen Dante wählen konnte. Da ist erstens Aristoteles, den man mit der Hilfe des Averroes las. Die Frage war, wie weit ein Autor ihm inhaltlich entgegenkam; dafür ist Albert der Große ein wichtiges Beispiel.

Zweitens war da die aristotelismuskritische Position vieler Franziskaner, besonders Bonaventuras.

Drittens versuchte Thomas von Aquino Aristoteles von Averroes abzusetzen und den so gereinigten Aristotelismus in sein Konzept von Theologie zu integrieren.

Viertens gab es Autoren, die sich methodisch auf die Philosophie beschränken wollten. Das gilt teilweise für Albert, weitgehend für Siger von Brabant.

Um Averroes war es in Paris ab 1265 zur Krise gekommen. Es folgten die Verurteilungen von 1270 und 1277. Dennoch war Averroes um 1290 noch unübersehbar wichtig. ›Averroes‹, das war ein riesiger Textkomplex detaillierter Kommentararbeit; ›Averroismus‹ war ein Kampfwort des ausgehenden 13. Jhdts., von Thomas Aquinas gegen Siger geprägt. Es zog ein umfangreiches gelehrtes Lebenswerk zu drei Irrlehren zusammen:

1. Die Ewigkeit der Welt. Das war schon der ›Irrtum des Aristoteles‹ gewesen;
2. Die Einzigkeit des möglichen Intellekts für alle Menschen schließe individuelle Unsterblichkeit der Seele aus;
3. Der Anspruch der Philosophie, notwendiges Wissen zu sein gegenüber den immer nur wahrscheinlichen Erzählungen der Theologen, deren plausible Reden ausreichten zur Erziehung des Volkes. Insofern seien sie ethisch-politisch unentbehrlich.

Albert von Köln sah in den Schriften des Averroes eine Fülle von Einsichten; er war weit davon entfernt, ihn auf die drei genannten Irrlehren festzulegen, ohne diese zu teilen. Er erklärte, er stimme mit Averroes im wesentlichen überein. Das bezog sich zunächst auf Alberts Arbeit an Aristoteles-Kommentaren; es schloß nicht aus, daß Albert in theologischen Texten einige Mysterien des Christentums – so die neue Lehre von der Substanzverwandlung beim Abendmahl – vor philosophischen Zugriffen verteidigte. Die Arbeit an Aristoteles – Averroes hinderte ihn nicht, sich dem Weltsystem des Avicenna und des *Liber de causis* zu nähern, die das durch Zwischeninstanzen vermittelte Ausströmen der göttlichen Einheit in die Vielheit der Welt beschrieben. Dies war wiederum anschlußfähig an die neuplatonische Tradition, die Boethius und in anderer Form Dionysius Areopagita lehrten.

Albert hat lange gelebt, und es ist nicht einfach, seine vielfältigen theoretischen Ansätze einheitlich darzustellen. Allerdings trifft es nicht zu, daß er sich beim Kommentieren den Ansichten des jeweiligen Autors angeschlossen habe, ohne sein eigenes Urteil abzugeben; er unterbrach vielmehr häufig die Textarbeit, um seine persönliche Wertung zu begründen. Noch wichtiger: Albert trieb seine Studien zu Aristoteles, Avicenna und Averroes nicht in der Absicht, dieses neue griechisch-arabische Wissen in eine Synthese des christlichen Denkens einzufügen; er machte vielmehr anhand dieser Texte klar, daß die Christen noch keine befriedigende Theorie hatten, selbst nicht auf Gebieten, von denen sie meinen mochten, Augustin und die lateinischen Kirchenväter hätten sie hinreichend bearbeitet. Das galt für das Konzept der Seele (*anima*) und des Intellekts, ebenso für die Entstehung der Ordnung des Universums und die Theorie der menschlichen Glückseligkeit. Es galt für viele Einzelfragen der Ethik, der Seelentheorie und erst recht der Naturkunde. Albert machte dem Westen klar, daß er intellektuell unterlegen war. Dies tat er nicht nur in einzelnen schroffen Aussprüchen, sondern durch jahrzehntelange Erklärung der inzwischen übersetzten griechisch-arabischen Texte. Daher hatte er großen Erfolg, auch wenn er sich bitter zu beklagen hatte über die philosophiefeindliche Rohheit seiner Ordensbrüder. Die umfassende Rezeptionsbewegung, die er nicht allein bewirkt hat, war nicht mehr zurückzudrängen; ab etwa 1250 bestand das Studium der Philosophie in der Auseinandersetzung mit Aristoteles, Avicenna, dem *Liber de causis* und Averroes. Davon macht Thomas von Aquino keine Ausnahme, wie sein *Sentenzenkommentar* beweist. Denn es war offensichtlich: die augustinische, überhaupt die lateinische Tradition war an vielen Lebensfragen vorbeigegangen. Petrus Lombardus hatte die patristischen Texte zusammengefaßt, ohne auf Philosophie, Medizin und Naturforschung auch nur einen Blick zu verschwenden. Diese Enge, mit der man vor 1150 leben konnte, lag 1250 vor aller Augen; Wellen der Neuorientierung durch Rezeption und Assimilation setzten ein, die sich keineswegs auf Albert beschränkten.

Das intellektuelle Gesamtklima änderte sich. Die Sprache der Theoretiker schichtete zwischen 1150 und 1300 Themen und Termini, Beweisverfahren und Quellen um. Die Kirche zögerte; sie verbot zuerst das Studium der *Metaphysik* und der naturkundlichen Bücher des Aristoteles und der Kommentare. Die logischen Schriften waren weiterhin erlaubt, auch die ethischen, aber Metaphysik und Naturforschung sollten an der kirchlich subventionierten und kontrollierten Universität keinen Platz finden. Das befahl der zuständige Erzbischof im Jahr 1210; der päpstliche Legat Robert, der Vertreter Innozenz' III., wiederholte 1215 diese Vorschrift.[69] Albert hatte damals noch gar keinen Einfluß, aber die Überlegenheit, ja Unentbehrlichkeit des griechisch-arabischen Wissens war erkannt. Der Papst warnte die Theologen von Paris, sich den weltlichen Wissenschaften zu sehr zuzuwenden; er tadelte ihre Versuche, den Glauben zu sehr mit Vernunftargumenten stützen zu wollen; dadurch würden sie ihn überflüssig machen.[70] Papst Gregor IX. schrieb am 27. Februar 1230 den Pariser Theologen, sie sollten sich nicht als Philosophen gebärden. Den artes-Lehrern befahl er, worüber sie Vorlesungen halten sollten; die neuen naturkundlichen Bücher sollten sie nicht benutzen, bis diese von jedem Verdacht der Irrlehre gereinigt seien.[71] Die Kirche forderte von den Professoren einen Eid, bei der rechten Lehre zu bleiben; unwürdige artes-Lehrer seien zu entfernen. Aber sie begann ihren Rückzug, indem sie eine Kommission einsetzte, die das Häretische dieser Bücher ausmerzen sollte.[72] Wir hören nichts vom Ergebnis dieser Überprüfung, aber die neue Wissenschaft war nicht mehr aufzuhalten. Im März 1255 schrieb das Statut der Universität vor, die Schriften des Aristoteles insgesamt zu behandeln.[73] Der Siegeszug setzte sich fort durch die neue Studienordnung der Dominikaner von 1259, an der Albert und Thomas beteiligt waren.

69 Dekret des Erzbischofs von Sens von 1210: CUP 1, Paris 1899, Nr. 11 S. 70; das Schreiben des Legaten ebda. Nr. 20 S. 78–79.

70 Gregor IX. am 7. Juli 1228, CUP 1, Nr. 59 S. 114–115.

71 Gregor IX. am 13. April 1231, Nr. 79 S. 136–139.

72 Gregor IX. am 23. April 1231, Nr. 87 S. 143–144.

73 Statutum vom 19. 3. 1255, Nr. 246 S. 275–279, bes. S. 278.

7. Die Linie Bonaventuras. Franziskaner

Der Widerstand gegen die Neuerung hörte nicht auf, nicht bei den Dominikanern, noch weniger bei den Franziskanern. Anfangs schloß deren Armutsidee den Besitz von Büchern aus; Pergamentbände waren teuer. In der Anfangsphase standen sie dem akademischen Betrieb kritisch gegenüber. Diese Ablehnung ließ sich nicht halten; Alexander von Hales und Bonaventura organisierten das Studium der Franziskaner. Auch sie konnten die aristotelische Philosophie nicht völlig ausschließen. Niemand kam mehr ohne deren Texte und Terminologie aus. Aber sie sahen sie kritisch, besonders nachdem gegen 1265 die Kritik am ›Averroismus‹ immer lauter wurde, was zu den Verurteilungen von 1270 und 1277 führte. Bonaventura, der organisatorische und intellektuelle Führer der Franziskaner, ist 1274 gestorben. Im Jahr davor, 1273, hat er in einer Reihe von Universitätspredigten, *Collationes in Hexaemeron,* scharfe Kritik am Aristotelismus geübt. Er verderbe das Verständnis des Christlichen. Er sei nur in untergeordneter Funktion für den Christen verwendbar. Die Philosophie sei in den Gehorsam des Glaubens zu zwingen, sonst sei sie gefährlich und führe zum Hochmut. Bonaventuras Reden schleuderten Brandsätze gegen die Philosophie und enthielten doch tiefsinnige Kritiken an den Mängeln der peripatetischen Philosophen. Franziskanerdenker haben sie zu originellen Positionen weitergeführt; Nikolaus von Kues hat sie systematisch entwickelt. Gerade ihr Widerspruch zur Philosophie war, intelligent gemacht, philosophisch und naturwissenschaftlich fruchtbar. Die Franziskanerschule hat durch ihre größere Distanz die Aristoteliker herausgefordert, die eine stärkere Tendenz zu schulmäßiger Abschließung und dogmatischer Erstarrung zeigten. Ihr bekanntestes Opfer wurde Galilei. Auch Descartes und Kant hatten noch mit ihnen zu kämpfen. Bonaventura gehört in die Geschichte der Philosophie wegen seiner Einsichten in die Grenzen der peripatetischen Vernunft und durch seine Kunst, ein einheitliches Konstrukt christlichen Denkens vorzulegen, das die aristotelischen Elemente nur in strikter Unterordnung zuließ. Bonaventuras Werk tritt einheitlicher auf als die zerklüfteten und manchmal mangelhaft koordinierten Schriften Alberts. Sie dienten auch der Disziplinierung der von einer ›geistigen‹ und armen Kirche träumenden Franziskanerchaoten, die einen dritten, unautoritären Abschnitt der Geschichte des Christentums erwarteten, ein Zeitalter des freien, des heiligen Geistes.

Dem stand die machtpolitische Etablierung der Kirche entgegen, seit dem endenden 11. Jahrhundert von mächtigen Päpsten betrieben, von Gregor VII., Innozenz III. und seinen Nachfolgern bis Bonifaz VIII. († 1303). Diese Kirche wollte Weltherrschaft, und das in einer Zeit, in der sich das Selbstbewußtsein der philosophischen Vernunft und der politischen Sphäre schnell parallel entwickelte. Das ergab Konflikte, und sie gaben den Schriften des Abtes Joachim von Fiore († 1204) und ihrer Botschaft von einem ›Dritten Reich‹ der Freiheit und des Friedens in der zweiten Hälfte des 13. Jahrhunderts hohe Aktualität. Gegen sie kämpfte Bonaventura an.

Seit den achtziger Jahren des 13. Jahrhunderts legten die religiösen Orden sich Hausphilosophien zu und verpflichteten bei schweren Strafen ihre Professoren auf diese. Viele Franziskaner legten sich auf die These vom Vorrang der Liebe und des Willens vor der Vernunft fest; viele (nicht alle!) Dominikaner bezogen die entgegengesetzte, die intellektualistische Position, behaupteten also den Vorrang des Intellekts vor dem Willen. Damit trat ein unfruchtbarer Schulstreit in die Welt. Denn beide Parteien mußten zugestehen, daß auch die Seelenkraft, die sie für zweitrangig erklärten, zum Wesen der geistigen Seele gehöre. Wer um 1300 studierte oder lehrte, wurde auf diese Frage gestoßen, die nicht selten bloßer Wortstreit war. Sowohl Meister Eckhart wie Dante haben sich mit ihr befaßt. Beide haben sie im Sinne der dominikanischen Ordensdoktrin entschieden und ihr neue Seiten abgewonnen.

8. Der historische Kompromiß: Thomas von Aquino

Die kompakteste, brauchbarste aller Ordensautoritäten wurde Thomas von Aquino († 1274), besonders nachdem Johannes XXII. ihn 1323 heiliggesprochen hatte. Er sollte Richtschnur sein nicht nur für Dominikaner, sondern für die Gesamtkirche. Er wurde monumentalisiert. Er wurde ein Teil der Institution. Für die historische Erkenntnis ist es daher wichtig, sein Werk als die Arbeit eines individuellen Autors zu lesen, der sich entwikkelt und der in zeitlich abfolgenden Texten verschiedene Absichten verfolgt. Zum Beispiel hat er die *Summe der Theologie* ausdrücklich als Universitätstext für Anfänger konzipiert, während er in den *Quaestiones disputatae* argumentativ weiter ausholt.

Sein Ziel war – anders als das Alberts, ähnlich wie das Bonaventuras –, einen einheitlichen Gesamtentwurf der christlichen Wissenschaft zu schaffen, aber dabei der natürlichen Vernunft und damit der aristotelischen Philosophie einen größeren Freiraum zu belassen. Thomas hat einmal seine Absicht mit großer Klarheit kurz zusammengefaßt. Er schrieb:

Da das Ziel der Philosophie unterhalb des Ziels der Theologie liegt und auf dieses hingeordnet ist, muß die Theologie über alle anderen Wissenschaften herrschen und das verwenden, was sie geben.[74]

Der Theologe soll die Ergebnisse aller anderen Wissenschaften für seinen höheren Zweck nutzen, dazu muß er sich in sie einarbeiten; er kann ihnen nicht ihre Ergebnisse vorschreiben. Doch soll die Theologie allen Wissenschaften Befehle erteilen, *imperare*. Sie kontrolliert sie und disponiert über sie. Ganz ähnlich dachten die genannten Päpste sich das Verhältnis zu den europäischen Königreichen: Sie gestatteten begrenzte Autonomie. Wo die Grenzen lagen, das bestimmten sie im Blick auf ihren höheren Zweck. Sie förderten die Wissenschaften, sofern sie sich der theologisch korrigierten Vernunft unterstellten. Thomas sah ein, daß er sich sorgfältig und bis in Texteinzelheiten hinein mit Aristoteles, Avicenna und Averroes auseinandersetzen mußte; daher schrieb er wie Albert Kommentare zu Aristoteles. Dabei suchte er Aristoteles und Averroes zu trennen, Aristoteles für die christliche Weltsicht zu gewinnen und Averroes als Verunstalter des Aristotelismus zu widerlegen. Wenigstens war dies seine späte Position. Vor 1265, als der große Streit noch nicht entflammt war, schrieb er über Averroes milder. Im *Sentenzenkommentar* gab er informative Berichte über dessen Lehre; er wußte, daß er in den Fragen der Welterschaffung, also der Ewigkeit der Kosmos, und in den Konzepten von Seele und Intellekt bei Aristoteles – Averroes Rat holen mußte. Für

74 Thomas von Aquino, In primum librum sententiarum, Prologus qu. 1, art. 1: *cum finis totius philosophiae sit infra finem theologiae et ordinatus ad ipsum, Theologia debet omnibus aliis scientiis imperare et uti his quae in eis traduntur.*

jemanden, der nicht allzu genau hinsah, schien es passagenweise, als sei Thomas ein Anhänger des Averroes. Aber Thomas versuchte, Aristoteles so viel abzugewinnen, als ihm für ein zusammenhängendes christliches Denken verwertbar schien.

Bei Aristoteles und Averroes hatte die Substanz, also das einzelne Ding, große ontologische Selbständigkeit; Thomas griff das auf, machte aber eben diese Substanz vom ständigen Seinszufluß der ersten Ursache abhängig. Die Substanz galt ihm nicht mehr als das selbständige Seiende, sondern als das beständig Sein Empfangende. Das war nicht mehr Aristoteles – Avicenna – Averroes, sondern eine thomistische Sonderleistung, die unter dem Namen der ›Realdistinktion‹ (zwischen der Substanz und ihrem Sein) in die Geschichte eingegangen ist. Diese theologisierende Umformung der *Metaphysik* des Aristoteles zog den Widerspruch sorgfältiger Aristoteles-Leser geradezu herbei. Nach dem Tod des Thomas begannen daher heftige Debatten. Aristoteles, Augustin und Averroes wurden jetzt genauer gelesen als zuvor, und manchem christlichen Lehrer kam es nun vor, als sei nicht Averroes der Verfälscher des Aristoteles, sondern Thomas der Verfälscher des Averroes. Ausführliche Debatten über das Sein und das Wesen, über Substanz und Dasein, Substanz und Akzidens waren die Folge, an denen sich besonders Aegidius Romanus, Heinrich von Gent und Gottfried von Fontaines beteiligten.[75] In Auseinandersetzung mit ihnen baute Dietrich von Freiberg († gegen 1320), der Lehrer und Freund Meister Eckharts († 1328), seine Philosophie auf.

75 Grundlegend Neues zu den postthomistischen Diskussionen bei Catherine König-Pralong, Avènement de l'Aristotélisme en terre chrétienne, Paris 2005.

Dabei ging es um die Grundbegriffe der aristotelischen *Metaphysik*. Noch heftiger umstritten war die Position des Thomas zum aristotelischen Konzept von ›Seele‹ und Geist (›Intellekt‹). Für Aristoteles – aber auch für andere antike Philosophen – war die Geistseele oder der Intellekt das Haben des Allgemeinen. Erkennend, sagten sie, werde er selbst das Allgemeine. Das Wissen war die Erfassung des Notwendigen. Das Einzelne galt als das sinnlich Wahrnehmbare und Zufällige. Individuell war der Geist höchstens durch Verbindung zu einem Körper, aber die war ihm zufällig, nicht notwendig und mochte im Zusammenbruch des Organismus, also im Tod, zugrunde gehen. Dies war, nachdem neoplatonisierende christliche Denker der Antike den platonischen Gedanken der Seelenunsterblichkeit zu einer Wesenskomponente des christlichen Denkens gemacht hatten, ein Skandal für christliche Theologen; sie waren an der Belangbarkeit der Einzelseele nach dem Tod, an ihrem Weiterleben zwecks Strafe und Belohnung interessiert. Thomas interpretierte Aristoteles so lange, bis individuelle Unsterblichkeit herauskam; damit trat er in scharfen Gegensatz zu Averroes und den ›Averroisten‹. Auch Bonaventura hatte sich, wie gesagt, aristotelischer Grundbegriffe bedient, aber die Mängel des Aristotelismus grell bezeichnet. Thomas zog Aristoteles auf die Seite seiner, wie er selbst sagte, theologisch befehligten Philosophie und baute ihn entsprechend um. Seine Lehre von der Geistseele und von der Seligkeit des Menschen waren mit aristotelischen Materialien gebaut, aber von seiner Theologie überformt. In der Frage der Ewigkeit der Welt begnügte er sich damit, daß sie nicht beweisbar sei, während Albert gelehrt hatte, in dieser Frage müßten Naturphilosophen anders urteilen als die Theologen. Die artes-Lehrer waren berufsmäßig Aristoteles-Erklärer geworden; bei ihnen regte sich Widerstand gegen die Umdeutung durch Thomas. Sie brauchten nur der Maxime Alberts zu folgen und sich auf den Standpunkt der unkorrigierten Philosophie des Aristoteles zu stellen. Jetzt waren sie der Häresie verdächtig.

9. Philosoph von Beruf: Siger von Brabant

Der berühmteste Fall der Ausgeschlossenen war Siger von Brabant (ermordet 1286 in Orvieto).[76] Er war Albert-Schüler wie Thomas auch. Nur wo Thomas sich bemühte, Aristoteles an die theologische Generallinie anzunähern, entschied Siger sich für Trennung von Theologie und Philosophie. Nicht, als bestritte er die Theologie; er beschränkte sich nur auf seine berufliche Aufgabe der Aristoteles-Erklärung. Er verteidigte wie Albert die methodische Selbständigkeit der Vernunft. Wer die Aufgabe des christlichen Denkens darin sah, aus Vernunft und Glaube ein korrektes theologisches Gesamtsystem zu bauen, mußte dies verwerfen – als unerlaubte Abweichung und als eitle Selbstermächtigung des Denkens gegenüber der Tradition. Daher die Anklagen gegen Siger, deren Wortführer Thomas war und die zu seiner Vertreibung aus Paris geführt haben. Dante hat ihn aus dem Mund des heiligen Thomas rehabilitiert.

76 Dazu François-Xavier Putallaz – Ruedi Imbach, Profession philosophe: Siger de Brabant, Paris 1997.

10. *Diskussionspunkte*

Die einzelnen Streitpunkte ergaben sich aus der Vorgeschichte: Erstens: Konnte das Universum als zufällig geworden gedacht werden, oder mußte man sagen, es sei immer gewesen? Welche ontologische Selbständigkeit kam der Substanz zu angesichts der Allwirksamkeit des göttlichen Weltgründers? Wie waren Substanz und Dasein, Substanz und Akzidens korrekt zu definieren? Zweitens: Kann man als Aristoteliker die individuelle Seelenunsterblichkeit beweisen? Wenn nicht, geht dann jede ethische Verbindlichkeit verloren? Und drittens: War es innerhalb einer christlichen Zivilisation erlaubt, einen methodisch selbständigen Bezirk der Vernunft abzugrenzen, der sich auf Aristoteles und seine Kommentatoren gründete?

Darüber stritten die vier Konzeptionen, die Dante vorfand, als er um 1290 Philosophie studierte. Alle blickten dabei auf Aristoteles und seinen Kommentator.

Albert war der überragende Lehrer, der viele Texte und Denkmöglichkeiten erschlossen hatte, den kohärenten Peripatetismus Sigers, den theologisch kontrollierten des Thomas und dessen weitgehende Ablehnung mit partiellen Zugeständnissen durch Bonaventura. Albert hatte bei der Aristoteles-Erklärung theologische Interventionen abgewiesen. In anderen Texten wollte er die theologischen Mysterien vor philosophischen Eingriffen schützen. Das war insgesamt ein zweigleisiges, nichtharmonistisches ›System‹. Wegen seiner vielfachen Anknüpfungsmöglichkeiten war es historisch fruchtbar.

Bonaventura hatte aristotelische Termini an untergeordneter Systemstelle akzeptiert, betonte aber, besonders in seiner Endphase um 1273, die Gefahren, die das griechisch-arabische Wissen für die Christen mit sich bringe.

Thomas von Aquino brachte diese neue Denkwelt in ein umfassendes christliches Schema. Es umfaßte nicht nur die Bibel und die bei Petrus Lombardus gesammelten Sentenzen, sondern verband auch Positionen der peripatetischen Tradition mit der neuplatonisch-christlichen Philosophie mit ihrem Muster des Ausgangs der Geschöpfe von Gott und ihrer Rückkehr zu ihm. Er anerkannte die Selbständigkeit der Philosophie, aber nur bis zum theologisch fixierten Punkt; er unterwarf Vernunft, Philosophie und weltliche politische Macht der von seiner Theologie beratenen päpstlichen Herrschaft. Sie mußten nach *deren* Kriterien nützlich sein. Aber die Philosophen hatten inzwischen ihre eigenen Kriterien entwickelt: Widerspruchsfreiheit im Anschluß an die logischen Schriften des Aristoteles hatten Anselm und Abaelard auch von christlichen Lehren gefordert; die Schule von Chartres und die Rezeption der griechisch-arabischen Philosophie hatten die Konsistenz der Naturdinge entdeckt; einige Denker hatten ausgewählte Motive Augustins und fast alle Philosopheme des Boethius weiterentwickelt. Daher waren Konflikte mit dem päpstlichen Weltherrschaftsanspruch unvermeidlich, sei's der päpstlichen Wissenschaftspolitik, sei's ihren realpolitischen Eingriffen. Dies hat Leben und Denken Dantes bestimmt.

II. Dante gegen päpstliche Weltherrschaft in Politik und Wissenschaft

Man darf sich das intellektuelle Leben zwischen 800 und 1300 nicht so vorstellen, als hätten einsame Genies in isolierter Stellung mit den Weltproblemen gerungen. Sie lebten, lasen und dachten in ihrem sozialen Kontext. Zunächst am Hof von Kaiser Karl und seinem westfränkischen Nachfolger, dann in einem der von Karl disziplinierten Benediktinerklöster, später in einer Kathedralschule, zuletzt an der Universität. Allein schon, um eine noch so kleine Bibliothek zur Verfügung zu haben, war eine soziale Organisation gefordert. Aber auch die innere Motivation der intellektuellen Arbeit hing oft, nicht immer, mit dem Zweck dieser Institutionen zusammen. Dies alles bedeutete Themenvorgaben, Diskussionszusammenhänge und -Kontrolle, auch Zensur. Es gab früh Ketzerverdächtigungen, so schon im 9. Jahrhundert gegen Gottschalk und Johannes Eriugena, aber zwischen 800 und 1050 hatten solche Konflikte lokalen Charakter. Es gab Debatten innerhalb desselben Klosters wie in Corbie; es gab Verurteilungen und Verhaftungen wie im Fall Gottschalks, aber eine große, überregionale Auseinandersetzung entbrannte erst im Streit um Berengar von Tours († 1088) und gleich darauf im Investiturstreit.

In der zweiten Hälfte des 11. Jahrhunderts verschob sich das Verhältnis von Kultur und Politik, von Kirche und Bildung. Der Papst in Rom trat zunehmend als Glaubensrichter auf. Er entzog den Ortsbischöfen und Äbten mehr und mehr die Kontrolle über Bücher und Lehren und schuf sich schließlich mit der Universität Paris ein eigenes Organ der Denkarbeit und der Ausbildung.

Diese Entwicklung hatte viele Ursachen; grob könnte man sagen: Jetzt übernahm das erstarkte Papsttum die kulturelle, intellektuelle und politische Führung; der Römische Kaiser, mächtiger noch als gegen Ende des Mittelalters, geriet seit etwa 1075 in Konflikt mit der auf ihre ›Freiheit‹ pochenden Papstkirche. Vor 1050 hatten deutsche Kaiser Päpste, Bischöfe und Äbte eingesetzt. Das war mit dem gestiegenen Unabhängigkeitsbewußtsein der geistlichen Herren schwer vereinbar. Rom arbeitete daran, den Klerus nach den Idealen des Mönchtums umzuformen. Es forcierte die Überlegenheit alles Geistlichen über das Weltliche. Vor allem stießen die deutschen Könige auf den Machtanspruch der Päpste, die aus den deutschen Bischöfen päpstliche Kirchenbeamte machen wollten. Sie waren aber seit Otto I. Reichsfürsten und hatten ihre politische Herrschaft gegen die Zentralgewalt zunehmend ausgebaut.

Der Beginn dieser Entwicklung und die ersten großen Konflikte sind mit dem Namen von Papst Gregor VII. (1073–1085) verbunden. Zunächst schien er nicht mehr zu verlangen, als daß die Kirche ihre Sachen selbst regeln kann. Aber dies war unter den seit Karl dem Großen bestehenden Bedingungen schon die Revolution. Er wollte die Bischöfe selbst ernennen oder absetzen, er mußte den Einfluß der Großen, vor allem den des Römischen Kaisers, zurückdrängen. Er zentralisierte die kirchliche Verwaltung. Er forderte die ›Freiheit der Kirche‹. Er erließ neue Bestimmungen zum Beispiel im Ehe- und Erbrecht und machte sich damit zum wahren europäischen Gesetzgeber. Wie er sein Amt auffaßte, faßte er in einem kurze Programmtext zusammen, dem sog. *Dictatus papae.* Er beanspruchte, der Papst sei der einzige Bischof für die gesamte Welt; alle Fürsten hätten seine Füße zu küssen. Alle größeren Entscheidungen in allen Bistümern habe *er* zu fällen. Er hat alles zu beurteilen, ihn hat niemand zu beurteilen. Er hat das Recht, Kaiser abzusetzen, nicht nur Bischöfe. Ein Römischer Bischof kann nicht irren; durch die Verdienste des heiligen Petrus wird er unfehlbar heilig. Auch die kanonischen Bücher, also die Heilige Schrift und die Kirchenväter, haben nur Autorität kraft seiner Genehmigung.[77]

77 Gregor VII. bei Carl Mirbt – Kurt Aland, Quellen zur Geschichte des Papsttums und des römischen Katholizismus, Band 1, Tübingen ^{6}1967, Nr. 547 S. 282.

Dieses Programm war undurchführbar; es widersprach den Machtverhältnissen der Zeit um 1075. Und doch war es außerordentlich folgenreich: Der Papst faßte den Gedanken, er sei als Repräsentant Gottes der Herr der Welt. Wenn er Kaiser absetzen konnte, wenn alle Fürsten seine Füße zu küssen hatten, war klar, wer ihr Herr war. Er selbst war die oberste Instanz; niemand durfte ihn richten. Er hatte zu bestimmen, wer herrschen durfte; er setzte fest, welche Bücher Autorität hatten. Sein Herrschaftsanspruch war universal; er galt politisch wie kulturell. Er griff daher auch in den Streit um Berengar ein und suchte ihn endgültig zu entscheiden. Er versuchte, sein Recht als Weltregent auszuüben, indem er befahl, niemand dürfe dem 1076 abgesetzten König Heinrich dienen, *ut nullus sicut regi serviat.*[78] Im März 1081 erklärte Gregor noch einmal seine Konzeption: Wenn der Papst die Macht hat, den Himmel zu öffnen und zu verschließen, dann hat er erst recht die Macht, über die Erde zu urteilen. Es sei doch gar kein Zweifel, daß die Priester Christi die Väter und Magister der Könige und Fürsten seien. Der Papst ist verantwortlich für die Wahrung der Glaubensüberlieferung und die rechte Lehre, für die *eruditio sacrae religionis.*[79] Für die Folgezeit entscheidend wurde dieser Doppelanspruch des Papstes; er sollte herrschen über die weltlichen Fürsten und über die intellektuelle Welt. Die Welt werde regiert von der heiligen Autorität der Bischöfe und von der königlichen Macht, aber die geistliche Macht stehe um so höher, als sie auch über Könige vor Gott Rechenschaft ablegen muß. Sie hat zu beurteilen, wer

78 Gregor VII. auf der römischen Fastensynode 1076, Mirbt Nr. 548 S. 283.

79 Gregor VII. am 15, März 1081 an Hermann von Metz, Mirbt Nr. 566 S. 289–295.

würdig ist, als König zu regieren. Innozenz III. präzisierte seine Rechtsauffassung in dem Decretale *Venerabilem fratrem* vom März 1202: Der Papst bestreite nicht das Recht der Fürsten, den Kaiser zu wählen. Aber ihm komme es zu, die erwählte Person zu bewerten. Und wenn die Wahl zwiespältig ausfalle, falle die Entscheidung an ihn. Er könne auch den Kandidaten der Minderheit wählen.[80] Dem Papst gehöre die weltliche Herrschaft nicht nur im Kirchenstaat, sondern auch in anderen Regionen.[81] Überhaupt verhalte sich die weltliche zur geistlichen Macht wie der Mond zur Sonne, die allein das Licht gibt.[82] Innozenz III. bezog die Worte Gottes an den Propheten auf den Papst, dem Gott sage: *Ecce, constitui te super gentes et regna, ut evellas et destruas, et dissipes, et aedifices et plantes. Sieh, ich habe dich gesetzt über die Völker und die Königreiche, damit du ausreißt, zerstörst und zersprengst, und damit du aufbaust und pflanzt.*[83] Das war eine radikale Vollmacht, von Gott selbst dem Papst verliehen. Papst Bonifaz VIII. gab 1303 dem Weltherrschaftskonzept der Päpste den bekannten extremsten Ausdruck in seiner Bulle *Unam sanctam.*

Den Päpsten standen mehrere historische Legenden zur Verfügung, um den Anspruch auf politische Oberherrschaft zu begründen: Da war die Erzählung von der Konstantinischen Schenkung, als habe Konstantin dem Papst die gesamte Herrschaft im Westen geschenkt. Da war die Legende, es sei der Papst gewesen, der die deutschen Könige mit der Kaiserwürde ausgestattet habe und die er ihnen also auch wieder nehmen

80 Innozenz III., Decretale ›Venerabilem fratrem‹ vom März 102, Mirbt Nr. 596 S. 307.
81 Innozenz III., Decretale ›Per venerabilem‹ 1202, Mirbt Nr. 597 S. 309.
82 Innozenz III. an Acerbus am 30. 10. 1198, Mirbt Nr. 599 S. 311.
83 Innozenz III., Decretale ›Novit‹ von 1204, Mirbt Nr. 598 S. 311.

könnte, so Papst Bonifaz VIII.[84] In der Hand des Papstes waren demnach beide Schwerter, das geistliche und das weltliche.

Das Programm war unausführbar, es widersprach der älteren Tradition sowohl der Kirche wie des Reichs. Und in derselben Zeit, in der es immer konsequenter ausgearbeitet wurde, wuchs das Selbstbewußtsein auch der weltlichen Herrschaft. Mit der Rezeption des Aristoteles verbreitete sich die Einsicht, der Mensch sei seiner Natur nach, also mit Notwendigkeit ein politisches Wesen und die politische Herrschaft habe ihre Legitimation nicht durch religiöse Zeremonien, sondern durch die Natur des Menschen. Das päpstliche Herrschaftskonzept lief aber darauf hinaus, die Wahl eines deutschen Königs bestimmen zu können wie die eines Bischofs. Der Papst konnte vorschreiben, wen die deutschen Fürsten zu wählen hatten. Das stieß auf Widerstand, aber es hatte damals auch eine gewisse Plausibilität: Wenn alles Geistliche höher steht als das Weltliche, soll es über jenes herrschen. Wenn der Papst nicht nur Vertreter des Apostels Petrus, sondern Christi, also Gottes, war, konnte er in aller Demut sich von allen Herrschern die Füße küssen lassen. Seine Nachfolger im beginnenden 13. Jahrhundert, Honorius III. (1216–1227) und Gregor IX. (1227–1241) bestimmten, wie gesagt, welche Bücher in Paris verboten waren. Andere große Päpste wie Innozenz III. (1198–1216), Bonifaz VIII. (1294–1303) und Johannes XXII. (1316–1334) brachten dieses Projekt an den Rand der Realisierbarkeit und damit zum endgültigen Scheitern. Zuvor war es der Grund für eine Serie von Konflikten mit wechselndem Ausgang. In den Diskussionen und Traktaten über die *plenitudo potestatis*, also über den weltlichen Herr-

84 Bonifaz VIII., Bulle ›Apostolica sedes‹ vom 13.5.1300, Mirbt Nr. 745 S. 458.

schaftsanspruch der Päpste, fand es literarischen Ausdruck. Für die Kontrolle der intellektuellen Arbeit behielt es Kraft bis über die Verbrennung von Hus hinaus; die Vielzahl aufsässiger und einander widersprechender Theorien konnte es freilich nicht verhindern. Der Vernunftanspruch vieler Städter und die intellektuelle Produktion hatten bereits eine Eigendynamik, die nicht mehr vollständig zu beherrschen war. Daher die Bekämpfung der Ketzer, die im 13. Jahrhundert dabei waren, ganze Landstriche aus der Oberherrschaft des Papstes herauszubrechen, was zu den grausamen Kämpfen gegen die Albigenser führte (1209–1229).

Ich fasse zusammen: Dante stellte sich als Dichter und Politiktheoretiker gegen drei Haupttendenzen des 13. Jahrhunderts. Er stemmte sich gegen alle drei zugleich, denn sie hatten einen gemeinsamen Ursprung: die Politik der Päpste.

Dante verurteilte die Rebellion der reichen italienischen Städte gegen den Kaiser, die oft vom Papst gestützt und gedrängt wurden, um den Kirchenstaat zu schützen und abzurunden;

er wandte sich gegen die offiziellen Ansprüche auf allumfassende Macht des Papstes, die *plena potestas*, weil sie dem Gemeinwesen die naturentsprungene Eigenwertigkeit nehmen;

er weigerte sich, Wissen und Gemeinwesen dem Befehl des Papstes zu unterstellen. Er verteidigte das unabdingbare Eigenrecht natürlicher Werte und Institutionen. Unter Nutzung thomistischer Motive sah er sie als Folge der Erschaffung. Als Dichter, Philosoph und politischer Denker antwortete er schroff und klar auf diese geschichtlichen Herausforderungen.

VIER

RÜCKBLICKI.

DANTE-BILDER

1. Dante verändert sich

Goethe ging respektvoll auf Abstand zu Dante. Was ihm einfiel zur *Commedia*, waren: Großheit und Maßlosigkeit. Goethes Urteil erinnert an den geschichtlich-wechselhaften Charakter unserer Dante-Bilder. Kulturelle Bedingungen der Leser gehen ein in das Bild, das sie sich von einem Buch und seinem Autor machen. Deswegen werfe ich einen Blick auf den Wandel der Dante-Auffassungen. Sie sind nicht so stabil und nicht so gesichert, wie der glaubt, der sie jeweils vertritt. Die letzten drei Jahrzehnte des 20. Jahrhunderts der Dante-Deutung in Italien boten ein belehrendes Schauspiel: 1968 und davor herrschte in Italien großes Interesse an den politischen Fragen Dantes, also an seiner Prophetie der Rettung Italiens, am Elend Italiens durch die politische Macht der Kirche und an der Entstehung einer neuen Gesellschaft, dreißig Jahre später drängten sich theologische Deutungen vor. Im Kommentar von Anna Maria Chiavacci Leonardi wimmelt es seit 1991 von Bibelzitaten, Liturgietexten und Thomas von Aquino. Es herrscht der Ton frommer Ergriffenheit und devoter Preisung. Wer historisch ein wenig zurückblickt, erkennt kulturelle Voraussetzungen der Dante-Bilder von früher und heute; der Dante-Leser bekommt Gelegenheit zu sehen, wo er steht.

Einen anderen Zweck hat der im Folgenden versuchte Einblick in die Rezeptionsgeschichte nicht. Er will nicht vollständig sein; selbst Autoren, über die ich mich schon im vorliegenden Text und sonstwo geäußert habe – wie Erich Auerbach –, kommen hier nicht vor.[1] Ich will nur anzeigen, wie generelle Prämissen in die Dante-Lektüre eingehen. Auch in meine eigene. Es dürfte klar geworden sein: Sowohl gegen die primär politische wie gegen die primär theologische Dante-Auslegung lese ich die *Commedia* als philosophierende Poesie mit politischer Absicht. Die philosophische Position Dantes sehe ich weniger durch Thomas von Aquino bestimmt als durch Aristoteles–Averroes–Albert. Dante verband ihre Philosophie, die immer auch in verschiedenen Graden Platonisches enthielt, mit franziskanisch-spiritualistischen Ideen.

2. *Von Petrarca zu Vico (1725)*

Dante hat Petrarca und Boccaccio ermöglicht. Von Dantes Tod bis ins hohe 16. Jahrhundert gab es kundige Verehrung für die *Commedia*; viele Abschriften und zahlreiche Kommentare zeugen davon. Und doch bewegte sich die kulturelle Entwicklung von ihm weg, auch durch Petrarca und selbst beim Dante-Verehrer Boccaccio. Die politische Hoffnung für Italien war erloschen; die christlich-pauperistischen Ideen schienen unanwendbar; die Latinität drängte sich wieder vor, denn der Abstand der

1 Ohne die ideengeschichtlichen Rückblicke von Erich Auerbach übernehmen zu können, habe ich im Sinne von Auerbachs *Dante als Dichter der irdischen Welt* weiterzuarbeiten versucht. Zu der zweiten Auflage (Berlin 2001) habe ich ein Nachwort geschrieben. Auch Auerbachs *Mimesis* (Bern [3]1964) war mir wichtig, ebenso seine *Gesammelten Aufsätze zur romanischen Philologie*, ed. Fritz Schalk, Bern 1967. Eine weitere Auseinandersetzung mit der Dante-Deutung Auerbachs wäre zu detailliert ausgefallen und hätte den einleitenden Charakter des vorliegenden Buches gestört.

Gebildeten zum ›Volk‹ wuchs; Dichter hielten Distanz zu den zerstrittenen Theologien, erst recht nach deren posttridentischen dogmatischen Verhärtung. Eine *philologisch-historisierende* Zuwendung zu den Literaturen in den Volkssprachen gab es noch nicht. Schlechte Zeiten für die *Commedia* vom endenden 16. bis ins hohe 18. Jahrhundert; sie erschien mittelalterlich, roh und phantastisch. Dantes *Monarchia* hatte hingegen Konjunktur, nachdem sie 1559 im protestantischen Basel gedruckt war.[2]

Einen originellen Neuanfang bedeuteten die Überlegungen des neapolitanischen Geschichtsdenkers und Philologen Giambattista Vico. Er hat viel nachgedacht über Homer und das Wesen der Poesie. Er spricht davon in den beiden Auflagen der *Scienza Nova* von 1725 und von 1744. Er wendet seine Einsichten auf Dante an, vor allem im Brief vom 26. Dezember 1725 an den jungen Dichter Gherardo degli Angioli, der sich für Dante begeisterte – im Gegensatz zu den meisten jungen Leuten, denen Dante zu rauh, zu gewaltsam sei und die eher etwas Glattes und Angenehmes suchten.[3] Vico erklärt die Vorliebe des Gherardo zunächst mit dem melancholischen Temperament des jungen Freundes, dann aber damit, daß er sich der Verführung durch die neueste Philosophie entziehe. Diese nämlich gehe darauf aus, alle seelischen Fähigkeiten abzutöten, die aus der Verbindung der Seele mit dem Leib entstehen, vor allem die Imagination, die man als Mutter aller Irrtümer verdamme (S. 315). Dabei seien doch Gedächtnis und Phantasie die Quellen aller Erfin-

2 Francis Cheneval, Die Rezeption der Monarchia Dantes bis zur Editio Princeps im Jahre 1559: Metamorphosen eines philosophischen Werks, München 1995.

3 Giambattista Vico, Lettera IX a Gherardo degli Angioli, in: Opere, Band 1, ed. Andrea Battistini, Mailand 1990, S. 315–321.

dungen. Deswegen seien die wichtigsten Erfindungen in den barbarischen Zeiten gemacht worden: Der Kompaß, der Blutkreislauf, das Schießpulver, der Buchdruck und das Fernrohr. Gerade diese Erfindungen hätten unser Bild von der Erde, vom Menschen und vom Sternenhimmel am meisten verändert. Es sei der poetische Sinn Gherardos, der ihn Dante habe schätzen lernen, ohne fremde Hilfe und gegen den Geschmack der meisten Jungen, die heute Dante ungebildet und roh finden (S. 316). Gherardo, ein melancholisches Talent, lasse sich seine Einfälle nicht durch ein Übermaß an Reflexion verderben, er schreibe Poesien in *einem* Wurf. Und er müsse wissen, warum Dante so roh erscheint: Er lebte inmitten wilder Barbarei; Florenz sei durch seine inneren Konflikte zwischen Bianchi und Neri für 200 Jahre verroht. Die Kämpfe seien so hart gewesen, daß die Menschen in den Wäldern oder in den Städten wie in Wäldern lebten (S. 317).

Dantes Lage als Dichter sei vergleichbar mit der Homers: Wie Homer habe auch Dante seine Sprache aus den verschiedenen Dialekten zusammenbauen müssen, und wie Homer, der in der barbarischen Zeit Griechenlands lebte, habe er ausgesuchte Martern geschildert. Die Gesellschaft sei so zerrissen gewesen, daß sprachliche Verständigung kaum möglich war; Gebärdensprache und Schreie, *la lingua muta* statt der *lingua articolata*, hätten geherrscht. Nur der Klerus sei eine einheitliche Gruppe gewesen und habe seine eigene Sprache, das Lateinische, gesprochen. Vico sagt es nicht so direkt, aber er deutet an: Dantes Höllenphantasien haben etwas Urtümliches, Phantastisches, Unreguliertes: sie klingen wie die Schreie bei Gestikulationen von Wilden, aber gerade dieses Ungeglättete und Ungeschönte sei die Wurzel der Poesie und habe zu der rohen Zeit gepaßt. Dante als poetisches Urgestein komme uns ungehobelt vor, das aber habe seinen Grund in der Unterdrückung der Phantasie und ihres Erfindungsreichtums durch die Reflexion der neueren Philosophie. Zuhörer zur Zeit Dantes hätten ihre Freude an elementaren Ausbrüchen gehabt, wie ja heute noch die weniger zivilisierten Engländer in ihren Tragödien Grausamkeiten zu schätzen wüßten. Später seien sie ihnen unerträglich erschienen. Eine Humanisierung trete schon in der *Odyssee* im Vergleich zur *Ilias* hervor. Dante ändere im *Purgatorio* die Tonart: Wie die *Odyssee* die Geduld des Odysseus feiere, so ertrügen im *Purgatorio* die Seelen ihre Strafen in gleichbleibender Geduld und erfreuten sich im *Paradiso* ewigen Friedens und Glücks (S. 319). Im *Inferno* lasse er seiner Phantasie freien Lauf.

Im Jahr 1764 erschien Voltaires *Dictionnaire philosophique.* Es enthält einen Artikel über Dante. Dieser erzählt den Inhalt des *Inferno* und stellt dann fest, diese *Commedia* sei weder komisch noch heroisch, sondern bizarr. Voltaire spottet über die Dante-Erklärer, die sich bemühen festzustellen, wer die Personen seien, die Dante in die Hölle steckt; es wäre gar zu schlimm, wenn wir uns in einer so wichtigen Sache im Irrtum befänden. Voltaire behandelte Dante selbst mit mehr Respekt. Er habe einige Verse geschrieben, die so glücklich und so naiv seien, daß sie seit vierhundert Jahren nicht veralten konnten. Sie werden niemals veralten, *ils ne vielleront jamais.* Und schließlich errege eine Dichtung, die mehrere Päpste in die Hölle versetzt, ein gewisses Interesse. Voltaires Artikel endet mit einem hübsch gereimten ironischen Gedicht, das die Geschichte Guidos von Montefeltro, *Inferno* canto 27 (Voltaire schreibt fälschlich: 23), erzählt und sich mit Dante lustig macht über Bonifaz VIII., der im Voraus Absolution verspricht für künftige Kriegsverbrechen, die Guido in seinem Namen begehen wird. Beim Tod Guidos will der Teufel ihn holen; Guido widerstrebt dem, er sei heilig durch das Gewand des heiligen Franz und er habe bereits die Absolution des Papstes. Aber der Teufel hat in Italien genug Theologie gelernt, um zu wissen, daß eine Lossprechung nur Wert hat, wenn dieselbe Sünde nicht noch einmal begangen wird. Das sieht auch Guido ein, und er ergibt sich dem Teufel. Der erteilt ihm zwanzig Peitschenhiebe. Guido betet zu Gott, daß er diese Hiebe weitergebe an Bonifaz VIII.[4]

Voltaire macht aus Dantes *Commedia* ein komisches Stück. Dessen Spitze richtet sich nicht gegen Dante, sondern gegen die Korruption, um derentwillen Dante sowohl Guido wie Bonifaz in die Hölle steckte.

4 Hier die Schlußverse von Voltaires Gedicht, Œvres complètes, Band 39, Kehl 1784, S. 229:

J'aurais toujours, répondit le démon,
Un grand respect pour l'absolution:
On est lavé de ses vieilles sottises,
Pourvu qu'après, autres ne soient commises.
J'ai fait souvent cette distinction
A tes pareils, et grâce à l'Italie,
Le diable fait de la théologie.
Il dit, et rit: je ne répliquai rien
A Belzébuth; il raisonnait trop bien.
Lors il m'empoigne, et d'un bras roide et ferme
Il appliqua à ma triste épiderme
Vingt coups de fouet, dont bien fort il me cuit;
Que Dieu le rende à Boniface huit.

3. *Deutsche Philosophen: Schelling 1803*

Einen markanten Schritt im öffentlichen Nachdenken über die *Commedia* bildet die kleine Abhandlung von Schelling: *Dante in philosophischer Beziehung,* die 1803 erschienen ist. Er leitet sie mit der Bemerkung ein: Die Gegenwart ist unerfreulich, schauen wir lieber in die Vergangenheit, aber die Pointe dieses Aufsatzes besteht darin, daß die Betrachtung der *Commedia* wieder in die Gegenwart zurückführt. Denn die *Commedia* erklärt uns die Aufgabe der Kunst in der Moderne. Nicht als sei die Betrachtung der *Commedia* ein Teil der allgemeinen Kunsttheorie: Dantes Werk sei so einzigartig, daß es mit nichts anderem verglichen werden könne; es sei eine eigene Welt und fordere eine eigene Theorie: »ein absolutes Individuum, nichts anderem und nur sich selbst vergleichbar«.[5] Gattungstheoretische Betrachtungen reichen nicht an sie heran; sie ist eine Gattung für sich. Man könnte zwar sagen: Das *Inferno* ist dramatisch, das *Purgatorio* episch, das *Paradiso* lyrisch, wie man auch sagen kann, die erste cantica sei plastisch, die zweite malerisch, die dritte musikalisch, aber das Werk ist die Gesamtheit dieser drei Teile, und jeder muß vom Ganzen her beurteilt werden.

Poesie erstrebt ihrem Wesen nach Universalität. Sie muß jeden Menschen betreffen können. Die antike Dichtung, argumentiert Schelling, sei von der Allgemeinheit ausgegangen, von den Griechen vor Troja bei Homer, von der Gründung Roms bei Vergil. Aber Dante setze bei sich selbst ein. Er nehme seine

5 Friedrich Schelling, Dante in philosophischer Beziehung, in: Hugo Friedrich (Hg.), Dante Alighieri. Aufsätze zur Divina Commedia, in: Wege der Forschung 159, Darmstadt 1968, S. 17. Vgl. Wolfram Hogrebe, Schelling und Dante, in: Deutsches Dante-Jahrbuch 62 (1987), S. 7–31.

Besonderheit zum Ausgang, die zur Allgemeinheit werden soll (S. 17). Das kann nur geschehen durch Einarbeitung der ganzen Geschichte dieses Individuums; diese Dichtung werde also historisch, nicht im Sinn der modernen Geschichtswissenschaft, sondern als Erfahrungsfülle der Vergangenheit. Und da bei Dante das Universum selbst poetisch sei, nehme Dante auch dessen Poesie auf in seinem Streben zum Universalen. Daher gehören Astronomie, Philosophie und Theologie in dieses Gedicht, das deswegen aber nicht zum Lehrgedicht werde. Daher stelle Dante der modernen Dichtung die Aufgabe, vom Individuum zum Allgemeinen zu führen, was ohne Aufnahme der geschichtlichen Welt des Individuums nicht möglich ist. Vom Einzelnen aus geht es in die unendliche Vielfalt des Lebens. Das schlechthin Individuelle soll absolut werden. Das wiederum verlangt die »wechselseitige Verschmelzung« von Philosophie und Poesie, »wozu die ganze neuere Zeit sich neigt« (S. 16).

Das habe Dante vorgeführt und sei damit zum »Schöpfer der modernen Kunst« geworden (S. 18). Er habe gezeigt, was der moderne Dichter zu tun hat: »das Ganze der Geschichte und Bildung seiner Zeit, den einzigen mythologischen Stoff, der ihm vorliegt, in einem poetischen Ganzen niederzulegen« (S. 19). Der Künstler der Moderne gehe von *sich* aus; seine Wahl sei willkürlich, aber dies sei das Schicksal der modernen Kunst: Sie kann »ohne diese willkürliche Nothwendigkeit und nothwendige Willkür nicht gedacht werden« (S. 18). Seine Welt ist einzig, ist eine Welt für sich, »ganz der Person angehörig« (S. 19). Und sie ist als solche zugleich historisch und philosophisch. So nur vereint sie die »absoluteste Individualität« mit Allgemeingültigkeit (S. 21). Es wäre von untergeordnetem Interesse, die Naturauffassung, die Philosophie oder Theologie Dantes aus dieser Einheit von Poesie, Historie und Philosophie wieder herauszulösen, da deren Verschmelzung das Charakteristische der *Commedia* ist. Klar jedenfalls sei die bestimmende Rolle des Aristoteles, den Dante aber immer in Verbindung mit platonischen Konzepten verstanden habe (S. 20).

Schelling sah die »Kraft und Gediegenheit einzelner Stellen«, die »Einfachheiten und unendliche Naivetät einzelner Bilder« (S. 20), aber damit hielt er sich nicht lange auf. Ihm ging es darum zu zeigen: Die Dreiteilung nach Hölle, Fegefeuer und Paradies sei »unabhängig von der besonderen Bedeutung dieser Begriffe im Christenthum« (S. 21). Die drei großen Gegenstände des Wissens und der Erfahrung: Natur als Grundlage, Geschichte als Erfahrung und Läuterung sowie Kunst als Gestaltung dieser Bereiche kommen nur in der Kunst als gegenwärtig, als »absoluter Zustand« heraus. Nur hier sind sie gegenwärtig, weil die Kunst »die Ewigkeit anticipiert, das Paradies des Lebens ist« (S. 21). Die einzelnen theologischen Vorstellungen nehme Dante auf, weil nur sie seinem unbegrenzten Stoff Form und Begrenzung gaben.

Zur Charakteristik der einzelnen cantiche trägt Schelling über das bereits Gesagte hinaus nach: Das *Inferno* ist das stärkste im Ausdruck. Schelling erklärt sich und uns den Abscheu der vorausgehenden Jahrhunderte: »Dantes Geist entsetzt sich nicht vor dem Schrecklichen, ja er geht bis an die äußerste Grenze desselben« (S. 23). Aber: »Zwischen den Verbrechen und den Qualen ist nie ein anderer als poetischer Zusammenhang« (S. 23). »Auf einem Theil des Purgatorium ruht eine tiefe Stille, da die Wehklagen der untern Welt verstummen, auf den Anhöhen desselben, den Vorhöfen des Himmels, wird alles Farbe; das Paradies ist eine wahre Musik der Sphären« (S. 23).

4. *Das Individuum wird bleibende Figur: Hegel um 1820*

Hegel hat in seinen *Vorlesungen über die Aesthetik* kurz und nachdrücklich über die *Commedia* gesprochen. Er geht einen Schritt hinter Schelling zurück, und zwar in zweifacher Hinsicht: Er studiert die *Commedia* unter dem Gesichtspunkt der Entwicklung der *epischen* Poesie, also einer einzelnen Gattung, und findet, im gewöhnlichen Sinne sei sie kein Epos, denn es »fehle eine auf der breiten Basis des Ganzen sich fortbewegende, individuell abgeschlossene Handlung« (S. 409).[6] Dennoch zeichne dieses »*Epos*« sich aus durch »festeste Gliederung und Rundung«. Die Darstellung könne daher nur die Form einer Wanderung durch fertige, unveränderliche Gebiete annehmen. Zweitens rückt Hegel die *Commedia* ins Mittelalter zurück; von einer wegeleitenden Rolle für die Poesie der Moderne ist bei ihm nicht die Rede. Dante gehört ins katholische Mittelalter. Zwar spiele die Antike herein als »Leitstern und Gefährte menschlicher Weisheit und Bildung«, aber »wo es auf Lehre und Dogma ankommt, führt nur die Scholastik christlicher Theologie und Liebe das Wort« (S. 410). Hegel rückt Dante zunächst weit ab vom Dante-Leser, weiter jedenfalls als Schelling, aber dann holt er zu einer Beschreibung aus, deren Ertrag aus der Dante-Deutung nicht mehr verschwinden konnte, zumal Erich Auerbach sie wiederbelebt hat:

Gegenstand der *Commedia* sei nicht eine besondere Begebenheit, sondern »das göttliche Handeln, der absolute Endzweck, die göttliche Liebe in ihrem unvergänglichen Geschehen«. Das klingt nun wieder nach Mittelalter und Theologie, aber Hegel fährt fort: Dante »senkt nun die lebendige Welt menschlichen

6 Georg Friedrich Wilhelm Hegel, Vorlesungen über die Aesthetik, Dritter Band, Werke Band 10, Berlin 1838, S. 409.

Handelns und Leidens, näher die individuellen Thaten und Schicksale in dies wechsellose Daseyn hinein«. Das sieht zunächst so aus, als sähe Hegel die Individuen im ewigen Licht *verschwinden*, aber er fährt fort, zugleich stehe »das sonst Vergänglichste und Flüchtigste der lebendigen Welt, objektiv in seinem Innersten ergründet, in seinem Werth und Unwerth durch den höchsten Begriff, durch Gott gerichtet, vollständig episch da. Denn wie die Individuen in ihrem Treiben und Leiden, ihren Absichten und ihrem Vollbringen waren, so sind sie hier, für immer, als eherne Bilder versteinert hingestellt. In dieser Weise umfaßt das Gedicht die Totalität des objektivsten Lebens: den ewigen Zustand der Hölle, der Läuterung, des Paradieses, und auf diesen unzerstörbaren Grundlagen bewegen sich die Figuren der wirklichen Welt nach ihrem besonderen Charakter, oder vielmehr, sie *haben* sich bewegt und sind nun mit ihrem Handeln und Seyn in der ewigen Gerechtigkeit erstarrt und selber ewig. Wie die homerischen Helden für *unsere* Erinnerungen durch die Muse dauernd sind, so haben diese Charaktere ihren Zustand *für sich*, für ihre Individualität hervorgebracht, und sind nicht in unserer Vorstellung, sondern an *sich selber* ewig« (S. 409). Eine zusammenfassende Formel für das Dante-Bild Hegels könnte lauten: Figuren der wirklichen Welt mit ihrem besonderen Charakter bewegen sich hinein in ihre unzerstörbare, ewige Form. Aber Hegel bewertet dieses Aufbewahrtwerden der Individuen zugleich als Verschwinden oder Versteinerung. Überdies klingt seine Beschreibung, als habe er nur ans *Inferno* gedacht. Bei ihm ist außerdem Dante, der Wanderer, nur mit dem Besichtigen fertiger Verhältnisse beschäftigt. Daß es um ihn geht, daß er mit leidet, mit geläutert und mit beseligt wird, fällt aus Hegels Betrachtung heraus. Daß die Individualität Dantes der Ausgangspunkt ist und daß er zu seiner Entwicklung den Gang durch die drei Welten braucht, also ein historisches Universum aufarbeitet – diese Einsicht Schellings geht verloren. Hegel stellt klar, daß Dante nicht aus zeitlosem Himmel kam; er spreche die Sprache der antiken Dichtung und der christlichen Theologie. Seine Dichtung hat nichts Vorzeitlich-Urtümliches an sich; sie gehört zur geschichtlichen Welt um 1300. Hegel verengt sie gattungstheoretisch und konfessionell, wenn er die *Commedia* »das eigentliche Kunstepos des christlichen katholischen Mittelalters« (S. 408) nennt. Schelling sah in den christlichen Inhalten mehr das Allgemein-Menschliche und Mythologische und beschrieb, welchen Nutzen es für die Dichtung brachte: Es gab ihr Form und Begrenzung.

5. *Dante als Ideal des ernsthaften Italien: De Sanctis 1870*

Das Dante-Bild Schellings und Hegels zeichnete ein theoretisches Konzept; es hatte keinen Bezug auf die Kämpfe der Dante-Zeit. Die deutschen Denker suchten die Metaphysik Dantes. Das ethisch-politische Programm Dantes fehlte völlig. Von gesellschaftlichen Umbrüchen war nicht die Rede. Das Mittelalter, von dem Hegel redete, bestand nur aus Katholizismus und Theologie und christlicher Liebe; es war eine spiritualistische Entität, nicht der Übergang von der feudalen zur bürgerlichen Welt. Von der Rolle der Kommunen, von Tuchhandel und Geldwirtschaft war nicht die Rede. Dies änderte sich in der *Storia della letteratura italiana* des Francesco de Sanctis, deren erster Band 1870 erschienen ist.[7] De Sanctis (1817–1883) war

7 Ich überspringe, wie angekündigt, wichtige Entwicklungsstadien der Dante-Deutung wie Alfieri, Foscolo und Carducci und verweise dafür

aus dem Königreich Neapel in die Schweiz geflohen; er war von 1855 bis 1859 Professor in Zürich; er eilte, als die italienische Einheit sich abzeichnete, 1860 nach Italien, übernahm hohe politische Ämter, war mehrfach Unterrichtsminister und arbeitete mit Cavour zusammen. Er war ein Mann des Risorgimento. Sein Dante-Bild nahm Bezug auf den gesellschaftlichen Wandel der Zeit um 1300. Diese Entwicklung scharf herausarbeitend, bestand er auf dem Gegensatz von Dante und Boccaccio. An deren Kontrast beschrieb er die gesellschaftliche Entwicklung; bei Schelling und Hegel war von ihr und war von Boccaccio nicht die Rede.

Mit Dante sei das Mittelalter *gegangen*; auf die religiöse und kavalereske Welt sei die neue Generation der Bürgerlichen gefolgt, die beanspruchen, durch Tüchtigkeit an die Stelle des Adels zu treten. Dante war Laie, aber er übernahm die Funktion des Priesters und Reformers. Er stellte sich selbständig seiner Gesellschaft gegenüber und beurteilte sie nach strengen Regeln. Boccaccio mit seinem *Decameron* verlasse diese Welt und ihren großen Dichter; er gebe das alles auf: die Kultur der Ritter, die Mythologie und die Allegorie, alle dantesken Reminiszenzen (S. 302). Er teile die Interessen *seiner* Gesellschaft. Die neue Generation war De Sanctis zufolge schlapp und müde, *fiacca e stanca*, aber kultiviert und vergnügungssüchtig. Boccaccio passe sich dieser Welt an, die profan und frivol war. Er spiegelt sie, er tritt ihr nicht wie Dante *gegenüber.* Im Unterschied zu Dante überläßt er sich den wechselnden Eindrücken des Lebens; er sammelt sich nicht wie Dante in sich selbst. Dante und

zuletzt auf Enrico Ghedetti, I romantici italiani e il culto di Dante, in: LF 1, S. 303–325. – Von De Sanctis vgl. auch: Lezioni e saggi su Dante, ed. Sergio Romagnoli, Turin 1955.

Petrarca waren im Unterschied zu Boccaccio Geister, in sich gesammelt und ekstatisch, *spiriti raccolti ed estatici* (S. 304). Boccaccio wirft sich auf die Außenwelt; nie kommt er auf sich selbst zurück, nie neigt er ein nachdenkliches Haupt. De Sanctis wußte es noch genauer: Gedankenfalten haben diese Stirn nie berührt. *Le rughe del pensiero non hanno mai traversata questa fronte* (S. 304). Mit dem *Decameron* verschwinde alles das, was Dante auszeichnete: die Intimität, die Sammlung, die Ekstase, die unruhige Tiefe des Gedankens, das Leben des Geistes in sich selbst, das sich nährt von Phantasmen und Mysterien. *Nach* Dante stieg das Leben an die Oberfläche, glättete sich und machte sich schön. Es verzierte sich mit Erzählungen. »Die Welt des Geistes geht, es kommt die Welt der Natur« (S. 304). Es herrscht der Instinkt; die Literatur veranstaltet ihren Karneval der Imagination. De Sanctis spielt an auf die Hundertzahl der Novellen und stellt fest: Der Geist der *Commedia* ist verschwunden, was zurückblieb, ist nur ihr Knochengerüst. Die Welt draußen ist reicher und vielfältiger geworden. Es ist zum ersten Mal, daß das Fleisch in die Geschichte (der Literatur?) eintritt (S. 320). Aber innen ist diese Bürgerwelt leer; sie ist ohne Mythologie, ohne Glauben und ohne Ekstase; sie ist indifferent in religiöser, politischer und moralischer Hinsicht (S. 305). Dante urteilte nach den Gesetzen einer höheren Gerechtigkeit, Boccaccio überläßt die Welt blinden Naturkräften. Wenn es bei ihm überhaupt Tragik gibt, dann aus dem Zusammenstoß instinktiver Liebe mit gesellschaftlichen Vorstellungen von Ehre. Eine solche Tragödie bleibe äußerlich und oberflächlich. Dante kannte den Schmerz bis zur Zerfleischung, *strazio*, Boccaccio würzt damit seine Novellen, die er zum genüßlichen Zeitvertreib der bürgerlichen Gesellschaft erzählt. Bei Boccaccio trete der Zufall an die Stelle Gottes, dessen Name nur rein konventionell weitergebraucht wird. In Boccaccios Welt herrsche der Zufall als Gott: *Un mondo, cui dio è il caso* (S. 309).

Der Boccaccio des De Sanctis ist der reine Anti-Dante. Ernst ist in ihm nur die Apotheose des Einfallsreichtums, *l'apoteosi dell'ingegno*, und der Anspruch der Bourgeoisie auf Gleichberechtigung. Diese Bourgeoisie ist gebildet und selbstbewußt; was sie komisch findet, ist die Unbeholfenheit und der Aberglauben der unteren Schichten. Verständlich werde das *Decameron* nur als Reaktion auf Asketismus und fromme Legenden; es ist die Revolte des Fleisches gegen den Geist; es verdreht alles; es gibt heiligen Wendungen obszönen Sinn. Hier werden die Unschuldigsten am meisten verspottet und gequält, die Ehemänner (S. 311). Offenbar kannte der italienische Minister des Unterrichts andere Ehemänner als ich – und Boccaccio.

Das *Decameron* ist die Anti-Commedia; es steht als *Commedia humana* gegen die *Commedia divina.* Es ist deren Parodie (S. 311). Dante wollte Reform, Boccaccio betreibe Revolution. Er bringe das ganze moralisch-politisch-religiöse Gebäude zum Einsturz. Bei ihm verschwinden: »das Gefühl für die Familie und für das Vaterland, der Glaube an eine höhere Welt, die Sammlung, die Ekstase und die Innerlichkeit, die keuschen Freuden der Freundschaft und der Liebe« (S. 312). Mir kommt es so vor, als hätte ich diese Parolen sonstwo gehört: Der oberflächliche Boccaccio verwüste die hohen Werte: Familie, Vaterland, Glaube, keusche Freuden der Freundschaft und der Liebe.

De Sanctis kritisiert die italienische Entwicklung seit Dantes Zeit. Andere Völker wie das »gläubige Deutschland« oder das fromme Frankreich von Bossuet und Pascal hätten den mittelalterlichen Asketismus auf anständigere Weise überwunden als

Boccaccio. De Sanctis nennt Luther als Beispiel und redet von Völkern, deren »inneres Leben stark und gesund war« (S. 313). In Italien traten die gebildeten Klassen in Gegensatz zum einfachen Volk, das moralisch und fromm geblieben sei; die Gebildeten seien zynisch und genußsüchtig geworden, leer an moralischem und religiösem Sinn; ihnen sei eine mißtrauisch und defensiv gewordene Papstkirche entgegengetreten. De Sanctis wollte diese Spaltung beseitigen; er wollte mit Dante eine Reform, nicht mit Boccaccio eine Revolution des Immoralismus. Die nachdanteske Welt habe die *Commedia* aufgegeben. Sie gehöre nicht mehr zu den Büchern, die lebendig sind. Sie werde interpretiert wie ein klassischer Text, aber wenig gelesen, wenig begriffen; immer bewundert und am wenigsten »geschmeckt« (S. 312). Die korrupte bürgerliche Welt schätze die neuen gefälligen Erzählungen Boccaccios; sie erkenne sich darin wieder. Sie finde sich darin liebenswert. Die Indignation Dantes ist verschwunden. Die Komik dient nicht mehr der Korrektur von Vorurteilen, der Bekämpfung der Ignoranz; sie wolle nicht moralisieren und reformieren, *moralizzare, riformare*, wie die viel höher stehende Komik des Rabelais (S. 315).

6. Poesie und Stoff: Benedetto Croce 1921

6.1 Benedetto Croces Buch *La Poesia di Dante* (Bari ^{3}1922) erschien zum Jubiläumsjahr 1921. Es war aber keine Festschrift, sondern eine Polemik gegen die Jubiläumsrhetorik und vor allem gegen das Übermaß positivistischer Gelehrsamkeit, die sich an Dante zu schaffen mache, aber dessen Poesie vergesse. Croce gab dem Abscheu Stimme, der sich gegen die richtete, die alles mögliche Fremde zu Dante herbeischleppten, die ihn einer

Stadt oder einer philosophischen Strömung, möglichst dem Thomismus, zuordnen wollten. Croce stellt sich gegen all diese Allegoriker, Historisten, Anekdotenerzähler und Vermuter, *allegoristi, storicisti, aneddotisti* und *congetturisti* (S. 26). Er empfahl, sich zunächst einmal auf sich selbst zu beziehen und als einzelner sich dem Dichter Dante und seiner Kunst zuzuwenden: *ritrovarsi con Dante da solo a solo* (S. 26). Er wischte vieles weg, was seit De Sanctis die Dantisten beschäftigt hatte, vor allem alles Biographisieren und Allegorisieren: Wo Poesie ist, hat Allegorie keinen Platz (S. 20).

6.2 Es ging Croce um ein verbessertes Methodenbewußtsein der Dante-Deutung. Wer die Geschichte der Politik oder der Philosophie der Dante-Zeit erforscht, wer die Dichtung Dantes zurückversetzt in den Kontext ihrer Zeit, tut etwas Nützliches, aber nur dann, wenn er es in die ästhetische Lektüre integriert. Geschieht dies nicht, dann *verhindert* das Vielerlei von Informationen das Aufnehmen der Poesie (S. 16–17). Wer also die Philosophie Dantes erforscht, wird ihre Quellen und Nachwirkungen untersuchen; er wird ihren Wahrheitsgehalt diskutieren, aber wenn er nicht zeigt, wie Dante diese Theoreme in Vorstellungsbilder verwandelt, führt er von der Dichtung Dantes weg. Diese Theoreme würden dann nur als gedachte Inhalte, nicht als poetisch gestaltete wahrgenommen, nur als ausgedacht, nicht als Vorstellungsbild, *pensate*, nicht als *immaginate* (S. 17).

6.3 Wann sind Inhalte poetisch? Croce antwortet: Nur wenn sie Bilder oder Metaphern des andersgearteten Fühlens des Dichters sind, *immagini o metafore del vario sentire del poeta* (S. 18). Nehmen wir als Beispiel Cato. Man kann viel über ihn ermitteln, aber zur Dichtung Dantes trägt nur bei, wer den Gebrauch studiert, den Dante von diesem geschichtlichen Inhalt macht. Er muß zeigen, wie eine geschichtliche Figur die Bewunderung und die Liebe Dantes zu ihm oder sein Erschrecken über ihn ausdrückt. Croce spricht diese Voraussetzung seiner Erlebnis- oder Gefühlsästhetik entschieden aus: Alles andere habe mit der Poesie Dantes nichts zu tun. Stoffliche Informationen, gerade auch solche der Ausdeutung von Allegorien, erreichten nicht das poetische Bild. Informationen dieser Art seien immer stoffartig und begrenzt, das poetische Bild habe immer unendlichen und spirituellen, geistigen Charakter (S. 21).

Eine philosophische Dichotomie dieser Art liegt dem Poesie-Begriff Croces zugrunde. Hier wären theoretische Diskussionen am Platz, zu denen ich nur so viel sage: Dantes Dichtung ist Gesang. Dante verstand sie als inspiriert von den Musen. Wer singt, läßt den Tatsachengehalt des Sagens zurücktreten, macht ihn aber nicht verschwinden. So nimmt der Dichter aus der Tatsachenwelt in sein Konzept nur auf, was zu ihm paßt. Zu diesem Konzept kann gehören, auch das Nichtpassende, das Niezuverdauende aufzunehmen, aber Auswahl und Präsentation leiten sein Konzept. Croce drückt das neoidealistisch aus: Aller Geschichtsstoff wird in der poetischen Einverwandlung geistig und unendlich, *spirituale e infinito* (S. 21).

Dante-Gelehrsamkeit, die den Stoff historisch-methodisch präpariert, kann an Dantes Dichtung vorbeigehen. Croces Intervention war der Zuruf: Sucht zuerst das Himmelreich der Poesie, alles Übrige wird euch dazugegeben! Croce erklärt sein Konzept von ›Lyrik‹ oder ›lyrischer Intuition‹: Damit bezeichne er nicht nur eine literarische Gattung neben Epos und Drama, sondern allgemein die Kunst, die sich als Kunst, nicht als bloße Wiedergabe von Außenwelt verstehe (S. 31–32). Auch nicht als direkten Ausdruck von Gefühl, sondern ebenso als verwandeltes Gefühl wie als verwandelte Außenwelt. Croce wollte klassizistische und romantische Kunsttheorien vermeiden. Das poetische Bilden dürfe nicht verwechselt werden mit dem sinnlichen Umkleiden eines spekulativen Gedankens oder einer politisch-praktischen Zwecksetzung. Croce stellte die Dante-Auslegung in den Zusammenhang der Philosophie der Kunst überhaupt.

Croces Botschaft vom Eigensinn und Mehrwert des Poetischen hat Folgen für die Einzelauslegung. Er macht z. B. darauf aufmerksam, das Poetische sei, daß Dante in den Verdammten nicht nur den Grund der Verdammnis sieht, daß er sich mit deren Verurteiltsein nicht begnügt. Dante wiederhole nicht das Strafurteil, sondern sehe das Menschliche im Verurteilten und das Menschlich-Schwache in den Seligen (S. 55). Er hält sich nicht an das abstrakte, das quasi-juridische System von Lastern und Tugenden. Und generell: Das Jenseits als solches war nicht das dominante poetische Motiv der *Commedia* (S. 58).

6.4 Das ergibt Croces vieldiskutierte Unterscheidung von Struktur und Poesie. Zunächst ist das Mißverständnis fernzuhalten, Croce habe nicht gesehen, daß sie in der *Commedia* zusammen vorkommen, und zwar ungetrennt. Croces Frage war: Sind Struktur und Lyrik *poetisch* verbunden? Er drückt das so aus: Schema und Poesie, theologischer Roman und Lyrik lassen sich nicht trennen. Eines beeinflußt das andere, aber sie bilden eine *dialektische* Einheit (S. 67). Sie sind als Gegensätze vereint. Der hegelsche Begriff der Dialektik bedeutet: *Immanentes* Ineinanderübergehen gegensätzlicher Bestimmungen. Das könnte heißen: Die *Commedia* ist der versifizierte Prozeß der ständigen internen Wechselwirkung der beiden einander unentbehrlichen Elemente oder Kräfte. Croces Kritiker haben den Begriff

›dialektische Einheit‹ wohl nicht immer so genau genommen, vielleicht sogar Croce selbst nicht. Die Poesie durchbricht *in* der *Commedia* das Schema. Sie stellt sich *vor* die Struktur. Mehr noch: Sie macht die Struktur vergessen: Wir hören Francesca und verlieren die Höllenkreisordnung aus dem Sinn. Sie will beten für Dante, weiß aber, daß das nichts nutzt. Dante, statt das Urteil über die Ehebrecherin zu bestätigen, bricht bewußtlos zusammen. Die poetische Kunst der Odysseus-Erzählung, ihr Lyrik-Charakter im definierten weiten Sinn von ›Lyrik‹ läßt den Leser die Gründe seiner Verurteilung vergessen. Die Gestalt, die poetisierte, löst sich poetisch heraus aus dem Rahmen; als poetisches Vorkommnis zieht sich die Person heraus aus dem theologischen Roman, der sich bei Dante zudem kompliziert, weil er sich verwickelt mit einer ethisch-politischen Utopie (S. 60). Die soeben sich isolierende reine Poesie wird dadurch wieder eingefügt in eine Mittel-Zweck-Beziehung und ist deshalb bei Dante nie l'art pour l'art.

Damit erteilt Croce dem Leser die Erlaubnis, sich die lyrischen Passagen abzutrennen, sich an die großen Figuren zu halten, also zu individualisieren, das *Inferno* zu privilegieren und für sich zu lesen. Daran ist zumindest soviel richtig, daß Odysseus zwar der Kategorie der falschen Ratgeber zugeordnet ist, aber poetisch nicht als solcher vor unseren Augen steht, so wenig wie Farinata als Häretiker und Brunetto Latini als Sodomit. Croce verfeinerte philosophisch die Dualität, die De Sanctis beschrieben hatte als den Unterschied zwischen dem, was Dante wollte und was er realisierte, zwischen Dantes Stoff, der unpoetisch war, und dem, was Dante daraus gemacht habe. Croce sah die Struktur, das theologische Gerüst, nicht als Stoff, nicht als anti-poetisch, er wollte das Gedicht nicht zerschnitten sehen. Ihm zufolge war der theologische Roman *im* Gedicht das dialektisch Andere der Lyrik (im weiten Wortsinn). Die Gefahr isolierender Lesetechnik konnte er so nicht vermeiden. Intratextuelle Bezüge sowie den Zusammenhang einzelner Figuren mit der geschichtlichen Welt ließ er im Schatten.

Die Dante-Forschung ging nur weiter, indem sie diese Engführung verließ. Aber ich unterscheide zwischen Dante-Forschung und Dante-Lektüre des freien Lesers. Für die ästhetische wie für die pädagogische Seite läßt sich aus Croces Dante-Bild folgern: Der normale Leser soll sich heraussuchen, was ihm etwas sagt, *da solo a solo* (S. 26). Wer vorhat, über Dante erklärend zu sprechen, muß allerdings einen zweiten Durchgang unternehmen und soviel an Forschungsstoff in sein Dante-Bild integrieren, wie es ihm möglich ist. Wer wenig tut, z. B. nur Croce und Thomas von Aquino liest, aber nicht Aristoteles, Albert, Averroes und den *Liber de causis*, beansprucht in der Forschung wohl kaum Autorität, jedenfalls nicht mehr seit Bruno Nardi.

Dante fachlich zu erforschen, das ist nicht *da solo a solo* möglich; Gelehrte müssen soviel an Texten daneben legen wie möglich. Dann bewegen sie sich von Dante weg. Sie realisieren, könnte man mit Croces abgelebter Formel sagen, den *dialektischen* Charakter der Einheit von Struktur und Poesie. Aber der freie Leser – das ist übrigens der Dante-Forscher selbst auch, und zwar zuerst – darf, ja muß zeitweise den Bildungsstoff wegschieben. Es besteht heute durchaus eine Tendenz, das freie Subjekt der ästhetischen Erfahrung abzuschaffen oder es in Dante-Stoff zu ertränken. Dagegen steht Croce. Er ermutigt, selbständig, ›ungebildet‹, an Dante heranzugehen, vormethodisch wie nach-methodisch. Der freie Leser darf sich nicht durch die großen Dante-Forscher zum kleinen Dante-Forscher entstellen lassen. Er hat das Recht, etwas anderes zu suchen als der Spezialist. Dante-Forscher freilich darf man danach bewerten, a) von wie weit her sie Wissensstoff hergeholt haben, von dem sie nachweisen können, daß er den Dante-Text und unser vorwissenschaftliches Dante-Lesen erhellt, b) ob sie von der einzelnen ›lyrischen‹ Passage aus argumentierend zur Kenntnis der *Commedia* als eines Organismus führen, und c) in der Dante-Forschung etwas charakteristisch Neues, den Status quo der Deutungen nachweislich Förderliches sagen. Die beiden Wege müssen sorgfältig getrennt nebeneinander erhalten bleiben. Freien Zugang, auch deformierenden, fördert Croces Essay; die Forschung ist nach eigenen, strengen Kriterien zu bewerten. Die *didaktische* Arbeit mit Dante sollte frei bleiben von stofflichen historischen oder theologischen Beschwerungen. Nur indem sie Freude am Lesen vermittelt, erhält sie Dante lebendig.

7. *Ossip Mandelstam und Jorge Luis Borges über Dante*

7.1 *Dante: Bildertaumel und Aufklärung*

Ossip Mandelstam ist 1891 geboren und 1938 in einem Zwangsarbeitslager bei Wladiwostok gestorben. Sein Essay *Gespräch über Dante* ist 1933 entstanden, durfte aber erst 1967 posthum gedruckt werden. Seine Dante-Lektüre schlägt in die Landschaft der Dante-Deutung ein wie ein Meteorit. Sie ist bestimmt von den Leiden der stalinistischen Verfolgung und dem Hunger nach Erfahrung. Sie spricht aus der Not und der aufgezwungenen Isolation; kein Dante-Bild ist weiter entfernt von akademischer Routine. Mandelstam war kein beruflicher Dante-Forscher, so wenig wie Jorge Luis Borges (1899–1986), aber das war beider Chance: Sie lasen Dante mit dem Auge des

Außenseiters und Liebhabers, mit dem Sinn des Dichters für Poesie. Ich stelle sie hier nur vor, um einige Einsichten hervorzuheben, die den Dante-Leser fördern könnten. Mandelstams Essay ist sprunghaft und zu knapp; er wirft sein Programm zukünftiger Dante-Deutung aphoristisch hin. Es genau zu diskutieren, ist nicht der Zweck der folgenden Seiten. Borges' neun Versuche waren ohnehin kurze Zeitungsartikel, gescheit formulierte Leseeindrücke, keine ausgebreitete Gelehrsamkeit. Gerade deswegen sind sie für diese Einführung von besonderem Wert.

Während der unendlich belesene Borges es liebte, Dante-Kommentare, auch die ältesten, zu zitieren, stellte Mandelstam sich frontal fast gegen alle bisherigen Dante-Deutungen: Es ist alles neu zu machen. Er forderte »einen echten Anti-Kommentar«.[8] Es sollte ein Kommentar werden, der Dantes Verbindungen zur neueren europäischen Literatur offenlegt.[9] Sei doch »die ganze neuere Poesie« »nur eine Freigelassene Alighieris« (S. 179); er forderte die Arbeit, die Ernst Robert Curtius später durchgeführt hat. Denn Curtius hat an einer Fülle von Beispielen bewiesen, wie viele Motive (Topoi) die Nationalliteraturen

8 Ossip Mandelstam, Gespräch über Dante. Gesammelte Essays 2: 1925–1935, aus dem Russischen übertragen und herausgegeben von Ralph Dutli, Zürich ²1991, S. 173; ders., Über den Gesprächspartner. Gesammelte Essays 1: 1913–1924, übertragen und herausgegeben von Ralph Dutli, Zürich ²1991; ders., Du bist mein Moskau und mein Rom und mein kleiner David. Gesammelte Briefe 1907–1938, übertragen und herausgegeben von Ralph Dutli, zuerst Zürich 1999, zuletzt Frankfurt/M. 2005. – Ralph Dutli, Meine Zeit, mein Tier. Ossip Mandelstam. Eine Biographie, Zürich 2003.

9 Ossip Mandelstam, Entwürfe zum ›Gespräch über Dante!‹, in dem Band: Gespräch über Dante, S. 178–193, hier Nr. 36 S, 193. Zahlen in Klammern beziehen sich auf Seitenzahlen in diesem Buch.

Dante und seiner Erneuerung der römischen Dichtung verdanken. Und doch kann man nicht sagen, Curtius habe die Forderung Mandelstams nach einer neuen Dante-Deutung eingelöst. Mandelstam wollte viel mehr als eine hochintelligente Fleißarbeit; er wollte eine Revolution. Er hielt Klassiker für »einen Pulverkeller, der noch nicht explodiert ist« (S. 40). Das war Nietzsche-Rhetorik. Aber ihr lag reale Einsicht zum Grund. Damit kritisierte er zunächst eine Dante-Auslegung, die dessen *Commedia* als Ausdruck der ›mittelalterlichen Kultur‹ las. Die so reden, glauben zu wissen, was ›die mittelalterliche Kultur‹ gewesen sei, und beugen Dantes Text unter das Joch ihrer historistischen Abstraktion. Sie halten sich an eine verallgemeinernde Vorstellung vom ›Mittelalter‹ – etwa in der Manier Oswald Spenglers – und zeigen dann, wie sie sich Dantes Text aufzwingen läßt. Eine andere Variante, die Mandelstam verwirft, ist die mystische Lesart Dantes. Ausleger, die Dante »nicht gewachsen waren«, hüllten ihn »in ein immer größeres Geheimnis. Der Dichter selber strebte nach klarem und exaktem Wissen. Für seine Zeitgenossen war er schwierig, anstrengend, doch dafür gab er einem als Belohnung Erkenntnis. Dann aber wurde es nur noch schlimmer. Üppig gedieh der einfältige Kult einer Dante-Mystik, dem schon wie dem Begriff der Mystik selbst jeder konkrete Inhalt abging« (S. 133).

Ich kenne die Geschichte der Dante-Auslegung in Rußland nicht und weiß nicht, gegen wen genau sich Mandelstams Ablehnung sowohl der kulturhistorisch-einordnenden wie der mystischen Dante-Erklärer richtet. Aber das ist hier auch nicht mein Thema. Es genügt, von der Dante-Lektüre Mandelstams zu profitieren. Und er will zurück zum Text, zum sinnlich erklingenden und laut gelesenen Wortlaut. Er drängt auf die Eigenart poetischen Sprechens. Seine Ablehnung zu stofflicher oder zu vager Auslegungen ist dazu nur der erste Schritt. Mandelstam ist unwillig. Zornig erklärt er, er breche mit herrschenden Ansichten:

»Vor lauter theologischer Terminologie, Schulgrammatik und allegorischen Einfältigkeiten haben wir die Experimentaltänze der Danteschen ›Komödie‹ übersehen« (S. 150). Das entscheidende Stichwort hier heißt »Experimentaltänze«. Dante ›richtig‹ lesen, das hieße demnach, sich weder von Grammatik noch von Theologiegeschichte noch von allegorischen Deutungen noch von Fragen der Art ›Wer ist der Veltro?‹ davon ablenken lassen, daß die *Commedia* ein »Experimentaltanz« ist. Nun ist Tanzen etwas anderes als Experimentieren. Das vom Übersetzer originell gewählte zusammengesetzte Substantiv kann wohl bedeuten: Experimentieren in wilder Folge, ohne Unterordnung unter einen vorgegebenen Allgemeinbegriff wie ›mittelalterliche Kultur‹ oder ›Mystik‹. Also: Dante lesen als Sichhineinstürzen in ungeregelte Abfolgen. In Abenteuer des Klangs und des Sinns. Das klingt so ungewöhnlich, daß ich es gleich mit Mandelstams Beispielen erläutern muß. Er regt an, den oft gerühmten kristallinen Aufbau der *Commedia* als bloße Außenseite zu nehmen und die naive Freude am Einteilen und an Zuordnungsdiskussionen hinter sich zu lassen, warum einzelne Sünder in den hierarchischen Stufen oder Schubladen des Universums vorkommen. Der Leser breche mit der moralistischen oder nur theologiegeschichtlichen Pedanterie, Schuld und Strafe auszutarieren. Er lerne, Dante zu denken als den Meister der »umkehrbaren und fortwährend sich wandelnden poetischen Materie«, als den »chemischen Dirigenten« einer »einzig in Fluten und Wellen, einzig im Aufschwung und im Kreuzen existierenden poetischen Komposition« (S. 154).

Mandelstam in seiner politisch bedrohten Lage konnte gar nicht entgehen, daß die *Commedia* eine ethisch-politische Intervention ist. Aber er sah ihren Charakter als Kunst verletzt, wenn der Leser sie nicht als flutendes Wasser mit seinem Auf und Ab und als Aufprall sich kreuzender Strömungen sieht. Freunde der Ordnung heben an ihr hervor, sie sei so schön nach Zahl und Maß geordnet, Freunde des Lebens und der poetischen Sprache sehen ihre vielschichtige und vielfarbene Bewegung, also das, was Mandelstam ihren »Tanz« nannte. »Die europäische Literaturkritik«, kritisiert Mandelstam, habe das Fließen Dantes, der von sich gesagt hat, er sei extrem verformbar und nicht starr identisch, festgemacht an ein »paar Kupferstichen von Höllenlandschaften« (S. 143). Aber das Lesen Dantes muß hinauskommen übers Einteilen und Zuteilen nach anschaulichen Stufen. Diese kommen in der *Commedia* vor und spielen ihre Rolle, aber sie werden überströmt und verwandelt. Der Leser soll an Dantes Sprache herantreten und deren kristalline Natur betrachten, sozusagen mit dem »Geologenhammer«, um ihre Vielfarbigkeit, ihre »Einsprengsel und Trübungen« zu sehen (S. 143). Die Vielschichtigkeit der Sprache Dantes ist seit Pasolini und Contini ein Standardthema der Dante-Erklärer geworden; Mandelstam hat es vorweggenommen. Ordnet das Interesse an der äußeren Architektur sich der material-nahen Sprachbetrachtung unter, dann liegt das ganze Poem wie eine einzige Strophe vor ihr (S. 130). Mandelstams »Experimentaltänze« können beginnen. Es sind Forschungen einer höheren Art von »Kristallographie« (S. 130).

Sie gleichen eher einer Gesteinsuntersuchung in der Art Goethes als einer bei Spengler oder Rudolf Steiner erlernten ›Geisteswissenschaft‹. Sie reißen den Leser heraus aus den Schemata pädagogischer Vereinfachungen, die ihm am Anfang unentbehrlich waren und die Dante selbst mit seinen rigorosen Einteilungen in Jenseitsreiche und Gesänge vorgenommen hat. Auch das aristotelische Tugendsystem, das Dante in *Inferno* 11 zur Orientierung anbietet, muß er, nachdem er es erlernt hat, wieder vergessen. Zahlen und Figuren kommen dem hilfsbedürftigen Dante-Leser entgegen; er behält lieber die Ordnung im Auge, als sich vom reißenden Strom forttreiben zu lassen. Mandelstam gebraucht aufschreckende Bilder, um dem Ordnungssinn beim Dante-Lesen die Führung zu nehmen:

> »Würden die Säle der Eremitage plötzlich verrückt, würden sich die Bilder aller Schulen und Meister von den Nägeln lösen und ineinander übergehen, sich mischen und die Luft der Säle mit futuristischem Gebrüll und tobender Erregung der Farben füllen, bekämen wir etwas, was der Danteschen ›Komödie‹ vergleichbar wäre« (S. 172).

Mandelstam empfiehlt bacchantischen Tanz statt der Gewohnheit des Wiedererkennens und Einordnens, zu dem der Dante-Leser anfangs seine Zuflucht nimmt. Er fühlt sich sicher, wenn er Sünder nach ihrer Verfehlung diagnostiziert und straftheologisch korrekt unterbringt. Dabei hatte schon Schelling davor gewarnt, das Verhältnis von ethisch-politischer Fehlhaltung und Strafe *juristisch* statt *poetisch* aufzufassen. Die Lust an banalisierender Zurechtlegung sitzt so tief, daß es schroffer Zurufe bedarf, sich von ihr zu lösen. Ein solcher Zuruf ist der Bildertaumel in der Eremitage mit ihrem futuristischen Gebrüll. Diese »Einladung zweiten Grades, Dante zu lesen«, weiß, daß es Dante immer um Erkenntnis ging. Sie opfert das Wissenwollen nicht wildem, irrationalem Treiben. Sie übt »Experimentaltänze«, und der Zögling darf nicht beim Tanzen vergessen, daß er zum Experimentieren gekommen ist. Mandelstam gibt ihm gar den geschichtsphilosophischen Auftrag:

> »Dante der Schulrhetorik zu entreißen, hieße der ganzen europäischen Aufklärung einen wichtigen Dienst erweisen« (S. 172).

7.2 *Ins Einzelne gehen*

Mandelstams Zurufe würden deklamatorisch und leer bleiben, führten sie nicht zu Einzelheiten in Dantes Dichtung. Er beschreibt die Eigenart des Italienischen. Er charakterisiert die *Commedia* als ganze und ihre poetische Sprache. Und er bewährt an einzelnen Versen seine Dante-Auffassung. Das sind drei Schritte, mit denen er ins Einzelne geht und denen ich kurz folge.

Das Italienische

Mit Dante, schreibt Mandelstam, betrat das Italienische zum ersten Mal die Weltarena (S. 117). Auch wer die *Commedia* in Übersetzungen liest, hat es mit der Besonderheit dieser Sprache zu tun. Heute beschreiben Linguisten die Eigenart der italienischen Sprache fachlich präziser, als Mandelstam dies tat. Aber der nicht-spezialistische Dante-Leser gewinnt gerade durch sein ›naives‹ Bild des Italienischen. Er beschreibt es, wie jemand, der es zum ersten Mal hört, und staunt über seinen Klang. Als er es näher kennenlernte, begriff er, daß sich im Italienischen »die Sprecharbeit näher zu den Lippen verlagert, zum äußeren Mund. Plötzlich kam die Zungenspitze zu Ehren. Der Laut stürzte zum Riegel der Zähne« (S. 116). Mandelstam beschreibt die eigentümliche Dynamik des Italienischen, die »Infantilität der italienischen Phonetik«, die in ihrer wunderbaren Kindlichkeit die vollen Vokale ausspielt: »Nähe zum Kleinkinderlallen, ein bestimmter uralter Dadaismus« (S. 116). Es hat die Vokale nicht abgeschliffen wie das Deutsche im Lauf der nachmittelalterlichen Sprachgeschichte. Daher hat es in den Endsilben einen Vokalreichtum, der es de facto ausschließt, die *Commedia* in gereimter Form ins Deutsche zu übersetzen. Im Italienischen reimt sich sozusagen alles. »Jedes Wort bittet um concordanza.«

Poetische Sprache

Was Mandelstam über das Italienische schreibt, sind mehr Ausrufe des Beglücktseins als eingehende Analysen. Seine Notizen über Dantes poetische Sprache sind ausführlicher und genauer. Sie bilden einen Schwerpunkt seines Essays. Mandelstam setzt sich ab vom sowjetischen Kunstprogramm des ›sozialistischen Realismus‹. Die Sprache, zumal die der Dichtung, ist kein Teil der Natur; sie bildet auch nicht die Natur ab, sondern sie »siedelt sich mit einer überwältigenden Unabhängigkeit in einem neuen, außerräumlichen Aktionsfeld an, wo sie die Natur nicht nacherzählt, sondern spielend inszeniert« (S. 113). Sie ist erfinderisch und unableitbar; sonst könnte Dante nicht einige tausend Verse schreiben über Räume, aus denen noch niemand zurückgekommen ist. Sie ist dem Traum verwandt, nicht dem Protokoll, obwohl sie auch den Kunstgriff der Aufzählung oder auch des Katalogs kennt. Nicht, als sei das poetische Sprechen willkürlich; es hat sein inneres Maß, aber es bestimmt sich selbst das Maß. Mandelstam zeigt am 10. Gesang des *Inferno* – also an der Unterhaltung mit Farinata und Cavalcante –, wie sie entsteht aus den Zeitformen des Verbs. »Wir hören förmlich, wie die Zeitwörter zeitigen« (S. 121).

Der wichtigste Akzent, den Mandelstam bei der Beschreibung der poetischen Sprache setzt: Er arbeitet »entgegen allem eingebürgerten Denken« ihre ›Roheit‹ heraus. Sie sei »unendlich unbehauener als die sogenannte ›Umgangssprache‹«. Charakteristisch für die poetische Sprache sei ihre »rohstoffartige Eigenständigkeit« (S. 177).

Ich versuche das zu verstehen. In der Alltagssprache nimmt der praktische Bezug die Vieldeutigkeit der Wörter zurück. Wenn ich bei meinem türkischen Metzger ›Lamm‹ sage, ist klar, daß ich Fleisch kaufen will. Wenn ein Schüler im Lateinunterricht des Gymnasiums das Wort ›agnus‹ nicht übersetzen kann und ihm der Nachbar das Wort ›Lamm‹ zuflüstert, ist klar, daß er kein Fleisch will. Wenn in der Kirche vom ›Lamm Gottes‹ die Rede ist, weiß jeder, daß die Sanftmut und Geduld Jesu gemeint sind. Die Fachwissenschaften bauen solche Vieldeutigkeiten ab, indem sie ihre Termini methodisch definieren, und einige dieser Festlegungen dringen in die Alltagssprache bereits geregelt vor, so hat z. B. das Wort ›Lautstärke‹ fast immer seine präzise Bedeutung durch Radio- oder Fernsehapparat bekommen. Der Dichter nimmt solche Operationen nicht vor; er läßt das Wort ›Lamm‹ unbehauen in seinem Assoziationsreichtum stehen; er hebt es durch Umstellen des Satzbaus oder durch Reim in seiner ›rohen‹ Form noch hervor. Er beläßt ihm seine Nicht-Eindeutigkeit, die im Alltag stören könnte und die in den Fachwissenschaften ausgeschafft ist. Daher ist jedes Wort der poetischen Sprache ein »Strahlenbündel«. Der dichterische Satz läuft nicht schnurstracks auf einen eindeutigen Sinn zu. Er lädt ein zu sinnierenden Umwegen. »Wenn wir ›Sonne‹ sagen, machen wir eine gewaltige Reise« (S. 127). Wer im Alltag feststellt, daß sie heute scheint, kürzt diese Reise rasch ab. In Dantes *Commedia* gebe es aber, so Mandelstam, keinen Moment, der nicht die »rohstoffartige Eigenständigkeit« des poetischen Wortes bestätige (S. 177).

Im *Inferno* trifft Dante, der Wanderer, untereinander verfeindete Sünder, die in der äußersten Kälte zusammengefroren sind und sich nicht voneinander lösen können (Inf. 32, 46–47). Die äußerste Kälte dort läßt ihre Tränen, die von den Lidern zu den Lippen rinnen, gefrieren. Mandelstam zeigt nun, wie Dante das Wort ›Lider‹ durch Bezug auf ›Lippen‹ herausstellt und die ›Lider‹ als ›Augenlippen‹ auffaßt. Er kreuzt die Vorstellungen der Sinnesorgane des Sehens und des Sprechens, um das Leiden in der tiefsten Hölle zu beschreiben. An ihren Wimpern hängen Eiskristalle und bilden eine Kruste, die sie am Weinen hindert (S. 127–128). Spricht die Fachsprache der Augenärzte von ›Lidern‹, vermindert sie die Assoziationsbreite. Die Alltagssprache eilt fast immer fort zu dem Prädikat ›geöffnet‹ oder ›geschlossen‹; sie verweilt nicht bei dem Wort ›Lider‹. Dante vermehrt den Anspielungsreichtum, indem er durch ›Lippen‹ zu den ›Lidern‹ zurückführt. Die zu Eis gefrornen Tränen verkleben die beiden Männer an den Lippen zu einem monströs-absurden Kuß. Dante sieht Lippen und Lider verbunden und hält das gewohnte Forteilen auf.

Hier ist der Text (Inf. 32, 40–51):

Ich hatte mich ein wenig umgesehen und sah jetzt auf den Boden. Dort lagen zwei Männer so eng zusammen, daß ihre Kopfhaare sich vermischten. »Sagt mir, ihr, die ihr so Brust an Brust preßt«, sagte ich, »wer seid ihr?« Sie drehten ihren Hals; ihren Blick hatten sie nun zu mir nach oben gerichtet, da begannen ihre Augen, zuvor schon innen voll von Tränen, zu den Lippen hin zu weinen, aber die Kälte verwandelte die Tränen zwischen den Wimpern wieder zu Eis und verschloß ihre Augen.

Nie verband eine Eisenklammer Holz mit Holz so fest. Daher stießen sie wie zwei Böcke Stirn gegen Stirn; solche Wut hatte sie übermannt.[10]

Entscheidend ist nun aber: Das nicht-festgelegte Wort der poetischen Sprache gewinnt an sinnlichem Laut, an emotiver Kraft und intellektuellen Anreizen. Es blüht auf, wenn es freigehalten wird von der rationalen Disziplinierung auf Eindeutigkeit hin. Es wird zugleich ›geistiger‹ und ›körperlicher‹: ›geistiger‹, weil es den denkenden Hörer zu Entdeckungen einlädt, die der Praxisbezug der Umgangssprache und die methodische Präparierung der Fachsprache verhindern; ›körperlicher‹, denn der sinnliche Klang, der im Alltag und in der Fachsprache unbeachtet mitläuft, tritt nun als Eigenwert hervor. Das ›roh‹ belassene poetische Wort beschäftigt gleichermaßen intensiver das Ohr und den Intellekt. Es ist wuchtiger; es verweist Alltags- und Fachsprache als abgeleitet in ihre Grenzen. Mandelstam verachtet die ›Kultur‹, aber nur, wenn jemand darunter ein sekundäres System der Glättung versteht, die Summe sprachlicher ›Anstandsregeln‹. Die ›wild‹ belassene poetische Sprache spuckt die Welt des festgelegten Sprechens aus »wie ein Gurgelmittel, mit dem man seine Kehle reinigt« (S. 177).

Er illustriert diese umstürzende Macht der Poesie an Dantes Kritik am Papsttum: Die mächtigen Usurpatoren des päpstlichen Throns konnten es gleichgültig hinnehmen oder völlig ignorieren, daß Dante sie in seine Hölle steckte. Aber die »unendliche Rohnatur der poetischen Klangweise« hat sie »entblößt und aufgedeckt«, hat alle zeremoniöse Anerkennung und

10 Der Text wirft grammatische Probleme auf. Die ›Lippen‹ störten manchen. Der Philologe Porena wollte das Wort streichen. Dazu Inglese S. 357. L S. 92 hat es nicht mitübersetzt.

alle kirchenrechtliche Verteidigung zersetzt. Sie hat sie bloßgestellt und auf die Dauer um die Anerkennung gebracht.

Metaphern

Dante durchbricht die auf eindeutige Information zielende Konstruktion der Sätze in der Alltags- und Fachsprache durch Vergleiche und Metaphern. Er zieht das Auseinanderliegende zusammen. Dadurch wird das einfache Wort zum Strahlungszentrum. Mandelstam zeigt dies an den Vogelvergleichen von *Inferno* canto 5, vielleicht besser noch an den Flußvergleichen, zum Beispiel am Arno des canto 14 des *Purgatorio*: Solche Vergleiche führen den Blick vom Fluß zur Landschaft als Ganzes, zu ihrem politischen und kulturellen Charakter, der »so stark von der Mächtigkeit und vom Verlauf der Flüsse bestimmt ist« (S. 131). Dante fordert vom Arno, daß er der Gerechtigkeit halber Pisa ertränke; er behauptet von ihm, er wende vor Arezzo seine Schnauze ab, weil er die Aretiner verachte.

Die Metapher verbindet Antikes mit Gegenwärtigem und verändert dadurch die Erfahrung von Zeit. »Die von Dante gewählte Methode ist anachronistisch« (S. 171). Sie macht dadurch die gegenwärtige Zeit und ihre Not fühlbar. Die Metapher läßt die Zeit stillstehen und gibt damit der Geschichtszeit Dantes Umriß und bleibenden Halt.

Das Vergleichen war für Dante mehr als ein literarischer Kunstgriff; es ergab sich aus seiner Metaphysik. »Ich vergleiche, also bin ich, hätte Dante sagen können. Er war der Descartes der Metapher.« Alles, was ist, ist auf anderes bezogen. »Das Sein selbst ist Vergleich« (S. 187).

7.3 *Sehen lernen mit Mandelstam*

Mandelstams grauenvolles politisches Schicksal lehrte ihn, das Werk des Exildichters mit neuen Augen zu sehen. Wenn er in der Erzählung von Ugolino das Wort ›Gefängnis‹ ausspricht, füllt das Wort sich mit neuer Erfahrung. Das Gefährliche und Zerstörerische des Kerkers tritt hervor. Aber Mandelstam deklamiert nicht über seine Unglückserfahrung; er führt zum einzelnen Wort zurück. Er sieht die Kristallbildungen in Dantes Sprache. Er wird aufmerksam auf Farbwirkungen und Lichteffekte in der *Commedia*. Er würdigt das *Material* der Sprache und die Metaphern neu. Natürlich sind schon andere Leser auf die Metaphern gestoßen. Aber der Blick Mandelstams fiel auf das Seltene, aufs Unglatte, auf das, was widerstrebende Strömungen durchziehen, auf Gestein mit Ablagerungen verschiedener Zeiten. Er sieht die Farbenpracht in Geryons Haut. Geryon ist der urtümliche Flugdrache, auf dessen Rücken Vergil und sein Zögling in den unzugänglichen achten Kreis der Hölle gelangen. Er ist ein Mischwesen aus Mensch, Löwe und Drache, aber Mandelstam interessiert sich für das Farbenspiel seiner Haut. Ihn zieht die »manufakturale Leuchtkraft dieses Vergleichs« an, diese »Textilhändler-Perpektive«: Weder die türkischen noch die tatarischen Teppichweber haben buntere Muster (Inf. 17, 13–18):

Es hatte zwei Pranken, behaart bis zu den Achseln; Rücken, Brust und beide Flanken waren bemalt mit Knoten und Rädchen. Nie haben Türken oder Tartaren Tuche mit mehr Farben – sei's als Grund, sei's als Muster – gewoben; nie ersann Arachne solche Gewebe.

Mandelstam regt in seiner wohlbegründeten Abneigung gegen bevormundete Poesie an, über alle Ideenlehre und alle Ideologie hinaus buchstäblich zu Dantes ›Stoff‹ zu kommen, ohne darüber Dantes Abneigung gegen den Wucher der reichen Tuchhändler zu vergessen. Er hört den sinnlichen Klang der Wörter: »Der 32. Gesang des Inferno erkrankt ganz plötzlich an einem Slawenmischmasch, der für ein italienisches Gehör völlig unerträglich und obszön klingt« (S. 184). Im *Inferno* 32, 25–30 quakt »eine slawische Ente: Osterlic, Tambernic, cric (das lautmalerische Wörtchen ›krach!‹)« (S. 160). Es ist, als habe Dante »alle Sprachdefekte studiert, den Stotterern gelauscht, den Lisplern, den Näselnden, allen Aussprachefehlern« (S. 159).

Was Dantes Metaphern erreichen, zeigt sich bei seinem Abschied von seinem bewunderten Lehrer Brunetto Latini am Ende des 15. Gesangs: Dante hat ihn unter den bestraften Homosexuellen getroffen. Das hat seine Zuneigung und Hochachtung nicht gemindert, und als Brunetto von ihm wegging, da *wandte er sich um und lief weg – er sah aus wie einer, der in Verona ums grüne Tuch über das Feld rennt, wie einer von ihnen, der siegt, nicht wie einer, der verliert.*

Die Metapher kehrt die Verurteilung des Homosexuellen um: Brunetto ging wie einer, der siegt (S. 119).

Ein äußerstes Beispiel, wie die Metapher Fernliegendes vereint, wie also in ihr gegenläufige Vorstellungsströme zusammenfließen, findet sich in *Paradiso* 27, 10–15: Dante, berauscht von der Schönheit des richtigen Lebens, vom *Lächeln des Universums,* sieht die vier ›Fackeln‹ des Paradises, nämlich die Apostel Petrus, Jakobus und Johannes. Bei ihnen steht Stammvater Adam. Da fängt Petrus an, von der jetzigen Kirche zu sprechen; sein amtierender Nachfolger hat aus ihr eine Kloake gemacht. Er wird rot vor Zorn. Dante beschreibt seinen Farbwechsel so:

Die vier Fackeln standen vor meinen Augen in Flammen, und die zuerst gekommen war, begann lebhafter zu werden. Das sah aus, als würde sie zu Jupiter und als wären Jupiter und Mars Vögel, die ihr Gefieder tauschten.

Der Gedanke durchkreuzt sich. Er geht von den vier Personen zu den Sternen, von diesen zu den Vögeln und kehrt zurück: Die vier heiligen Personen sind Fackeln, die in Flammen stehen. Eine von ihnen, Petrus, flammt auf und wird feuerrot vor Zorn; seine Nachfolger haben seine Kirche zerstört. Zuvor stand er in der herrscherlichen Farbe Silber. Aber jetzt ist es, als seien der weiße Jupiter und der rotglühende Mars Vögel und hätten die Federn getauscht. Dante schiebt also mehrere Metaphern ineinander und dynamisiert den Vorgang; durch die Assoziation mit den mächtigen Planeten, die er als Vögel vorstellt, gibt er dem Vorgang mythische Größe. Das ist der Dante, wie ihn Mandelstam sehen lehrt (S. 164). Ich möchte noch einen letzten, einen einfacheren Vergleich nennen, auf den Mandelstam hinweist. Er steht in *Inferno* 32, 4 und besteht nicht einmal aus einem ganzen Satz. Dante nähert sich dem tiefsten Höllenloch. Er wird unsicher, ob er es beschreiben kann, und sagt:

Hätte ich die rauhen und schrillen Reime, die zu diesem Elendsloch passen, auf dem alle anderen Felsmassen lasten, dann würde ich den Saft meines Konzepts reichlicher auspressen. Aber ich habe sie nicht und fange daher an, mit Furcht und Zittern zu dichten.

Mandelstam bezieht sich auf Dantes Wendung, er würde, hätte er eine rauhere Sprache, aus seinem Konzept weitere Verse herauspressen. Dante sage, die sprachliche Form werde herausgepreßt: Sie ist nicht Hülle, sondern Hervorgepreßtes (S. 128).

Die poetische Formbildung geschehe in dem Bewußtsein, Reihen, Perioden oder Zyklen eines Formklanges vorauszusetzen.

An dem knappen Bild, ›sein Konzept auspressen‹ für ›ausführlicher schreiben‹ gefällt Mandelstam die einfache Stofflichkeit, die an eine Zitrone denken läßt. Es mag Leser geben, die es eines philosophischen Kopfes wie Dante unwürdig finden, daß er die Vorstellung nicht ablehnt, man könne einen Begriff ›auspressen‹. Auch manche Dante-Übersetzer ins Deutsche haben mit solchen Grobheiten ihre Mühen. Sie lieben edlere Varianten.

Im *Purgatorio* tritt eine Frau aus Siena auf, die in die Gegend der Maremmen geheiratet hat und von ihrem Mann umgebracht wurde. Ihr sind nur sieben Zeilen vergönnt (5, 132–136), und sie faßt ihr Leben in dem Satz zusammen (Vers 134):

Siena mi fé, disfecemi Maremma.

Dante setzt ›Machen‹ und ›Kaputtmachen‹ schroff gegeneinander, so daß man übersetzen möchte:

Siena machte mich, die Maremma machte mich kaputt.

Das wäre noch etwas grober als das Bild Dantes vom Auspressen eines Konzepts, das Mandelstam gefiel. Vielleicht könnte er sich mit einer leicht abgeschwächten Wendung zufriedengeben. Etwa dieser:

Siena brachte mich hervor, die Maremma brachte mich um.

Georg Peter Landmann übersetzte es vornehmer, nahm dem Vers aber den sinnlichen Anklang des doppelten Machens und schrieb:

Siena gab mir das Leben, die Maremma nahm's mir.

Es sind solche Überlegungen, die Mandelstam im Dante-Leser anregt. Er schrieb kein Handbuch. Er bringt, wie Seamus Heaney schrieb, »Dante aus dem Pantheon zurück zum Gaumen«.

7.4 *Jorge Luis Borges*

Ermunterung, Einwände gegen Dante zu machen

Der argentinische Schriftsteller Jorge Luis Borges (1899–1986) schrieb seine *Neun Essays über Dante* zwischen 1950 und 1980. Er war von Beruf Bibliothekar, und seine Lebenszeit wurde nicht vom Staat beschnitten wie die von Ossip Mandelstam; er verfügte über mehr Informationen. Aber seine kurzen Artikel deuten dies nur knapp an; sie bleiben leicht, journalistisch bis literarisch und laden ein zur Lektüre der *Commedia*. Aber sie tun dies in einem unerbaulichen, ironischen Ton. Daher sind sie dem Dante-Leser von Nutzen. Er kann lernen, Dante zu lieben und zugleich zu kritisieren. Borges langt mit seiner Kritik kräftig zu: Er findet die feierliche Prozession am Ende des *Purgatorio* von zweifelhafter Schönheit. Das Allegorisieren einzelner Gestalten und Vorgänge, mit dem die *Commedia* begonnen hat, in den Zwischenteilen zurückgedrängt, beherrscht jetzt wieder das Feld. Geschmacklos sei eine Frau mit drei Augen im Kopf als Tugendfigur.[11]

Borges fand es abstoßend, wie sich die vier Kinder Ugolinos gemeinsam anbieten, er solle von ihrem Fleisch essen; er habe es

11 Ich zitiere die Neun Essays nach der Ausgabe von Tommaso Scarano, Nove saggi danteschi, Mailand ²2002, hier S. 92–93. Zahlen in Klammern beziehen sich auf Seiten dieser italienischen Übersetzung.

ihnen gegeben, er könne es sich wieder nehmen (Inf. 33, 61–63). Auch das Bild, das sie gebrauchen – er habe sie mit diesem Fleisch *bekleidet*, er könne es ihnen wieder *ausziehen* –, sei mißglückt. Dieses Detail der sonst großartigen Ugolino-Erzählung sei eine der wenigen schwachen Stellen in der *Commedia* (S. 37). Und doch endet hiermit nicht Borges' Kritik: Der ganze poetische Aufwand solle, schreibt er, dazu dienen, die früh gestorbene Geliebte wiederzufinden, aber Beatrice bleibe unerreichbar. Zuerst stirbt sie, dann schickt sie Stellvertreter, Vergil und Bernhard, zuletzt zieht sie sich auf ihren Himmelssitz zurück. Dante bleibt allein. Die *Commedia* ist die Geschichte einer unerfüllten Liebe, eine Traumvision, in der immer etwas dazwischentritt, das ersehnte Glück zu verhindern. Daran ändere auch das Lächeln Beatrices nichts. Dante erträumt sie als zu streng und als unnahbar (S. 94–95).

Borges' Einwände blenden – obwohl er den 13. Brief für authentisch hält (S. 20 und S. 108) – alles Politische, alles Philosophische und Theologische der *Commedia* aus; aber ihre Schwäche als Liebesgeschichte hat wohl niemand so frisch und so frech ausgesprochen wie er. Er schafft damit eine Folie, vor der man Dante erneut lesen kann, denn daß die *Commedia* dies wert ist, daran läßt Borges keinen Zweifel. Im Gegenteil, er erklärt mit Enthusiasmus, niemand habe das Recht, sich der Freude an der *Commedia* zu berauben (S. 138).

Metaphern

Personen, die bei Dante auftreten, haben oft schon ein Vorwissen von ihrem Gegenüber. Es ist Traumwissen, dessen Entstehen nicht erklärt werden muß, denn wir befinden uns in einer Traumdichtung. Sie haben ein poetisches Wissen, dessen kausalen Werdegang auch den Leser nicht interessiert (S. 27). Nur muß er sich der Vision mit poetischem Glauben öffnen (S. 118). Nicht als sei der Schriftsteller Dante ein Träumer; er ist von raffinierter Intellektualität, und dies zeigt Borges an einigen Metaphern Dantes. Während es Mandelstam darum ging, die Metaphern Dantes als unbehauenes Sprachgestein zu zeigen, wählt Borges andere Metaphern, um ihre intellektuelle Virtuosität als ihre Schönheit herauszuheben.

Im 25. Gesang der Hölle umschlingt eine Schlange einen Menschen. Die Schlange verwandelt sich in einen Menschen und ein Mensch in die Schlange. Dante beschreibt diese Metamorphosen metaphorisch durch den Vergleich mit einem Blatt Papier, das von Feuer zerstört wird, aber eine Weile noch weiße Teile hat: *Die braune Farbe steigt aufwärts, noch ist es nicht schwarz, aber das Weiß stirbt* (Inf. 25, 62). Borges bewundert die Genauigkeit dieses Vergleichs, der unvergleichlich präziser sei, als wenn es in Liebesgedichten heißt, das Haar der Geliebten sei ›golden‹ (S. 14–15).

In der Dunkelheit des siebten Höllenkreises sind Menschen schwer zu erkennen. Die Verdammten strengen sich an, Dante zu sehen, und kneifen dabei die Augen zu. Dante vergleicht ihren Gesichtsausdruck mit dem von Wanderern, die in der Neumondnacht gefährliche Gestalten wahrnehmen, oder mit dem eines alten Schneiders, der beim Einfädeln die Augen zusammenpreßt. *Sie kniffen die Augenbrauen zu uns hin zusammen wie ein alter Schneider vorm Nadelöhr* (Inf. 15, 19).

Oder einfacher noch: Dante bezeichnet einen optischen Eindruck mit einem Verb aus dem Bereich des Gehörs. Der Wanderer zieht sich zurück in den Schatten, *wo die Sonne schweigt* (Inf. 1, 60). Raffinierter ist die Metapher, mit der Dante die Schnelligkeit beschreibt, mit der er in die Mondsphäre aufgenommen worden ist: *Und wie ein Pfeil in einem einzigen Augenblick auf-*

trifft, losfliegt und vom Bogen abschwirrt, so sah ich mich dort angekommen, wo Erstaunliches meinen Blick an sich zog (Par. 2, 23–25). Dante dreht die Abfolge des Vorgangs um. Er nennt zuerst das Auftreffen, dann das Losfliegen, zuletzt das Abschwirren, um die Schnelligkeit oder vielmehr Zeitlosigkeit zu verdeutlichen. Die Metapher eint, wie Mandelstam bemerkt, die Zeitmomente, die im irdischen Leben auseinander liegen (S. 115).

Borges liebt solche Einzelheiten. Er nennt einzelne Verse, die ihm nicht aus dem Sinn gehen, wie den am Anfang des *Purgatorio*, wo er, befreit von Dunkelheit und Gestank der Hölle, die neue Luft sieht (S. 115). Sie war ihm (Purg. 1, 13)

Dolce color d'oriental zaffiro,

Von der süßen Farbe des orientalischen Saphir.

Borges zeigt Einzelheiten; er vermeidet vage Lobreden. Aber er widmet sich auch den großen Gesängen von Ugolino (S. 40) und von Ulisse (S. 132–137). Vor allem die Figur des Odysseus beschäftigt ihn. Dante läßt ihn uns nicht direkt sehen; er hüllt ihn in einen Feuermantel. Darin bleibt er verborgen, weil er seine Kriegslisten in seinem verborgenen Inneren ausgedacht hat. Bei seiner letzten Ausfahrt ging er aus sich heraus, und doch hält Borges es für ›evident‹, daß er ihretwegen in der Hölle steckt. Was ›evident‹ ist, braucht man nicht weiter zu begründen. Offenbar hat nicht nur Dante, wie Borges ihn sieht, schwache Stellen, z.B. im *Paradiso* (S. 114), sondern auch Borges selbst. Er gewinnt wieder, wenn er die *Commedia* als ganze charakterisiert und ihre Intensität und zugleich Zartheit bewundert. Seine *Neun Essays* führen hin zu Dante, haben aber weder die Intensität noch die Zartheit Mandelstams, dem der Gegensatz zur sowjetischen Kulturdiktatur, der er körperlich unterlag, das Äußerste abverlangte. Doch schließe ich dieses Kapitel mit einigen Sätzen des großen argentinischen Autors: »Die *Commedia* ist ein Buch, das wir alle lesen sollten. Dies nicht zu tun, bedeutet, sich des größten Geschenks zu berauben, das die Literatur uns bieten kann. Es bedeutet, sich zu einer seltsamen Askese zu verurteilen. Warum sollten wir auf die Freude verzichten, die *Commedia* zu lesen?« (S. 131).

8. Sprachunterschiede. Pier Paolo Pasolini 1972

Pier Paolo Pasolinis (1922–1975) Interesse an Dante und Boccaccio war von mehreren Seiten her motiviert: Er begann als Dichter im friaulischen Dialekt und durchdachte die Erfahrung des Sprachenpluralismus; Gianfranco Contini hatte ihn als poetische Kraft schon 1942 entdeckt, und Pasolinis Beziehung zu Dante verstärkte das Interesse an der älteren italienischen Literatur.

Pasolinis Programm, von der Tradition antitraditionellen Gebrauch zu machen, war am größten Dichter und seiner Rezeption zu erproben; mit dem Film über das *Decameron* (1970) gestaltete er sein Konzept von Volksnähe und Sexualität in der vorbürgerlichen Gesellschaft; seine Außenseiterrolle, seine Zuneigung zu christlich-franziskanischen Ideen und zu Häretikern, kurz, die unorthodoxe Aneignung der Orthodoxie gestaltete er in Film (*Das Evangelium nach Matthäus*) und in der Aufsatzsammlung *Empirismo eretico* von 1972. Dort findet sich der Essay: In welchem Sinne wollte Dante Dichter sein, *La volontà di Dante di essere poeta*.

Von Dualität in der *Commedia* war seit Schelling viel die Rede, bei De Sanctis und bei Croce. Pasolini gab der Betrachtung eine sprachorientierte Wendung und beschrieb die sprachliche Ausweitung, die Dante erreicht habe aufgrund einer Beobachtung der Verschiedenheit der Sprachschichten der Heimatstadt. Er habe den sprachlichen und damit den sozialen Horizont erweitert. Er habe lexikalische und expressive Möglichkeiten vermehrt, habe Unterschichtssprache und Dialekte studiert. Dantes Sprachausweitung erfolge in doppelter Hinsicht: Einmal zum mittelalterlichen theologischen Universalismus und seiner lateinischen Form hin, die er sich aneignet und ins Volgare übersetzt, und dann in der Gegenrichtung auf die verschiedenen Stufen der Volkssprache und ihre gesellschaftlichen Träger. Wenn Dante Personen sprechen lasse, dann sprächen sie nie seine, Dantes Sprache, sondern ihre eigene. Und das sei nicht möglich gewesen ohne psychologische Aufmerksamkeit auf die Personen und auf ihren sozialen Kontext. Kein Mensch kann die Sprache eines anderen wiedergeben oder simulieren, wenn er sich nicht in die psychologische und in die soziale Situation des Redenden versetzt hat. Francesca da Rimini rede in der damals modischen Edelsprache, elegant, aristokratisch in Ausdrücken der Liebesliteratur (S. 1377).[12] Dante habe auf der einen Seite vor dem gewaltigen Block lateinischer Texte gestanden und habe sich aus diesem angeeignet, was er brauchen konnte, aber interessanter sei seine Zuwendung zur Sprachenvielfalt des Volgare. Dante vollzog diese widersprechende Bewegung:

12 Ich zitiere Pasolini nach: Pier Paolo Pasolini, Saggi sulla letteratura e sull'arte, ed. Walter Siti, Band 1, Mailand 1999, bes. S. 1376–1399. Fast nichts zu Boccaccio in der Rezension von Guido Almansi, L'estetica dell'obsceno, in: ebda, Band 2, S. 2002–2007.

nach oben in die universal-klerikale lateinische Kultur, nach unten in die irdische Welt der Volkskulturen mit ihren diversen Sprachschichten ländlicher, handwerklicher, kommunal-politischer und laikal literarischer Herkunft. In diesem Sinn spricht auch Pasolini von der Doppelnatur der einheitlichen *Commedia*, aber damit meint er die doppelte Sprachaneignung Dantes einmal aus der theologischen Gesamtsicht der Dinge und dann aus der gesellschaftsbeschreibenden Volkssprache. Die Doppelung mache sich auch darin bemerkbar, daß divergierende Zeiterfahrungen ausgesprochen sind, einmal die langsame Regie der Ewigkeitsbetrachtung von oben, sodann die raschen, oft brutalfaktischen Entwicklungen der irdischen Vorgänge. In den Termini von Croce: In der *Commedia* mischen sich *romanzo* und *poesia*, Prosasprache und Poesiesprache. In ›prosaischem Rationalismus‹ ordne Dante die Lyrik der Personen, auch der kleinen Nebenfiguren, an ihrem besonderen Ort ein, um sie dann individuell und schichtenspezifisch reden zu lassen. Dabei öffne sich die Rationalität zum Undefinierbaren, Zweideutigen, Irrationalen (S. 1382). Die doppelte Natur der *Commedia*, mit der es alle bisherige Dante-Auslegung zu tun gehabt habe, beschreibe er, Pasolini, als zwei verschiedene und entgegengesetzte, aber koordinierte sozio-lexikalische Reihen (S. 1385).

Pasolini analysiert dann knapp und für mich nicht ganz klar folgende Besonderheit der Sprache Dantes: Indem Dante den Blick nach oben nehme und die Sprache des theologisch-lateinischen Universalismus spreche, erweitere er nicht nur den linguistischen Horizont, sondern gebe ihr Ausdrucksstärke und Realismus; er ziehe sie sozusagen in die natürliche, laikale Sprache hinüber. Er drücke die religiöse Geschichtsüberlegenheit aus, indem er sie historisiert, sie also übersetzt in poetische Irrationalität (S. 1387). Er gibt den Engelflügeln Farben, er läßt die Seligen Figuren tanzen und im Zorn aufschreien, dies alles sind Säkularisationen der farblosen und atemporalen Überwelt.

Pasolini weist abschließend auf eine sprachliche Form hin, die Dante gewonnen habe, er nennt sie erlebte Rede, *discorso indiretto libero*. Das heißt: er läßt jemand reden, ohne zu sagen, wessen Rede es ist, ohne sie, modern gesprochen, in Anführungszeichen zu setzen (S. 1376 und S. 1389). In den Anklagereden gegen Florenz, Pistoia und Pisa rede nicht Dante der Autor, sondern Dante der Wanderer. Seine Rede wird in freier Form indirekt wiedergegeben. Der Autor hält sich zurück, spielt nur als Regisseur mit.

II. DANTE ÜBERSETZEN

1. Ein kleiner Dialog: Fragen an einen Dante-Übersetzer

Frage: Warum übersetzt du Dante?
Antwort: Ich tue es vor allem für mich selbst. Denn wer übersetzt, muß genauer lesen. Er muß dem Text in die letzten Winkel folgen. Wir lesen alle zu schnell. Wer übersetzt, muß langsam lesen. Das ist die erste Wohltat – für mich selbst. Ich entdecke originelle Sätze und schöne Stellen. Und ich habe die glückliche Erfahrung gemacht: Wenn ich mich zunächst nur ganz für mich in einen großen Text vertiefe, sogar mich in ihm verliere, dann interessiert mein Ergebnis auch andere.

Es gibt schon viele Übersetzungen, ich weiß. Ich habe mich oft gefragt: Willst du wirklich den einundfünfzigsten deutschen Dante bringen? Lohnt sich die jahrelange Arbeit? Ich antworte: Dreimal Ja: Denn erstens drücke ich, was ich verstanden habe, gerne in meiner Sprache aus. Ich genieße das, auch die pedantischen Korrekturen an meinen früheren Fassungen. Zweitens: Wenn es viele Übersetzungen gibt, zeigt das, daß keine voll befriedigt. Keine ist definitiv. Jede ist ein individuelles Produkt. Dann, sage ich mir, darfst du auch deine eigene danebenstellen. Drittens: Viele Übersetzungen sind rückwärtsgewandt. Sie setzen voraus, ein alter Text gehöre in eine altertümelnde Diktion. Andere gehen davon aus, übersetzte Dichtung müsse ›poetisch‹ klingen, und setzen unbewußt ihr Poesiekonzept aus der Zeit von 1824 bis 1963 ein. Ich kratze diesen Lack ab.

Frage: Was verstehst du unter ›gegenwärtigem‹ Deutsch?
Antwort: Gute Frage! Denn ich meine nicht, daß ich am alten Text etwas modernisieren sollte. Ich lasse ihn, wie er ist: alt, fremd, sperrig, beladen mit historischem Stoff, mit theologischer Spekulation, mit bizarren Einfällen. Aber er soll lesbar sein. So hell, so durchsichtig wie möglich. Und dazu wünsche ich mir für ihn ein Deutsch, das weder gefühlig vertieft ist noch gassenhauerisch platt. Ich könnte genauere Kriterien nennen, also lange darum herumreden, aber am Ende müßte ich zugeben: Unter ›gegenwärtigem Deutsch‹ verstehe ich *mein* Deutsch, das Deutsch der Prosa von Kurt Flasch. Ich habe über meine Diktion nachgedacht und sie ein Leben lang zu verbessern gesucht. Als Mittelalterspezialist habe ich überlegt: Gerade weil ich über alte Sachen schreibe, darf meine Sprache nicht altertümelnd sein. Daher kommt bei mir das Wort ›Pilgrim‹ nicht vor. Da gibt es kein ›Glöcklein, das leise weint‹. Das war schon 1963, als die beiden Wartburgs ihre Dante-Übersetzung druckten, kein gegenwärtiges Deutsch mehr. Das war Biedermeier; spätestens seit Kafka erkennbar als epigonaler Poesieversuch.

Frage: Bringst du Dante ins Zeitungsdeutsch?
Antwort: Nein, in gegenwärtiges Deutsch, ja, in Zeitungsdeutsch: nein. Ein Übersetzer, der Dante sublimieren wollte, verteidigte seinen Stil mit der Begründung, er übersetze Poesie poetisch, nicht im ›Zeitungsdeutsch‹. Aber es gibt sehr verschiedene Arten von ›Poesie‹, auch antipoetisch nüchterne Dichtung. Nicht jeder Artikel in einer Zeitung ist ›Zeitungsdeutsch‹. Die Alternative ist irreführend. Die Herabsetzung eines weniger ›poetisch‹ ambitionierten Stils diente der Rechtfertigung pseudo-poetischen Wildwuchses. Brecht und Benn schrieben gegenwärtiges Deutsch, aber kein Zeitungsdeutsch. Ich kann nicht

dichten, aber ich schleife meinen Stil an modernen und gegenwärtigen Schriftstellern.

Frage: Was kommt bei deinem ›Dante-Deutsch‹ besonders heraus?
Antwort: Mein Dante spricht klar. Er schrieb, um verstanden zu werden. Wenn er prophetisch-dunkle Passagen einbaute, sollten sie klar als dunkel erkennbar sein.

Mein Dante spricht hart und knapp. Er wählt wenige Details aus. Er läßt vieles weg. Er schreibt ungeheuer diszipliniert. Nie verplaudert er sich. Auch wenn er eine Metapher breit ausmalt, blitzen die Details nur kurz auf. Dem will ich nahekommen. Wenn ich schon auf Reim und Versmaß verzichte, muß der Vorteil der Prosa herauskommen: Ihre freien Variationsmöglichkeiten zwischen Sätzen wie Drahtseilen, ausgeruhten Bildern, schneidender Polemik und dialektisch durchgearbeitetem Gebet.

Frage: Kommt dabei die Schroffheit Dantes heraus?
Antwort: Jedenfalls will ich das Sinnliche sinnlich, das Konkrete konkret, die Invektive schroff.

Plastische Bilder Dantes, auch wenn sie uns rauh und hart vorkommen, will ich nicht glätten und in abstraktes Bildungsdeutsch verkehren. Dante schreibt *Inferno* 32, 4–6, er möchte allen Saft aus seinem Begriff pressen, er könne das aber nicht, *io premerei di mio concetto il succo*. Manchen stört die Vorstellung, Dante wolle ein Konzept auspressen wie eine Zitrone. Aber das unpoetisch-poetische Bild muß bleiben. Den Stil Dantes unterdrückt, wer den Satz mit Ida und Walther von Wartburg ins Professorendeutsch bringt und schreibt:

Würd' voller ich das Wesen meines Sehens
Zum Ausdruck bringen.

Das Wort ›Ausdruck‹ erinnert zwar noch an sinnliches Herauspressen, aber so entfernt, daß Dantes Metapher des Auspressens von Saft darüber verschwindet. Man muß weniger auf die Etymologie als auf die Geschichte dieses Wortes im 20. Jahrhundert achten. Dante redet von einem sinnlichen Vorgang in der Küche. Er sieht sein Konzept, den Begriff, als eine Frucht, deren Saft er auspressen will, aber nicht kann. Ein Begriff wie eine Zitrone – diese Schroffheit muß bleiben. Dantes ›Saft‹ muß herauskommen. Das Bäuerliche, Deftige und Direkte seiner Diktion steht neben dem Feinen und Subtilen.

Frage: Du gestehst den Verlust nicht nur ein, sondern betonst, wie sehr er durch Verzicht auf Reim und Versmaß eintritt. Bietet die Prosaübersetzung nicht auch Vorteile?
Antwort: Ich liebe den Reim. Ich möchte nicht daran schuld sein, wenn er aus der Dichtung verschwindet. Die Wörter sind dabei einander so freundlich. Aber gereimte Dichtung aus dem Italienischen reimend übertragen, das kann nur ein Genie. Selbst Stefan George hat es nicht gekonnt. Aber wenn einer der reimenden Übersetzer tadelte, Prosaübersetzer machten es sich zu einfach, soll er erst einmal eine Prosaübersetzung vorlegen.

Gewiß bietet die Prosaform bei der *Commedia*-Übersetzung auch Vorteile: Sie bringt klar heraus, daß sie (auch) eine Erzählung, nämlich eine Art Reisebericht, ist. Das Lyrische tritt zurück, das Epische tritt vor. Sie kann genauer sein. Oft, nicht immer, kann sie der syntaktischen Form Dantes folgen. Sie gibt Argumente in ihrer syllogistischen Abfolge wieder. Und, keine

Kleinigkeit: Sie behandelt den zarten Buchstaben e der deutschen Sprache mit der gebührenden Schonung. Sie streicht ihn nicht des Versmaßes willen im Wortinnern, sie schreibt also nicht ›g'nug‹ statt ›genug‹. Wer ›stützet‹ schreibt statt ›stützt‹, schließt sich seit fast hundert Jahren aus der literarischen Öffentlichkeit aus.

Das e am Wortende wegzulassen, also ›wär‹ oder ›sehn‹ zu schreiben, das ist etwas anderes: Die Prosafassung zieht ›gehn‹ und ›stehn‹ dem fast nur schriftkorrekten ›gehen‹ und ›stehen‹ sogar vor – nimmt diese Möglichkeit aber taktvoll wahr, nie nur als Mittel zum Zweck der Silbenzahl.

Frage: Glaubst du, man könne alles übersetzen?
Antwort: ›Übersetzen‹ hat in verschiedenen kulturellen Situationen sehr verschiedene Bedeutungen und Aufgaben. Ich möchte nicht zu generell davon sprechen, sondern bei der *Commedia* bleiben. Ihre besondere Schönheit an Reim und Rhythmus läßt sich nicht übersetzen. Da diese wesentlich zu ihr gehört, bekommt Dante recht, der von der Dichtung behauptet, sie sei unübersetzbar. Vielleicht läßt sich keine sprachliche Äußerung übersetzen, es sei denn, sie sei fachterminologisch oder durch den unmittelbaren praktischen Bezug eindeutig gemacht worden, wie wenn der Feuerwehrmann ›Wasser‹ ruft. Alles Übersetzte ist der individuelle Entwurf eines Übersetzers.

Jede nicht durch methodische Disziplinierung oder direkten Praxisbezug regulierte und damit festgelegte Äußerung, jeder philosophische Satz und erst recht jedes Gedicht gehört in seine kulturelle Welt. Deren Präsenz in einzelnen Sätzen wird oft nur unvollständig erkannt oder vollständig verkannt; sie zusammen mit ihrem temporalen Hintergrund ausdrücklich zu übersetzen, würde bedeuten, daß der Übersetzer seinen Kommentar in die Übersetzung schreiben muß. Die vorhandenen Kommentare erklären meist nur Details. Dante setzte voraus, daß man weiß, was ein Engel ist und daß er auf dieser Grundlage dieses Wissen modifizieren, weiterentwickeln, kritisieren, verändern kann. Gott, Seele, Sünde, Liebe, Teufel – dies alles stand bei ihm in einem kulturellen Rahmen, oder vielmehr: es schwamm in einem strudelnden Geschiebe, in einem geschichtlichen Prozeß sich verändernder, kontroverser kultureller Bedeutungen, aus denen er Einzelnes herausgriff und aus seinem Kontext mit neuer Bedeutung auflud. Er reihte sich ein in bestimmte Tendenzen, die er veränderte, anderen widersprach er.

Diese historische Fluß-Situation, die sich nur manchmal, nicht immer, an Namen festmacht, kann der Übersetzer kaum oder nur manchmal zum Ausdruck bringen. Handelt es sich dabei um einen Fachterminus der mittelalterlichen Theologie oder Philosophie, kann der Übersetzer dessen Fremdheit dadurch wiedergeben, daß er ein Fremdwort nutzt oder gar neu schafft und zum Beispiel für *formale* bei Dante das Wort ›forma-haft‹ einsetzt. Ich möchte lieber maßvoll verfremden als formelhaft aneignen. Der Leser der Übersetzung sieht dann, was sich nicht hat übersetzen lassen. Das gilt wohl auch für Termini der sizilianisch-stilnovistischen Liebeslyrik: *donna* hat vielleicht einmal (Par. 15, 137) die Bedeutung von ›Frau‹, meist aber von ›Herrin‹, ›Dame‹ gerade bei Beatrice, aber ›Herrin‹ paßt für die ›Geliebte‹ nur innerhalb eines kontingenten, historischen Konzepts von Liebe. Dantes *gentile* bedeutet nicht ›liebenswürdig‹, auch nicht ›höflich‹, sondern ›adlig, vornehm, von königlicher Erscheinung‹. *parere* heißt nicht ›scheinen‹, auch nicht ›erscheinen‹, sondern ›sich offensichtlich zeigen, evident und allgemein angenommen sein‹. Es hat in der Regel nicht die Bedeutung, daß etwas erschiene, ohne das zu sein, als was es erscheint; dafür hat Dante *sembrare.*[13] Nicht als Beweis, wohl aber als Hinweis gesagt: Bei Aristoteles haben Ausdrücke wie *dokei* und *doxa* die Bedeutung von: ›offensichtlich, allgemein angenommen, nicht bewiesen, aber unbezweifelt‹; ähnlich war es bei einem *videtur* der lateinischen Aristoteles-Übersetzungen und scholastischen Traktate, von denen Dante einige studiert hat. Solche Termini lassen sich korrekt übersetzen; der Übersetzer muß nur die kulturelle Heimat und das geschichtliche Umfeld solcher Ausdrücke erkennen. Die Übersetzungsverluste sind groß, lassen sich aber prinzipiell präzis angeben. Die Übersetzung von Georg Peter Landmann gibt antike Assoziationen der *Commedia* verläßlich an, mißversteht aber einige Ausdrücke der mittelalterlichen Wissenschaft. Deswegen ist es gut, wenn es mehrere neuere Übersetzungen gibt. Eine allein reicht nicht aus. Die einzelnen Wörter wollen im Blick auf ihren Umhof übersetzt sein, und da zeigt sich ein reiches Spiel von Assoziationen und Varianten.

Frage: Hat Dante tatsächlich jede Übersetzung von Dichtung verworfen?

Das hat er ohne jeden Zweifel.

Er hat kategorisch erklärt, Dichtung sei nicht zu übersetzen (Conv. I, 7):

E però sappia ciascuno che nulla cosa per legame musaico armonizzata si può de la sua loquela in altra transmutare sanza rompere tutta sua dolcezza e armonia.

13 Selbst wo der Dizionario della Divina Commedia von Giorgio Siebzehner-Vivanti, Florenz 1954, S. 383 A § 1 Stellen anführt, bei denen *parere* die Bedeutung von *sembrare* habe, z. B. Inf. 26, 124 und Purg. 2, 66, sehe ich ein objektives Phänomen beschrieben.

Dichtung ist durch musikalische Regeln geformtes Sprechen. Diese Geformtheit läßt sich nicht in eine andere Sprache übertragen. Wer es dennoch versucht, zerstört die *dolcezza* und *armonia* des Dichtwerks. Dante hat in *De vulgari eloquentia* 2, 4, 2 definiert, was er unter Dichtung versteht: Sie ist nichts anderes als eine *fictio*, ausgezeichnet durch und gebildet mit Rhetorik und Musik. Musik heißt hier soviel wie: Metrum, regelmäßige Zahlenhaftigkeit. ›Rhetorik‹ bedeutet grammatische Korrektheit, Erfindungsreichtum an Wendungen, Argumenten und Bildern, nicht zuletzt: Bezug aufs jeweilige Publikum. Der Dichter gibt ihr durch ›Musik‹ Annehmlichkeit oder *dolcezza*. Und diese Einheit von *fictio*, Rhetorik und Musik läßt sich nicht übersetzen. Vielleicht gelingen gelegentlich Nachdichtungen, Neudichtungen. Das Rhetorische, den epischen Stoff und seine Erzählweise, die intellektuelle Aussage und die Abfolge der Argumentation, das kann die deutsche Übersetzung erfassen; das Lyrische, Musikalische zerstört sie.

Frage: Ist dir beim Übersetzen die Ausgangssprache oder die Zielsprache wichtiger?

Antwort: Ich kann diese Alternative nicht anerkennen. Dennoch sagt mir die Frage etwas. Die *Commedia* ist ein so unverwechselbares, so festumrissenes Werk, daß ich nicht Dante so reden lassen kann, als wäre er ein deutscher Zeitgenosse. Ich versuche daher, seine Sprache zu lernen und sie in ihrer historischen Eigenart zu erfassen, soweit das einem gelingen kann, der nicht historischer Linguist von Beruf ist. Die Quellensprache ist mir in einem anderen Sinn wichtig als die Zielsprache: Die Ausgangssprache muß ich so genau auffassen, wie es mir mit allen modernen Hilfsmitteln (Wörterbücher, Kommentare etc.) möglich ist. Dabei ist die verschiedene Tonart der drei Teile der

Commedia, aber auch die cantica-interne Vielfalt der Sprachebenen aufzufassen: Dante spricht nicht immer erhaben, theologisch oder philosophisch, er spricht auch ›niedrig‹ und abstoßend. Nicht immer im glatten Fluß, sondern auch stotternd. Dies macht meine Zuwendung zur Ausgangssprache aufmerksamer, unsicherer und reizvoller.

Die Zielsprache muß ich erst in mir bilden im ständigen Blick auf die Entwicklung dieser Sprache. Ich nenne dafür drei Beispiele:

Erstens: Ich versuche, veraltete Ausdrücke als solche zu erkennen und zu vermeiden. Beispiele ›Pilgrim‹, ›Wölflein‹ für junge Wölfe oder Welpen, ›darob‹ oder ›ob‹ in der Bedeutung von ›wegen‹. Welches Wort als ›veraltet‹ empfunden wird, hängt von Region und Geburtsdatum, von Lektüren und Stilentscheidungen ab, gewiß, hier ist der individuelle Koeffizient unvermeidlich und unersetzlich. Das ist einer der Gründe, warum es von einem klassischen Werk mehrere Übersetzungen gibt.

Zweitens: Die deutsche Sprache der Gegenwart vernachlässigt das Futur zugunsten des Präsens. Sie unterscheidet sich darin von Dante, aber auch vom heutigen Italienisch und Französisch. Andere Sprachen sind auch heute noch im Gebrauch der Zukunftsform genau. Im Deutschen sagt der Nachrichtensprecher am frühen Morgen: ›Heute entscheidet der Bundestag über …‹ Er gebraucht das Präsens, wo es um einen Vorgang in der Zukunft geht. Da ich diese Entwicklung nicht zurückdrehen kann, folge ich ihr bis zu einem gewissen Grad, den genau zu bestimmen eine Frage des sprachlichen Takts ist. Ich vermeide nicht grundsätzlich das Futur, akzeptiere aber eine gewisse Zurücknahme seines Gebrauchs. Der Ansager am Hauptbahnhof sagt nicht mehr, wie heute noch sein italienischer Kollege: ›Der Zug *wird* 20 Minuten später ankommen‹. Er sagt: ›Er *trifft* zwanzig Minuten später ein‹.

Dritte Beobachtung am Deutschen als Zielsprache: Es weist Fremdwörter weniger scharf ab, als das teilweise in früheren Jahrzehnten, nicht in allen, üblich war. Ich vermeide Wörter der Fachsprache; ich muß also die gegenwärtige Sprache in ihrer Veränderung durch Fachsprachen vor Augen haben, um deren Einfluß fernzuhalten, aber doch eingebürgerte Fremdwörter aufzunehmen. Ich könnte in der Dante-Übersetzung den Satz dulden: ›Er hat intensiv gesucht.‹

Eine vierte Besonderheit des Deutschen sind zusammengesetzte Substantive. Ich halte die Wortungetüme der Bürokraten und der Politiker fern; ich würde nie ›Erwartungshaltung‹ sagen, wo doch ›Erwartung‹ genügt, aber es gibt schöne, sinnvolle Zusammensetzungen wie ›Haustür‹, ›Mondnacht‹, ›Rosenmontag‹ oder ›Morgenröte‹. Hier ist Unterscheiden nötig, aber dann ist das zusammengesetzte Substantiv eine Chance des deutschen Übersetzers Dantes.

Kurz: Für das Studium der Quellensprache nehme ich mir Zeit und suche Beratung, für die Zielsprache braucht es lebenslange, ununterbrochene Aufmerksamkeit auf das gesamte Vokabular, auf grammatische und syntaktische Verschiebungen und damit auf die kulturelle, soziale und politische Geschichte Deutschlands.

Frage: Umberto Eco behauptet, jede Übersetzung lenke zu einer bestimmten Lesart des Textes, sie wende ihre Aufmerksamkeit bestimmten Seiten des Originals zu.[14] *Sie interpretiert. Welche Seiten der ›Commedia‹ hebt deine Übersetzung hervor?*
Antwort: Dantes Werk ist in sich zu vielförmig, als daß es nur *eine* Seite sein dürfte. Aber ich nenne in grober Zeichnung vier Eigenarten, um die es mir vor allem geht: Erstens: Die Rationalität, der klare Charakter, Verzicht auf Dunkelheit, wo sie nicht die Dunkelheit Dantes selbst ist. JEDER SATZ DANTES IST ERKLÄRBAR. Auch wenn er de facto nicht erklärt wird, um Übersetzung vom Kommentar getrennt zu halten, soll er als erklärbar klingen.

Zweitens: Ich hole neben der rationalen Konstruktion und dem ungewöhnlichen Vernunftvertrauen die entgegengesetzte Seite hervor: die Phantastik, die Verrücktheit, den Übermut, die rasch wechselnde, bizarre Erfindung, Traum und Albtraum. Anachronistisch ausgedrückt: Der Kafka-Stil. Die horror picture-Show. Phantastische Verwandlungen, Tänze der Weisen, Ballette der Märtyrer. Lichtspiele wie in einer Diskothek.

Drittens: Das Politische, das in einigen neuen Auslegungen zu sehr zurücktritt. Der Charakter der Invektive, des Pamphlets, des Aufrufs.

Viertens: Ich nehme die *Commedia* als Werk der Zeit kurz nach 1300 und vermeide deswegen ihre Archaisierung. Nebenbei hoffe ich, einige Versehen zu korrigieren, die sich ergaben, weil andere Übersetzer etwas weniger vertraut waren mit der intellektuellen Entwicklung und der philosophischen Terminologie der Zeit.

14 Umberto Eco, ›Quasi dasselbe mit anderen Worten‹. Über das Übersetzen, München 2006, S. 288.

Frage: Beziehst du dich bei der Arbeit auf frühere Übersetzungen? Antwort: Zunächst bin ich allein mit Dante. In einem zweiten Arbeitsstadium sehr intensiv. Zwar gibt es keine ›klassische‹ Übersetzung wie Schlegel für Shakespeare oder – in entgegengesetzter Art – Voß für Homer. Insofern ist die Bahn frei. Ich ignoriere nach Stichproben die bürgerlich-glatten Übersetzungen wie die von Gildemeister. Ich verstehe die Gründe, die Stefan George und Rudolf Borchardt zu ihrer abweichenden Form geführt haben. Sie wagten eine neue Sprache; Borchardt konsequenter als George. Meine Beschäftigung – nicht die mit Dante, wohl aber mit deutschen Übersetzungen – begann mit der von Borchardt. Sie ist gereimt und wie die ›bürgerlichen‹ im Elfsilben-Takt, aber sie simuliert mittelhochdeutschen Wortschatz und mittelhochdeutsche Syntax. Sie ist ein Protest gegen die deutsche Sprachgeschichte, besonders gegen die Dominanz der Lutherbibel-Sprache und die Verdrängung süddeutscher Sprachelemente. Borchardt fing damit wohl vor dem Ersten Weltkrieg an, aber die Hauptarbeit lag in den Jahren 1923 bis 1930. Die deutsche Sprache, dachte Borchardt, kann die *Commedia* nicht mehr aufnehmen, sie ist verbraucht und verdorben. Er versuchte, sie in Anlehnung an mittelhochdeutsche Texte und Schweizer Dialektformen neu zu erfinden. Sein Plan, groß und gelehrt gedacht, der Bibel-Übersetzung von Martin Buber vergleichbar, ist gescheitert. Das war mein Ausgangspunkt. Mit ›gescheitert‹ meine ich nicht, daß sie nur *eine,* allerdings schön gedruckte Auflage erlebte, sondern daß es unmöglich scheint, dass ein Einzelner eine Sprache in deren spätem Entwicklungszustand erfinden könnte. Neue Übersetzer mußten zurückrudern zur vorhandenen Syntax, zum gegebenen Wortschatz. Nach dem Zweiten Weltkrieg wurde kein vergleichbarer Versuch gemacht. Nur Georg Peter Landmanns Prosaübersetzung von 1997 versuchte eine vorsichtige sprachliche Neuerung im Anschluß an Stefan George. Den Reim gab er ganz auf, nicht die altertümelnde Patina. Ich konnte weder mit Borchardts Paukenschlag fortfahren noch mit Landmanns feinsinnigem Kompromiß. Ich komme mit reduzierten Formen aus: schlichte, aber konsequent nicht-technokratische Prosa. Freie Rhythmen geben ihr einen gewissen Fluß. Gebrüll und Fachterminologie spart sie aus, aber weder gelegentliche Fremdwörter noch lateinische Zitate, die ich anschließend übersetze.

Das Übersetzen wirft noch viele weitere Fragen auf. Hier sollte nur plausibel werden: Die Verluste einer Prosaübersetzung braucht nicht zu verschweigen, wer einlädt, Dante zu lesen, und dazu eine Übersetzung in deutscher Prosa vorlegt.

ANHANG

BIBLIOGRAPHISCHE HINWEISE

1. WICHTIGSTE NACHSCHLAGEWERKE

Bosco, Umberto (Hg.), Enciclopedia Dantesca, 6 Bände, Rom 1970–1978
Richard Lansing (Hg.), The Dante Encyclopedia, New York 2000

2. BIBLIOGRAPHIEN

Die Dante-Bibliographie ist unübersehbar. Den Überblick erleichtern:

Heinz Willi Wittschier, Dantes Divina Commedia. Einführung und Handbuch, Frankfurt/M. 2004
Ders., Dantes Convivio. Einführung und Handbuch, Frankfurt/M. 2009

Hier auch relativ aktuelle Informationen über elektronische Ressourcen. Der schnellste Weg führt über die Homepage der Deutschen Dante-Gesellschaft:
web.uni-marburg.de/hosting/ddg/index/html

Enzo Esposito, Bibliografia analitica degli scritti su Dante dal 1950 al 1970, 4 Bände, Florenz 1990
Ders., Dalla bibliografia alla historiografia: La critica dantesca nel mondo dal 1965–1990, Ravenna 1995
Leonella Coglievina, Bibliografia Dantesca 1972–1977, in: Studi Danteschi 60 (1988), S. 35–314; 1978–1984, in: Studi Danteschi 64 (1999)

Informationen über die Neuerscheinungen bringen die Zeitschriften:

Deutsches Dante-Jahrbuch, zuerst Leipzig 1867–1877
Italienisch: L'Alighieri, Florenz seit 1889, ab 1960 als 2. Folge
Rassegna della letteratura italiana
Studi Danteschi, begründet von Michele Barbi, seit 1920
Dante Studies (USA), seit 1882

3. TEXTAUSGABEN DER COMMEDIA

Giorgio Petrocchi, La Commedia secondo l'antica vulgata, 4 Bände, Mailand 1966 bis 1967

Federico Sanguineti, Commedia, Florenz 2001

Für das *Inferno* unentbehrlich, auch wegen der Kommentierung:

Giorgio Inglese, Dante Alighieri, Commedia, Inferno, Rom 2007

Ausführliche Kommentare in deutscher Sprache bieten auf dem Forschungsstand ihrer Zeit:

Philalethes, Dante Alighieri's Göttliche Comödie, 3 Teile, Leipzig 1865–1866

Hermann Gmelin, Dante Alighieri, Die Göttliche Komödie, 6 Teile, zuerst Stuttgart 1949–1957, mehrere Nachdrucke, auch dtv 1988

Auch wegen der Erläuterungen wertvoll:

Dante Alighieri, Die Divina Commedia, in deutsche Prosa übersetzt von Georg Peter Landmann, Würzburg 1997

Dante Alighieri, La Commedia. I: Inferno / Hölle, in Prosa übersetzt und kommentiert, Stuttgart 2010 von Hartmut Köhler

Den Stand der heutigen Forschung geben folgende Kommentare wieder:

La Divina Commedia, a cura di Natalino Sapegno, 3 Teile, Florenz [15]1982

Francesco Mazzoni (Hg.), La Divina Commedia con i commenti di Casini-Barbi e A. Momigliano. Nur Inferno (Florenz 1972) und Purgatorio (Florenz 1977)

Dante Alighieri, Commedia, mit Kommentar von Anna Maria Chiavacci Leonardi, 3 Bände, Mailand 1991–1997

Robert M. Durling, The Divine Comedy of Dante Alighieri. Inferno, Oxford 1996; Purgatorio 2003; Paradiso 2010

Robert and Jean Hollander, Inferno, New York 2000, Purgatorio 2003, Paradiso 2007

Emilio Pasquini – Antonio Quaglio, Commedia, Mailand [2]2004

4. WICHTIGE WERKE ZUR COMMEDIA (IN CHRONOLOGISCHER FOLGE)

Michele Barbi, Problemi di critica dantesca. Prima serie: 1893–1918; seconda serie: 1920–1937, Nachdruck 2 Bände, Florenz 1975

Erich Auerbach, Dante als Dichter der irdischen Welt, zuerst 1929, Berlin ²2001. Mit einem Nachwort von Kurt Flasch

Bruno Nardi, Nel mondo di Dante, Rom 1944

Ernst Robert Curtius, Europäische Literatur und lateinisches Mittelalter, Bern 1948

Hermann Gmelin, Dantes Weltbild, Urach ²1948

Augustin Renaudet, Dante humaniste, Paris 1952

Bruno Nardi, Dal Convivio alla Commedia. Sei saggi danteschi, Rom 1960

Jean Pepin, Dante et la tradition de l'allégorie, Montreal – Paris 1970

Gianfranco Contini, Un' idea di Dante, Turin 1976

Aldo Vallone, Storia della critica dantesca dal XIV al XX secolo, 2 Bände, Mailand 1981

Maria Corti, Dante a un nuovo crocevia, Florenz 1982

Maria Corti, La felicità mentale, Turin 1983

Aldo Vallone, Strutture e modulazioni nella Divina Commedia, Florenz 1990

Cesare Vasoli, Otto saggi per Dante, Florenz 1995

Ruedi Imbach, Dante, la philosophie et les laïcs, Fribourg 1996

Robert Hollander, Dante. A Life in Works, New Haven 2001

Giorgio Inglese, Dante: Guida alla Divina Commedia, Rom 2002

John A. Scott, Understanding Dante, Notre Dame, Indiana 2004

Karlheinz Stierle, Das große Meer des Sinns. Hermeneutische Erkundungen in Dantes Commedia, München 2007

Albert Russel Ascoli, Dante and the Making of a Modern Author, Cambridge 2008

Guglielmo Gorni, Dante. Storia di un visionario, Rom – Bari 2008

ZEITTAFEL

1215	Ostersonntag: Ausbruch des blutigen Konflikts zwischen Guelfen und Ghibellinen in Florenz
1250	Tod Kaiser Friedrichs II. am 13. 12.
1250–1273	Interregnum
1260	Niederlage der florentinischen Guelfen bei Montaperti am 4. 9.
1265	Mai / Juni Dante Alighieri in Florenz geboren
1266	Karl von Valois besiegt König Manfred bei Benevent am 26. 2.
1273–1291	Rudolf von Habsburg
1274	Dante trifft erstmals Beatrice
1277	Heiratsvertrag zwischen Dante und Gemma Donati am 9. 1.
1271–1275	Marco Polo in Asien
1274	Konzil von Lyon, Tod Bonaventuras und Thomas Aquinas'
1277	Paris: Bischof verurteilt 219 Thesen
1280	Tod Alberts von Köln
1285–1314	Philipp der Schöne, König von Frankreich
1286	Tod Sigers von Brabant
1290	Tod Beatrices am 8. 6.
1291–1294	Dante studiert Philosophie in den scuole de li religiosi
1293–1294	Dante schreibt die *Vita nova*
1294–1303	Bonifaz VIII.
1295	Dante aktiv in der Florentiner Politik
1298–1308	Albrecht I. von Habsburg
1300	Jubiläumsjahr in Rom. – In Florenz zerbricht die Partei der Guelfen in die der Weißen, geführt von den Cerchi, und in die der Schwarzen, geführt von Corso Donati. – Im Juni wird Dante einer der sechs Prioren.
1301	Karl von Valois zieht in Florenz ein, begünstigt die Schwarzen
1302	Dante zum Tod verurteilt – Exil

1303	Militärische Niederlagen der Weißen. – Dante in Verona
1304–1307(?)	Dante schreibt das *Convivio*
1305–1306(?)	Dante verfaßt *De vulgari eloquentia*.
1308(?)–1321	Dante arbeitet an der *Commedia*, wahrscheinlich: *Inferno* begonnen um 1304 – beendet gegen 1308, *Purgatorio* begonnen um 1308 bis ca. 1313, *Paradiso* begonnen um 1315/16 – vollendet kurz vor dem Tod 1321.

Vertretbar ist auch diese Chronologie:

Inferno wohl begonnen ab 1306, beendet wohl gegen 1308/1310,
Purgatorio begonnen gegen 1308/1310, vollendet wohl gegen 1313/14,
Paradiso begonnen um 1315/16, vollendet kurz vor dem Tod 1321.

1300	Bonifaz VIII.: *Unam sanctam*
1303	Konflikt Philipps des Schönen mit Bonifaz VIII.
1308	Tod Duns Scotus in Köln
1308–1313	Heinrich VII. von Luxemburg
1309–1377	Päpste in Avignon
1312–1318	Dante bei Cangrande in Verona
1314–1346	Ludwig der Bayer
1316	Tod Raimundus Lullus'
1317	Dante schreibt die *Monarchia*
1318–1321	Dante in Ravenna
1320	Dante hält in Verona die Vorlesung: *Quaestio de aqua et terra*
1318/1320(?)	Tod Dietrichs von Freiberg
1321	Tod Dantes in Ravenna am 13./14. 9.

ABKÜRZUNGEN
SIGLEN

Aen.	Vergil, Aeneis
C	Dante Alighieri, Commedia, ed. Anna Maria Chiavacci Leonardi, 3 Bände, Mailand 1991–1997
Conv.	Dante, Convivio
CUP	Chartularium universitatis Parisiensis, ed. Heinrich Denifle / Emile Chatelain, Band 1, Paris 1899
D	Robert M. Durling, The Divine Comedy of Dante Alighieri, 3 Bände, Oxford 1996–2010
Dec.	Giovanni Boccaccio, Decameron
ED	Enciclopedia Dantesca, ed. Umberto Bosco, 6 Bände, Rom 1970–1978
Gmelin	Hermann Gmelin, Dante Alighieri, Die göttliche Komödie, zuerst Stuttgart 1949–1957, 6 Teile, mehrere Nachdrucke, auch dtv 1988
Gorni	Guglielmo Gorni, Dante: Storia di un visionario, Rom–Bari 2008
H	Robert Hollander / Jean Hollander, Dante Aligheri, Comedy. A Verse Translation, New York–London, 3 Bände, 2000–2007
Inf.	Dante, Inferno
Inglese	Dante Alighieri, Commedia, Inferno, ed. Giorgio Inglese, Rom 2007
K	Hartmut Köhler, Dante Alighieri, La Commedia. Die göttliche Komödie. I: Inferno / Hölle, Italienisch–Deutsch, Stuttgart 2010
L	Georg Peter Landmann, Dante Alighieri, Die Divina Commedia, Würzburg 1997
Lansing	Richard Lansing (Hg.), The Dante encyclopedia, New York 2000
LF	Letteratura e Filologia. Studi in onore di Guglielmo Gorni, ed. Maria Antonietta Terzoli, Alberto Asor Rosa,

	Giorgio Inglese, Band 1: Dante: La Commedia e altro, Rom 2010
M	Francesco Mazzoni (Hg.), Dante Alighieri, La Divina Commedia. Con i commenti di Tommaso Casini / Silvio Adrasto Barbi / Attilio Momigliano, nur Inferno und Purgatorio, Florenz 1972–1977
Met.	Ovid, Metamorphosen
Mirbt	Carl Mirbt / Kurt Aland, Quellen zur Geschichte des Papsttums und des Römischen Katholizismus, Band 1, Tübingen [6]1967
Mon.	Dante, Monarchia, ed. Prue Shaw, Florenz, 2009
Naumann	Walter Naumann, Dante Alighieri, Die göttliche Komödie in Prosa übersetzt, Darmstadt 2003
Par.	Dante, Paradiso
Petrocchi	Dante Alighieri, la Commedia secondo l'antiqua vulgata, ed. Giorgio Petrocchi, 4 Bände, Mailand 1966–1967
Pézard	André Pézard, Dante Alighieri, Œuvres complètes, Paris 1965
Phars.	Lukan, Pharsalia. Über den Bürgerkrieg
Purg.	Dante, Purgatorio
S	La Divina Commedia, ed. Natalino Sapegno, 3 Teile, Florenz 1956–1957, viele Neudrucke
Sanguineti	Dantis Alagherii, Commedia, ed. Federico Sanguineti, Florenz 2001
Sth	Thomas von Aquino, Summa theologiae
Theb.	Statius, Thebais

PERSONENREGISTER

SACHREGISTER